POLYGLOTT auf Reisen

Südamerika

W0305481

Wolfgang Rössig

Mit einem opulenten Reiseführer
die Vielfalt der Welt erleben

Der 710 m hohe Corcovado, Rios höchster Aussichtsberg, liegt im Nationalpark Tijuca

B

Die Isla del Sol im bolivianischen Teil des Titicacasees spielt in der Mythologie der Inka eine große Rolle

INHALT

SÜDAMERIKA – MAGAZIN

UNTERWEGS IN SÜDAMERIKA

Sedimentablagerungen machen den Vinicunca südöstlich von Cusco zum »Regenbogenberg«

Brasilien und Argentinien teilen sich die mächtigen Wasserfälle des Río Iguaçu/Iguazú, ein UNESCO-Weltnaturerbe

REISEINFORMATION

LÄNDERKARTEN

SYMBOLE

[A1] Die Koordinate verweist auf die Platzierung in der entsprechenden Länderkarte

Frühlings-Blütenpracht
in Santiago de Chile

Guanakos und Flamingos bevölkern die Reserva Nacional Los Flamencos in der chilenischen Atacama-Wüste

Auf der Fiesta de la Virgen de la Candelaria im bolivianischen Copacabana am Titicacasee treten Tänzerinnen in traditionellen Kostümen auf

NIAS EN GRAL. LENNY
TALLER DE TOLDOS
JUAN NINA

Für die Zivilisation der Inka
war das domestizierte Lama
von entscheidender Bedeutung

Salzseen mit spektakulären Farben prägen die chilenische Atacama-Wüste

Im Argentinischen Kongresspalast (Palacio del Congreso de la Nación Argentina) in Buenos Aires tagt das Parlament des Landes

ZWISCHEN REGENWALD UND TUNDRA

Am Rio Negro nordwestlich der brasilianischen Urwaldstadt Manaus gibt es noch unberührte Flusslandschaften

Südamerikas Pflanzenwelt ist geradezu unglaublich artenreich. Kein Wunder, hier sind alle nur möglichen Vegetationszonen vertreten, vom tropischen Regenwald bis zu den eisigen Höhen des Altiplano.

WÄLDER

Regenwälder prägen das Amazonasgebiet, den größten Teil der Guayanas, das südliche und östliche Venezuela, die atlantischen Hänge des brasilianischen Hochlandes sowie die Pazifikküste Kolumbiens und Nordecuadors. Das Amazonasgebiet ist das größte und wahrscheinlich älteste Waldgebiet der Welt. Im Westen geht es an den Hängen der Anden in subtropische und gemäßigte Wälder über, im Süden in die Galeriewälder des flüssereichen brasilianischen Bundesstaates Mato Grosso. In der Region Manaus haben Forscher sage und schreibe 107 Pflanzenarten auf lediglich 180 m^2 identifiziert. An die 2500 Baumarten soll es im Amazonasgebiet geben, manche von ihnen über 90 m hoch. Man unterscheidet drei Waldzonen: die tiefgelegenen Wälder der ganzjährig überschwemmten Sümpfe *(igapós)*, die saisonal überfluteten Ebenen *(várzeas)* und die nicht sumpfigen Gebiete, in denen die Vielfalt an begehrten Harthölzern besonders groß ist. Dazu kommen Bromeliengewächse, Orchideen, Farne und Lianen.

Tropische Laubwälder mit Bäumen mittlerer Höhe dominieren Regionen, in denen es längere Trockenzeiten gibt, besonders in Venezuela, Kolumbien und im brasilianischen Hochland.

Caatinga (weißer Wald) heißt die spärlichere und oft stachelige Vegetation des trockenen Landesinneren im Nordosten Brasiliens. Charakteristisch sind auch Bäume, die lange Zeit blattlos sind und der Trockenheit widerstehen können. Das Unterholz besteht aus Sträuchern, stacheligen Bromelien und Kakteen. Wo mehr Wasser zur Verfügung steht, können *Caatinga*-Arten 9 Meter hoch werden und undurchdringliche Dickichte bilden.

Parkähnliche, oft von Savannen unterbrochene Wälder prägen die Region zwischen der Grenze des Amazonasregenwaldes und den Sümpfen des oberen Río Paraguay. Araukarien beherrschen das artenreiche Waldgebiet zwischen dem Río Paraná und dem Atlantik, das sich von Curitiba in Brasilien bis nach Nordargentinien erstreckt. Hier gedeiht auch die südamerikanische Stechpalme, aus deren Blättern das Getränk *Mate* hergestellt wird.

Dickichte von kleinen, oft dornigen Bäumen und Sträuchern, darunter Akazien und Mimosen, überziehen Regionen, in denen sich relativ trockene und sehr feuchte Jahreszeiten abwechseln. Dazu gehören insbesondere die Küste Venezuelas, Nordost-Kolumbien, Südwest-Ecuador und Nord-Peru. In Peru gehen diese Dickichte in die karge Küstenwüste über, die sich zwischen Nord-Peru und Nord-Chile erstreckt.

Nur wenige Sträucher gedeihen hier. Lediglich an den Ausläufern der Anden und in den Flusstälern wird es grüner.

Gemäßigte Regenwälder bedecken die besonders niederschlagsreichen niedrigen und mittleren Höhen im Süden Chiles. Zu den typischen Bäumen gehören immergrüne und laubwerfende Scheinbuchen, Alercen und Araukarien. Ein dichtes Unterholz aus Sträuchern, Lianen, Bambussträuchern, Farnen, Moosen und Epiphyten gedeiht in den Wäldern Nord-Patagoniens, im südchilenischen Patagonien und auf Feuerland gibt es nur noch Wälder mit niedrigen, vom Wind stark gekrümmten Bäumen, die in Heide und Tundra übergehen.

SAVANNE UND PAMPA

Im südamerikanischen Tiefland findet man ausgedehnte Grasebenen. Weite tropische Savannen mit Gräsern und Seggen, entlang von Flüssen auch Palmen prägen vor allem die Llanos von Venezuela und den Nordosten Kolumbiens. Die flachen oder sanft hügeligen Ebenen der Pampas machen den größten Teil des östlichen Argentiniens aus. Neben endlosen Grasflächen, auf denen oft Rinder weiden, findet man auch Kiefern, Eukalyptusbäume, Eichen und Pappeln, die nach Südamerika eingeführt wurden. Im Süden

Chile-, Anden- und Jamesflamingos bevölkern die über 4200 m hoch gelegene Laguna Colorada in der bolivianischen Reserva Nacional de Fauna Andina Eduardo Abaroa

verschmelzen die Pampas mit der patagonischen Steppe, in der Tussockgräser, niedrige Büsche und stachelige Pflanzen gedeihen.

HOCHGEBIRGE

In den hohen Anden von Ecuador und Peru erstreckt sich eine gemäßigte Zone von der oberen Grenze des subtropischen Regenwaldes (ca. 1800 m) bis zur unteren Grenze andiner Wiesen auf einer Höhe von ca. 3350 m. Diese Zone ist auf der amazonischen Seite sehr feucht und von Nebelwäldern, Epiphyten und dichtem Unterholz geprägt.

PÁRAMO UND ALTIPLANO

In den feuchten nördlichen Anden Kolumbiens und Ecuadors überziehen Gräser und Krautpflanzen die Páramo-Wiesen. Blickfang sind aber die bis zu 6 m hohen, Frailejones *(Espeletia)* genannten, stark wollig-behaarten Schopfrosettenbäumchen. Im Süden geht der Páramo in die Altiplano genannten Hochebenen im Südosten Perus und im Westen Boliviens über. Hier findet man raue Gräser, Kräuter-, Kissen- und Rosettenpflanzen sowie Sträucher und Kakteen. Die Vegetation reicht bis an die Grenze des ewigen Schnees auf weit über 5000 m Höhe.

JAGUAR, KONDOR UND ALPAKA: SÜDAMERIKAS TIERWELT

Die südamerikanische Fauna ist aufgrund der vielfältigen Lebensräume so artenreich wie nirgendwo sonst auf der Welt. Auch der Anteil an endemischen Arten ist hoch. Einzigartig sind die **Rheas** – große flugunfähige Vögel, die an Strauße erinnern. **Hokkos** sind entfernt mit dem Hausgeflügel verwandt, **Hoatzins** sind Schopfhühner, deren Jungvögel krallenbewehrte Flügel ausbilden. Auch **Tapire** und einige große Nagetiere wie **Agouti**, **Paca** und **Capybara** gibt es nur in Südamerika.

Rhea oder Nandus nennt man die straußenartigen graugefiederten Laufvögel Südamerikas

Durch den Nebelwald von Mindo (Ecuador) flattern farbenprächtige Schmetterlinge

AMAZONIEN

Besonders faszinierend ist die Tierwelt in den Regenwäldern Amazoniens und der Guayanas. In den Urwaldflüssen sollen allein 1500 der insgesamt etwa 2700 Arten von Süßwasserfischen schwimmen, darunter der fleischfressende **Piranha** mit seinen rasiermesserscharfen Zähnen, der Stromschläge austeilende **Zitteraal** und der **Pirarucu**, der 4,5 m lang und 90 kg schwer wird. Dazu kommen **Flussdelfine**, **Seekühe**, **Amazonas-Schildkröten**, **Krokodile** und **Kaimane**. Auf den Bäumen leben zahlreiche Primaten, vom **Zwergseidenäffchen** bis hin zu **Woll-**, **Spinnen-** und **Brüllaffen**. Auch **Fledermäuse** sind zahlreich vertreten, darunter Arten, die sich von Früchten ernähren und andere, die Fische fressen. **Faultiere** ernähren sich von den Blättern bestimmter Bäume, unter deren Ästen sie einen großen Teil ihres Lebens verbringen.

Für jede Menge Farbtupfer sorgen **Tukane**, **Aras**, **Papageien** und über 120 **Kolibriarten**. Perfekt auf das Leben im Regenwald eingestellt sind auch **Geckos**, **Eidechsen**, **Baumfrösche**, **Leguane** und viele Schlangen, darunter **Boas** und **Anakondas**. Tausende von Insektenarten des tropischen Regenwaldes sind noch nicht einmal klassifiziert. Auf lästige Plagegeister wie Mücken, Sandmücken und Raubwanzen, die für die Übertragung von Dengue, Malaria und Chagasfieber verantwortlich sind, würde mancher gerne verzichten, nicht aber auf die reiche Vielfalt an oft äußerst farbenfrohen **Schmetterlingen**.

PANTANAL

Besonders viele **Zug- und Wasservögel** bekommt man im brasilianischen Pantanal, dem größten tropischen Feuchtgebiet der Welt, und in den sumpfigen nordargentinischen Esteros del Iberá zu sehen, darunter den Schlangenhalsvogel **Anhinga**, **Silberreiher** und **Rosenlöffler**. Auch **Sumpfhirsche**, **Brillenbären**, **Riesenotter**, **Kaimane** und **Wasserschweine** kann man hier in ihren natürlichen Lebensräumen beobachten. Mit viel Glück lässt sich sogar ein Jaguar auf der Jagd blicken. Die abgelegenen Galapagosinseln Ecuadors spielten mit ihren besonders vielen ende-

Alpakas weiden auf dem 4200 m hohen Altiplano des bolivianischen Parque Nacional Sajama

mischen Tierarten bei der Entwicklung der Evolutionstheorie von Charles Darwin eine wichtige Rolle. Ihre faszinierendsten Bewohner sind die **Riesenschildkröten**, die ein Gewicht von bis zu 250 kg erreichen.

PATAGONIEN

An der Küste Patagoniens tummeln sich **Robben**, **Seelöwen**, **See-Elefanten**, **Orkas**, **Wale** und **Humboldtpinguine**, die auch an der Pazifikküste von Peru und Chile sowie auf den Galapagosinseln heimisch sind.

ANDEN

Das Hochland der Anden ist das Reich der **Vikunjas**, **Guanakos**, **Alpakas** und **Lamas**, die sich aus den eingewanderten Kamelfamilien entwickelt haben. Oft sieht man **Füchse** oder **Andenschakale**, mit viel Glück auch mal einen **Puma**. Hoch über den Andentälern kreisen die majestätischen **Kondore**. Die lebensfeindliche Welt der riesigen Salzseen Boliviens bevölkern wiederum Abertausende von **Flamingos**.

Der Gelbbrustara (*Ara ararauna*) liebt tropische und subtropische Wälder entlang der Flussläufe

PRÄHISPANISCHES SÜDAMERIKA

Man geht davon aus, dass asiatische Nomaden vor etwa 14 000–17 000 Jahren über die Beringbrücke nach Alaska einwanderten und nach Süden zogen. Ihnen folgten weitere Migrantenwellen. Möglicherweise hat die erste Gruppe von Menschen aber schon viel früher Südamerika erreicht. Frühe Kontakte zwischen Polynesien und Südamerika sind ebenfalls nicht auszuschließen. Die frühe Clovis-Kultur ist vor etwa 13 000 Jahren entstanden. Schätzungen zufolge lebten im 1. Jahrtausend n. Chr. mindestens 30–50 Millionen Menschen in Südamerika. Schon die frühen Bewohner Südamerikas bauten Mais, Kartoffeln, Tomaten, Kürbisse, Chili, Bohnen, Ananas, Süßkartoffeln, die Getreidesorten Quinoa und Amaranth, Kakaobohnen, Vanille, Zwiebeln, Erdnüsse, Erdbeeren, Himbeeren, Papayas und Avocados an.

DIE ZEIT VOR DEN INKA

Als eine der sechs Wiegen der Zivilisation gilt Norte Chico oder Caral an der mittleren und nördlichen Küste Perus. Sie ist um 3000 v. Chr. entstanden, etwa zur gleichen Zeit wie die städtische Zivilisation in Mesopotamien. Caral ist die älteste bekannte Stadtsiedlung auf dem amerikanischen Kontinent. Ihre Zivilisation existierte bis etwa 1800 v. Chr.

Archäologische Funde (3500–1800 v. Chr.) belegen, dass die Valdivia-Kultur an der Küste Ecuadors ebenfalls zu den ältesten in Amerika zählt. Ihre polierte dunkelrote Keramik demonstriert, wie sehr sich diese Zivilisation innerhalb von tausend Jahren verfeinerte. Eine komplexe Kultur entwickelten auch die Cañari, die in den heutigen ecuadorianischen Provinzen Cañar und Azuay den Inka erbitterten Widerstand leisteten. Die Chavín (900–300 v. Chr.) errichteten im Hochland Perus ein Handelsnetz. Kolumbiens höchstentwickelte Zivilisation waren die Sprachgemeinschaften der Chibcha. Aufwendige Bestattungen kennzeichnen das technologisch fortschrittliche Volk der Moche an der Nordküste Perus (100–800 n. Chr.), das sogar mit den Maya Zentralamerikas Handel trieb und blutige Rituale durchführte.

Zwischen 300 und 1000 n. Chr. bestand das Tiwanaku-Reich, eine der wichtigsten südamerikanischen Zivilisationen vor dem Inka-Reich. Seine Hauptstadt lag am südöstlichen Ufer des Titicacasees.

DAS REICH DER INKA

Die bekannteste Zivilisation Südamerikas ist im frühen 13. Jahrhundert entstanden und beherrschte die Andenregion von 1438–1533 von ihrer Hauptstadt Cusco. *Tawantinsuyu* (Die vier Regionen) war das größte indigene Reich Südamerikas. Seine letzte Festung wurde 1572 von den Spaniern erobert. Der Begriff »Inka« bedeutet in Ketschua »Herrscher« oder »Herr« und bezog sich auf die herrschende Klasse oder Familie. Tatsächlich machten die Inka nur einen

Die Reliefs im Mondtempel der Moche-Kultur von Trujillo (Peru) zeigen Tiere, geometrische Figuren und Gottheiten

sehr kleinen Prozentsatz der Gesamtbevölkerung des Imperiums aus, d. h. 15 000 bis maximal 40 000 Personen regierten über eine Bevölkerung von etwa 10 Millionen Menschen. Erst die Spanier bezogen den Begriff auf alle Menschen des Reichs, das sie erobert hatten.

Die Inka herrschten über einen großen Teil des westlichen Südamerikas, der Peru, weite Teile des heutigen Ecuadors, West- und Südmittelbolivien, Nordwestargentinien, Nord- und Zentralchile sowie einen kleinen Teil Südwestkolumbiens umfasste. Offizielle Sprache war *Ketschua*. Die Inka-Führung verehrte den Sonnengott Inti und betrachtete ihren König als »Sohn der Sonne«, tastete aber ältere Kulte nicht an. Obwohl die Inka keine Schrift kannten, kein Eisen herstellten und weder Reittiere noch das Rad verwendeten, errichteten sie eines der größten Imperien der Menschheitsgeschichte. Zu den herausragenden Merkmalen des Inka-Reiches gehören seine monumentale Architektur, das ausgedehnte Straßennetz, feingewebte Textilien, die Verwendung von geknoteten Schnüren *(quipu)* zur Registrierung von Menschen, Tieren, Pflanzen und Ländereien sowie für den Nachrichtenverkehr, landwirtschaftliche Innovationen ebenso wie effiziente Organisation und Verwaltung.

Portugiesische Entdecker waren die ersten Europäer, die den südamerikanischen Kontinent betraten. Im Jahr 1500 ankerte eine Flotte von 12 portugiesischen Schiffen mit fast 1200 Mann in der Nähe des heutigen Porto Seguro. Dort errichteten sie ein Kreuz und feierten eine Messe in dem Land, das sie *Terra da Vera Cruz* (Land des wahren Kreuzes) tauften, bevor sie wieder ihre Schiffe bestiegen. Bald aber errichteten die Portugiesen Küstensiedlungen, u.a. Salvador und Rio de Janeiro. Hier wuchs das profitable *Pau brasil* (Brasilholz), das dem Land seinen Namen gab.

1516 erreichten die ersten europäischen Entdecker den Río de la Plata. Als erste spanische Siedlung wurde Sancti Spiritu 1527 am Río Paraná gegründet. Buenos Aires folgte 1536, Asunción 1537. Indigene Völker vertrieben jedoch die Siedler aus Buenos Aires, das erst 1580 von Juan de Garay neu gegründet wurde.

EROBERUNG DES INKA-REICHES

Spanische Konquistadoren unter der Führung von Francisco Pizarro und seinen Brüdern erforschten den Süden des heutigen Panama und erreichten 1526 das Gebiet der Inka. 1529 reiste Pizarro nach Spanien und erhielt die königliche Genehmigung, die Region zu erobern und ihr Vizekönig zu werden. Als die Spanier 1532 nach Peru zurückkehrten, schwächte gerade ein Erbfolgekrieg zwischen den Söhnen von Sapa Inca Huayna Capac – Huáscar und Atahualpa – das Reich. Noch verheerender wirkte sich die aufgrund des effizienten Straßensystems besonders rasch erfolgte Ausbreitung der aus Mittelamerika eingeschleppten europäischen Krankheiten aus: Pocken, Grippe, Typhus und Masern haben heutigen Schätzungen zufolge bis zu 90 % der indigenen Bevölkerung Südamerikas ausgelöscht. Oft trafen die spanischen Eroberer daher auf menschenleere Siedlungen.

Pizarros Truppen waren klein – sie bestanden aus nur 168 Mann, einer Kanone und 27 Pferden. Waffentechnisch waren die Konquistadoren den Inka haushoch überlegen. Nach der Schlacht von Puná (Ecuador) gründete Pizarro 1532 die Stadt Piura. Hernando de Soto wurde ins Landesinnere geschickt und kam mit einer Einladung des Inka-Herrschers Atahualpa zurück, der seinen Bruder im Bürgerkrieg besiegt hatte und sich in Cajamarca mit einer Armee von 80 000 kaum bewaffneten Soldaten aufhielt.

Pizarro und einige seiner Männer trafen sich mit dem kleinen Gefolge der Inka. Der spanische Dolmetscher las das *Requerimiento* vor, das Atahualpa aufforderte, die Herrschaft von König Karl I. von Spanien anzunehmen. Als Atahualpa ablehnte, metzelten die Spanier die Inka-Krieger nieder und nahmen Atahualpa als Geisel gefangen.

Atahualpa bot den Spaniern genug Gold, um den Raum zu füllen, in dem er eingesperrt war, und doppelt so viel Silber. Obwohl die Schätze herbeigeschleppt wurden, ließ Pizarro Atahualpa schließlich unter einem Vorwand mit dem Würgeeisen im August 1533 hinrichten. Endgültig besiegt war das Inka-Reich damit noch nicht. Der von den Spaniern eingesetzte Marionettenherrscher Manco Cápac, ein weiterer Sohn des Huayna Cápac, wandte sich bald gegen die Plünderer und Frevler aus der Alten Welt. Francisco Pizarro wurde 1541 ermordet und starb damit noch vor Manco Cápac. Erst 1571 eroberten die Spanier Vilcabamba, die letzte Bastion des Exilreiches. Túpac Amaru, der letzte Herrscher der Inka, wurde am 24. September 1572 in Cusco öffentlich hingerichtet. Damit erlosch das zuvor so mächtige Reich der Inka endgültig.

KOLUMBIEN

Zwischen 1537 und 1543 drangen sechs spanische Expeditionen auf der Suche nach dem mythischen Eldorado in das Hochland Kolumbiens vor, eroberten unter Gonzalo Jiménez de Quesada die Konföderation der Muisca und gründeten das Nuevo Reino de Granada. Die Audiencia von Bogotá regierte ein Gebiet innerhalb des Vizekönigreichs Peru, das hauptsächlich dem heutigen Kolumbien und Teilen von Venezuela entsprach.

DIE EUROPÄISCHE EROBERUNG

Der Inkaherrscher Atahualpa wurde 1533 mit dem Würgeeisen hingerichtet

DIE ZEIT DER KOLONIAL-HERRSCHAFT

Mit Ausnahme von Brasilien, das an Portugal fiel, wurden fast alle Territorien Südamerikas in das spanische Reich eingegliedert. Die Krone schuf zivile und religiöse Strukturen zur Verwaltung der Region. Es wird geschätzt, dass sich während der Kolonialzeit (1492–1832) insgesamt 1,86 Millionen Spanier in Südamerika niederließen.

Spanien teilte die Verwaltung seiner amerikanischen Kolonien in zwei Reiche: das Vizekönigreich Neu-Spanien mit der Hauptstadt Mexiko und das Vizekönigreich Peru (1542–1824) mit der Hauptstadt Lima. 1717 schuf man aus Teilen des peruanischen Vizekönigreichs das zusätzliche Vizekönigreich Neu-Granada mit der Hauptstadt Bogotá, 1776 das Vizekönigreich des Rio de la Plata mit der Hauptstadt Buenos Aires.

GLANZ UND ELEND

Spanien erlebte im 16. und 17. Jahrhundert eine kulturelle Blütezeit, die mit Silber und Gold aus amerikanischen Minen finanziert wurde. Die Pracht spanischer und portugiesischer Barockkirchen kündet noch heute vom Reichtum dieser Zeit, in dessen Genuss in Südamerika aber nur eine kleine Oberschicht kam.

Nach dem Fall des Inka-Reiches war die indigene Kultur systematisch zerstört worden – auch ihr ausgeklügeltes Landwirtschaftssystem. Spanische Kolonialbeamte führten ein brutales Ausbeutungssystem ein. Jede indigene Familie musste ein Mitglied stellen, das in die Gold- und Silberminen geschickt wurde, und dort meist nach ein bis zwei Jahren an Entkräftung starb. Dann war Ersatz zu stellen. Europäische Infektionskrankheiten dezimierten die indigene Bevölkerung zusätzlich.

Die Kolonialherren benötigten daher dringend Ersatz. Zwischen 1500 und 1866 wurden schätzungsweise über 12,5 Millionen Menschen aus Afrika versklavt und deportiert, die meisten nach Brasilien, wo sie auf den Zuckerrohrplantagen arbeiten mussten. Auch in den Minen des Hochlandes schufteten sich schwarze Sklaven zu

General José de San Martin ruft am 21.7.1821 auf der Plaza Mayor in Lima die Unabhängigkeit von Spanien aus

Tode. Die wenige Freizeit verbrachten sie unter katastrophalen hygienischen Bedingungen in elenden überfüllten Hütten. Sexuelle Beziehungen zwischen Herren und Sklavinnen waren so verbreitet, dass sich bald eine gemischtrassige Bevölkerung herausbildete. Außerhalb der Plantagen gab es einen Mangel an weißen Frauen, sodass viele ärmere weiße Siedler mit schwarzen oder indigenen Frauen zusammenlebten. Die meisten Länder Südamerikas verboten die Sklaverei zwischen 1816 und 1831. In Brasilien wurde sie jedoch erst 1888 endgültig abgeschafft.

UNABHÄNGIGKEIT

Zu Beginn des 19. Jahrhunderts wollten sich die *Criollos* (Abkömmlinge spanischer Eltern) in vielen spanischen Kolonien ihre Rechtlosigkeit und hohe Steuern nicht mehr gefallen lassen. Der argentinische Revolutionär José de San Martín regte Unabhängigkeitskampagnen in Argentinien und Chile (1818) an, bevor er 1821 die Küste hinaufsegelte, um Lima einzunehmen. Aus der entgegengesetzten Richtung kam Simón Bolívar, der venezolanische Revolutionär, der die Unabhängigkeitskämpfe in Venezuela, Kolumbien und Ecuador geführt hatte. Die beiden berühmten Befreier trafen sich 1822 in Guayaquil (Ecuador): San Martín zog die Einsetzung eines mächtigen Führers, sogar eines Monarchen, vor, während Bolívar auf einer konstitutionellen Republik bestand. Zwar setzte sich Bolívar durch, doch waren die ersten Jahrzehnte der Unabhängigkeit vielerorts von Unruhen und Bürgerkriegen gekennzeichnet.

Brasilien beherbergte dagegen ab 1807 die portugiesische Königsfamilie, die vor Napoleon geflohen war. Dem Prinzregenten – und künftigen König Dom João VI. – gefiel es in Rio so gut, dass er es zur Hauptstadt des Vereinigten Königreichs Portugal, Brasilien und den Algarven machte. Nach seiner Rückkehr nach Portugal ließ er seinen Sohn Pedro als Prinzregenten zurück, der Brasilien 1822 für unabhängig erklärte und es als Kaiser Dom Pedro I. regierte.

ETHNISCHE VIELFALT

Vier Jahrhunderte Vermischung zwischen indigener Bevölkerung, Spaniern und Portugiesen, Afrikanern und späteren Einwanderern aus Übersee und deren Nachkommen sind das ethnische Erbe der heute in Südamerika lebenden Menschen. Schon die Konquistadoren des Inka-Reiches vermählten sich mehr oder weniger formell mit indigenen Frauen. Die legale Ehe zwischen Iberern und Indígenas wurde geduldet, oft erlaubt und unter bestimmten Umständen sogar gefördert. Mischehen zwischen Europäern und Afrikanern sowie zwischen Afrikanern und Indígenas galten dagegen als verpönt, was eine allgemeine ethnische Vermischung nicht verhinderte.

400 Jahre nach der Eroberung des Kontinents gibt es in Südamerika eine große Vielfalt an Menschentypen. Die Hauptkategorien sind *mestizo* bzw. *caboclo* (indigen/europäisch), *mulato* (afrikanisch/europäisch), *zambo* (afrikanisch/indigen) sowie *cholo* (*mestizo*/indigen). Die ethnische Zusammensetzung ist aber natürlich wesentlich komplexer.

Viele Südamerikaner akzeptieren solche Klassifizierungen grundsätzlich nicht. Sprache, Religion und andere kulturelle Aspekte sprengen ihrer Meinung nach ethnische Grenzen. Doch der ethnische Hintergrund wirkt sich sehr wohl auf den sozialen Status, die Bildungschancen und die wirtschaftlichen Möglichkeiten aus, die der Einzelne hat.

Seit dem Ende der Kolonialzeit gibt es in Südamerika drei Großräume, in denen jeweils ein ethnisches Element mehr oder weniger deutlich hervortritt: indigen, afrikanisch und europäisch.

Besonders auf den zahlreichen Fiestas kleidet sich die indigene Bevölkerung Perus in farbenfrohe traditionelle Trachten

Indigener Junge in Iquitos (Peru)

INDIGENES ERBE

Mehr als 350 indigene Gruppen leben heute in Südamerika. Zwar wurden in der Frühzeit der Kolonisierung vermutlich über 90 % der indigenen Bevölkerung durch Krankheiten und Zwangsarbeit ausgelöscht, trotzdem macht sich bei den Menschen im Amazonas- und Orinocogebiet, in Paraguay, in Nord- und Zentralchile sowie im Hochland von Venezuela, Kolumbien, Ecuador, Peru und Bolivien das indigene Erbe bemerkbar. Der Mangel an europäischen Frauen führte dazu, dass sich die Kolonialherren und Einwanderer von der iberischen Halbinsel recht schnell mit der überlebenden Bevölkerung des Inka-Reiches vermischten. In die isolierten Urwaldregionen von Amazonas und Orinoco drangen Europäer erst im Zuge des Kautschukbooms Ende des 19. Jahrhunderts vor. So konnten indigene Stämme ihre Identität besonders lange bewahren. Die afrikanische Bevölkerung beschränkte sich auf Plantagen in wärmeren Bergtälern und entlang der Küste.

AFRIKANISCHES ERBE

In den Küstengebieten der drei Guayanas, von Venezuela, Kolumbien, Ecuador und Peru sowie im größten Teil von Ostbrasilien und dem Nordwesten Argentiniens ist die afrikanische Abstammung der Bevölkerung besonders markant. Hier war die Sklavenpopulation am größten. Als »Schwarz« bezeichnet sich dort allerdings kaum jemand. Je nach Region nennen sich die Menschen *montubios* (Küste Ecuadors), *criollos* (Küste Perus) bzw. *criollos* oder *gauchos* (Nordwestargentinien). Viele Kolumbianer afrikanischer Abstammung, die koloniale Volkszählungen als Mulatten einstuften, wurden spätere unter dem Begriff Mestizen erfasst. Besonders afrikanisch geprägt ist der brasilianische Bundesstaat Bahia. Hier ist auch das kulturelle und religiöse Selbstbewusstsein am stärksten ausgeprägt.

EUROPÄISCHES ERBE

In Patagonien, der Pampa sowie in Süd- und Südostbrasilien wirkt Südamerika besonders europäisch. Die Region war lange spärlich besiedelt, und die indigenen Jäger und Sammler wurden erst im 19. Jahrhundert durch Vernichtungsfeldzüge weitgehend ausgelöscht. Anschließend wanderten Millionen von Menschen aus Europa – besonders Italien, Spanien, Portugal, Mittel- und Osteuropa – und auch aus Asien (besonders Japan und China) ein. Die Briten brachten Arbeiter aus Südasien nach Guyana, die Holländer Indonesier nach Suriname. Vor dem Ersten Weltkrieg wanderten auch Libanesen aus dem Osmanischen Reich nach Südamerika aus, wo sie oft fälschlich als Türken *(turcos)* bezeichnet wurden.

Buenos Aires gilt geradezu als Beispiel einer »paneuropäischen Stadt«, die es so auf dem alten Kontinent nie gegeben hat. In Chile vollzog sich ein Wandel hin zur Identifikation mit der europäischen Kultur, obwohl die Bevölkerung zum großen Teil indigene Wurzeln hatte. Weizenanbau und Milchviehbetriebe sowie Rinder- und Schaffarmen, in fruchtbaren Tälern auch Wein- und Obstanbau, haben die Regionen im südlichen Teil des Kontinents nachhaltig europäisiert.

Die Baianas genannten Marktfrauen sind aus den Straßenbild von Salvador de Bahia nicht wegzudenken

KOLONIALKUNST

Die Iglesia San Francisco in Quito zählt zu den prunkvollsten Kolonialkirchen Ecuadors

Im Zuge der Eroberung und Kolonisierung brachten Spanier und Portugiesen auch ihre Kunst und Architektur in ihre neu gegründeten Reiche. Die koloniale Kunst wurde ein getreues Spiegelbild der in den spanischen und portugiesischen Städten vorherrschenden Stilrichtungen: Renaissance, Barock und Rokoko.

ARCHITEKTUR

Die Anlage der Kolonialstädte folgt dem klassischen Rastermodell, das nach königlichen Verordnungen erstellt wurde. Im Zentrum des Schachbrettmusters steht ein rechteckiger, meist *Plaza de Armas* oder *Plaza Mayor* genannter Hauptplatz, in dessen unmittelbarer Umgebung die bedeutendsten Kolonialbauten zu finden sind. Zur Demonstration der neuen Machtverhältnisse wurden Kirchen oft über den Fundamenten zerstörter indigener Tempel errichtet. Südamerikas erste **Kathedralen** stehen in **Cusco** (ab 1582) und **Lima** (1592), die wohl prunkvollste Kirche des Kontinents überhaupt ist **San Francisco** in **Quito**. Ihre *Muqarnas* (Stalaktitengewölbe) zeugen vom Mudéjar-Einfluss, der sich auch bei den prunkvollen Holzbalkonen einiger Altstadtpaläste in Lima manifestiert. Besonders am überreichen Fassadenschmuck und an den vor Gold und Silber überquellenden Altären ist der kulturelle Synkretismus zwischen europäischem Stil und älteren indigenen Motiven wie z. B. Inka-Sonne und Pumaköpfe nicht zu übersehen.

MALEREI UND BILDHAUERKUNST

In der Malerei und Bildhauerei wurden anfänglich oft spanische, italienische und flämische Kunstwerke importiert. Der italienische Jesuit Bernardo Bitti führte ab 1583 in Cusco den Manierismus ein, dessen Hauptmerkmale längliche Figuren und eine Betonung des Vordergrundes waren. Nach dem großen Erdbeben von 1650 lief die sogenannte »Cuscoschule« zur Hochform auf. Berühmte Vertreter waren indigene und mestizische Künstler wie Diego Quispe Tito und Juan de Santa Cruz Pumacallao. Marcos Zapata schuf riesige Gemälde für die Kathedrale von Cusco. Viele Künstler blieben aber anonym. In den Bibelszenen dominiert der erzählerische Charakter, die Darstellungen christlicher Heiliger tragen oft frappierende Züge andiner Götter. So schimmert in den trapezförmigen Marienfiguren die Verehrung der Erdgöttin Pachamama und der heiligen Berge (Apus) durch. Santiago wurde mit dem vorspanischen Blitzgott Ilapa in Verbindung gebracht. Auch die Darstellungen christlicher Feste wie Fronleichnamsprozessionen zeigen Menschen mit bronzefarbener Haut sowie viel lokale Flora und Fauna. Auf Darstellungen des Abendmahls wird mit größter Selbstverständlichkeit nicht Wein, sondern das indigene Maisgebräu Chicha getrunken. Dazu kommt die Vorliebe für die »Brokattechnik«, bei der man Kleider und Heiligengesichter mit Blattgold überzog. Im 18. Jahrhundert war die Cuscoschule so populär, dass man massenhaft Auftragsarbeiten herstellte, die Händler dann bis in die entlegensten Winkel des Kolonialreiches verkauften.

Die Schule von Cusco entwickelte einen eigenen, von indigenen Einflüssen geprägten barocken Malstil

Die Pelourinho genannte Altstadt von Salvador de Bahia ist ein Gesamtkunstwerk des brasilianischen Barock

Meister der barocken Schnitzkunst im Vizekönigreich Peru waren u. a. Martín Alonso de Mesa und Pedro de Noguera. In Quito schufen Ende des 17. Jahrhunderts Manuel Chili Caspicara und Bernardo Legarda vollendete Barockskulpturen. Antônio Francisco Lisboa, genannt Aleijadinho, war der bedeutendste Baumeister und Bildhauer des brasilianischen Barock. Mit seinen erlesenen, ungemein formenreichen Schöpfungen begründete er sogar einen eigenen Kunststil, den *barroco mineiro*. Die schönsten Arbeiten sind in den Kirchen von **Ouro Preto**, **Sabará**, **Mariana** und **Congonhas do Campo** im Bundesstaat Minas Gerais zu sehen.

DIE SCHÖNSTEN KOLONIALSTÄDTE

Viele koloniale Zentren südamerikanischer Städte wurden zum Weltkulturerbe erklärt, darunter mit **Quito** und **Lima** sogar zwei Hauptstädte. **Cusco** und **Arequipa** gelten als besonders schöne Provinzstädte Perus, in Bolivien haben die Silberminen den architektonischen Reichtum von **Potosí** und **Sucre** finanziert. Argentiniens koloniale Schmuckstücke sind **Salta** im Nordwesten des Landes und der Jesuitenblock von **Córdoba**. In Uruguay erinnert ein Spaziergang durch das Barrio Histórico von **Colonia del Sacramento** an eine Zeitreise in das 17. Jahrhundert.

Als schönste Kolonialstadt Südamerikas gilt **Cartagena**, das mit seinen in der karibischen Sonne leuchtenden farbenfrohen Barockbauten einen fantastischen Anblick bietet. Wem die Stadt zu überlaufen ist, weicht in die idyllischen, fast unverändert erhaltenen Kolonialstädtchen **Barichara**, **Mompox**, **Popoyán**, **Villa de Leyva** und **Santa Fe de Antioquia** aus. Im Westen Venezuelas ist die Altstadt von **Coro** ein Welterbe der Menschheit.

Salvador de Bahia besitzt Brasiliens berühmteste barocke Altstadt. Weiter nördlich liegt im Bundesstaat Pernambuco **Olinda**, ein intakt erhaltenes Barockjuwel. Dem Gold- und Diamantenrausch im Bundesstaat Minas Gerais verdanken die beiden Kolonialstädtchen **Ouro Preto** und **Diamantina** ihre Existenz: beide faszinierende Gesamtkunstwerke des Spätbarock.

In Kolumbien und Ecuador liebt man **Salsa** und **Cumbia** › S. 102, in Brasilien regiert der (oder die) **Samba** › S. 166, in Argentinien ist der **Tango** › S. 238 König. Doch wer durch Südamerika reist, hört auch viele andere Töne und Rhythmen. Wer wissen möchte, was gerade wo angesagt ist, steigt einfach in einen Bus, der erst losfährt, wenn der Fahrer die Stereoanlage bis zum Anschlag aufgedreht hat. Beschwerden gibt es keine und wären auch zwecklos!

KOLUMBIEN UND VENEZUELA

An Kolumbiens Karibikküste wurde der **Vallenato** geboren, der mit einem europäischen Akkordeon, der doppelköpfigen *Caja*-Trommel und dem Schrapinstrument *Güira* gespielt wird. In europäischen Ohren klingt der Vallenato beim ersten Zuhören etwas monoton, doch die Begeisterung der Kolumbianer, die jedes Jahr im März auf dem Wettstreit

ALTE UND NEUE TÖNE

Vallenato *heißt Kolumbiens beliebteste Volksmusik, der es nicht an Nachwuchskünstlern fehlt*

Festival de la Leyenda Vallenata in Valledupar die besten Interpreten zum »Rey Vallenato« wählen, wirkt ansteckend. Afrikanischer sind die Rhythmen von **Cumbia**, **Mapalé**, **Champeta** und **Currulao**. Hochburg der **Salsa** ist Cali im Süden. Diese schätzt man aber auch im benachbarten Venezuela.

In Caracas mixt man fröhlich Salsa, **Merengue**, **Reggaetón** und Vallenato mit europäischem Pop. Typisch venezolanisch ist dagegen der **Joropo**, ein Tanz aus den ländlichen Llanos mit über dreihundertjähriger Tradition und zahlreichen Varianten. Seit einigen Jahrzehnten erobert die auch im Osten Kolumbiens populäre *música llanera* die Städte. Den Gesang begleiten Harfe, die kleine viersaitige *Cuatro*-Gitarre und *Maracas*-Rasseln.

MÚSICA ANDINA

Auf den *Peñas* (so nennt man sowohl den Musikklub als auch die Darbietung) der Andenländer hört man besonders gern *música folclórica*, die Paul Simons Interpretation des Klassikers »El condor pasa« in der ganzen Welt bekannt machte. Wiederbelebt haben diese Folkloremusik linke bolivianische Protestbewegungen der 1950er- und 1960er-Jahre. Bedeutendste Vertreter waren die 1965 gegründete Folkgruppe Los Jairas und das aus Cochabamba stammende Trio Los K'jarkas. In den Peñas von La Paz und Cusco hört man heute aber moderne Interpretationen des *canto nuevo*.

Ursprünglich, also vor der Eroberung des Inka-Reiches, wurde Musik in den Anden ausschließlich mit Blas- und Perkussionsinstrumenten gespielt: Tänze und Musikformen, bei denen sich die Tonleitern nicht an Ganz- oder Halbtönen, sondern an den Obertönen eines Grundtones orientieren. Melodien und Akkorde folgen daher einem relativ starren Schema. Mit den Spaniern hielten Saiteninstrumente Einzug ins Hochland. So verwendet die Música Andina gerne den *Charango*, ein der spanischen Vihuela oder Mandoline nachempfundenes kleines Saiteninstrument, dessen Korpus aus dem Panzer eines Gürteltieres oder aus Holz hergestellt wird. Die unverwechselbaren Töne liefern aber nach wie vor die *Siku* oder *Zampoña* genannte Panflöte sowie die *Quena*, eine Kerbflöte aus Holz, Bambus oder Keramik. Urformen aus Stein hat man bei Potosí entdeckt. Für den Rhythmus sorgen die mit Schaf- oder Ziegenfell bespannte große *Bombo*-Trommel und die Schnurrassel *Chullus*. Besonders beliebt ist **Huayno** (2/4-Takt), der inzwischen zunehmend mit der kolumbianischen Cumbia zur sehr gut tanzbaren **Chicha** fusioniert, der schnelle **Carnavalito** (3/8-Takt) und die **Saya**, eine funkige Mischform zwischen 4/4- und 12/8-Takt.

In Ecuador macht der auf Walzertakten beruhende melancholische **Pasillo** der *música folclórica* scharfe Konkurrenz. An der Küste Perus liebt man die gitarrenlastige *música criolla*, besonders den **Vals Peruano**, der im schnellen 3/4-Takt mit Gitarren gespielt wird. Die jungen Leute der Küstenregionen von Peru und Ecuador fahren voll auf die harten erotischen Beats des karibischen **Reggaetón** ab. Dieser hat inzwischen auf dem gesamten Kontinent jeden Musikklub erobert, in dem man ansonsten vor allem Salsa spielt.

BRASILIEN

Auch in Brasilien hört man längst nicht nur Samba und **Bossa Nova**. Der bekannteste regionale Musikstil des Nordostens ist **Forró**, eine synkopische Musik, bei der die afrikanische *Zabumba*-Trommel Akkordeonklänge begleitet.

Axé heißt die wilde Fusion aus Samba, Pop, Rock, Reggae, Funk und Karibikrhythmen, die in den 1990er-Jahren in Salvador entstanden ist. Im Amazonasgebiet liebt man den sinnlichen **Carimbo**-Tanz. Den **Sertanejo**, die brasilianische Country-Musik, kennt erst seit 2011 die ganze Welt. Verantwortlich dafür ist Michel Teló, der mit *Ai Se Eu Te Pego* (»Wenn ich dich kriege«) sogar dem legendären »Girl from Ipanema« den Status als Brasiliens berühmtesten Musikexport streitig macht.

Die Semana Santa (Karwoche) wird auch in Ecuador mit Prozessionen und Musik gefeiert

LITERATUR

Die lateinamerikanische Literatur, die alle spanisch- und portugiesischsprachigen Autorinnen und Autoren aus Südamerika sowie Mexiko, Mittelamerika und der Karibik umfasst, hat eigentlich erst mit **Gabriel García Márquez** (1927–2014) ihren Siegeszug in Europa angetreten. Dabei beginnt die Literatur Südamerikas schon mit den Chroniken des in Cusco geborenen **Garcilaso de la Vega**, genannt »El Inca« (1539–1616). Doch erst 400 Jahre später löste die fiktive Chronik des kolumbianischen Dorfes Macondo, wie sie das 1967 erschienene Meisterwerk des magischen Realismus, »Hundert Jahre Einsamkeit«, beschreibt, einen regelrechten Lateinamerikaboom aus.

Bald wurden weitere Romane der »Boomliteratur« in den Kanon aufgenommen. Der erzähltechnisch besonders innovative Roman »Rayuela« (1963) des Argentiniers Julio Cortázar (1914–1984) beschreibt die Abenteuer eines argentinischen Bohemiens in Paris und Buenos Aires, während der Roman »Die Stadt und die Hunde« (1963) des peruanischen Nobelpreisträgers **Mario Vargas Llosa** (1936–2011) das brutale Leben von Kadetten einer Militärschule schildert. All diese Autoren haben weitere große Werke geschrieben. Auch die Romane des Uruguayers **Juan Carlos Onetti** (1909–1994) und des Chilenen José Donoso (1925–1996) gehören zu den – allerdings weniger bekannten – Meisterwerken des Booms.

Eine völlig eigene literarische Welt erschloss der argentinische Nobelpreisträger **Jorge Luis Borges** (1899–1986). Seine von grenzenloser Belesenheit zeugenden Kurzgeschichten mit apokryphen Zuschreibungen, gefälschten Bibliographien und abenteuerliche Schurkereien sprengen die Normen der realistischen Fiktion. Borges schrieb auch wegweisende Avantgardepoesie. Als wohl bedeutendster Dichter gilt aber der ebenfalls mit dem Nobelpreis ausgezeichnete chilenische Dichter **Pablo Neruda** (1905–1973), dessen Meisterwerk »Canto general« (1950) die bewegte Geschichte Lateinamerikas in zeitlose Verse fasst.

Die beiden herausragenden brasilianischen Schriftsteller des 20. Jahrhunderts sind **Clarice Lispector** (1920–1977), deren introspektiven sprachexperimentellen Erzählungen wie »Nahe dem wilden Herzen« (1944) über Frauen, die in konventionellen Lebensstilen gefangen sind, lange unterschätzt wurden, sowie **João Guimarães Rosa** (1908–1967), der mit »Grande Sertão« (1956) ein episches Meisterwerk über Ehre, Mut, Liebe und Verrat schuf. Leichtere, aber immens lesenswerte Kost liefern die Bahia-Romane von **Jorge Amado** (1912–2001) und **João Ubaldo Ribeiro** (1941–2014).

Mit »Das Geisterhaus« (1982) schrieb **Isabel Allende** (*1942) den in Deutschland erfolgreichsten Roman einer lateinamerikanischen Autorin. Der vielleicht beste südamerikanische Autor des noch jungen 21. Jahrhunderts ist der viel zu früh verstorbene Chilene **Roberto Bolaño** (1953–2003). Er knüpft mit »Die wilden Detektive« (1998) und dem postum veröffentlichten Roman »2666« an die bibliomanen Fantasien von Jorge Luís Borges und Julio Cortázar an und fesselt das Lesepublikum von der ersten bis zur letzten Seite, wie es so viele Meisterwerke der lateinamerikanischen Literatur vermögen.

1982 wurde der kolumbianische Schriftsteller Gabriel García Márquez mit dem Nobelpreis für Literatur ausgezeichnet

FESTE & VERANSTALTUNGEN

Im Sambódromo von Rio de Janeiro findet der Umzug und Wettbewerb der Sambaschulen im Karneval statt

Die unzähligen lokalen Feste Südamerikas aufzuzählen würde jeden Rahmen sprengen. **Karneval** und **Semana Santa** sind die Highlights des Kontinents und werden in vielen Orten glanzvoll gefeiert.

Januar: Während die chilenische Hauptstadt mit Santiago a Mil eines der wichtigsten Theater- und Tanzfestivals des Kontinents feiert, findet auf der anderen Seite der Anden in der Nähe von Córdoba in Cosquín Argentiniens hochrenommiertes Festival Nacional del Folklore statt.

Februar: Zwischen Mitte Februar und Anfang März verfallen viele Städte in einen rauschhaften Zustand. Legendär ist der Karneval von Rio, Salvador und Recife/Olinda, doch auch in Oruro und Santa Cruz (Bolivien), Barranquilla (Kolumbien), Montevideo (Uruguay), Encarnación (Paraguay) und Carúpano (Venezuela) wird mit Kostümparaden ungemein farbenfroh und ausgelassen gefeiert. Am Titicacasee nimmt schon vorher die Fiesta de la Virgen de la Candelaria (Mariä Lichtmess, 2. Februar) karnevalsartige Züge an.

März/April: Die Semana Santa (Karwoche) wird in ganz Lateinamerika mit Inbrunst begangen. In Quito (Ecuador) ziehen Büßerprozessionen durch die Straßen, in Ouro Prêto (Brasilien), aber nicht nur dort, verwandelt man die Straßen in einen Blumenteppich. Am farbenfrohsten feiert Ayacucho (Peru) die Tage vor Ostern. In Montevideo findet gleichzeitig die Semana Criolla statt, ein traditionelles Gauchofestival. In Mendoza dreht sich während der fünftägigen Fiesta Nacional de la Vendimia alles um den argentinischen Wein, während im bolivianischen Tarabuco das Folklorefest Pujillay mit Tänzen und viel Chicha (Maisbier) an den Sieg lokaler Freiheitskämpfer über spanische Truppen erinnert. In Santiago findet Ende März mit Lollapalooza Chile das größte Rockfestival des Landes statt.

Mai/Juni: Die Diablos Danzantes sind Hunderte als Teufel verkleidete Tänzer, die an Fronleichnam durch die Straßen springen. Ebenfalls an Fronleichnam unternehmen anlässlich des Festes Q'Olloriti (Schneestern) Tausende eine mit indigenen Ritualen durchsetzte Pilgerfahrt zu einem 4700 m hoch gelegenen Gletscher des heiligen Berges Ausangate südlich von Cusco (Peru). Etwas später feiert man in vielen Andenstädten, besonders rund um Cusco und Otavalo (Ecuador) die Sonnenwende Inti Raymi. Ende Juni tobt in São Luís de Maranhão (Brasilien) das Fest Bumba Meu Boi, das afrikanische, indigene und europäische Traditionen vermischt und einen Schöpfungsmythos der Region mit Theater und Tanz zum Leben erweckt. Ebenfalls im Juni zelebriert São Paulo (Brasilien) die größte Gay Pride Party des Kontinents.
Juli: Die wichtigsten Festivitäten dieses Monats sind die mit Feuerwerk und Trinkorgien begleiteten Kostümparaden des einwöchige Patronatsfestes im bolivianischen San Ignacio de Moxos (Bolivien, ab 22. Juli) und das am 25. April mit ähnlichen Lustbarkeiten begangene Gründerfest von Guayaquil (Ecuador).
August: Beim zweiwöchigen Festival Mundial de Tango zeigen in Buenos Aires die besten Tangoprofis der Welt ihre sinnliche Kunst. Das Festival de Música del Pacífico Petronio Álvarez in Cali (Kolumbien) bringt zur gleichen Zeit mit ansteckenden afrokolumbianischen Rhythmen die ganze

Inti Raymi, eine religiöse Zeremonie der Inka zu Ehren der Sonne, wird am 24. Juni in Cusco mit Theaterdarstellungen inszeniert

Nirgendwo wird Mariä Lichtmess (Fiesta de la Virgen de la Candelaria) farbenfroher begangen als im bolivianischen Copacabana am Titicacasee

Die Feria de las Flores in Medellín wird seit 1957 mit kunstvollen Kreationen der Blumenzüchter von Santa Elena gefeiert

Stadt in Schwung und Feierlaune. In Medellín (Kolumbien) feiert man inzwischen die Feria de las Flores mit Paraden, Blumenschauen und einer Gastromesse. Die »Schwanenjungfrau« La Virgen del Cisne kommt in Ecuadors südlichem Hochland am 15. August in den Genuss einer farbenfrohen Pilgerfahrt nach Loja.

September: Die in geraden Jahren zwischen September und Dezember stattfindende Bienal de São Paulo ist eines der bedeutendsten Kunstereignisse Südamerikas und findet weltweite Beachtung. Im September erinnert in Latacunga (Ecuador) die Fiesta de la Mamá Negra an die Sklavenbefreiung im 19. Jahrhundert.

Oktober: Das größte Oktoberfest Südamerikas findet, anders als in München, Mitte des Monats in Blumenau (Brasilien) statt. Círio de Nazaré in Belém (Brasilien) ist eines der wichtigsten katholischen Feste des Kontinents, an dem sich eine Million Menschen beteiligen. Ein faszinierendes Kontrastprogramm dazu bietet das hinduistische Lichterfest Divali in Guyana und Suriname (Oktober/November).

November: Rund um den 10. November feiert man zum Día de la Tradición in San Antonio de Areco (Argentinien) eine Woche lang die Tradition der Gauchos mit Reitershows, Paraden, Musik und Tanz. Vom 2.–5. November reihen sich im ohnehin feierwütigen Puno (Peru) am Titicacasee gleich drei Feste aneinander. Mitte November findet das renommierte Festival Internacional de Cine de Mar del Plata (Argentinien) statt.

Dezember: Highlights des Monats sind das Festival Internacional Buenos Aires Jazz, die Fiestas de Quito (Ecuador) sowie Carnatal in Natal, Brasiliens größter Karneval, der nicht im Februar oder März gefeiert wird. Nirgendwo klingt das Jahr schöner aus als in Rio de Janeiro. Zwei Millionen weißgekleidete Menschen versammeln sich an der Copacabana, um zu Ehren der Meeresgöttin Yemenjá kleine Boote mit Blumen und Kerzen aufs Meer hinauszuschicken, ein gigantisches Feuerwerk zu bewundern und bis in den frühen Neujahrsmorgen ohne Ende Party zu machen.

Die regionalen Spezialitäten Südamerikas sind gar nicht aufzuzählen. Besonders gut isst man in Peru, doch auch die afrikanisch inspirierte Küche im brasilianischen Bahia ist eine Reise wert. Dazu kommen Gerichte für Abenteuerlustige, von gerösteten Riesenameisen *(hormigas culonas)* bis zu Meerschweinchen *(cuy)*.

FLEISCH

Für die Argentinier ist die Sache klar: Die Rinder der Pampas liefern das beste *bife de chorizo* (Rumpsteak) und das feinste *bife de lomo* (Filetsteak) für den *Asado* – die Zubereitung auf einem Grill oder über offenem Feuer. *Churrasco* heißt die brasilianische Version dieser Rindfleischorgien. Auch hier wird das Fleisch mit der fettreichen Seite nach unten auf Spießen oder Gittern über Holzkohle oder offenem Feuer gegrillt. Das Fleisch taucht man dann gerne in geröstetes Maniokmehl *(farofa)*. Uruguay und Paraguay reden beim Steak natürlich ein gewichtiges Wörtchen mit. In Venezuela wird das Rindfleisch als *muchacho*, *ganso*, *solomo* und *lomito* geschnitten. Die Peruaner essen es am liebsten als *lomo saltado* (gebraten mit Zwiebeln, Essig, Ingwer, Chili, Tomaten und Bratkartoffeln). In Argentinien, Chile, Uruguay und Kolumbien wird auch Wurst (*chorizo*, *longaniza* und *morcilla*) sehr geschätzt. In Patagonien steht oft saftiges Lamm *(cordero)* auf der Speisekarte, im Norden Südamerikas dafür pikant geschmortes Zicklein *(cabrito)*, und besonders in Kolumbien lässt man sich das köstliche Spanferkel *(lechona)* schmecken.

ESSEN & TRINKEN

Carne Asada *(saftiges Steak vom Grill)*, *wird in ganz Südamerika geschätzt*

In chilenischen Bäckereien sind wahre Künstler am Werk

EINTÖPFE

Fleisch schmeckt auch in Eintöpfen vorzüglich. Argentinien, Uruguay und Kolumbien lieben ihren *puchero* (Eintopf aus Siedfleisch, Kartoffeln, Süßkartoffeln, Maiskolben, Kürbisstücken und weiteren Gemüsesorten), die Brasilianer ihren herzhaften Bohneneintopf *feijoada* mit Fleisch- und Wursteinlagen, die Chilenen ihre *cazuela de ave*, einen nahrhaften Geflügeleintopf (mit Rindfleisch heißt er *cazuela de vacuno*). *Locro* ist ein dicker Eintopf aus Mais, weißen Bohnen, Rindfleisch, Wurst, Kürbis und Kräutern, den man besonders im Nordwesten Argentiniens und in den Andenregionen von Peru und Ecuador mag. In Kolumbien, Venezuela und Ecuador kommt oft *sancocho* auf den Tisch, eine dicke Brühe mit Fleisch (an der Küste auch Fisch), Kartoffeln, Mais, Yucca, Süßkartoffeln und Kochbananen.

SNACKS

Fast allgegenwärtig sind *empanadas*: Die in vielen Varianten gefüllten Teigtaschen schmecken im Nordwesten Argentiniens und in Bolivien besonders gut. In Kolumbien und Venezuela sind die *arepas* genannten gefüllten Maisfladen geradezu ein Grundnahrungsmittel. Auch *tamales* gelten als perfekter Snack: Fleischpasteten mit Kartoffeln, Reis, Erbsen, Zwiebeln und Eiern, die man in Bananenblätter wickelt und dämpft.

FISCH UND MEERESFRÜCHTE

Peru, Chile und Ecuador sind die Hochburgen des *ceviche*. In seiner ursprünglichen Form sind das kleingeschnittener, roher Weißfisch und Meeresfrüchte verschiedener Sorten, die man in einem Sud aus Limettensaft, Salz, Chilis, Gewürzen und Kräutern mariniert. Dazu kommen je nach Region weitere Zutaten wie Zwiebeln und Chilischoten. Sehr lecker schmeckt auch *escabeche*: Fisch mit Zwiebeln, scharfer grüner Paprika, roter Paprika, Garnelen, Kreuzkümmel, hartgekochten Eiern und Oliven. *Parihuela* ist eine Fischsuppe mit Meeresalgen, *aguadito* eine dicke Reis- und Fischsuppe und *chupe de camarones* ein feiner Garneleneintopf. Feine Seefische sind *pargo* (roter Schnapper), *corvina* (weißer Seebarsch), *albacora* (Schwertfisch), *carite* (Makrele) und viele lokale Varianten wie z. B. der *congrio* (Chile-Kingklip). Wer sich jedoch nicht entscheiden kann, bestellt eine *parrillada de mariscos*: Gemischtes Seafood, das brutzelnd vom Holzkohlengrill serviert wird. Unter den Urwaldfischen ist der *paiche* oder *pirarucu* genannte riesige Süßwasserfisch besonders beliebt, gerne serviert mit Palmherzen, Yucca und Kochbananen. Im Amazonas schwimmen aber auch unendlich viele andere wohlschmeckende Arten, die man auf dem Fischmarkt in Belém und vielen Restaurants im Nordosten Brasiliens kennenlernen kann.

OBST UND DESSERTS

Südamerikas tropische Früchte werden gerne als Vorspeise serviert oder in feinen Desserts verarbeitet. Je weiter man nach Süden kommt, desto mehr macht sich der italienische Einfluss bemerkbar. Eis schmeckt in Argentinien fast noch besser als in Italien, besonders wenn es mit

Besonders die kleinen Süßbananen schmecken in Peru unvergleichlich gut

patagonischen Beeren zubereitet wird. *Dulce de leche* ist Argentiniens heißgeliebte Nachspeise, wird aber in ganz Südamerika gerne gegessen.

GETRÄNKE

In Brasilien und an der Karibikküste werden tropische Früchte wie *chirimoyas*, *curuba*, *feijoa*, *guayaba*, *maracuyá*, *guanábana*, *lulo*, *mora*, *tomate de árbol* und *papaya* zu frischen Säften oder *batidos* genannten Smoothies verarbeitet. Immer köstlich ist *água de coco*: Kokoswasser, das man aus einer gekühlten, frisch aufgeschlagenen Kokosnuss trinkt.

In Argentinien, Uruguay und Paraguay wird *Mate* – das anregende »Nationalgetränk« – aus den Blättern der *yerba mate* zubereitet, schmeckt leicht bitter und wird traditionell aus einem Kürbis durch einen silbernen, perforierten Strohhalm getrunken.

Die besten Weine stammen aus dem Valle Central (Chile) und aus der Region Mendoza (Argentinien), doch auch im Nordwesten Argentiniens, in Uruguay, im Süden Brasiliens sowie im Süden von Peru und Bolivien wird guter Wein angebaut.

In allen Ländern gibt es sehr gute Lagerbiere, woran die deutschen Einwanderer nicht unschuldig sind. In Brasilien und Chile trinkt man gerne eiskaltes Bier vom Fass, das man *chope* nennt (nach dem deutschen Wort »Schoppen«).

Der klare Branntwein *pisco* ist in Peru und Chile geradezu ein Nationalgetränk, und schmeckt als Cocktail Pisco Sour am besten. Mit dem brasilianischen Zuckerrohrschnaps *cachaça* (das Feuerwasser heißt *aguardiente*) mixt man die wohlbekannte *caipirinha*. In Kolumbien, Venezuela und den Guayanas werden vorzügliche Rumsorten produziert.

UNTERKÜNFTE

Die Auswahl an Unterkünften in Südamerika ist enorm, die Preisspannen sind es ebenso. Am günstigsten übernachtet man in den Andenländern (besonders Bolivien), wesentlich teurer in Chile, Argentinien (besonders Patagonien), Brasilien und den Guayanas. Die Unterkunftslisten der örtlichen Fremdenverkehrsämter sind keine Empfehlungen, da die Betreiber für den Eintrag bezahlen. Man kann die Unterkünfte in den Touristenbüros auch meist nicht buchen. Unbedingt rechtzeitig reservieren sollte man in der Weihnachtszeit, rund um die *Semana Santa* (Karwoche), während lokaler Ferienzeiten und zu Festen, ganz besonders Karneval. Airbnb (www.airbnb.com) und CouchSurfing (www.couchsurfing.org) werden auch in Südamerika immer beliebter. Beschränkungen wie in überlaufenen europäischen Touristenhochburgen gibt es bislang noch nicht. WLAN bietet fast jede Unterkunft, und das meist kostenlos.

HOTELS

Die Sternebewertung der Hotels entspricht in Südamerika oft nicht europäischen Standards. In den Großstädten ist die gesamte Palette der internationalen Hotelketten vertreten. Charmanter sind oft individuelle Mittelklasseunterkünfte, die in Kolonialstädten nicht selten in wunderschön restaurierten Gebäuden untergebracht sind. In Argentinien wird der Preis von 4- und 5-Sterne-Hotels fast immer ohne die erhobenen 21 % Mehrwertsteuer genannt, in Chile sind es 19 %, in Kolumbien 16 %, in den anderen Ländern meist weniger. Oft kommt dazu noch ein Servicezuschlag. In Peru müssen ausländische Gäste die erhobenen 18 % Verkaufssteuer nicht bezahlen. In Venezuela sind Hotels entweder spottbillig oder sündteuer, je nach-

Die alte kolumbianische Kaffee-Finca Romelia ist heute eine stilvolle Unterkunft

Die Uros Titicaca Lodge bietet traditionelle Unterkunft auf einer schwimmenden Schilfinsel im Titicacasee

dem, wie günstig man Geld tauschen kann. Allerdings sind die meisten Unterkünfte aufgrund der Wirtschaftskrise heruntergekommen. Noch am besten in Schuss gehalten werden Hotels in Caracas und auf den Ausflugsinseln Los Roques. Im Westen des Landes haben sich an die 20 Pousadas unter dem Label El Circuito de la Excelencia (www.circuitodelaexcelencia.com) zusammengeschlossen und bemühen sich, relative gute Standards zu halten.

POUSADAS/POSADAS UND B&B

Pousada heißt die brasilianische Version des Bed & Breakfast, oft auch ein kleines charmantes Hotel. Viele Pousadas mit besonders hohem Standard sind unter www.roteirosdecharme.com.br und www.hiddenpousadasbrazil.com verzeichnet. Auch in den Feriengebieten Chiles und Argentiniens findet man zunehmend komfortable familiengeführte Posadas, im Seengebiet nicht selten mit deutschstämmigen Inhabern. Die staatlich geförderten kolumbianischen Posadas sind dagegen meist einfachere Unterkünfte. In Bolivien gibt es wiederum erstaunlich preiswerte Boutiquehotels, in Peru und Ecuador sind sie etwas teurer, aber ebenfalls zu empfehlen. Familiengeführte Unterkünfte können auch *casa de huéspedes, hospedaje, pensión, casa familial* oder *casa residencial* heißen.

ESTANCIAS, FINCAS, URWALDLODGES

In der Regel teuer, aber sehr empfehlenswert sind Übernachtungen auf *Estancias* in Argentinien (www.estanciasargentinas.com) und Uruguay (www.lares.com.uy): Sie bieten meist jeglichen Komfort und jede Menge Einblicke in das ländliche Leben der oberen Mittelschicht. In der Pampa sind es meist riesige Rinderfarmen, im Süden Patagoniens auch Schaffarmen und im Westen noble Weingüter, meist in Traumlage. Viele Estancias haben ein breitgefächertes Angebot für Aktivurlauber: Reiten, Angeln, Wildwasserfahrten und Trekking. In der kolumbianischen Zona Cafetera sollte man wenigstens eine Nacht in einer Kaffee-Finca verbringen. Oft nur mit dem Boot zu erreichen sind die Lodges der Amazonaswälder von Peru, Ecuador und Brasilien.

MOTELS

Ein Motel wird in Südamerika in der Regel nicht zum Schlafen genutzt. Die besten dieser Stundenhotels (in Argentinien heißen sie *telos*) bieten aber nicht selten den Komfort eines 4-Sterne-Hotels, doch kostet eine Übernachtung (meist 22–8 Uhr) oft viel weniger. Zwischen zwei Flügen kann ein Motel (Taxifahrer fragen!) also durchaus eine Option sein.

HOSTELS

Eine Übernachtung in Hostels ist besonders in Argentinien und Chile eine gute Wahl für Reisende mit knappem Budget. Besonders günstig schläft man in meist nach Geschlechtern getrennten Mehrbettzimmern *(dormitorios).* Zweibettzimmer sind teurer und oft kaum günstiger als eine nette kleine Posada. In Argentinien informiert man sich unter www.hitravel.com.ar, in Chile unter www.hostelling.cl, in Brasilien unter www.albergues.com.br. In den übrigen Ländern lohnen sich Hostels meist nicht.

CAMPING

Besonders in Argentinien (www.solocampings.com.ar und www.acampante.com) und Chile (www.campingchile.cl) ist Camping in den schönsten Feriengebieten und in Nationalparks sehr beliebt. Viele Plätze bieten hohe Standards und eine tolle Lage in den Bergen oder in Strandnähe, sind aber in der Nebensaison oft geschlossen und zwischen Weihnachten und Mitte Februar oft ausgebucht. Im tiefen Süden Chiles ist auch Zelten in freier Natur recht sicher und kaum beschränkt. Im Sommer wird ebenso in den kleinen Küstenorten entlang der Ruta Interbalnearia Uruguays viel gezeltet. In Brasilien betreibt der Camping Clube do Brasil über 40 Plätze. In Bolivien, Peru und Ecuador wird man besonders auf längeren Trekkingtouren im Zelt übernachten. Organisierte Campingplätze gibt es dagegen kaum. Dafür findet man in so gut wie jeder Ortschaft auch schlichte Unterkünfte. In Venezuela ist Camping zu gefährlich.

Besonders Trekker schätzen die Zeltunterkünfte in Chiles Nationalpark Torres del Paine

SPORT & AKTIVITÄTEN

Südamerika ist ein Paradies für Aktivurlauber und Abenteuersportler. Neben Wandern, Bergsteigen, Biking, Rafting, Reiten, Surfen und Wintersport kann man hier auch ausgefallenere Sportarten betreiben: Sandboarding, Landsegeln, Paragliding, Whalewatching, Hundeschlittenfahren, Ziplining und tausend andere Dinge mehr.

WANDERN UND TREKKING

Besonders beliebt sind die alten Inka-Pfade in den Andenländern Peru, Bolivien und Ecuador, wobei man eine Wanderung auf dem berühmten **Inca-Trail** nach **Machu Picchu** Monate im Voraus reservieren muss. Doch schon rund um Cusco gibt es jede Menge Alternativen. Von Arequipa im Süden erforscht man zu Fuß mit dem **Cañón del Colca** und dem **Cañón del Cotahuasi** die beiden tiefsten Schluchten der Welt, von Huaraz führen markierte Trails hoch hinauf in die **Cordillera Blanca**. Nicht minder spektakulär sind die Wanderungen in der weiter südlich gelegenen **Cordillera Huayhuash**. Auch in Bolivien wandert man auf alten Inka-Straßen durch die Kordilleren hinunter in die Urwälder der **Yungas**. In Ecuador zieht der türkisfarbene Kratersee Quilotoa Wanderer an. In Brasilien kann man die schönsten Küstenabschnitte auch zu Fuß erkunden, im Bundesstaat Bahia lockt der **Parque Nacional da Chapada Diamantina**. In Kolumbien springt man auf der Wanderung durch den **Parque Nacional Tayrona** immer wieder ins warme Wasser traumhafter Karibikstrände. Schweißtreibender ist die mehrtägige Wanderung durch den Dschungel zur **Ciudad Perdida**. Die zwei- bis dreitägige Wanderung auf den Gipfel des Tafelberges **Roraima** in Venezuela gehört ebenfalls zu den Highlights in Südamerika.

In Südpatagonien sind der chilenische **Nationalpark Torres del Paine** und der argentinische **Parque Nacional Los Glaciares** mit den Gletscherfeldern und bizarren Bergmassiven von Fitz Roy und Cerro Torre der Traum aller Wanderer. Die weiter nördlich gelegenen Seengebiete beider Länder sind Wanderparadiese mit den schönsten Vulkanen und Wäldern Südamerikas.

Die peruanische Cordillera Huayhuash ist ein fantastisches Revier für Wanderer und Bergsteiger

Eine Gletscherwanderung auf dem Perito Moreno bei El Calafate in Argentinien gehört zu den Hightlights von Südpatagonien

BERGSTEIGEN

Der Aufstieg zum **Aconcagua** (6960 m), dem höchsten Gipfel der westlichen Hemisphäre, ist technisch gar nicht so schwer. Als anspruchsvollere Alternativen bieten sich in Argentinien mehrere weitere Sechstausender an, darunter der attraktive **Cerro Mercedario** (6770 m). In der peruanischen **Cordillera Blanca** gibt es besonders viele Fünf- und Sechstausender, ebenso in der bolivianischen **Cordillera Real**. In Ecuador besteigt man besonders gerne **Cotopaxi** und **Chimborazo**. In Kolumbien schwärmen Bergsteiger von den Nationalparks **Los Nevados** und **Sierra Nevada del Cocuy**, in den venezolanischen Anden gilt der **Pico Bolívar** als besonders attraktiv.

Alternativen für Höhenkranke (Gipfel unter 4000 m) bieten die grandiosen Vulkane **Vilarica** und **Osorno** in Chile sowie der **Lanín** in Argentinien, während für Eiskletterer der **Cerro Torre** das Maß aller Dinge ist. In Brasilien kann man sogar mitten in einer Traumstadt einen Berg erklettern, nämlich **Rios Zuckerhut**. Nicht weit entfernt bietet die **Serra dos Órgãos** weitere Herausforderungen.

Surfen ist in Brasilien geradezu ein Nationalsport

BIKING

Echte Hardcore-Biker rasen in Bolivien die »gefährlichste Straße der Welt« von La Cumbre in die Yungas hinunter. Eine der längsten Abfahrten der Welt führt vom **Parque Nacional Sajama** hinunter zur chilenischen Küste bei Arica. In Ecuador laden die Abfahrten an den Hängen von **Cotopaxi** und **Chimborazo** erfahrene Biker ein. In Peru gibt es Trails rund um **Huaraz**, **Arequipa** und Cusco. In Chile zieht die **Atacama** im Norden Biker ebenso an wie die **Carretera Austral** im Süden. Auch die Seengebiete Chiles und Argentiniens locken mit fabelhaften Trails.

RAFTING

In den Anden kommen auch Wildwasserfans auf ihre Kosten. Chiles **Río Futaleufú** bietet spektakuläre Touren der Klassen IV und V. Im benachbarten Argentinien gibt es rund um **Bariloche** und **Mendoza** ebenfalls sehr anspruchsvolle Flussabschnitte. **Tena** ist das Zentrum der Wildwasserfans in Ecuador, die auf dem oberen **Río Napo** (Klasse III+) und dem **Río Misahuallí** (Klasse IV+) ihr Können testen. In Peru bieten die Flüsse rund um Cusco und die Canyons nördlich von **Arequipa** nassen Adrenalinspaß aller Klassen.

REITEN

Die *Estancias* in Argentinien und Uruguay sind ganz auf die Bedürfnisse von Reitern eingestellt. Selbst tagelange Exkursionen sind kein Problem. Auf Feuerland kommt man mit dem Pferd sogar in Gegenden, die weder mit dem Auto noch zu Fuß zugänglich sind. In Brasilien reitet man gerne auf alten Maultierpfaden in Küstennähe, in Chile sind die fruchtbaren Flusstäler für Reiterferien gut geeignet. Auch einige *Haciendas* in Ecuador bieten Urlaub auf dem Pferderücken an.

SURFING

Brasilien ist Südamerikas beliebtestes Surferziel. Zwischen Santa Catarina im Süden und São Luís im Norden warten unzählige Breaks, die allerbesten aber am Strand **Cacimba do Padre** auf der Insel **Fernando de Noronha** weit vor der Küste von Natal. Schon die Beach Boys schwärmten von **Pico Alto** an der peruanischen Nordküste. Ebenso spektakulär sind die endlos langen Breaks von Puerto Chicama. Chiles Hotspot heißt **Pichilemu**, in Ecuador surft man rund um **Guayaquil** und auf der Galápagosinsel **San Cristóbal**.

SKIFAHREN UND SNOWBOARDEN

Wenn in Europa Sommer ist, haben die Resorts in den argentinischen und chilenischen Anden Hochkonjunktur. Pulverschnee vom Feinsten, Weltklassepisten und meist ein stahlblauer Himmel sorgen für ungetrübtes, nicht ganz billiges Wintersportvergnügen. In der Nähe von Mendoza liegt **Las Leñas** mit den besten Schneeverhältnissen Argentiniens und den längsten Abfahrten. Im Seengebiet bieten der **Cerro Catedral** bei Bariloche und der **Cerro Chapelco** bei San Martín de los Andes gute Bedingungen. Die Einwohner von Santiago de Chile haben es einfach: Die besten Skigebiete des Landes liegen gerade einmal eine Autostunde östlich der Hauptstadt. Wer die Hänge eines rauchenden Vulkan hinabsausen möchte, steuert den **Parque Nacional Villarrica** weiter südlich an. Auch der Vulkan **Osorno** bietet Skifahren mit spektakulären Ausblicken.

Der Río Futaleufu im chilenischen Nordpatagonien stellt Kayakfahrer vor echte Herausforderungen

DIE BESTEN ZUGFAHRTEN

Den ganzen Kontinent mit der Eisenbahn zu erkunden ist schon aufgrund der riesigen Distanzen und dem in vielen Ländern längst reduzierten Angebot nicht praktikabel. Trotzdem hat Südamerika einige der fantastischsten Zugfahrten der Welt zu bieten.

TREN MACHU PICCHU (PERU)

Südamerikas populärste Zugreise › S. 320 endet zwar nicht direkt vor dem Eingang zur berühmten Ruinenstätte der Inka, aber von der Endstation Aguascalientes ist es nur noch eine kurze Busfahrt hinauf zum Weltkulturerbe. Peru Rail (www.perurail.com) bietet mit den Zügen »Expedition« und »Vistadome« preiswerte Varianten. Wer es richtig luxuriös mag, wählt den wirklich noblen Zug »Belmond Hiram Bingham«. Das ist die Gesellschaft, die auch den Venice Simplon-Orient-Express betreibt. Wer auf den Geschmack gekommen ist und das nötige Kleingeld mitbringt, kann mit den Luxuszug »Belmond Andean Explorer« von Peru Rail eine dreitägige Traumfahrt mit Schlafwagen, Edelsalon und Spa von Cusco zum Titicacasee und von dort weiter nach Arequipa (mit Ausflügen) unternehmen. Sehr stimmungsvoll ist auch die kürzere Variante: Eine zehnstündige Fahrt mit dem »Andean Explorer« in nostalgischen Waggons von Cusco nach Puno am Titicacasee.

Der Konkurrent Inca Rail (www.incarail.com) kontert mit dem neuen Machu Picchu Train, der mit besonders großen Panoramafenstern und einem eigenen Aussichtswaggon lockt, wie man das von Kanadas Rocky Mountaineer kennt. Der Zug verkehrt zwischen Poroy und Aguas Calientes sowie zwischen Ollantaytambo und Aguas

Der Tren Crucero in Ecuador bietet eine der atemberaubendsten Zugfahrten Südamerikas

Calientes. Die Aussichten auf das Heilige Tal der Inka sind in jedem Fall atemberaubend.

TREN CRUCERO (ECUADOR)

Die viertägige Luxusfahrt mit dem Tren Crucero (www.trenecuador.com) von Quito durch die Anden nach Guayaquil gilt als gefährlichste Zugstrecke der Welt › S. 360. Zumindest der in eine Felswand gehauene Abschnitt Nariz del Diablo (Teufelsnase): Eine extrem steile Serpentinenstrecke, die etwa 10 km lang an einen 450 m tiefen Abgrund entlangführt. Früher verkehrte ein Zug auf dieser Strecke, bei dem viele Passagiere auf dem Dach ihres Waggons saßen!

TREN A LAS NUBES (ARGENTINIEN)

Der »Wolkenzug« (www.trenalasnubes.com.ar) durch den Altiplano Nordwestargentiniens gilt als eine der höchsten Zugstrecken der Welt › S. 249. Vom 1187 m hoch gelegenen Salta (möglicherweise wird die erste Teilstrecke mit dem Bus gefahren) geht es durch das Valle de Lerma und die Quebrada del Toro, bis der Zug auf seiner 217 km langen Fahrt beim Viadukt La Polvorilla seine Maximalhöhe von 4220 m erreicht. Von San Antonio de Los Cobres geht es dann wieder zurück nach Salta.

SERRA VERDE EXPRESS (BRASILIEN)

Die schönste Zugfahrt in Brasilien führt im Süden des Landes von Curitiba nach Paranaguá › S. 189. Der erste Streckenabschnitt bis zur Kolonialstadt Morretes ist der landschaftlich schönste. Über drei Stunden lang geht es durch die Berge und Regenwälder von Paraná (www.serraverdeexpress.com.br).

Wenn es um die schönsten Strände des Kontinents geht, dann sind Karibik- und Atlantikküste klar im Vorteil, es sei denn, man will surfen gehen. Dann spielt die rauere Pazifikküste ihre Trümpfe aus. Dort sorgt der Humboldtstrom für wesentlich kühleres Wasser, Küstennebel und manchmal wenig attraktive Wüstenei.

Ideal für Surfer und Kitesurfer, die sich lieber ohne Wetsuits in die Brandung stürzen möchten, ist **Máncora** im nördlichen Peru. Die schönsten Strände Ecuadors liegen auf den **Galapagosinseln**, doch Leute mit schmalerem Budget werden sich an den Stränden des von trockenen Küstenwäldern geprägten **Parque Nacional Machalilla** wohlfühlen. Zwischen Mitte Juni bis Oktober ziehen Buckelwale aus dem Südpazifik an der Küste vorbei.

ATLANTIKKÜSTE

An der von atlantischem Regenwald gesäumten **Costa Verde** südlich von Rio reiht sich ein Traumstrand an den nächsten. Ein absolutes Highlight Brasiliens ist die **Praia Lopes Mendes** auf der **Ilha Grande**: Über 3 km blendend weißer Sand, tiefblaues Meer, smaragdgrüne Wälder und relaxtes Publikum. Im Sommer zieht es *Paulistas* und *Cariocas* auch an die herrlichen weiten Strände von **Florianopolis**. Besonders schön ist **Joaquina** mit Sandünen, Surferbrandung, leckerem Seafood und viel jungem Publikum. Weitere Favoriten der Sommerurlauber sind die Strände von **Punta del Diablo** und **José Ignacio** an Uruguays Küste.

Im südamerikanischen Winter fliegen Brasiliens Sonnenhungrige in den Nordosten. Besonders angesagt ist **Jericoacoara** (»Jeri«) bei **Fortaleza** mit seinen schicken Pousadas und Gourmetrestaurants. Hier ist schon mancher Traveller wochenlang hängengeblieben. Mit Buggies könnte man stundenlang am endlosen Dünenstrand entlangfahren und abends bei feinen Cocktails und relaxter Musik den traumhaften Sonnenuntergang bewundern.

TRAUMSTRÄNDE

Die Ilha Grande an der brasilianischen Küste südlich von Rio besitzt einige der schönsten Strände Südamerikas

Im kolumbianischen Parque Nacional Tayrona werden Karibikträume wahr

Wie eine Arche Noah treibt die brasilianische Insel **Fernando de Noronha** vor der Küste Natals im Atlantik. Nur ein paar hundert Touristen dürfen täglich auf der zum Weltnaturerbe erklärten Insel übernachten. In der **Baia dos Golfinos** vollführen Delfine am frühen Morgen Luftsprünge, in der **Baia do Sudeste** tummeln sich Meeresschildkröten. Der schönste Strand ist vermutlich die **Bahia do Sancho**: ein von mächtigen Felsen gesäumter Halbmond mit samtweichem Sand, dunklen Lavafelsen und kristallklarem blaugrünem Wasser.

KARIBIKKÜSTE

Venezuela und Kolumbien wetteifern um die schönsten Karibikklischees. Die Inseln des **Archipiélago Los Roques** laden dazu ein, die enormen Probleme Venezuelas für ein paar Tage zu vergessen. Die vielen Traumstrände der venezolanischen Festlandküste sind leider aus Sicherheitsgründen derzeit fast verwaist. Kolumbien boomt dagegen, und allmählich spricht sich herum, wie einzigartig die Strände des **Parque Nacional Tayrona** sind. Sie liegen nur etwa 40 km östlich der Urlauberhochburg Santa Marta. Mit dem Minibus ist das Besucherzentrum Punta Cañaveral in einer knappen Stunde erreicht. Dort kann man hoch über dem Meer in *Ecohabs* genannten Luxus-*Cabañas* übernachten. Am schnellsten zugänglich ist der Strand von **Cañaveral**, an dem sich die Palmen kokett übers Meer neigen. Zum Strand von **Arrecifes** läuft man etwa eine Stunde durch jungfräulichen Regenwald, von hier ist es eine weitere Stunde zum nicht minder paradiesischen Strand **El Cabo**. Riesige Felskugeln sprenkeln die Buchten, als hätten Dinosaurier hier ihre Eier hinterlassen. Mancherorts plätschert türkisfarbenes Meer sanft an idyllische, *Piscinas* genannte Bade- und Schnorchelbuchten, doch schon hinter dem nächsten felsigen Ausläufer der Sierra Nevada kann der Atlantik mit mächtigen Wellen an Land branden. Nur ein paar einfache Cabañas gibt es hier, aber viele Besucher knüpfen einfach ihre Hängematte zwischen zwei Palmen am Strand. Preiswerte kleine Restaurants servieren frischen Fisch und Meeresfrüchte. Hier kann man verloren gehen.

Vor der Küste Venezuelas liegen die herrlichen Strände des Archipélago Los Roques

REISE-INFORMATIONEN

Auf einem Flug ins südpatagonische El Calafate bieten sich traumhafte Aussichten auf die Gletscherlandschaften

Mit dem Auto reist es sich zu jeder Jahreszeit am besten auf Chiles Strtaßen

ANREISE & REISEN IM LAND

ANREISE

Mit dem Flugzeug

Über Madrid erreicht man alle Metropolen Südamerikas mit spanischen (Iberia, Air Europa) und südamerikanischen Fluglinien (Aerolíneas Argentinas, LATAM und TACA). Lufthansa fliegt u. a. nach São Paulo, Rio de Janeiro, Buenos Aires und Bogotá (auf Code-Sharing achten!). Der Norden Südamerikas ist auch mit Zwischenstopp in den USA (meist über ein Drehkreuz wie Houston, Atlanta oder Miami) sehr gut zu erreichen, allerdings muss man das ESTA-Verfahren (https://esta.cbp.dhs.gov/esta/) absolvieren und die langwierigen Einreiseprozeduren über sich ergehen lassen. Nach Brasilien fliegt die portugiesische TAP über Lissabon besonders häufig, Cayenne (Französisch-Guayana) ist am besten mit Air France über Paris zu erreichen, Guyana mit British Airways über London oder mit innerkaribischen Flügen. Die Flugpreise variieren saisonal beträchtlich: Am höchsten sind sie im Juli und August sowie Mitte Dezember bis Mitte Januar. Besonders günstig sind die Preise (ab 500 Euro nach São Paulo) in der Regel im Mai, Juni, Ende September sowie Februar bis April (außer Karneval und Ostern). Am besten recherchiert man ausgiebig auf der Website www.skyscanner.de.

Viele Einwanderungsbehörden in Südamerika bestehen darauf, dass bei der Einreise ein Inlandsflugticket oder Rückflugticket in das Herkunftsland vorgewiesen werden kann, aber die Regeln werden unterschiedlich streng gehandhabt.

Mit Schiff und Auto

Wer genügend Zeit mitbringt, kann von Europa aus mit dem Fracht- oder Kreuzfahrtschiff über Brasilien nach Uruguay reisen. Grimaldi Line (www.grimaldi-freightercruises.com) fährt etwa alle 15 Tage von Hamburg in 25–38 Tagen über Antwerpen, Dakar (Senegal), Rio de Janeiro, Santos und Paranaguá nach Montevideo (Rückfahrt 22–32 Tage). Je nach Komfort kostet eine Zweierkabine nach Brasilien pro Person zwischen 1659 und 3093 Euro (einfach), der Pkw wird für 1220 Euro (einfach) transportiert, Camping Cars ab 2580 Euro, ein Motorrad für 681 Euro. Man muss allerdings aufgrund des Zwischenstopps in Dakar mit Diebstahlsschäden am Fahrzeug rechnen. Auch die Hamburg Süd Reiseagentur GmbH (www.hamburgsuedfrachtschiffreisen.de) organisiert eindrucksvolle Frachtschiffreisen und klassische Kreuzfahrten.

REISEN IN SÜDAMERIKA

Neben regulären Linienbussen gibt es Minibusse, die abfahren, wenn sie voll sind: weniger bequem, aber meist sehr billig. Angesichts der Größe des Kontinents empfiehlt sich die Option, Langstrecken mit einem Inlandsflug zu überbrücken und sich vor Ort einen Mietwagen zu nehmen. Für kurze Strecken stehen oft auch Mototaxis zur Verfügung.

Mit dem Flugzeug

Flüge innerhalb Südamerikas kosten in der Regel mehr als in Europa oder Südostasien, doch Billigfluglinien sind auch hier im Aufwind. Inlandsflüge sind stets billiger als Flüge zwischen zwei Staaten. Wenn man z. B. von Buenos Aires nach Santiago de Chile möchte, spart man Geld, wenn man nur bis Mendoza fliegt und von dort mit dem Bus weiterreist. Es lohnt sich, den entsprechenden Airlines auf Twitter oder Facebook zu folgen, denn dort werden oft die besten Schnäppchen publiziert. Verspätungen und Fluganmullierungen sind jedoch häufig.

Die wichtigsten Fluglinien

Argentinien: Aerolineas Argentinas (www.aerolineas.com.ar), Fly Bondi (www.flybondi.com), LADE (www.lade.com.ar).

Bolivien: Amaszonas (www.amaszonas.com), Boliviano de Aviación (www.boa.bo), EcoJet (www.ecojet.bo), Transporte Aeréo Militar (www.tam.bo).

Brasilien: ASTA (www.voeasta.com.br), Avianca Airlines (www.avianca.com.br), Azul Airlines (www.voeazul.com.br), GOL (www.voegol.com.br), Passaredo Linhas Aereas (www.voepassaredo.com.br), LATAM (www.latam.com).

Chile: AeroCardal (www.aerocardal.com), Aerovias DAP (www.dapairline.com), Jetsmart (www.jetsmart.com), LATAM, Latin American Wings (www.vuelalaw.com), Sky Airline (www.skyairline.com).

Ecuador: Avianca, LATAM, TAME (www.tame.com.ec).

Guyana: Air Guyana (www.airguyana.biz), TransGuyana Airways (www.transguyana.net).

Kolumbien: Avianca (www.avianca.com), Copa Airlines (www.copaair.com), EasyFly (www.easyfly.com.co), LATAM, TAC Airline (www.taccolombia.com), VivaColombia (www.vivaair.com), Wingo (www.wingo.com).

Peru: Jetsmart (www.jetsmart.com), LATAM, LC Perú (www.lcperu.pe), Peruvian Air (www.peruvian.pe), Star Perú (www.starperu.com), Viva Air (www.vivaair.com).

Suriname: BlueWing Airlines (www.bluewingairlines.com), Surinam Airways (www.flyslm.com).

Uruguay: Aeromás (www.aeromas.com).

Venezuela: Aeropostal Alas de Venezuela (www.aeropostal.com), Albatros Airlines (www.albatrosair.aero), AviorAir (www.aviorair.com), Conviasa (www.conviasa.aero), Santa Barbara (www.sbairlines.com) Airlines, Sundance Airlines (www.sundance-airlines.com), Turpia Airlines (www.turpialairlines.com), Venezolana (www.venezolana.aero).

Airpässe

Für alle, die viel fliegen wollen, kann sich ein Airpass lohnen, den man stets vor Abflug nach Südamerika erwerben muss. Der gängigste ist der One World Visit South America Airpass (65 Ziele in 10 südamerikanischen Ländern, 1–12 Streckencoupons). Wählt man eine Airline der One World Alliance (LATAM, Iberia, British Airlines und American Airlines; www.oneworld.com) für den Interkontinentalflug, wird es nochmal günstiger. Ebenfalls interessant ist der GOL South America Airpass für Flüge zwischen Argentinien, Bolivien, Brasilien, Chile, Dominikanische Republik, Paraguay, Uruguay und Venezuela (Gültigkeit 5–30 Tage, 4–9 Streckencoupons). Flüge innerhalb Brasiliens sind nicht erlaubt, doch dafür gibt es den GOL Brazil Airpass. Er ist ab einer Strecke buchbar, allerdings ab dem ersten Flug nur 21 Tage gültig.

Auf einer Fahrt durch das Hochland Boliviens sollte man stets die Guanakos im Auge behalten

Sollte man also eine längere Brasilienreise planen, so kann man gegebenenfalls nicht alle Flüge mit dem Airpass bündeln. Ebenfalls für Brasilien interessant sind der Avianca Air Pass und der Azul Brazil Airpass. Den Visite Argentina Airpass kann man nur in Zusammenhang mit einem Interkontinentalflug nach Buenos Aires erwerben (3–12 Streckencoupons für bis zu 90 Tage).

Ein großer Vorteil aller Angebote ist die Gepäckbegrenzung. Während auf normal gebuchten Inlandsflügen eine Vorgabe von maximal 15 kg gilt, so gelten für Airpassbesitzer die großzügigeren Gepäckbestimmungen für einen Langstreckenflug.

Mit dem Bus

Die meisten Südamerikaner reisen mit dem Bus, schon weil man in der Regel kein Auto hat, und der Bus fast immer die preisgünstigste Wahl ist. Es gibt fast keinen Ort, den man nicht mit dem Bus erreichen kann. Die Hauptrouten sind komfortabel, zuverlässig und immer kostengünstig, in den Anden muss man mit klapprigeren Gefährten und halsbrecherisch fahrenden Chauffeuren rechnen, die lieber auf die Jungfrau Maria vertrauen als auf Verkehrsregeln. Mit einheimischen Passagieren ist schnell Bekanntschaft geschlossen. Die Entfernungen zwischen den Städten sind allerdings oft sehr groß, und in abgelegeneren Gebieten wie Patagonien gibt es nur wenige Busse und auch keine Möglichkeit, auf die Eisenbahn auszuweichen.

Im Prinzip kann man mit Bussen vom tropischen Norden bis Feuerland reisen. In der Regel muss man aber an der Grenze aussteigen, diese zu Fuß überqueren, und dann meist in einen anderen Bus des neuen Landes steigen. Zwischen den wichtigsten Metropolen gibt es auch durchgehende internationale Verbindungen. Die Busterminals liegen oft am Stadtrand. Folgen Sie der Beschilderung zum *Terminal* (in spanischsprachigen Ländern) oder zur *Rodoviária* (in Brasilien). Bei besseren Busunternehmen im Fernverkehr gibt es in der Regel Normalsitze, Sitze, die man teilweise zurücklehnen

(Semi-Cama) und Sitze, die man vollständig zurücklehnen kann *(Cama)*. Die Preise richten sich nach dem Grad des Komforts. In Argentinien sind Überlandbusse oft sehr luxuriös. Oftmals gibt es in den Bussen Bildschirme, über die Filme meist in Überlautstärke gezeigt werden. Außerdem gilt: Je luxuriöser, desto kälter ist die Klimaanlage eingestellt. Auch oder gerade in tropischen Gebieten ist eine wärmende Jacke Pflicht. Man sollte sich nie in letzter Minute einfinden, denn Busse fahren oft vorzeitig ab, wenn sie voll sind ist. Wenn die Fahrt mehr als drei oder vier Stunden dauert, sind Essenspausen in Straßenrestaurants (meist mit Toiletten) die Regel. Fragen Sie den Fahrer, wie lang der Stopp dauert. Im Zweifelsfall behalten Sie ihn während des Stopps im Auge und essen Sie am besten das, was er isst.

Busfahrpläne mit Preisen und Buchungsmöglichkeiten findet man u.a. auf www.plataforma10.com und www.omnilineas.com.ar (Argentinien), www.buscaonibus.com.br und www.rodoviariaonline.com.br (Brasilien), www.turbus.cl und www.pullman.cl (Chile) und www.redbus.pe (Peru).

Mit dem Mietwagen

In Südamerika muss man, vor allem außerhalb der Großstädte, mit Straßen rechnen, die in einem schlechten Zustand und voller Schlaglöcher sind. Am besten sind die Straßen in Chile. Die meisten internationalen Autovermieter lassen den Grenzübertritt mit einem Mietwagen nicht zu. Ausnahmen gelten für die Grenze zwischen Chile und Argentinien.

Autovermieter findet man an allen Flughäfen und in den meisten größeren Städten. Am besten bucht man online. Ein normales Auto reicht in der Regel, doch empfiehlt sich hohe Bodenfreiheit für schlecht befestigte oder unbefestigte Straßen. Für Berg- und Dschungelgebiete ist Allradantrieb sinnvoll. Die Schotterstraßen Patagoniens erfordern diesen indes nicht. Erwägen Sie aber den Einbau von Schutzgittern für Scheinwerfer und Windschutzscheiben. Diesel ist billiger als Benzin und leicht verfügbar.

Die Seelöwen auf den Galapagos-Inseln lassen sich von Kreuzfahrtschiffen nicht aus der Ruhe bringen

Die Mietkosten sind hoch, schon wegen der teuren Versicherungspolicen, die man aber unbedingt braucht. Schließen Sie diese möglichst schon im Heimatland ab. Ein internationaler Führerschein ist zu empfehlen, doch meist reicht der nationale. Ohne Kreditkarte läuft fast nichts. Überprüfen Sie Ihre Versicherung sorgfältig, ob Autodiebstahl und Vandalismus abgedeckt sind. Oft ausgeschlossen werden Schäden an den Reifen oder am Unterboden, und genau die treten aufgrund der schlechten Straßen häufig auf. Auch Naturkatastrophen wie Überflutungen sind fast nie abgedeckt. Haftpflichtversicherungen sind schwer zu bekommen und wenn doch, dann sehr teuer. Überprüfen Sie den Mietwagen vor Übernahme penibel auch auf kleinste Schäden und dokumentieren Sie jeden Kratzer am besten per Handyfoto, damit man Sie dafür nicht bei der Rückgabe zur Kasse bittet. Wer mehr als ein paar Wochen unterwegs ist, kann den Kauf eines Pkws in Erwägung ziehen: Es gibt einen florierenden Gebrauchtwagenmarkt, und man kann den Wagen in der Regeln binnen weniger Tage wieder verkaufen.

Der Fahrstil der Einheimischen ist gewöhnungsbedürftig. Häufiges Hupen gilt nicht als unhöflich, sondern geboten. Nachtfahrten sollte man tunlichst vermeiden. In allen Ländern außer Suriname und Guyana herrscht Rechtsverkehr.

Mit dem Zug

Das Eisenbahnnetz in Südamerika wurde in den letzten Jahrzehnten stark ausgedünnt. Mit dem Zug kreuz und quer durch Südamerika zu fahren ist daher nicht praktikabel. Doch einige Zugfahrten bieten tolle Landschaftseindrücke, darunter der Tren Machu Picchu (Peru), der Tren Crucero (Ecuador), der Tren a las Nubes (Argentinien) und der Serra Verde Express (Brasilien) › **S. 73**.

Mit dem Boot

Auf den südamerikanischen Seen, vor allem in Chile, Argentinien, Peru und Bolivien, verkehren Fähren und Katamarane. So kann man zwischen Argentinien und Chile regelrechtes »Seen-Hopping« betreiben oder auf dem Titicacasee von Peru nach Bolivien fahren. Den Amazonas kann man von Iquitos (Peru) bis Belém an der Atlantikküste hinunterschippern, auch auf dem Rio Negro verkehren Passagierboote. Am preiswertesten schläft man in Hängematten an Deck. Man sollte möglichst früh kommen, um sich einen guten Platz zu sichern (fern von Motoren, Toiletten und Essbereichen. Die größten und komfortabelsten Schiffe verkehren zwischen Manaus und Belém und bieten klimatisierte Schlafplätze mit Etagenbetten sowie Suiten mit eigenem Bad. Auf dem Amazonas verkehren auch Schnellboote, die allerdings wesentlich teurer sind als normale Flussdampfer. Wer in Paraguay viel Zeit hat, kann per Frachtschiff mit Schlafkabinen auf dem Río Paraguay gemächlich von Concepción flussaufwärts durch den Pantanal nach Bahia Negra im Dreiländereck von Bolivien, Paraguay und Brasilien tuckern. Auch Chiles Fjordküste lässt sich wunderbar mit Fähren erkunden. Eine echte Traumfahrt führt von Puerto Williams (Isla Navarino, Feuerland) nach Punta Arenas.

São Paulos Bahnhof Estação da Luz wurde bereits 1867 eröffnet

Auf der argentinischen Seite kommt man den Iguazú-Wasserfällen besonders nahe

KLIMA & REISEZEIT

Eine Faustregel: Je weiter man nach Süden fährt, desto ausgeprägter fallen die Jahreszeiten aus. Dagegen wird der äquatornahe Norden von Regen- und Trockenzeiten bestimmt. Im Amazonasgebiet unterscheidet man eher zwischen Hoch- und Niedrigwasserzeiten, denn regnen kann es dort immer.

Natürlich gibt es aufgrund der vielfältigen Naturräume viele regionale Klimazonen von schwülheiß über trocken-warm bis nasskalt. In den Andenregionen bestimmt die Höhe das Wetter. Die angenehmsten, oft das ganze Jahr über frühlingshaften Bedingungen herrschen im äquatornahen Hochland zwischen 800 und 2000 m. Im südlichen pazifiknahen Patagonien ist es dagegen fast immer windig sowie meist kühl und nass. Im Amazonasgebiet und an den Küsten der Guayanas ist die Luftfeuchtigkeit besonders hoch. An der Pazifikküste ist es im Norden sonnig und trocken, wenn nicht gerade Küstennebel herrscht. Je weiter man nach Süden kommt, desto kühler und feuchter wird es. Südchile hat die höchsten Niederschlagsmengen. An Brasiliens tropischer und subtropischer Atlantikküste sorgen kühlende Winde dafür, dass es fast nie unangenehm heiß wird. Südlich von Rio de Janeiro machen sich die Jahreszeiten immer stärker bemerkbar. Die Strände Südbrasiliens, Uruguays und Nordargentiniens sind nur zwischen November und März zum Baden geeignet, im Winter schließen die Resorts. An der Küste Patagoniens fühlen sich nur Robben und Pinguine wohl. Die Andenkette schirmt die patagonischen Pampas von pazifischen Niederschlägen ab, es ist hier also oft windig, aber trocken.

DER NORDEN

In **Kolumbien**, **Venezuela** und den **Guayanas** ist das Klima aufgrund der Nähe zum Äquator im Allgemeinen tropisch. Die Temperaturen schwanken das ganze Jahr über wenig. Im Regenwald des Amazonasgebietes, an der nördlichen Pazifikküste Kolumbiens und im zentralen Tal des Río Magdalena regnet es besonders viel (jährlicher Niederschlag über 2500 mm), bei Durchschnittstemperaturen von über 23 °C. An der südlichen Pazifikküste Kolumbiens und an der Karibikküste herrscht ein tropisches Monsunklima mit einigen trockeneren Monaten. Die atlantische Tiefebene, die Llanos und das obere Tal des Río Magdalena bieten tropisches Savannenklima mit – von Staub und Wind begleiteter – Trockenzeit von November bis April und Regenzeit (unterbrochen durch Trockenperioden) von Mai bis Oktober. Die jährliche Niederschlagsmenge beträgt 1000 bis 1800 mm, bei Jahresdurchschnittstemperaturen von meist über 23 °C. Ein trockeneres und heißeres Savannenklima herrscht an der karibischen Küste vom Golf von Morrosquillo bis zur Halbinsel La Guajira im Nordosten. Ähnliche Bedingungen gibt es im Regenschatten der tiefen Schluchten der Flüsse Patía, Cauca, Chicamocha und Zulia sowie in Teilen des oberen Magdalena-Tals.

In den Bergregionen hängt die Temperatur naturgemäß von der Höhe ab. Als Faustregel gilt, dass die Durchschnittstemperaturen gleichmäßig um etwa 0,6 °C pro 100 Meter sinken. Man unterscheidet drei große Temperaturzonen: *tierra caliente* (bis zu 900 m), *tierra templada* oder *tierra del café* (900–2000 Meter) und *tierra fría* (2000–3000 m). Die Tierra Templada bietet mit wenig Niederschlägen und Temperaturen zwischen 18 und 24 °C besonders angenehme Bedingungen. Kolumbiens Hauptstadt Bogotá liegt allerdings in der Tierra fría auf 2640 m. Hier regnet es an über 200 Tagen im Jahr, bei einer Durchschnittstemperatur von 14 °C. Das Klima der Hochgebirgsregionen – die Páramos (3000–4600 m) ist geprägt von Durchschnittstemperaturen unter 10 °C, Nebel, bedecktem Himmel, häufigen Winden und leichtem Regen oder Nieselregen. Über 4600 m beginnt die Zone mit ewigem Schnee und Eis.

ANDENSTAATEN

In **Peru** lassen sich drei große klimatische Regionen unterscheiden, die den drei wichtigsten topografischen Regionen entsprechen: die Costa, die Sierra und Amazonien. Die Westküste Südamerikas ist zwischen der peruanisch-ecuadorianischen Grenze und dem Norden Chiles eine der trockensten Klimazonen der Erde. Schuld daran sind die Anden, die Niederschläge bringende Winde aus dem Amazonasbecken blockieren, das äquatorialpazifische Hochdrucksystem und das kalte Wasser des Humboldtstroms. Die peruanische Küstenwüste ist aber nicht besonders heiß: Die durchschnittlichen Temperaturen an der Costa reichen von 19 °C im Winter bis 22 °C im Sommer. Winternebel *(garúa)* sorgen dafür, dass an einigen Abschnitten der Costa dennoch etwas Vegetation sprießt.

Innerhalb der Sierra gibt es eine Vielzahl von Klimazonen, die je nach Breitengrad, Höhe, lokalen Winden und Regenschatteneffekten variieren. Im Allgemeinen sinken die Temperaturen mit zunehmender Höhe, die Niederschläge von Norden nach Süden und von Osten nach Westen. Während der Regenzeit von Dezember bis März fallen die stärksten Niederschläge im Norden und an den Ostflanken der Anden. Die Temperaturen variieren saisonal wenig, umso größer fallen die Unterschiede zwischen Tag und Nacht aus (oft über 20 °C). In den höheren Lagen der Sierra fällt Schnee, und viele Gipfel sind vergletschert.

Im Amazonasgebiet Perus herrschen dagegen feuchtheiße Bedingungen. In Iquitos fällt pro Jahr im Schnitt über 2200 mm Regen. Am stärksten sind die Niederschläge zwischen Dezember und März. Die Temperaturen schwanken saisonal wenig, dafür sind die Unterschiede zwischen Tag und Nacht erstaunlich groß. Mittags steigt das Quecksilber in Iquitos oft auf 35 °C, kann aber nachts auf 15 °C fallen.

Ein klimatischer Risikofaktor Perus ist das in unregelmäßigen Abständen von durchschnittlich vier Jahren (zuletzt 2015/16) auftretende Wetterphänomen *El Niño* (Das Christkind), das so genannt wird, weil es in der Regel um die Weihnachtszeit beginnt. Die Auswirkungen dieser nicht zyklischen, veränderten Strömungen im äquatorialen Pazifik sind besonders für Peru fatal. Warmes Wasser ersetzt das kalte Wasser des Perustroms, was zu starken Regenfällen in der Küstenwüste und gleichzeitiger Trockenheit im südlichen Hochland führt. Die Folge daraus sind Umweltkatastrophen, ausbleibende Fischschwärme und ein damit einhergehendes Vogelsterben sowie enorme Schäden an Straßen, Kanälen, landwirtschaftlichen Flächen und in der Fischereiwirtschaft.

Ecuador

Mit Ausnahme der Sierra herrscht im größten Teil des Landes ein feuchtes tropisches Klima. Eine instabile maritime tropische Luftmasse beeinflusst das ganze Jahr über den heißen und niederschlagsreichen Oriente. An der Costa sind die klimatischen Schwankungen größer. Hier gibt es eine regnerische Zeit in der ersten und eine relativ trockene in der zweiten Jahreshälfte. El Niño

Auf dem argentinischen Gletscher Perito Moreno kann man wandern, allerdings nur mit kundigem Guide

sorgt auch in Ecuador für Wetterkapriolen. Auf der Halbinsel Santa Elena an der Südküste herrscht ein besonders trockenes Klima.

In der Sierra regnet es im März und Oktober besonders viel. Zwischen Juni und September herrscht eine lange Trockenzeit, im Dezember und Januar eine kürzere, die *veranillo* genannt wird. In den Tälern und Schluchten des Hochlandes regnet es grundsätzlich weniger.

Sowohl an der Costa als auch im Oriente schwanken die Temperaturen saisonal kaum. Wie in Peru sind die Unterschiede zwischen Tag und Nacht dagegen erheblich, aber nicht ganz so ausgeprägt. Mit zunehmender Höhe sinken die Temperaturen um etwa 5 bis 6 °C pro 1000 m. Angenehm gemäßigtes Klima herrscht zwischen 800 und 2000 m. In höheren Lagen kann es zu Frost kommen, besonders auf den Plateaus und in den wolkenfreien Nächten der Trockenzeit. Ab einer Höhe von 3600 bis 3800 m wird die Vegetation immer spärlicher. Über 5000 m sind die Gipfel schneebedeckt.

Bolivien

Obwohl Bolivien vollständig in den Tropen liegt, kann man hier die gesamte Klimapalette von feuchtheiß bis arktisch-kalt erleben. In den Tiefebenen des Oriente ist das Klima heiß, mit durchschnittlich 23–25 °C im Süden und bis zu 27 °C im Norden. Gelegentliche kalte, feuchte und mit Staub beladene Winde aus dem Süden, die *surazos* genannt werden, sorgen für tagelang anhaltende Temperaturstürze. Der jährliche Niederschlag reicht von etwa 1000 mm im Süden bis 1800 mm oder mehr im hohen Norden, wobei im Sommer besonders viel Regen fällt.

In den Tälern der Yungas herrscht ein warmes, feuchtes Klima mit mittleren Jahrestemperaturen zwischen 16 und 20 °C. Niederschläge (bis zu 1350 mm pro Jahr) fallen das ganze Jahr über, sind aber zwischen Dezember und Februar am stärksten. In den Valles regnet es weniger als in den Yungas, dafür ist es dort etwas wärmer.

Wie in Peru und Ecuador bestimmt in den Anden die Höhe die Temperatur. Über den Altiplano fegen das ganze Jahr über kalte Winde. Regenzeit ist von Dezember bis März, doch die Niederschlagsmenge variiert im Hochland erheblich. Die Durchschnittstemperaturen liegen tagsüber zwischen 7 und 11 °C und erreichen gelegentlich bis zu 16 °C, während es nachts wesentlich kälter ist. Im Winter tritt sogar Frost auf. Ein eigenes milderes Mikroklima besitzt der Titicacasee. Hier können bei strahlendem Sonnenschein, tiefblauem Himmel und extrem klarer Luft die Temperaturen im Winter bis auf 21 °C steigen.

CONO SUR

Argentinien

Argentiniens gigantische Dimensionen, besonders in der Nord-Süd-Ausdehnung, bringen enorme klimatische Unterschiede mit sich. Während es im Nordosten locker 35 °C und mehr bei hoher Luftfeuchtigkeit haben kann, scheint in den trockenen Sierras de Córdoba im Zentrum die Sonne, und um Feuerland fegen zur gleichen Zeit Orkane bei gerade einmal 10 °C. Immerfeuchte und warme Tropen im Nordosten, »nebenan« in den Hochlagen des Nordwestens trockenes Wüstenklima und gleichzeitig subpolarer Frost im Süden – Argentinien vereint nahezu alle Klimazonen in einem Land. Je dichter eine Region am Atlantik liegt, desto geringer sind die Temperaturextreme. In Mar del Plata unterscheiden sich Sommer und Winter um gerade mal etwas mehr als 10 °C, in Mendoza, am Fuße der Zentralanden, sind es dagegen schon knapp 20 °C.

Niederschläge nehmen von Ost nach West ab und fallen am häufigsten im Nordosten – in den Provinzen Entre Ríos, Corrientes und Misiones bis zu 2000 mm jährlich. Die Trockengebiete Patagoniens kommen dagegen nicht einmal auf 250 mm. Am sonnenreichsten sind die Höhenlagen im Nordwesten mit bis zu 360 Sonnentagen. Hier können aber nachts die Temperaturen unter den Gefrierpunkt sinken. Niederschläge fallen wie in den Sierras de Córdoba fast ausschließlich in den Wintermonaten.

Die beste Reisezeit für Argentinien ist von November bis März. Dann sind die Temperaturen nach einem kühlen Winter in Buenos Aires bereits wieder angenehm hoch. Es regnet manchmal, bleibt aber immer warm. Im Norden ist es noch nicht so heiß, und in Patagonien blüht es verschwenderisch. Außerdem tummeln sich dann die Wale vor der Halbinsel Valdés. Im März ist es wiederum in Patagonien nicht ganz so windig, die Herbstfärbung der Südbuchenwälder ist spektakulär und das Wetter oft stabiler als in den von Touristen überlaufenen Sommermonaten. Auch die andinen Hochregionen und die Weingebiete rund um Mendoza sind im Herbst am schönsten. Da man den Norden und die Mitte problemlos ganzjährig bereisen kann, sollte Patagonien den Ausschlag bei der Terminwahl geben. Zwischen Mai und September ist der Süden Argentiniens allenfalls für Wintersportler interessant.

Chile

Chile erstreckt sich über etwa 38 Breitengrade und umfasst damit fast alle Klimazonen, mit Ausnahme der feuchten Tropen. Man unterscheidet drei große Klimaregionen: die nördliche Wüste, die zentrale mediterrane Zone und die feuchtkalte Südregion. Im Norden ist es zwar nicht zu heiß, dafür aber extrem trocken. Nördlich des 27. Breitengrades fällt praktisch kein Regen. Feuchtigkeit gibt es in der Regel nur durch die Entwicklung von Küstennebeln (*garúa* oder *camanchaca*). Wenn es in der Atacama doch einmal ausgiebig regnet wie zuletzt 2018, überzieht binnen Tagen ein farbenfroher Wildblumenteppich den Wüstenboden. Die innere Atacama-Wüste soll die höchste Sonneneinstrahlung der Welt haben. Nachts nähern sich hier die Temperaturen dem Gefrierpunkt.

In Zentralchile herrscht das Klima gemäßigter Breiten, mit recht ausgeprägten Jahreszeiten. Die Winter sind kühl und feucht, im Frühjahr sorgen stetige milde Südwestwinde für klaren Himmel. Im Sommer ist es warm und es regnet kaum. Darum gedeihen hier Wein und mediterrane Früchte so gut. Auch der Herbst ist noch sonnig und trocken. Regen fällt vor allem zwischen Mai und August.

In Südchile sorgen pazifische Tiefdruckgebiete und ständig kräftig blasende Westwinde für kühle Temperaturen und die weltweit stärksten Regenfälle einer nicht in den Tropen liegenden Region. Rund um Kap Hoorn erreichen die Westwinde oft Orkanstärke.

Uruguay und Paraguay

In **Uruguay** herrscht ein allgemein angenehmes, gemäßigtes Klima, mit Durchschnittstemperaturen von 10–12 °C im Winter und 22–26 °C im Sommer. Für plötzliche Temperaturschwankungen sorgen heiße Nordwinde und der kalte *Pampero* aus der argentinischen Pampa. Die stärksten Niederschläge treten in den Herbstmonaten März und April auf, doch regnet es auch im Winter häufiger. Im Sommer kommt es verstärkt zu Gewittern.

In **Paraguay** ist das Klima im größten Teil der östlichen Region subtropisch, im Chaco-Becken weitgehend tropisch. Die stärksten Niederschläge fallen von Oktober bis April. Die Durchschnittstemperaturen liegen dann in der Regel zwischen 24 und 38 °C. Im Winter ist das Land kalten Südwinden ausgesetzt. Die Durchschnittstemperaturen liegen dann zwischen 6 und 24 °C, doch kann es in der östlichen Region sogar Frost geben.

Brasilien

Brasilien besitzt ein feuchtes tropisches und subtropisches Klima, mit Ausnahme eines trockeneren Gebietes im Nordosten, das sich vom Norden Bahias bis zur Küste zwischen Natal und São Luís erstreckt. Diese Zone bekommt nur etwa 375–750 mm Niederschlag pro Jahr ab. Ein großer Teil Brasiliens erhält jährlich 1000 bis 1800 mm, im Amazonasbeckens und in der Serra do Mar sind es aber oft viel mehr.

Im zentralen brasilianischen Hochland regnet es zwischen November und April am meisten, oft sintflutartig. Auch im Nordosten kommt es zu Stürmen und Überschwemmungen, doch leidet das Hinterland, der Sertão, oft unter längeren Trockenperioden. Im Januar herrschen in den

Das »Mondtal« Valle de la Luna in der chilenischen Atacama-Wüste

meisten Tiefebenen Durchschnittstemperaturen von etwa 26 °C, das Hochland ist je nach Höhenlage um einige Grad kühler. Auch die Küste von Rio Grande do Sul ist mit durchschnittlich 23 °C etwas kühler. Zwischen Rio de Janeiro und Fortaleza herrschen im Sommer zwar heiße, aber durch kühlende Seewinde gemilderte Temperaturen mit einem Jahresmittel von 23–27 °C. Mit Tagestemperaturen von über 38 °C ist es im Hinterland des Nordostens am heißesten. Südlich von Rio de Janeiro fallen Jahreszeiten und Temperaturunterschiede stärker aus.

Im Winter (Mai–Oktober) ist das brasilianische Hochland im Allgemeinen trocken, und nur in einigen der südlichsten Bundesstaaten fällt Schnee. Frost ist dagegen jederzeit möglich, sogar in São Paulo. Ansonsten herrscht an der Küste südlich von Bahia sowie im Pantanal mildes regnerisches Wetter mit vielen sonnigen Abschnitten.

Im Amazonastiefland gibt es bei den Temperaturen kaum saisonale Schwankungen. Gelegentlich strömt kühlere Luft aus dem Tiefland Paraguays in das westliche Amazonasbecken bis an die Grenze zu Guyana.

KOLUMBIEN

Barichara im Departamento Santander bezaubert mit seinen gut erhaltenen Kolonialbauten

A
B
C
1
2
3
4
Punto Fijo
G.v. Venezuela
Puerto Cumarebo
Willemstad
Ríohacha
Maicao
Santa Marta
BARRANQUILLA
5775
P.Cólon
MARACAIBO
Coro
Golfo Triste
Puerto Cabello
CARACAS
Soledad
Sabanalarga
Cartagena
Arjona
Fundación
Valledupar
Cabimas
San Felipe
Barquisimeto
Maracay
VALENCIA
Ciudad Ojeda
Maracaibo-see
Trujillo
San Carlos
Colón
Panama Canal
Golf von Darien
Sincelejo
Lorica
Magangué
El Banco
San Carlos del Zulia
Valera
Acarigua
El Sombrero
Calabozo
Cord. de Mérida
Guanare
Mérida
Panamá
Cañazas
Montería
Barinas
San Fernando de Apure
Turbo
Caucasia
Ocaña
Apure
Golf von Panama
Yaviza
Cúcuta
San Cristóbal
VENEZUELA
Guasdualito
Barrancabermeja
Pamplona
La Urbana
Punta Mala
Dabeiba
Yarumal
Bucaramanga
Arauca
Llanos del Orinoco
Bello
Socorro
Puerto Rondón
Puerto Carreño
Meta
MEDELLÍN
Bahía Solano
Itagüí
Puerto Ayacucho
Quibdó
La Dorada
Sogamoso
Tunja
Manizales
Nev.del Ruiz
5325
Orocue
Pereira
BOGOTÁ
San Fernando de Atabapo
Armenia
Vichada
Ibague
Villavicencio
Orinoco
Buenaventura
Guaviare
Puerto Inírida
Bahía de Buenaventura
Tuluá
Palmira
CALI
Nev.del Huila
KOLUMBIEN
5750
Neiva
Casiquiare
Popayan
Vol.Puracé
4800
San José del Guaviare
San Felipe
Tumaco
El Bordo
Florencia
Pasto
Vol.Cumbal
4764
Yarí
Buenos Aires Lérida
Uapés
Ibarra
QUITO
5790
Vol. Cayambe
Putumayo
Volcán Cotopaxi
5897
Caquetá
Pantoja
Volcán Chimborazo
6310
Ambato
La Pedrera
Japurá
ECUADOR
Riobamba
Milagro
5230
Vol.Sangay
Napo
Putumayo
N
0
300 km
Azogues
Pebas
Cuenca
Maynas
Amazonas
Iquitos
Leticia
Machala

KOLUMBIEN IN KÜRZE

Staatsname: República de Colombia
Fläche: 1 138 910 km²
Hauptstadt: Bogotá
Amtssprache: Spanisch
Einwohner: 49,7 Mio. (2018, geschätzt)
Landesvorwahl: 0057
Währung: Kolumbianischer Peso (COP)
Zeitzonen: Während der europäischen Sommerzeit MEZ –7 Std., während der Winterzeit –6 Std. Kolumbien hat keine Sommerzeit.

LAGE

Das Land erstreckt sich zwischen 12° nördlicher und 4° südlicher Breite sowie 66° und 79° westlicher Länge. Kolumbien besitzt im Osten eine 2341 km lange Grenze mit Venezuela, im Südosten grenzt es auf 1790 km an Brasilien, im Süden an Ecuador (708 km) und Peru (1494 km) und im Norden an Panama (339 km). Kolumbiens Pazifikküste ist 1448 km lang, die Karibikküste 1760 km. Die geographischen Großräume sind das kaum besiedelte pazifische Küstentiefland mit beinahe unzugänglichen Regenwäldern, das Tiefland der Karibikküste, deren Hinterland ausgedehnte Sümpfe prägen, das zentrale Andenhochland Westkolumbiens mit drei großen Bergketten, zwischen denen die Flusstäler von Río Cauca und Río Magdalena liegen, sowie die östlichen Tiefebenen. Je nachdem, ob ihre Flüsse in den Amazonas oder in den Orinoco münden, werden diese Regionen als Amazonien oder Orinokien (auch Llanos Orientales) bezeichnet, wobei Amazonien von dichten, besonders artenreichen Regenwäldern und Orinokien von Feuchtsavannen geprägt ist. Zu Kolumbien gehören auch die vor der Küste Nicaraguas gelegenen Karibikinseln San Andrés und Providencia (770 km nordwestlich der kolumbianischen Festlandküste).

Die höchsten Berggipfel sind mit jeweils 5775 m der Pico Cristobal Colón und der benachbarte Pico Simón Bolívar in der Sierra Nevada de Santa Marta, dem höchsten Küstengebirge der Erde. In Kolumbiens Kordilleren erheben sich mehrere Vulkane, darunter der Nevado del Huila (5750 m) und der Nevado del Ruiz (5400 m). Besonders aktiv ist der Volcán Galeras (4276 m).

POLITIK

Die Republik Kolumbien ist eine präsidiale Demokratie. Der Staatspräsident ist gleichzeitig Regierungschef. Das Land gliedert sich in 33 Verwaltungsbezirke (32 *Departamentos* und *Distrito Capital*). Der Präsident wird mit absoluter Mehrheit in – falls erforderlich – zwei Wahlrunden für eine Amtszeit von 4 Jahren direkt gewählt. Die letzte Wahl fand am 27. Mai 2018 statt, mit einer Stichwahl am 17. Juni 2018, aus der Ivan Duque Márquez (Centro Democrático, rechtskonservativ) mit 54 % gegen Gustavo Petro (Movimiento Colombia Humana, linksgerichtet) gewann. Er trat am 7. August 2018 sein Amt an. Duque Márquez möchte das Friedensabkommen mit der FARC revidieren, während es Petro, ehemals Bürgermeister von Bogotá, in seiner jetzigen Form unterstützt.

Kolumbiens Parlament *(Congreso)* besteht aus zwei Kammern, beide mit einer Amtszeit von 4 Jahren. Von den 108 Mitgliedern des Senats *(Senado)* werden 100 in einem einzigen landesweiten Wahlkreis durch Verhältniswahl gewählt. Dazu kommen zwei Vertreter indigener Gemeinschaften, 5 Mitglieder entsendet die FARC (nur 2018 und 2022), den letzten Sitz bekommt der Präsidentschaftskandidat mit der zweithöchsten Stimmenanzahl. Die 171 Mitglieder der Abgeordnetenkammer *(Camara de Representantes)* werden in Wahlkreisen nach Verhältniswahlrecht gewählt. 5 Sitze sind der FARC vorbehalten (nur 2018 und 2022). Bei den letzten Parlamentswahlen im März 2018 konnte in beiden Kammern keine Partei eine klare Mehrheit erreichen. Das von Ex-Präsident Uribe gegründete Centro Democrático (CD) nahm mit 19 Sitzen die meisten Sitze im Senat ein, in der Abgeordnetenkammer führt die Liberale Partei mit 35 Sitzen vor dem CD.

WIRTSCHAFT

Kolumbien ist stark von Energie- und Bergbauexporten abhängig und damit extrem anfällig für Schwankungen der internationalen Rohstoffpreise. Das Land ist der viertgrößte Ölproduzent Lateinamerikas und der viertgrößte Kohleproduzent der Welt, der drittgrößte Kaffeeexporteur und der zweitgrößte Exporteur von Schnittblumen. Mangelhafte Infrastruktur, Bevölkerungsarmut, Drogenhandel und eine zwar verbesserte, aber immer noch prekäre Sicherheitslage innerhalb des Landes sowie die Abhängigkeit von Primärrohstoffen behindern die wirtschaftliche Entwicklung. So verlangsamte sich das Wachstum 2017 aufgrund der weltweit sinkenden Ölpreise und der geringeren Ölproduktion aufgrund von Sabotageakten auf geschätzte 1,8 %. Die Auslandsverschuldung nimmt zu, gleichzeitig sorgen lokale Widerstände gegen ausländische Investitionen insbesondere im Öl- und Bergbausektor für starke Verunsicherung. Das Freihandelsabkommen zwischen den USA und Kolumbien trat im Mai 2012 in Kraft. Das Land ist Mitgli*ed der Pazifischen Allianz* (Alianza del Pacífico), einer lateinamerikanischen Freihandelszone, die 2012 von Chile, Kolumbien, Mexiko und Peru gegründet wurde (Zollunion, Reise- und Visafreiheit) und hat sein Interesse an einem Beitritt zum geplanten Pazifik-Handelsabkommen TPP bzw. dessen Nachfolgeabkommen CPTPP (*Comprehensive and Progressive Trans Pacific Partnership*/Umfassende und Fortschrittliche Transpazifische Partnerschaft) bekundet.

Die Landwirtschaft (Kaffee, Schnittblumen, Bananen, Reis, Tabak, Mais, Zuckerrohr, Kakaobohnen, Ölsaaten, Gemüse, Garnelen), in der 17 % der Bevölkerung beschäftigt ist, macht nur 7,4 % des BIP aus, die Industrie (Textilien, Lebensmittelverarbeitung, Öl, Bekleidung und Schuhe, Getränke, Chemikalien, Zement, Gold, Kohle, Smaragde), in der 21 % arbeiten, steuert 31,3 % bei, die restlichen 61,4 % des BIP entfallen auf Dienstleistungen. Die Arbeitslosenquote betrug 2017 geschätzt 10,5 %. Unter der Armutsgrenze leben annähernd 28 % der Bevölkerung. Die Verbraucherpreise stiegen 2017 um geschätzt 4,3 %.

Einen fast stürmischen Aufschwung erlebt der Tourismus: 2017 besuchten über 6,5 Millionen ausländische Touristen das Land, eine Steigerung gegenüber dem Vorjahr um 28 %. Darunter sind etwa 350 000 Kreuzfahrtpassagiere, die hauptsächlich Cartagena, Santa Marta und San Andrés ansteuern. Die meisten Besucher kamen aus den USA und Brasilien. Etwa 1,8 Millionen Arbeitsplätze hängen direkt vom Tourismus ab, der inzwischen die zweitgrößte Devisenquelle des Landes ist.

KAFFEE

Mitte des 18. Jahrhunderts haben vermutlich Jesuitenpriester Kaffee in Kolumbien eingeführt, wobei hier fast ausschließlich Arabica-Sorten angebaut werden. Diese sind milder, haben einen geringeren Koffeingehalt, reagieren aber sensibler auf Klimaschwankungen und sind anfälliger für Krankheiten. Bis heute ist Kolumbien der weltweit zweitgrößte Produzent von Arabica-Bohnen (nach Brasilien), bei der Kaffeeproduktion insgesamt liegt man auf Platz drei (nach Brasilien und Vietnam). Zunächst wurde Kaffee im Departamento Santander kultiviert, dann versuchte man es im Valle del Cauca. Erst um 1850 verlagerte sich die Produktion in die heutige Zona Cafetera, wo die perfekten klimatischen Bedingungen herrschen: hohe Temperaturen, starke Regenfälle und kühle Abendwinde. Schädlinge wie Blattpilze und Käfer setzten dem Anbau besonders in den 1990er-Jahren schwer zu, doch züchtet man inzwischen weitgehend resistente Pflanzen. Was bleibt ist die Abhängigkeit vom stark schwankenden Weltmarktpreis. Im Gegensatz zu Brasilien wird Kaffee in Kolumbien immer noch manuell produziert, und das mit zwei Ernten pro Jahr, wobei Qualität vor Quantität geht. Inzwischen entdecken viele Fincas neue Einkommensquellen: den Tourismus. Bei einem Aufenthalt lernt man nicht nur die Finessen der Kaffeeproduktion kennen, sondern genießt auch ein umfangreiches ökotouristisches Angebot in herrlicher Natur.

Kolumbiens Kaffee ist zu Recht in der ganzen Welt berühmt

KOLUMBIENS GESCHICHTE SEIT DER UNABHÄNGIGKEIT

Nach der Inhaftierung des spanischen Königs Ferdinand VII. in Frankreich kam es in Nueva Granada zu Unruhen. Der Aufstand in Bogotá am 20. Juli 1810 wird heute als Unabhängigkeitstag in Kolumbien gefeiert, obwohl die neuen Regierungen erst 1811 die Unabhängigkeit erklärten. Nationale Idealisten und ehrgeizige Provinzführer wünschten sich eine Föderation, währenddessen die kreolischen Führer eine Zentralregierung vorzogen. Die daraufhin folgenden Bürgerkriege nutzte das von Napoleon befreite Spanien zwischen 1814 und 1816 dazu, die Vereinigten Provinzen von Neu-Granada zurückzuerobern. Die verbliebenen republikanischen Truppen flohen in die Llanos von Casanare, wo sie sich unter General Francisco de Paula Santander neu formierten. Die Rebellentruppen von Casanare schlossen sich denen von Simón Bolívar im venezolanischen Orinoco-Becken an. 1819 trat in Angostura (heute Ciudad Bolívar, Venezuela) ein Verfassungskonvent mit Delegierten aus Casanare und einigen venezolanischen Provinzen zusammen. Im selben Jahr marschierte Simón Bolívar in Kolumbien ein und besiegte die spanischen Truppen am 7. August in Boyacá. Es folgten die entscheidenden Schlachten von Carabobo (Venezuela 1821) und Pichincha (Ecuador 1822). Anschließend führte Simón Bolívar seine Truppen weiter nach Peru.

DIE ANFÄNGE KOLUMBIENS

Der Kongress von Angostura legte den Grundstein für die Gründung der Republik Gran Colombia (1819–1830), die Kolumbien, Panama, Venezuela und Ecuador umfasste. 1830 spalteten sich Venezuela und Ecuador ab. Bolívar starb im gleichen Jahr bei Santa Marta.

Nachdem Santander, der Vizepräsident unter Bolívar und dann Führer der Opposition gegen Bolívars imperiale Ambitionen, bis 1837 die Geschicke der jungen Republik gelenkt hatte, waren die nächsten Jahrzehnte von Revolutionen und Bürgerkriegen zwischen Liberalen und Konservativen geprägt. Der bewaffnete Bürgerkrieg erreichte seinen Höhepunkt im »Krieg der Tausend Tage« (1899–1903).

Doch die Lage entspannte sich auch weiterhin nicht. 1903 revoltierten die Einwohner Panamas gegen Bogotá und handelten mit den USA einen Vertrag aus, der als Gegenleistung für die Unabhängigkeit und US-Zahlungen eine 10 Meilen breite Kanalzone unter US-Souveränität stellte.

Der stark zunehmende Export von Kaffee, aber auch von Erdöl und Bananen, sorgte dafür, dass auch Kolumbien im frühen 20. Jahrhundert einen wirtschaftlichen Aufschwung erlebte, bis die Weltwirtschaftskrise ab 1930 den Boom beendete. Zwischen 1930 und 1946 setzten die Liberalen Sozial- und Agrarreformen durch.

ZEITEN DER GEWALT

Der Konflikt zwischen Liberalen und Konservativen führte zu einer verheerenden, von Gewalt und Diktaturen bestimmten Zeit. Zwischen 1946 und 1964 verloren über 200 000 Menschen deshalb ihr Leben – oft auf extrem grausame Weise. In den späten 1960er-Jahren sorgten die reformistisch und effizient regierenden Präsidenten der Nationalen Front für Wirtschaftswachstum, das auch durch hohe Kaffeepreise begünstigt wurde. In dieser Zeit wurden allerdings auch linke Guerillagruppen gegründet: die kubafreundliche ELN (Ejército de Liberación Nacional) und die marxistisch-leninistisch ausgerichtete FARC (Fuerzas Armadas Revolucionarias de Colombia).

Ab 1975 explodierte der Drogenhandel: Bald stammten 70 % aller Marihuanalieferungen in die USA aus Kolumbien. Mit den Gewinnen finanzierten die Drogenbosse den noch lukrativeren Kokainhandel, bei dem auch die Guerilla mitmischte, wobei das Medellín-Kartell nach der Erschießung von Pablo Escobar seine Vorherrschaft an das nicht weniger brutale Cali-Kartell abtreten musste.

Mit der konservativen Präsidentschaft von Belisario Betancur Cuartas eskalierte ab 1982 die Gewalt noch weiter. Linke Guerillagruppen, paramilitärische Truppen und Drogenkartelle brachten das Land an den Rand der Anarchie. Die neoliberalen Präsidentschaften von César Gaviria Trujillo und Ernesto Samper Pizano forcierten die wirtschaftliche Öffnung mit niedrigeren Importzöllen und weniger Subventionen für die Armen, die Gewaltexzesse nahmen aber noch zu. Unter Andrés Pastrana stürzte die kolumbianische Wirtschaft in die schwerste Rezession seit der Großen Depression.

AUF DEM WEG ZUM FRIEDEN

Erfolgreicher war der von den USA mit viel Geld unterstützte Álvaro Uribe Vélez, der 2002 als Unabhängiger zum Präsidenten gewählt worden war (Wiederwahl 2006). Die Zahl der Verbrechen, Entführungen und Terroranschläge ging während seiner Amtszeit deutlich zurück. Die Präsidentschaftswahlen 2010 gewann Juan Manuel Santos. Im Juni 2016 unterzeichnete er mit FARC-Führer Rodrigo Londoño ein dauerhaftes Waffenstillstandsabkommen und wurde dafür mit dem Friedensnobelpreis ausgezeichnet. Allerdings lehnten die Wähler das Abkommen in einer Volksabstimmung am 2. Oktober 2016 mit 50,21 % der Stimmen ab. Dennoch erklärte die kolumbianische Regierung, nachdem die FARC fast vollständig ihre Waffen abgegeben hatte, am 15. August 2017 offiziell das Ende ihres Konfliktes mit dieser Guerillagruppe. Ein im Oktober 2017 vereinbarter vorläufiger Waffenstillstand mit der ELN scheiterte jedoch wenige Tage vor Ablauf der Amtszeit von Juan Manuel Santos. Seit August 2018 ist Iván Duque Präsident, ein Vertrauter des ehemaligen Präsidenten Álvaro Uribe Vélez.

Für seinen historischen Friedensschluss wurde Kolumbiens Präsident Juan Manuel Santos mit dem Friedensnobelpreis ausgezeichnet

ELDORADO

Den legendären indigenen Herrscher einer Stadt in der Nähe von Bogotá, der bei Festen seinen nackten Körper mit Goldstaub puderte und anschließend in die Laguna de Guatavita sprang, um den Staub nach den Zeremonien abzuwaschen, nannten die Spanier *Eldorado* (span: Der Vergoldete), auch El Dorado geschrieben. Seine Untertanen warfen Juwelen und goldene Gegenstände in den See.

Um 1530 erzählte man spanischen Konquistadoren die Geschichte, und einer von ihnen berichtete, dass er selbst Eldorado in einer Stadt namens Omagua besucht habe. 1538 zog es Spanier aus der Karibik und aus Peru sowie Deutsche aus Venezuela ins Hochland von Bogotá, um den vergoldeten Mann zu finden, vergeblich allerdings. Die Spanier aber blieben.

Die Geschichte um Eldorado beschleunigte die Erforschung und Eroberung Amerikas. Bald verlagerte sich die Suche in die Täler von Orinoco und Amazonas, und der Mythos nahm fantastische Züge an. Zunehmend fabulierte man von einem ganzen Land aus Gold, mit legendären Städten namens Manoa und Omagua. Gonzalo Pizarro überquerte die Anden von Quito (1539), Francisco de Orellana segelte über den Napo und den Amazonas (1541/42), und Gonzalo Jiménez de Quesada erforschte von Bogotá aus das Land

Das Goldfloß der Muisca zählt zu den erlesensten Schätzen des Museo de Oro in Bogotá

im Osten (1569–1572). Sir Walter Raleigh suchte Manoa im Orinoco-Tiefland (1595), 1603 durchstreifte der Portugiese Pero Coelho de Sousa die Region nördlich von Pernambuco. Jahrelang wurde die goldene Stadt Eldorado auf Karten von Brasilien und den Guyanas verzeichnet. Berühmte Schriftsteller wie Milton (»Paradise Lost«) und Voltaires (»Candide«) griffen den Mythos in ihren Werken auf.

Bogotás Museo Nacional de Colombia widmet der Geschichte einen ganzen Raum. Kolumbiens Goldschätze hat die Banco de Colombia auf mehrere »Museos de Oro« verteilt. Das bedeutendste ist das in Bogotá › **S. 109**. Es besitzt an die 35 000 Goldobjekte aller prähispanischer Kulturen Kolumbiens: Calima, Quimbaya, Muisca, Zenú, Tierradentro, San Agustín, Tolima, Tairona und Urabá. Das berühmteste Exponat ist das 1969 in Pasca gefundene filigrane Goldfloß der Muisca, das die Zeremonie der Machtübernahme des neuen *zipa* (Herrschers) von Bacatá darstellt. Sie ist die Grundlage für den Mythos von Eldorado. Der Herrscher steht in der Mitte eines Floßes, umgeben von den wichtigsten Häuptlingen, die alle mit Gold und Federn geschmückt sind. Fast ebenso bedeutend ist der *Poporo Quimbaya* aus San Pedro de Urabá, ein goldener Behälter zur Aufbewahrung von Kalk.

CUMBIA

Mit den Worten – »Cumbia ist ein Produkt der Vereinigung zweier versklavter Kulturen, die gemeinsam mit der Musik etwas Eigenes geschaffen haben.« – beschreibt die inzwischen fast 80-jährige Totó la Momposina, die afrokolumbianische »Königin der Cumbia«, den berühmtesten traditionellen Tanz ihres Landes. Sie selbst ist längst Markenzeichen und Legende, mit ihrer schwarzen, mit bunten Tüchern verzierten Lockenmähne und den weiten Rüschenkleidern ihrer Geburtsstadt Mompox. Wenn sie auftritt, steht keine Hüfte lang still.

Entstanden ist die Cumbia, eine Kreuzung aus spanischem *Fandango*, *Cumbé* aus Äquatorial-Guinea und indigenen Melodien, während der Zeit der spanischen Kolonialherren in Neugranada. Die Indígenas der Karibikregion steuerten »männliche« und »weibliche« *Gaitas* (vertikale Kaktusflöten mit Bienenwachsköpfen) und die *Cañas de millo* (kleinere Querflöten aus Schilfrohr) bei. Die Sklaven aus Afrika brachten ihre Rhythmen mit, die sie auf nachgebauten Instrumenten, die ihren traditionellen Trommeln glichen, schlugen. Später kamen europäische Instrumente wie das Akkordeon hinzu. In mittlerem Tempo wird die Cumbia im 4/4-Takt getanzt, wobei der erste und dritte Schlag stark betont wird. Varianten der Cumbia sind *Porro*, *Gaita*, *Puya*, *Bullerengue* und *Mapalé*, wobei die letzten beiden viel schneller und energischer gespielt werden.

Frühe Erwähnungen beschreiben die Cumbia als einen Tanz, der von Sklaven zum Fest der Virgen de la Candelaria aufgeführt wurde. Unzählige Male interpretiert, besonders meisterhaft von Aniceto Molina, wurde die »Cumbia Sampuesana«, die um 1930 komponiert wurde. Die Cumbia ist eine Musik der ärmeren Gesellschaftsschichten geblieben, auch wenn sie von der Karibikküste aus entlang des Río Magdalena flussaufwärts zog und Mitte des 20. Jahrhunderts die Städte erreichte. Dort geriet sie unter den Einfluss des nordamerikanischen und kubanischen Big Band Sounds, genauso, wie es dem kubanischen *Son* mit dem *Mambo* erging. In Medellín sind diese Ballsaalnummern noch immer sehr populär.

Bis zum Aufstieg der Salsa in den 1960er-Jahren war die sehr vielseitige Cumbia der beliebteste Latino-Tanz. Ausgerechnet die Drogenbarone sorgten dann für die internationale Verbreitung der Cumbia, denn sie finanzierten Plattenproduktionen, Vertrieb und Künstlerauftritte. Viele Länder Lateinamerikas entwickelten eigene Cumbia-Versionen: So stammt die unzählige Male interpretierte »Colegiala«, die auch in Europa jeder kennt, aus Peru.

Unter dem Einfluss moderner Musik – *Vallenato*, Elektro, Rap, Reggae – entstanden ab den 1990er-Jahren zahlreiche neue Strömungen. So feiert die Cumbia mit Künstlern wie Carlos Vives, Bomba Estéreo, Andrés Cabas und Humberto Pernett in ganz Lateinamerika Triumphe.

Der Karneval von Barranquilla ist Schauplatz zahlreicher Cumbia-Wettbewerbe, und die Hauptbühne der Paraden, die Via 40, wird während der Karnevalstage sogar *cumbiodromo* genannt, in Analogie zum Sambodrom von Rio de Janeiro. Die besten Aufführungen der traditionellen Cumbia erlebt man aber auf dem **Festival de la Cumbia** in El Banco (Departamento del Magdalena).

Totó la Momposina ist eine Legende der kolumbianischen Cumbia

SAN ANDRÉS UND PROVIDENCIA

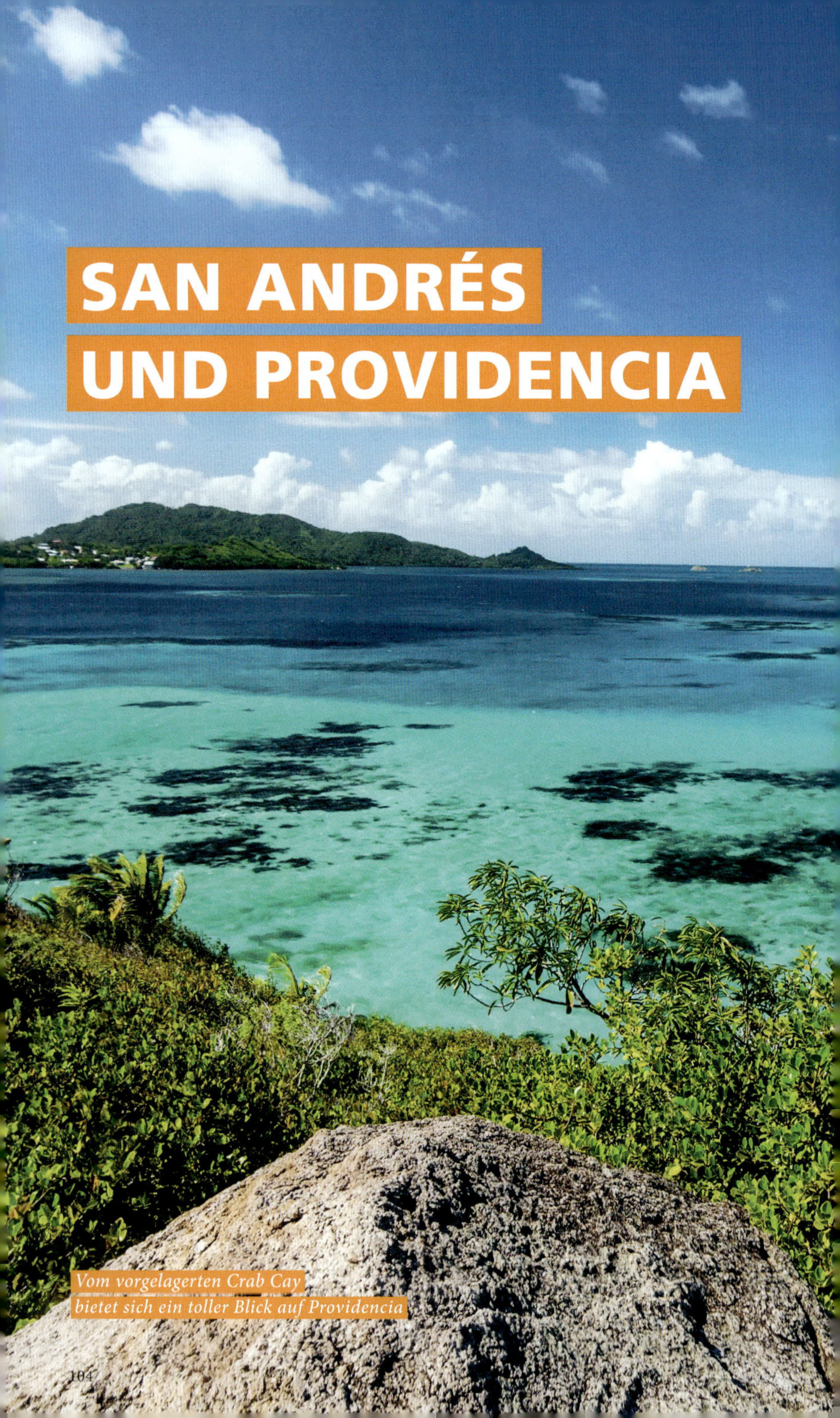

Vom vorgelagerten Crab Cay bietet sich ein toller Blick auf Providencia

Die beiden Karibikinseln liegen zwar nur 220 km vor der Küste von Nicaragua, gehören aber zu Kolumbien. Vor allem kolumbianische, aber zunehmend auch brasilianische Urlauber schätzen die herrlichen Strände der Inseln und ihre fantastischen Tauchbedingungen. Providencia ist von einem Barriereriff mit herrlicher Unterwasserwelt umgeben. San Andrés wird vom kolumbianischen Festland angeflogen, und zwischen den beiden Inseln gibt es Flugverbindungen. Wenn die See nicht zu rau ist, verkehren auch Katamarane.

Kulturell geprägt wurde der Archipel von den *Raizals*, einer protestantischen Gruppe mit gemischter afrokaribischer und britischer Abstammung. Besonders auf Providencia verständigt man sich nach wie vor in einer englischen Kreolsprache. In den Kirchen beider Inseln kann man am Sonntag Gospelchöre hören: ein musikalisches Erlebnis!

SAN ANDRÉS

Das größere und wesentlich geschäftigere San Andrés ist inzwischen um einiges kolumbianischer geprägt, doch selbst hier ist Reggae noch immer sehr populär. Auf San Andrés herrscht in den Ferienzeiten (Dezember/Januar bzw. Juli/August) ein regelrechter Urlaubsrummel, wobei die kolumbianische Mittelklasse es all-inclusive liebt. Dazu kommt der zollfreie Einkauf in der leider von unattraktiven Betonbauten und knatternden Motorrollern geprägten, oft nur »Centro« genannten Inselhauptstadt **San Andrés**. Nicht verschweigen sollte man die teils massiven, durch Massentourismus und Bevölkerungsexplosion verursachten Umweltprobleme der Insel. Trinkwasser ist knapp, und die Gewässer rund um die Insel sind überfischt. Da die Inselküste überwiegend felsig ist, sind Bootsausflüge auf das Palmeninselchen **Johnny Cay**, die Sandbank **Acuario** und das entlegenere **Cayo Bolívar** wegen der hier wirklich traumhaften Sandstrände sehr beliebt.

Wer den Massen entfliegen möchte, mietet sich einen Roller und folgt der 30 km langen Küstenstraße nach Süden. Besonders einsam sind die weißen Sandstrände von **San Luis** an der Ostseite der Insel. Die besten Tauchplätze sind das Riff **Cantil de Villa Erica** (Schildkröten, Mantas und Adlerrochen), die Riffwand **Palacio de la Cherna** (Riff- und Ammenhaie, Hummer und Königskrabben) sowie **Piramide** (Muränen, Tintenfische und bunte Fischschwärme).

PROVIDENCIA

Auf dem verschlafenen freundlichen Schwestereiland, das 74 km nördlich von San Andrés liegt, wohnen nur etwa 5000 Menschen. Hier herrscht noch echtes Karibikflair früherer Zeiten. Im Süden der gebirgigen Urwaldinsel führt ein Wanderweg vom Dorf **Casabaja** in 90 Minuten auf den **El Pico** (360 m), von dem sich ein grandioser Rundblick bietet.

Providencias Strände erfüllen alle Postkartenklischees: Der schönste dürfte die ruhige **Bahía Suroeste** sein, an der es einige Hotels und Restaurants gibt, in denen Black Crabs, die Inseldelikatesse, serviert werden. Auch die Tauchbedingungen sind nicht zu toppen. Ein tolles Revier für Schnorchler ist das vorgelagerte Inselchen **Crab Cay** (Cayo Cangrejo). Besonders viele bunte Fische versammeln sich rund um **Tete's Place**, während man am **Manta's Place** jede Menge Südliche Stechrochen (keine Mantas) antrifft.

Auf einer 16 km langen Küstenstraße *(Circunvalar)* kann man die Insel umrunden. An der Nordspitze liegt der Hauptort **Santa Isabel** (früher New Westminster) mit bunten karibischen Häuschen. Von hier führt eine Fußgängerbrücke hinüber zum »Pirateninselchen« **Santa Catalina** mit den Ruinen von Fort Warwick. Hier soll Henry Morgan einst sein Unwesen getrieben haben.

LETICIA UND DER AMAZONAS

Das Amazonasbecken macht etwa ein Drittel der Fläche Kolumbiens aus, ist aber wesentlich unzugänglicher als die Regenwälder Ecuadors und Perus. Die artenreiche Tierwelt und die Kulturen der im Dschungel lebenden indigenen Gruppen sind daher noch weitgehend intakt. Eigentlich gibt es nur einen größeren »Außenposten der Zivilisation«, die Urwaldstadt **Leticia** am Dreiländereck zwischen Kolumbien, Brasilien und Peru. Die Hauptstadt der Amazonas-Provinz ist nur mit dem Flugzeug von Bogotá zu erreichen. Man kann auch von Manaus in die 4 km entfernte brasilianische Grenzstadt **Tabatinga** fliegen oder mit dem Flussdampfer fahren. Übernachtet wird in Doppelkabinen oder Hängematten. Flussabwärts dauert die Fahrt drei bis vier Tage, flussaufwärts sechs Tage. Von Tabatinga und der peruanischen **Isla Santa Rosa** fahren Schnellboote nach Iquitos.

Leticia wurde 1867 von peruanischen Flussschiffern gegründet. 1922 ging der Ort an Kolumbien und war 1932–1934 Schauplatz eines Grenzkrieges zwischen Peru und Kolumbien. Ab den 1970er-Jahren entwickelte sich die isolierte Stadt zu einer Drogenhölle. Die kolumbianische Armee hat inzwischen – zumindest oberflächlich – für Ordnung gesorgt, doch die Außenbezirke der Stadt sind nach Anbruch der Dunkelheit noch immer tabu. Auf der Uferpromenade kann man dagegen gefahrlos bummeln.

Das **Museo Etnográfico Amazónico** versammelt indigene Waffen, Keramik und Zeremonial-

masken. Hochwertiges Kunsthandwerk indigener Völker führt die **Galería Arte Uirapuru**, darunter Hängematten, Masken und Rindenmalerei. Im 8 km außerhalb gelegenen Themenpark **Mundo Amazónico** bieten vier Routen Einblicke in die Kultur, Flora und Fauna des Amazonasgebietes.

Zahlreiche Agenturen organisieren Flussfahrten und Ausflüge in den Dschungel zu indigenen Gemeinden, bei denen man besonders Affen und zahlreiche Vogelarten zu Gesicht bekommt. Beliebt sind der Besuch der privaten **Reserva Natural Tanimboca** mit Ziplines, Kajakfahrten und Dschungelwanderungen, eine Fahrt auf dem Río Yavarí sowie der Ausflug in den 90 Minuten flussaufwärts gelegenen 3000 km² große **Parque Nacional Natural Amacayacu**. Hier sind über 500 Vogelarten, Kaimane und Krokodile, Anakondas und 150 Säugetierarten beheimatet, darunter Seekühe und Großkatzen. Letztere sieht man aber nur selten. Von einer Hängebrücke bietet sich ein toller Blick über die Baumkronen des Dschungels.

Das 75 km flussaufwärts gelegene **Puerto Nariño** ist Ausgangspunkt für Bootsausflüge zum **Lago Tarapoto**, in dem sich die vom Aussterben bedrohten rosa Delfine des Amazonas sowie Kaimane tummeln. Die Siedlung selbst ist ein Musterbeispiel für gelebten Umweltschutz. Ihre Bewohner, die indigenen *Yagua*, *Tikuna* und Cocoma, sind Spezialisten für Recycling und organische Abfallwirtschaft. Sie wohnen in schmucken Häuschen mit makellosen Gärten. Sogar jeglichen motorisierten Verkehr haben sie verbannt.

Leticia ist Kolumbiens Tor zum Amazonas

UNTERWEGS IN KOLUMBIEN

Bogotá [B2]

Kolumbiens Hauptstadt ist meist keine Liebe auf den ersten Blick. Chaotischer Verkehr mit viel Smog, der auf 2640 m Höhe oft die Luft zum Atmen nimmt, acht Millionen Menschen, von denen viele dicht gedrängt in von Kriminalität und Erdrutschen bedrohten Armenvierteln am südlichen Stadtrand leben und viel kalter Regen sorgen dafür, dass die meisten Besucher eigentlich nicht lange bleiben möchten. Doch dann schlägt die Metropole zu: Mit kosmopolitischer Atmosphäre, kolonialem Flair im Altstadtviertel La Candelaria, fantastischem Streetfood, kreativer Street Art und natürlich dem faszinierenden Goldmuseum. Dazu kommen ein wirklich aufregendes Nachtleben und zahlreiche Musikfestivals.

Einen Überblick über das Häusermeer bietet der **Mirador Torre Colpatria**, mit 162 m Kolumbiens höchster Wolkenkratzer. Die meisten Sehenswürdigkeiten liegen aber fußläufig in **La Candelaria**, der attraktiven Altstadt mit bunten Kolonialhäusern. Besonders charmant ist die Atmosphäre rund um die **Plazoleta del Chorro de Quevedo**. Hier wurde die Stadt am 6. August 1538 von Gonzalo Jiménez de Quesada gegründet. Zuvor hatte hier der Muisca-König Bacatá residiert, dem Santafé de Bogotá seinen Namen verdankt. Hier und auch im wohlhabenden Norden der Stadt, wo die großen Einkaufszentren, Luxushotels, Gourmetrestaurants und schicken Nachtklubs zu Hause sind, ist es eigentlich recht sicher.

LA CANDELARIA

Zentrum des Geschehens in der Altstadt ist die **Plaza de Bolívar**, auf der ein Denkmal an Südamerikas Freiheitshelden erinnert. Die 1823 vollendete neoklassizistische **Kathedrale** erhebt sich an dem Ort, an dem 1538 die erste Messe

Der Bau der Kathedrale von Bogotá geht auf das Jahr 1538 zurück

gefeiert wurde. Hier kann man viele Gemälde von Kolumbiens größtem Maler der Kolonialzeit bewundern, Gregorio Vásquez de Arce y Ceballos (1638–1711). Erlesen ausgestattet ist die nebenan stehende **Capilla del Sagrario** aus dem 17. Jahrhundert.

An der Südseite der Plaza steht das neoklassizistische **Capitolio**, Sitz des Kongresses. Am Freitag wird ab 17 Uhr die **Carrera 7** von der Plaza de Bolívar bis zur Carrera 26 für den bei den *Cachacos* (Einwohner Bogotás) ungemein beliebten Septimazo gesperrt: Straßenkünstler und leckeres Streetfood beherrschen dann die Szene.

In der Altstadt findet man Bogotás schönste Kirchen und Museen. Die Kirchenfassaden wirken oft relativ streng, doch innen entfaltet sich der goldschimmernde Prunk der Barockzeit, so im **Museo Iglesia de Santa Clara** in der Nähe des Präsidentenpalastes **Casa de Nariño**, das ebenso erlesene Kunst der Kolonialzeit präsentiert wie das nur einen Katzensprung entfernte **Museo de Arte Colonial**, das seine Schätze rund um einen wunderschön begrünten Innenhof zeigt. Die **Iglesia de la Concepción** besitzt erlesene Mudéjar-Stilelemente, die monumentale **Iglesia de San Ignacio** war die erste Jesuitenkirche in Nueva Granada, und die **Iglesia de San Francisco** prunkt mit einem besonders prächtigen goldenen Altar.

Wie viele Kunstwerke der prähispanischen Zeit der Goldgier der Spanier zum Opfer gefallen sind, lässt sich kaum sagen. Doch was das weltberühmte **Museo de Oro** gleich neben San Francisco am Parque de Santander versammelt, ist einzigartig › S. 100.

An die Schöpfungen von Fernando Botero, Kolumbiens berühmtestem zeitgenössischem Künstler, mussten sich die Cachacos allerdings erst gewöhnen. Das **Museo Botero** versammelt 123 Gemälde und Skulpturen, die eines gemeinsam haben: Ob Nonne oder Guerillakämpfer, alle sind sie sehr rundlich, um nicht zu sagen fett dargestellt. Botero spendierte der Hauptstadt aber auch eine der größten Sammlungen

In Bogotás Altstadtviertel La Candelaria empfehlen sich bequeme Schuhe

moderner und impressionistischer Kunst Lateinamerikas, darunter Werke von Picasso, Miró, Monet, Renoir und Dalí sowie Skulpturen mit Werken von Henry Moore und Max Ernst. Nebenan präsentiert die koloniale **Casa de Moneda** nicht nur die Geschichte des Geldes in Kolumbien, sondern im angeschlossenen Neubau vorzügliche zeitgenössische kolumbianische Kunst. Noch bedeutender ist die Sammlung des nördlich der Altstadt gelegenen **Museo de Arte Moderno (MAM)**.

MONSERRATE

600 m oberhalb von La Candelaria thront der von der Kirche **El Santuario de Monserrate** gekrönte Felsvorsprung **Cerro de Monserrate**, von dem sich spektakuläre Ausblicke auf Bogotá bieten. Man erreicht den Gipfel mit einer Zahnradbahn, einer Seilbahn oder auf einer 90-minütigen Wanderung über 1500 Stufen. Am Fuß des Monserrate liegt die **Quinta de Bolívar**, eine Kolonialvilla mit schönen Gärten, in der Simón Bolívar zwischen 1820 und 1829 oftmals residierte. Sie ist natürlich ein Museum.

ZIPAQUIRÁ UND GUATAVITA

Die Hochebene **Sabana de Bogotá** ist das Zentrum der wichtigen Schnittblumenindustrie Kolumbiens. An Wochenenden viel besucht wird die 56 km nördlich gelegene **Salzkathedrale von Zipaquirá**. Die ursprüngliche Kathedrale des Salzbergwerks wurde wegen Sicherheitsmängeln geschlossen. 1995 eröffnete man eine faszinierende neue Salzkathedrale im minimalistischen Stil mit 14 Kreuzwegstationen. Der Ausflug lässt sich perfekt mit einem Besuch der **Laguna de Guatavita** kombinieren. Der heilige See der Muisca ist Ursprung der Legende von Eldorado › **S. 100**.

Cartagena [A/B1] und die westliche Karibikküste

Mit ihren mustergültig restaurierten farbenfrohen Häusern aus Korallenkalk und ihrer mächtigen Stadtmauer ist das 1533 gegründete **Cartagena de Indias** die schönste Stadt der Karibik und seit 1984 Weltkulturerbe. Von hier wurden die Schätze der spanischen Neuen Welt nach Europa verschifft. Kein Wunder, dass die Stadt im 16. Jahrhundert mehrmals von Korsaren belagert wurde. Der plündernde Francis Drake kassierte 1586 ein riesiges Lösegeld, bevor er Cartagena wieder freigab. Daraufhin errichteten die Spanier zwischen 1656 und 1798 nach Plänen eines niederländischen Ingenieurs die mächtigen Verteidigungsanlagen der Stadt. Ihre 11 km langen Wälle und Kastelle kann man noch heute erkunden. Bei Sonnenuntergang besonders stimmungsvoll ist das **Castillo de San Felipe de Barajas** an der Avenida Pedro de Heredia. Der schönste Blick auf Cartagena bietet sich von dem auf einer Anhöhe gelegenen **Convento de la Popa** (Taxi nehmen) mit weiß getünchter Kapelle von 1608.

Im frühen 17. Jahrhundert besaß Cartagena das Monopol auf den karibischen Sklavenhandel. Dementsprechend facettenreich sind die hier lebenden Menschen, ihre Musik und ihre Traditionen. Wer sie wirklich kennenlernen will, sollte aber die Hochhaushotels der Landzunge **Bocagrande** verlassen und den Besuch von Cartagena nicht auf die fein herausgeputzte Altstadt beschränken, sondern sich in das Viertel Getsemaní wagen. Hier schallen Cumbia- und Salsa-Rhythmen fast aus jedem Fenster, und auch das Nachtleben ist definitiv »lokal«.

ALTSTADT

Ein beliebiger Bummel durch die engen Gassen der Altstadt ist natürlich das Highlight schlechthin. Man sieht sich gar nicht satt an all den pastellfarbenen Kolonialgebäuden mit ihren schmiedeeisernen Balkonen, die üppig mit Bougainvilleen geschmückt sind. Ab und zu muss man einer Pferdekutsche ausweichen oder das Angebot eines Straßenhändlers mit freundlichem Lächeln ablehnen. Besonders häufig fotografiert wird das Haupttor der Stadt, die **Puerta del Reloj**, das auf die **Plaza de los Coches** führt. Auf dem dreieckigen Platz fand früher der Sklavenmarkt statt, heute warten hier Pferdekutschen auf Kunden für Stadtrundfahrten. Auf der Plaza erinnert ein Denkmal an den Stadtgründer Pedro de Heredia. Unter der überdachten Arkade des Platzes, dem **Portal de los Dulces**, gibt es Süßigkeiten zu kaufen.

Ältester und größter Platz ist die **Plaza de la Aduana** mit dem restaurierten **Königlichen Zollhaus**, heute das Rathaus der Stadt. Das imposante dreistöckige **Convento de San Pedro Claver** wurde 1603 von Jesuiten gegründet. Hier lebte der in Spanien geborene Jesuitenpriester Pedro Claver (1580–1654), der bis zu seinem Tod in selbstloser Nächstenliebe Sklaven betreute. Der Schutzheilige Kolumbiens gilt seit 1985 als Patron der Menschenrechte. Er ruht in einem Kristallsarg unter dem Altar der Jesuitenkirche. Im Kloster kann man neben religiöser Kunst und prähispanischer Keramik auch eine faszinierende Ausstellung mit farbenfroher haitianischer Kunst und afrikanischen Holzmasken und Schnitzereien sehen.

An der grünen, schattigen **Plaza de Bolívar** stehen einige der prächtigsten Kolonialbauten der

Cartagena de Indias gilt als eine der schönsten spanischen Kolonialstädte der Welt

Stadt. Im ehemaligen Palacio de la Inquisición ist das **Museo Histórico de Cartagena (MUHCA)** untergebracht, in dem zwischen 1611 und 1821 die Inquisition vermeintliche Ketzer und Gotteslästerer foltern und oft genug zum Tode verurteilen ließ. Auf der Plaza wurden die Delinquenten dann in einem *Autodafé* (Akt des Glaubens) hingerichtet. Gegenüber zeigt das **Museo de Oro** filigranen Goldschmuck prähispanischer Kulturen. Die nüchterne Kathedrale wurde 1586 durch einige Kanonenkugeln beschädigt und daher erst 1612 vollendet. Mit Mudéjar-Täfelungen und prunkvollem Altar um einiges verschwenderischer ausgestattet ist die **Iglesia de Santo Toribio de Mangrovejo** (1666–1732) in der Calle del Sargento Major. An der Plaza de Santo Domingo steht die 1579 vollendete **Iglesia de Santo Domingo** mit Barockaltar.

ISLAS DEL ROSARIO [A1] UND ISLAS DE SAN BERNARDO [A1]

35 km südwestlich der Stadt lockt ein Archipel kleiner Koralleninseln mit weißen Sandstränden und türkisfarbenem Wasser. Bootsausflüge starten an Cartagenas **Muelle Turística**. Von ausländischen Touristen kaum wahrgenommen, von einheimischen Urlaubern aber sehr wohl entdeckt, ist das Archipel der zehn **Islas de San Bernardo** weiter südlich mit blendend weißen Stränden und blaugrünem Wasser. Ausflugsboote starten im 140 km südlich von Cartagena gelegenen freundlichen Städtchen **Tolú**.

MOMPÓS

Das 1537 auf einer Süßwasserinsel in den Feuchtgebieten des östlichen Arms des Río Magdalena gegründete Städtchen (etwa 6 Stunden landeinwärts von Cartagena) kontrollierte lange den Handel zwischen der Küste und dem Landesinneren, bis der schlammige Fluss Ende des 19. Jahrhunderts seinen Lauf änderte. Mompós (auch Mompox) verlor damit seine Bedeutung. Hier stellte Simón Bolívar eine Armee auf, und so war Mompós die erste Stadt in Kolumbien, die 1810 ihre Unabhängigkeit von Spanien erklärte. Seit dem 19. Jahrhundert ist in dem Städtchen die Zeit stehengeblieben. Gabriel García Márquez machte es zum Schauplatz seines Romans »Chronik eines angekündigten Todes«, und seit 1995 ist es Weltkulturerbe. Man kann gemütlich durch die kolonialen Gassen bummeln, die weißen Häuser mit ihren schmiedeeisernen Gittern, aufwendig geschnitzten Türen, Ziegeldächern und blumengeschmückten Balkonen bewundern und abends mit den Bewohnern, die in ihren Schaukelstühlen auf der Straße sitzen, ein Schwätzchen halten. Unter den sechs Kirchen besonders schön sind die **Iglesia de Santa Bárbara** mit barockem achteckigem Glockenturm und maurischem Balkon und die **Iglesia de San Agustín**. Das kleine **Museo Cultural** ist in Bolívars Wohnhaus untergebracht.

Auf einer Bootsfahrt durch die Flusslandschaft kann man viele Wasservögel, aber auch Leguane und Brüllaffen beobachten. Besonders eindrucksvoll ist die Rückkehr nach Mompós bei Sonnenuntergang, denn vom Fluss aus bietet das Städtchen einen besonders malerischen Anblick.

Santa Marta und die östliche Karibikküste

Auf der Fahrt von Cartagena nach Santa Marta führt kein Weg an der großen schwülheißen Hafenstadt **Barranquilla** an der Mündung des Río Magdalena vorbei, doch ein Aufenthalt lohnt sich hier nur während des Karnevals. Das viertägige Fest ist eines der größten in Südamerika und wird inzwischen auch zunehmend von Ausländern besucht. Paraden mit Tausenden von Menschen in prachtvollen farbenfrohen Kostümen, Blumenkorsi, Tänzer und dazu die ansteckenden Rhythmen von Salsa, Cumbia, Vallenato und afrikanischen Trommeln halten die Stadt vier Tage lang fast rund um die Uhr in Atem. Parallel zu den Feierlichkeiten findet ein nicht minder überschwänglicher schwuler Karneval statt.

SANTA MARTA [B1]

Kolumbiens älteste Stadt wurde zwar schon 1525 gegründet, doch ist die Kolonialarchitek-

Santa Marta ist eine Urlauberhochburg Kolumbiens

tur weitgehend den Angriffen englischer und holländischer Piraten zum Opfer gefallen. Die große, weiß getünchte **Kathedrale** ist zwar die älteste Kirche Kolumbiens, der heutige Bau stammt aber größtenteils aus dem 17. Jahrhundert. Ältestes Gebäude der Stadt ist die gut erhaltene **Casa de la Aduana** (1531), in der das wirklich ausgezeichnete **Museo del Oro Tairona** die Kultur der Tayrona und ihrer heutigen Nachfahren – Kogis, Arhuacos und Arsarios – präsentiert. Außerdem ist hier ein großes Modell der Ciudad Perdida zu sehen. In diesem Haus wurde Bolívar nach seinem Tod aufgebahrt, nachdem er seine letzten qualvollen Tage in der **Quinta de San Pedro Alejandrino** auf einer Zuckerplantage 5 km südlich der Stadt verbracht hatte. Das Anwesen wurde in einen historischen Park mit Denkmal und Museum umgewandelt.

An den von zahlreichen Hotels gesäumten Stränden machen vor allem Kolumbianer Urlaub, während internationale Rucksacktouristen das 4 km nördlich gelegene Fischerdorf **Taganga** zur Partymetropole umfunktioniert haben und es als Tauchbasis und Sprungbrett für Ausflüge in den **Parque Nacional Tayrona** und Urwaldtrekking zur **Ciudad Perdida** nutzen.

Das 85 km südlich gelegene **Aracataca** ist der Geburtsort von Gabriel García Márquez und inszeniert sich heute gern als mythisches Macondo aus dem Roman »Hundert Jahre Einsamkeit«.

PARQUE NACIONAL TAYRONA [B1]

Etwa 45 Autominuten östlich von Santa Marta liegt einer der schönsten Nationalparks der Karibik. Hier reicht der Urwald bis zu den wirklich traumhaften Stränden. In der Hochsaison stürmen einheimische Urlauber dieses Paradies, das einst von den Tayrona bewohnt wurde. Sie waren eine der größten prähispanischen Zivilisationen Südamerikas. 1599 ordnete der spanische Gouverneur einen Genozid an. Die letzten Überlebenden flüchteten in die schneebedeckte **Sierra Nevada de Santa Marta**, die nur 42 km von der Küste entfernt liegt. Mit 5775 m ist der **Pico Cristóbal Colón** Kolumbiens höchster Gipfel. Die 80 km östlich an der Küste gelegen Ortschaft **Palomino**, das östliche Tor zum Nationalpark, bietet nicht nur einen fabelhaften Palmenstrand mit Urwaldkulisse, sondern an klaren Tagen eine Traumaussicht auf die Schneegipfel der Sierra. Vor Ort werden *Tubing* auf dem **Río Palomino** sowie Ausflüge in den Urwald zu Wasserfällen und natürlichen Badeteichen angeboten. Auch Exkursionen in den Nationalpark Sierra Nevada de Santa Marta sind möglich.

CIUDAD PERDIDA

Agenturen in Santa Marta organisieren Trekkingausflüge zur tief im Dschungel liegenden »Verlorenen Stadt«, die lange wegen der hier operierenden Guerilla kaum zugänglich war. Die 40 km lange Wanderung dauert in der Regel fünf Tage. Man badet in Urwaldflüssen und besucht Dörfer der weiß gewandeten Kogi, bis man schließlich die irgendwann nach 500 n. Chr. erbaute Hauptstadt der Tayrona erreicht. An die 4000 Menschen sollen hier einst gelebt haben. Die Ruinen wurden erst Anfang der 1970er-Jahre von Grabräubern entdeckt: Über tausend runde Steinterrassen auf einem 1300 m hohen Steilhang mitten im Dschungel.

HALBINSEL GUAJIRA [B1]

Ein ganz anderes Bild bietet die wüstenhafte Halbinsel Guajira. Hier leben die halbnomadischen, zu den *Arawak* zählenden *Wayuu*, die sehr komplexe mythologische Vorstellungen pflegen. Diese finden auch Ausdruck in den farbenfrohen Taschen, die in einer Kombination aus Weben, Knüpfen und Häkeln hergestellt werden und inzwischen ein internationaler Renner sind. Meist leere Strände mit felsigen Klippen und aquamarinfarbenem Meer sowie eine karge Landschaft mit Akazienbäumen, Kakteen, Lehmhütten und Ziegen bestimmen das Bild. Im Fischerdorf **Cabo de la Vela** glaubt man sich außerhalb der Ferienzeiten fast ans Ende der Welt versetzt, und tatsächlich liegt Südamerikas nördlichster Punkt nur wenig weiter östlich. Von hier bis Feuerland sind es auf der kürzesten Strecke mit dem Auto etwa 11 000 km.

Medellín [A2] und die Tierra Paisa

So gerne die Kolumbianer auch Witze über die *Paisa* reißen: Tatsächlich haben die fleißigen Bewohner rund um Medellín ab dem frühen 19. Jahrhundert dafür gesorgt, dass Kolumbien heute einer der wichtigsten Kaffeeexporteure der Welt ist.

Die in einem engen Tal gelegene einstige Drogenstadt **Medellín** hat sich als hippe Metropole neu erfunden und wurde 2014 vom Wall Street Journal gar zur »weltweit innovativsten City« gekürt. In einem futuristischen Neubau erinnert das **Museo Casa de la Memoria** mit interaktiven Bildschirmen an die Opfer der Drogen- und Bürgerkriege in Kolumbien seit 1948. Doch noch immer zeugen Wandmalereien davon, dass der 1993 erschossene Drogenboss Pablo Escobar nicht vergessen ist. Die alle Stereotypen bedienende Netflix-Serie »Narcos« sorgte dafür, dass immer mehr Touristen die Schauplätze der Drogenkriege besichtigen wollen, auch Escobars pompöses schwarzes Marmorgrab auf dem **Cementerio Jardines Montesacro** und seine verfallene riesige Hacienda in den Bergen, die der Kartellboss mit wilden Flusspferden schützen ließ.

Auf dem Cerro Nutibara wurde die Nachbildung eines typischen Dorfes der Provinz Antioquia errichtet

WIEDERGEBURT EINER STADT

Eine Hinterlassenschaft der Drogenkartelle ist die florierende Schönheitsindustrie. Entstanden ist sie, weil sich junge Frauen aus den Armenvierteln operieren ließen, um ihre Chancen bei den reichen Drogenbossen zu verbessern. »Ohne Brüste kommst du nicht ins Paradies«, heißt eine heißgeliebte Telenovela über das Leben der Kokainkönige. In den Nachtklubs des schicken Ausgehviertels **Parque Lleras** wird schnell deutlich, wie wichtig diese Devise in Kolumbien nach wie vor ist.

Das hat nun rein gar nichts mit Medellíns neuem Ruf als »Silicon Valley« Kolumbiens zu tun. Doch die verbesserte Infrastruktur – Metro, Stadtseilbahn und die brandneue, durch die Berge geschlagene Verbindung mit dem internationalen Flughafen sorgen dafür, dass sich immer mehr innovative Firmen hier ansiedeln. Das ganzjährig frühlingshafte Klima ist daran sicher nicht unschuldig. Es sorgt dafür, dass im **Jardín Botánico de Medellín Joaquín Antonio Uribe** über 600 Pflanzenarten gedeihen.

KUNST UND PANORAMEN

Auf Medellíns Plätzen trifft man jede Menge Frauen, die eigentlich dem kolumbianischen Schönheitsideal nicht entsprechen, und doch sind die überaus rundlichen Skulpturen des Bildhauers und Malers Fernando Botero aus dem Stadtbild nicht wegzudenken. Im **Museo de Antioquia** ist die größte Sammlung seiner Werke zu sehen. Das **Museo de Arte Moderno de Medellín** demonstriert wiederum, dass Medellín

Die rundlichen Skulpturen des kolumbianischen Künstlers zieren »seine« Plaza Fernando Botero in Medellín

weitere hervorragende Künstler hervorgebracht hat, darunter die expressionistische Malerin Débora Arango, die der gewalttätigen Gesellschaft Kolumbiens nicht nur mit realistischen Frauenakten den Spiegel vorhielt.

Die Kirchen Medellíns sind dagegen künstlerisch eher zweitrangig, trotz einer riesige **Catedral Metropolitana** (1875–1931) an der Plaza Bolívar. Um einiges spektakulärer sind die Panoramaaussichten auf Medellín vom **Cerro Nutibara** sowie vom **Parque Arví**, einem Naturschutzgebiet mit Ziplines und Schmetterlingsgehege, das man mit der Seilbahn erreicht.

MANIZALES [A/B2]

Die auf 2150 m Höhe in einer üppig grünen Hügellandschaft gelegene Universitätsstadt ist seit dem Ende des 19. Jahrhunderts das Zentrum der Kaffeeindustrie des Landes, mit deren Geld man auch die riesige **Catedral de Manizales** mit 106 m hohem Turm errichtete. Auf Wanderungen durch die Nebelwälder der 3 km nordöstlich gelegenen **Reserva Ecológica Río Blanco** bekommt man zahlreiche Vogel-, Schmetterlings- und Orchideenarten zu sehen.

PARQUE NACIONAL NATURAL LOS NEVADOS [B2]

Der Klimawandel sorgt dafür, dass die Schneegrenze der fünf Vulkane in diesem Nationalpark inzwischen auf fast 5000 m geklettert ist. Vom nicht mehr verschneiten, leicht zu besteigenden Gipfel des **Paramillo del Quindio** (4745 m) bietet sich ein fantastischer Ausblick auf die drei (noch) weißen Vulkane des Parks: **Nevado del Ruiz** (5321 m), **Nevado de Santa Isabel** (4950 m) und **Nevado de Tolima** (5215 m). Da der gefährliche Nevado del Ruiz seit 2012 wieder verstärkt aktiv ist, steuern Wanderer lieber den **Volcán Santa Isabel** an. Auf dem Weg zum vergletscherten Gipfel macht man Halt an mächtigen Wasserfällen und der kobaltblauen **Laguna del Otún** (3950 m). Anspruchsvoller ist die Besteigung des Nevado de Tolima.

PEREIRA [A2]

Die 56 km südlich von Manizales gelegene Stadt dient als weiteres Standquartier für Ausflüge in die Zona Cafetera. Aufsehenerregend ist Rodrigo Arenas Betancourts moderne Skulptur des **Bolívar Desnudo**: Sie zeigt den Freiheitshelden nackt zu Pferde. In der Umgebung laden Kaffeefincas wie die **Hacienda Guayabal** (www.haciendaguayabal.com) und die **Hacienda Venecia** (www.haciendavenecia.com) zu Übernachtungsaufenthalten ein. Hier kann man die Produktion von Kaffee hautnah erleben und durch üppig grüne Landschaften wandern. Außerdem locken heiße Quellen wie die **Termales Santa Rosa** und die **Termales San Vicente**.

SALENTO

40 km südwestlich von Pereira liegt das schönste Dorf der Zona Cafetera. In den von farbenfrohen niedrigen Häusern gesäumten Gassen sieht man noch immer Landarbeiter mit Cowboyhüten und Ruanas (Ponchos). Von der Calle Real führt eine Treppe hinauf zum **Alto de la Cruz**, von dem sich herrliche Aussichten auf das von Nebelwäldern mit Wachspalmen geprägte **Valle de Cócora** und an klaren Tagen auch auf die Gipfel der Vulkane im Parque Nacional Natural Los Nevados bieten.

Zentralkolumbien

Der **Altiplano Cundiboyacense**, das Hochland der Departamentos Cundinamarca und Boyacá, war zum Zeitpunkt der *Konquista* das zentrale Siedlungsgebiet der *Muisca*, eine der vier Hochkulturen Amerikas. Ihre feine Goldschmiedekunst beflügelte den Traum von Eldorado. Die Region bildet das geografische Herz des Landes und spielte bei der Entwicklung der nationalen Identität Kolumbiens eine große Rolle.

TUNJA [B2]

140 km nordöstlich von Bogotá wurde diese Stadt 1539 über den Ruinen des indigenen Hunza gegründet. Besonders schöne Kolonialgebäude säumen die **Plaza de Bolívar**. Die **Casa del Fundador Suárez Rendón**, das einzige erhaltene Domizil eines Stadtgründers in Kolumbien, wurde schon 1540 im andalusischen Mudéjar-Stil erbaut. Die etwas jüngere **Casa de Don Juan de Vargas** zeigt einen ähnlichen architektonischen Stil. Die De-

In den Gassen von Salento herrscht ländliches Flair

cke des Hauptsaals wurde um 1590 mit manieristischen Figuren bemalt, die antike Götter, Tierfiguren, Wappen sowie die Jungfrau Maria und das Jesuskind zeigen. Die **Iglesia de Santo Domingo** besitzt erlesene vergoldete Holzschnitzereien im Mudejar-Stil, während die nicht minder prunkvolle **Iglesia y Convento de Santa Clara de Real**, das erste Kloster im Vizekönigreich Nueva Granada, indigene Motive aufnimmt. So prangt an der reichverzierten Decke ein Symbol der Sonne, die von den Muisca als Hauptgott verehrt wurde.

VILLA DE LEYVA [B2]

Die 1572 gegründete Stadt ist ein koloniales Weltkulturerbe, und auch das milde trockene Klima lädt zu längerem Verweilen ein. Am Wochenende füllen sich die engen Gassen mit Ausflüglern aus Bogotá. Die Stadt wird gern als Kulisse für historische Filme genutzt. So drehte Werner Herzog hier 1987 Teile des Filmes »Cobra Verde« mit Klaus Kinski. Sofort wiedererkennen wird man die riesige **Plaza Mayor** mit ihrem groben Kopfsteinpflaster und die Kirche mit massigen niedrigen Türmen. Markenzeichen der Stadt sind ihre einstöckigen weißen Häuser mit Holzbalkonen und Ziegeldächern. Das **Casa-Museo Luis Alberto Acuña** zeigt eine umfangreiche Sammlung von Kunstwerken des avantgardistischen Künstlers Luis Alberto Acuña. Die großen, farbenfrohen Wandbilder im Innenhof stellen mythologische Figuren der Muisca dar. Gegenüber steht das imposante **Monasterio de las Carmelitas**, in dem das **Museo del Carmen** eine vorzügliche Sammlung religiöser Kunst präsentiert. Die Stadt feiert zwei große Feste. Auf dem **Festival de Luces** (6.–8. Dezember) brennen die besten Pyrotechniker der Region ein spektakuläres Feuerwerk ab, während das **Festival de las Cometas** die besten Drachenflieger des Landes gegeneinander antreten lässt.

UMGEBUNG VON VILLA DE LEYVA

Das wüstenhafte Hochland rund um Villa de Leyva ist für seinen Fossilienreichtum berühmt. 5 km westlich der Stadt liegt an der Straße nach Santa Sofía die Stätte **El Fósil**, deren Museum die Überreste eines 12 m langen, 120 Millionen Jahre alten Kronosaurus zeigt. Nicht weit entfernt präsentiert das **Centro de Investigaciones Paleontologicas** weitere bestens erhaltene Fossilien, darunter das eines Säbelzahntigers.

Etwa 2 km von El Fósil entfernt liegt die als »Stonehenge Kolumbiens« bezeichnete **Estación Astronómica Muisca**. Die kurz nach der Zeitenwende aufgestellten 115 Steinmonolithen dienten zur Berechnung des Zeitpunkts für die Aussaat des Getreides.

Etwa 15 km nördlich der Stadt bietet das auf 3600 m über dem Meeresspiegel gelegene seenreiche Naturschutzgebiet **El Santuario de Iguaque** beste Bedingungen für Wanderer. Die **Laguna de Iguaque** war den Muisca als Geburtsort der Menschheit heilig.

24 km südwestlich von Villa de Leyva liegt das Dorf **Ráquira**, das für seine hochwertige Keramik bekannt ist. Markttag ist der Sonntag.

SAN GIL UND BARICHARA

Die 125 km nordöstlich von Villa de Leyva im Departamento Santander gelegene Stadt zieht Rafter, Paraglider, Abseiler, Höhlenforscher, Reiter, Biker und Wanderer an. Die **Cascadas de Juan Curí** stürzen 180 m tief in einen natürlichen Pool, in dem man baden kann. Über die 56 km nördlich von San Gil gelegene Schlucht des **Parque Nacional Chichamocha** führt eine Seilbahn mit toller Aussicht. Im Angebot sind Gleitschirmfliegen und Ziplines.

23 km nordwestlich von San Gil liegt das idyllische Kolonialstädtchen **Barichara**, eine ruhige Alternative zu Villa de Leyva, wenn nicht gerade eine Filmcrew vor Ort dreht.

BUCARAMANGA [B2] UND GIRÓN

Das 1622 gegründete **Bucaramanga** ist eine moderne Stadt. Die umliegenden Berge werden gerne von Gleitschirmfliegern angesteuert. Architektonisch wesentlich attraktiver mit einer reizenden Altstadt ist das kleine Kolonialstädtchen **Girón** 12 km südwestlich.

250 km südöstlich von Bucaramanga erhebt sich der **Parque Nacional El Cocuy** mit 22 schneebedeckten Gipfeln und 32 Gletscherseen bis zu 5330 m über dem Meeresspiegel. Bei Wanderern besonders beliebt ist der südliche Sektor mit der **Laguna de la Plaza** und der spektakulär inmitten eines Gletschers gelegenen Felssäule **El Pulpito del Diablo** (Teufelskanzel). Nur erfahrene Bergsteiger sollten die Gipfel des zentralen Sektors in Angriff nehmen.

Cali [A3] und der Südwesten

Kolumbiens drittgrößte Stadt wurde 1536 südlich der Zona Cafetera im schwülheißen **Valle del Cauca** gegründet, in dem Zuckerrohr vorzüglich gedeiht. Die musikbegeisterten Nachfahren afrikanischer Sklaven sorgten dafür, dass **Cali** heute die selbsterklärte »Hauptstadt der Salsa« ist. Schon auf der **Plaza de Caycedo** wird das deutlich: Abends wirbeln hier Salsa tanzende Pärchen über das Pflaster. Das Denkmal für den Freiheitshelden Joaquín de Caycedo y Cuero und die Fassade der **Catedral San Pedro** aus dem 19. Jahrhundert bilden da nur eine attraktive Kulisse für geschniegelte *Chicos* und *Chicas* in knappen Tanzröckchen. Denn nicht Kirchen wie die frühkoloniale **Iglesia de la Merced** sind die Tempel der Stadt, sondern die zahlreichen *Salsatecas*, in denen man fast rund um die Uhr die Lautsprecher bis zum Anschlag aufdreht. Abends fahren *Chivas* (Partybusse) von einem Klub zum nächsten. Nach Mitternacht verlagert sich die Tanzszene in den ruppigen Vorort **Juanchito**. Im September kocht die Stadt während des **Festival Mundial de Salsa** vollends über.

Wer zwischendurch ein Kulturprogramm absolvieren möchte: Das **Museo Arqueológico la Merced** zeigt prähispanische Urnen aus Mittel- und Südkolumbien, das kleine **Museo del Oro** Gold und Keramik der Calima-Kultur und das **Museo de Arte Moderno La Tertulia** zeitgenössische Kunst und Arthouse-Kino.

PAZIFIKKÜSTE

Cali ist das Sprungbrett für Abenteuerlustige, die es an die kaum besuchte Pazifikküste zieht. Auf der Fahrt in die eher grimmige Hafenstadt **Buenaventura** lohnt sich der Abstecher in das Urwalddorf **San Cipriano**, wo man in einem kristallklaren Fluss baden und eine relaxte Zeit mit den freundlichen afrokolumbianischen Einwohnern verbringen kann. Schon die Anreise ist ein Erlebnis. Von Córdoba (an der Ruta 40) führt nämlich keine Straße, sondern nur ein Bahngleis durch den Dschungel nach San Cipriano. Da aber kaum Züge verkehren, bringen die Einheimischen die Besucher mit motorisierten Holzdraisinen in ihr Dorf.

Buenaventura ist das nicht zu vermeidende Standquartier für Ausflüge entlang der dünn besiedelten Pazifikküste mit ihren grausandigen Urwaldstränden. Vom Hafenpier Muelle turístico starten Boote, die Surfer zur **Playa Ladrilleros** bringen. In der Regenzeit zwischen August und November rauschen hier drei Meter hohe Wellen an den Strand.

POPAYÁN [A3]

140 km südlich von Calí liegt eine der schönsten Kolonialstädte Kolumbiens. Von den Aussichtspunkten **Morro de Tulcán**, **El Cerro de las Tres Cruces** und **Capilla de Belén** bietet sich ein Panorama der »Weißen Stadt«.

Popayán wurde 1537 von Sebastián de Belalcázar gegründet und war lange eine ernste Rivalin von Bogotá. 1983 richtete ein Erdbeben verheerende Schäden an, doch wurde die Stadt mustergültig restauriert, und die abends festlich beleuchteten Barockkirchen geben ein stimmungsvolles Bild ab. Besonders schön sind die **Iglesia de Santo Domingo** mit skulptiertem Steinportal und die **Iglesia de San Francisco** mit kunstvoller Kanzel. Die Semana Santa wird in Popayán mit riesigen Kerzenprozessionen und Blumenkorsi gefeiert. Nur das spanische Sevilla leistet sich ein noch größeres Spektakel.

Attraktive Ausflugsziele sind das Dorf **Silvia** (60 km nordöstlich), in dem am Dienstag ein

Die Statuen von Tierradentro bergen noch immer einige Geheimnisse für Archäologen

farbenfroher Markt der indigenen Guambiano stattfindet, und der hoch gelegene **Parque Natural Puracé** (58 km südöstlich) mit schneebedeckten Vulkanen, Schwefelquellen, Wasserfällen, Schluchten und Seen. Der anstrengende Aufstieg zum Kraterrand des 4700 m hohen **Volcán Puracé** wird mit einem Traumblick auf die **Cadena Volcánica de Los Coconucos** belohnt, eine Kette mit 40 Vulkanen.

SAN AGUSTÍN

Das kleine Städtchen (140 km südöstlich) hat mehr als eine traumhaft schöne Landschaft zu bieten. Hier hat vor etwa 3300 Jahren eine mysteriöse Kultur Hunderte von monumentalen Steinfiguren mit stilisierten zoomorphen Gesichtern geschaffen. Besonders viele hiervon sind im **Parque Arqueológico** zu sehen, ein Weltkulturerbe der UNESCO. Weitere Statuen findet man am Río Magdalena, dessen Stromschnellen von Wildwasserfahrern geschätzt werden (Klasse II–IV). Zum Erkunden der Umgebung bucht man am besten einen Reitausflug. Besonders schön ist **La Chaquira**: Hier hat man die Abbildungen von Gottheiten in die Felsen einer Schlucht gemeißelt.

Etwa 30 km nordöstlich von San Agustín liegen zwei weitere bedeutende Stätten: **Alto de los Ídolos**, eine Gräberstätte mit einer 7 m hohen Statue, sowie **Alto de las Piedras**, dessen Statue Doble Yo, halb Mensch, halb Tier, ein weiteres archäologisches Highlight darstellt. In der Nähe rauscht Kolumbiens höchster Wasserfall.

PARQUE ARQUEOLÓGICO NACIONAL DE TIERRADENTRO [A3]

Eine fünfstündige Autofahrt nördlich von San Agustín liegt in einem schwer zugänglichen Teil der kolumbianischen Zentralkordilleren bei **San Andrés de Pisimbalá** Kolumbiens zweiter großer archäologischer Komplex (Welterbe) mit verzierten, bis zu fünf Meter tief in den Fels getriebenen Schachtgräbern einer Kultur, die etwa um 700–900 n. Chr. florierte. Einige Wände sind mit geometrischen Mustern in Weiß, Schwarz und Rot bemalt.

VENEZUELA

Reiten und Angeln auf 3500 m Höhe im venezolanischen Nationalpark Sierra Nevada

AREA DE PESCA
Pesque aqui su
trucha...

VENEZUELA IN KÜRZE

Staatsname: República Bolivariana de Venezuela
Fläche: 912 050 km²
Hauptstadt: Caracas
Amtssprache: Spanisch sowie mehrere indigene Sprachen
Einwohner: 31,3 Mio. (2017, geschätzt)
Landesvorwahl: 0058
Währung: Bolívar Soberano (VES; seit Aug. 2018)
Zeitzonen: Während der europäischen Sommerzeit MEZ –6 Std., während der Winterzeit –5 Std. Venezuela hat keine Sommerzeit.

LAGE

Das Land erstreckt sich zwischen 1° und 12° nördlicher Breite sowie 60° und 73° westlicher Länge. Im Südosten und Süden verläuft eine 2137 km lange Grenze zu Brasilien, im Osten grenzt es auf 789 km an Guyana, im Westen auf 2341 km an Kolumbien. Die Karibikküste ist 2800 km lang. Die geographischen Großräume sind zwei Bergketten der Anden und das Tiefland von Maracaibo im Westen, die Orinoco-Tiefebenen (llanos) mit Regenwäldern und Feuchtsavannen, das Hochland von Guayana mit Tafelbergen im Südosten und die Karibikküste mit der Isla Margarita und weiteren Archipelen. Höchster Gipfel ist der Pico Bolívar in der Sierra Nevada de Mérida.

POLITIK

Die sozialistisch ausgerichtete Bolivarische Republik Venezuela ist eine präsidiale Demokratie mit direktdemokratischen Elementen. Der Staatspräsident ist gleichzeitig Regierungschef. Das Land gliedert sich in 23 Staaten *(estados)*, den Hauptstadtdistrikt *(distrito capital)* und direkt der föderalen Verwaltung unterstellte 11 Inselgruppen mit insgesamt 72 Inseln *(dependencia federal)*. Der Präsident wird mit einfacher Mehrheit für eine Amtszeit von 6 Jahren direkt gewählt. Die letzte, von der Opposition weitgehend boykottierte vorgezogene Präsidentschaftswahl fand am 20. Mai 2018 statt, wird aber wegen massiver Unregelmäßigkeiten von der Opposition und international nicht anerkannt. Mit angeblich 68 % wiedergewählt wurde Nicolas Maduro Moros (PSUV) vor Henri Falcón (AP) mit 21 %. Von den 167 Sitzen des Einkammerparlaments Asamblea Nacional (Amtszeit 5 Jahre) sind 3 für indigene Völker reserviert. Es führt das Oppositionsbündnis MUD mit 56,2 % vor der regierungsfreundlichen PSUV mit 40,9 %, doch hat der Präsident die Befugnisse des Parlaments mit einer ihm nahestehenden Verfassungsgebenden Versammlung ausgehebelt. Die nächste Parlamentswahl soll eigentlich noch 2018 stattfinden. Sowohl die Abgeordneten als auch der Präsident können ab der Mitte ihrer Amtszeit per Referendum abgewählt werden.

WIRTSCHAFT

Venezuelas immer stärker staatlich kontrollierte Wirtschaft ist nach wie vor stark von den Öleinnahmen abhängig, die fast alle Exporterlöse und fast die Hälfte der Staatseinnahmen ausmachen, obwohl die Ölproduktion im Jahr 2017 aufgrund mangelhafter Erhaltungsinvestitionen seitens des staatlichen Erdölkonzerns Petróleos de Venezuela (PDVSA) weiter zurückgegangen ist. 2017 ist das BIP vermutlich um 12 % geschrumpft, bei einer Inflation von über 2600 %. Im August 2018 wurde der fast wertlose Bolívar Fuerte durch den Bolívar Soberano ersetzt, wobei 5 Nullen gestrichen wurden. Für den monatlichen Mindestlohn eines Arbeiters konnte man in dieser Zeit etwa 1,50 US-Dollar eintauschen. Es herrscht ein akuter Mangel an Konsumgütern und Medikamenten – seit Ende 2017 droht Venezuela der Staatsbankrott. Die 2018 erfolgte Einführung der Kryptowährung »Petro« erwies sich als Luftnummer. Anfang Dezember 2016 wurde Venezuela vom Wirtschaftsraum *Mercosur* ausgeschlossen, da es dessen Auflagen nicht erfüllte. Aufgrund der prekären Sicherheitslage ist der Tourismus in den letzten Jahren stark eingebrochen. Die Agrar- und Viehwirtschaft (Mais, Sorghumhirse, Zuckerrohr, Reis, Bananen, Gemüse, Kaffee, Rinder, Schweine, Milch, Eier, Fisch) macht nur 4,4 % des BIP aus, die Industrie (Agrarprodukte, Viehzucht, Rohstoffe, Maschinen und Geräte, Baumaterialien, Pharmazeutika, Chemikalien, Eisen- und Stahlprodukte, Rohöl und Erdölprodukte) steuert 38,2 % bei, die restlichen 57,4 % des BIP entfallen auf Dienstleistungen. Die Arbeitslosenquote betrug 2017 geschätzt 26,5 %. Unter der Armutsgrenze lebt fast 80 % der Bevölkerung.

VENEZUELAS GESCHICHTE SEIT DER UNABHÄNGIGKEIT

Anfang 1813 ernannte eine revolutionäre Junta Simón Bolívar (1783–1830) zum Kommandanten der venezolanischen Streitkräfte. Bolívar, ein reicher kreolischer Grundbesitzer, musste in seinem Krieg gegen die Spanier viele Rückschläge hinnehmen. Doch am 17. Dezember 1819 wurde die Republik Gran Colombia mit der Hauptstadt Bogotá und Bolívar als Präsidenten ausgerufen. Am 24. Juni 1821 besiegten Bolívars Truppen die königliche Hauptarmee in der Schlacht von Carabobo, und am 9. Oktober 1823 ergaben sich die letzten spanischen Truppen in Puerto Cabello. Im folgenden Jahr marschierte Bolívars Armee nach Süden, um Peru zu befreien. Bolívars Ansehen reichte jedoch nicht aus, um Großkolumbien zusammenzuhalten. Venezuela spaltete sich 1829 ab. Bolívar starb 1830 im kolumbianischen Santa Marta, mittellos und desillusioniert.

HERRSCHAFT DER AUTOKRATEN

Zwischen 1830 und 1935 wechselten sich in Venezuela autoritäre Regierungen ab. General José Antonio Páez berief 1830 einen Verfassungskonvent für Venezuela ein, unterwarf ehrgeizige *Caudillos* und regierte in Zusammenarbeit mit den großen Landbesitzern und führenden Kaufleuten der Konservativen Partei. Ab 1848 folgten unruhige Zeiten mit den Diktaturen der Monagas-Brüder, deren Liberale Partei reformistische Gesetze verabschiedete, aber nicht umsetzte. Es kam zu blutigen Kriegen zwischen den Liberalen und Konservativen, die erst die reformistische antiklerikale Herrschaft von General Antonio Guzmán Blanco ab 1870 beendete. General Joaquín Crespo stürzte das Land ab 1892 in neue Turbulenzen, die ein Streit mit Großbritannien über die Grenze zwischen Venezuela und Britisch-Guayana befeuerte.

In den folgenden Jahrzehnten bestimmten Militärs aus Táchira, bekannt als *Andinos*, die Geschicke der Nation. General Juan Vicente Gómez regierte 27 Jahre lang diktatorisch. In seiner Zeit stieg Venezuela zum weltweit führenden Ölexporteur auf. Die Ölindustrie bescherte der Nation hochbezahlte Arbeitsplätze, Subventionen für die Landwirtschaft, höhere Staatseinnahmen und mehr Handel. Straßen, Eisenbahnen und Hafenanlagen wurden gebaut, doch war der Ölreichtum ungleich verteilt. Die meisten Venezolaner lebten weiterhin in Armut.

REFORMEN UND DEMOKRATIE

Nur zögerlich kehrten die bürgerlichen Freiheiten zurück. 1947 wurde der Schriftsteller Rómu-

Proteste gegen die Inhaftierung von Oppositionellen in Venezuela

lo Gallegos zum Präsidenten gewählt, dessen Reformprogramm aber schon 1948 ein Militärputsch stoppte. Bis 1958 herrschte wieder das Militär, danach wurde Rómulo Betancourt zum Präsidenten gewählt. Es folgte eine reformistische Zeit, die aber auch von politischen Unruhen und Wirtschaftskrisen geprägt war. 1968 gewann der Christdemokrat Rafael Caldera Rodríguez die Wahlen: das erste Mal in der Geschichte Venezuelas übergab eine amtierende Regierung die Macht friedlich an einen Wahlsieger der Opposition.

Carlos Andrés Pérez, Sieger bei den Wahlen von 1973, verstaatlichte die Eisenerz- und Erdölindustrie. Nach dem arabisch-israelischen Krieg von 1973 profitierte Venezuela als Gründungsmitglied der OPEC von hohen Ölpreisen, doch bald stürzte das Land in eine wirtschaftliche Stagnation, die bis in die späten 1980er-Jahre anhielt. 1992 unternahm eine kleine Gruppe junger Offiziere unter der Leitung von Oberstleutnant Hugo Chávez Frías einen Putschversuch gegen Präsident Andrés Pérez. 1993 kehrte Caldera Rodríguez zurück. Er ließ auch den Putschisten Hugo Chávez frei, sodass dieser 1998 zum Präsidenten gewählt werden konnte.

SOZIALISMUS

Chávez' politische Plattform versprach, das Land von Korruption zu befreien, den Armen zu helfen und die Macht der Eliten zu reduzieren. Mitte 1999 wählten die Venezolaner eine verfassungsgebende Versammlung, die von Pro-Chávez-Delegierten dominiert wurde, und die Wähler stimmten bald per Referendum einer neuen Verfassung zu. Im April 2002 überstand Chávez einen Staatsstreich und überlebte 2004 auch ein von der Opposition erzwungenes Abberufungsreferendum. Während dieser Zeit gab Chávez Einnahmen aus dem Ölhandel aus, um soziale Programme zu finanzieren. Er setzte seine Unterstützung für den kubanischen Präsidenten Fidel Castro fort und belieferte Kuba und andere Entwicklungsländer mit Erdöl zu günstigen Preisen. Außerdem förderte er den *Mercosur*, eine regionale Wirtschaftsorganisation Südamerikas.

Nach seinem Erdrutschsieg 2006 übernahm Venezuela die operative Kontrolle über die Ölindustrie im Orinoco-Becken von ausländischen Unternehmen. Bei der Wahl im Oktober 2012 erhielt der krebskranke Chávez mehr als 54 % der Stimmen, starb aber am 5. März 2013. Unter seinem Nachfolger Nicolás Maduro rutscht Venezuela immer weiter in diktatorische Verhältnisse ab. Den Erfolg der Opposition bei den Parlamentswahlen 2015 konterkarierte Maduro mit einer ihm freundlich gesinnten Verfassungsgebenden Versammlung, die das Parlament entmachtete und Maduro trotz verheerender wirtschaftlicher Verhältnisse mit Hyperinflation und extrem hoher Kriminalität 2018 eine international nicht anerkannte Wiederwahl ermöglichte.

Wie heißen die beiden wichtigsten Exportgüter Venezuelas? Öl und Schönheitsköniginnen! Noch immer schwärmen die Venezolaner vom »Goldenen Jahr« 1981, als gleichzeitig Irene Sáez zur Miss Universe und Pilín León zur Miss World gekrönt wurden. Damals waren Venezuelas Beauty Queens »natürlich« blond, und das dankbare Land benannte sogar zwei Öltanker nach ihnen. Und wenn das immer noch kein Beleg für die Bedeutung von Schönheitsköniginnen ist: Nachdem der Kapitän der »Pilín León« im Dezember 2002 aus Protest gegen die Politik von Hugo Chávez das Schiff im Fahrwasser des Lago Maracaibo verankert hatte, ließ Chávez es umtaufen: die Höchststrafe!

Miss Pilín León brachte es dennoch zur erfolgreichen Geschäftsfrau, lebt heute aber, auch ein Symptom der Zeit, in Kolumbien. Dabei ist sie nur eine der 22 offiziellen Vertreterinnen Venezuelas, die bei den internationalen Schönheitswettbewerben der »Big Four« den Sieg davongetragen haben, mehr als jedes andere Land der Welt. Alicia Machado, Miss Universe 1996, machte 2016 unfreiwillig Schlagzeilen: in der Wahlkampfdebatte zwischen Hillary Clinton und Donald Trump.

KRISELNDER MYTHOS

Es gibt ausführliche soziologische Abhandlungen darüber, warum Schönheitswettbewerbe in Venezuela so populär sind. Der große internationale Erfolg machte sie quasi zum Selbstläufer, bieten sie doch die Chance des sozialen Aufstiegs aus bescheidenen Verhältnissen. Doch dieser Mythos bekam spätestens mit den 2015 veröffentlichen Memoiren der erfolgreichen Schauspielerin Patricia Velásquez Risse. Sie hatte 1989 bei der Miss-Venezuela-Wahl teilgenommen. Wie so viele Mädchen hatte sie gehofft, ein Sieg könnte ihrer Familie wirtschaftlich helfen. »Ich habe schnell gelernt, dass ich mich beim Miss-Venezuela-Wettbewerb prostituieren muss, um einen Sponsor zu finden« schrieb sie desillusioniert. Venezuela hat, bzw. hatte nicht nur den weltweit höchsten Pro-Kopf-Verbrauch an Kosmetik und Pflegeprodukten, es gilt hier auch als selbstverständlich, dass vor der Teilnahme an der Miss-Venezuela-Wahl der Körper »perfektioniert« werden muss. Selbst in krisengeschüttelten Zeiten boomt das Geschäft der Schönheitschirurgen, wenngleich es heute hauptsächlich Frauen aus Brasilien sind, die sich in Caracas unters Messer legen, denn die Preise sind dort unschlagbar günstig, für Einheimische aber trotzdem unbezahlbar. Angeblich kosten die Monate der »kosmetischen Vorbereitung« zur Miss-Venezuela-Wahl über 30 000 US-Dollar. Die Mittelschicht, die sich das leisten konnte, ist längst verarmt oder hat das Land verlassen.

DER GROSSE KNALL

Im März 2018 krachte es dann richtig. Die Vorbereitungen der Wahl zur Miss Venezuela 2018 mussten ausgesetzt werden, nachdem die Kandidatinnen sich gegenseitig beschuldigt hatten, Bargeld, Wohnungen und andere Geschenke von Geschäftsleuten und Regierungsbeamten im Austausch für sexuelle Gefälligkeiten erhalten zu haben. Nun brachen auch Teilnehmerinnen früherer Wettbewerbe ihr Schweigen, und Journalisten recherchierten hinterher. Im Mittelpunkt des Skandals steht Osmel Sousa. Fast 40 Jahre war Venezuelas »Schönheitszar« Direktor der Miss-Venezuela-Organisation; nun musste er zurücktreten, und immer mehr über Missbrauch, Geldwäsche und Korruption bis in höchste Kreise kommt ans Tageslicht. Resigniert musste auch Alicia Machado feststellen: »Unser letzter Ruhm ist dahin.« Doch am nächsten Samstagabend werden selbst in der kleinsten Dorfdisko wieder langbeinige Schönheiten über die Laufstege tänzeln.

GLANZ UND ELEND DER SCHÖNHEITS-INDUSTRIE

Finale der »Miss Venezuela« in Caracas

UNTERWEGS IN VENEZUELA

Caracas [B1]

Die katastrophalen wirtschaftlichen Verhältnisse haben dafür gesorgt, dass Caracas momentan als eine der gefährlichsten Städte der Welt gilt. Selbst am helllichten Tag kommt es im Zentrum häufig zu Überfällen, denn die wenigen US-Dollars, die ein Tourist in der Tasche hat, entsprechen derzeit einem Monatslohn. Dabei sind die *Caraqueños* Besuchern gegenüber sehr aufgeschlossen und hilfsbereit. Am besten knüpft man schon vor der Anreise entsprechende Kontakte. Ohne kundige einheimische Begleitung ist eine Besichtigung der Stadt einfach zu riskant. Immerhin funktioniert die moderne saubere Metro noch vergleichsweise gut. Zu sehen gäbe es in der pulsierenden kosmopolitischen Metropole mit über drei Millionen Einwohnern so einiges, hat man erst einmal den Schock der modernen Hochhausarchitektur überwunden.

EL CENTRO

Hauptplatz der Altstadt ist die grüne **Plaza Bolívar** mit einem in München gegossenen Reiterdenkmal. An der Südseite des Platzes steht das **Consejo Municipal** (Rathaus), in dem drei Museen untergebracht sind, und daneben die neoklassizistische **Asamblea Nacional** (früher Capitolio Nacional), in dem das Parlament tagt. Die Ostseite nimmt die weiße **Catedral de Caracas** ein, eine fünfschiffige Basilika mit Fassade von 1713, prunkvollen Altären und einer Seitenkapelle für die Familie Bolívar. Nebenan zeigt das **Museo Sacro** religiöse Kunst der Kolonialzeit.

Das besonders gepflegte **Museo Bolivariano** liegt etwas südöstlich an der Westseite der **Plaza**

Von den Bergen der Umgebung bietet sich der beste Blick auf die Skyline von Caracas

Venezolano und erzählt von den Kriegen des Freiheitshelden. Nebenan steht die sorgfältig rekonstruierte **Casa Natal del Libertador**, in der Bolívar am 24. Juli 1783 geboren wurde und bis zum Alter von 9 Jahren lebte. Zu sehen sind Porträts von »El Libertador« und seiner Familie sowie Andenken aus seinem Leben. Seit 2013 ruht Bolívar in einem **Mausoleum**, das Hugo Chávez in der Form des Monte Avila neben dem **Panteón Nacional** errichten ließ.

Etwas westlich der Plaza Bolívar liegt an der Südseite der Avenida Universidad die **Iglesia de San Francisco**. Sie ist eine der ältesten Kirchen Venezuelas (1641 wiedererrichtet) und besitzt schöne Barockaltäre.

PARQUE CENTRAL

Eine kurze Taxifahrt entlang der **Avenida Bolívar** nach Osten bringt Besucher zum **Parque Central**, einem unsicheren Betondschungel mit unzähligen Straßenverkäufern. Beherrscht wird der Geschäftskomplex von den 225 m hohen **Torres Gemelas** – zwei Wolkenkratzer, die als architektonische Ikone von Caracas gelten. Im Umkreis der Metrostation Bellas Artes findet man die besten Museen und Galerien der Stadt. Die **Galería de Arte Nacional** an der Avenida México präsentiert venezolanische Kunst der letzten fünf Jahrhunderte. Einen Block südlich liegt das interaktive Wissenschaftsmuseum **Museo de los Niños**. Fast nebenan zeigt das **Museo de Arte Contemporáneo** u. a. weltberühmte Werke von Picasso, Miró, Chagall, Matisse, Mondrian und Henry Moore.

An der Westseite des grünen und zum Bummeln tagsüber perfekt geeigneten **Parque Los Caobos** findet man das **Museo de Bellas Artes**, das ägyptische, chinesische, europäische, lateinamerikanische und kubistische Kunst zeigt, sowie das moderne naturkundliche **Museo de Ciencias Naturales**, das sich mit der Archäologie, Geographie, Flora und Fauna Venezuelas befasst. Gleich nebenan kann man abends im modernen Teatro Teresa Carreño exzellente Musik-, Tanz- und Theateraufführungen genießen.

Die Torres Gemelas (Zwillingstürme) sind ein modernes Wahrzeichen von Caracas

Der Hauptcampus Ciudad Universitaria der 1721 gegründeten Universidad Central de Venezuela (Nähe Plaza Venezuela), wurde 2000 von der UNESCO wegen der modernen Architektur von Carlos Raúl Villanueva zum Weltkulturerbe erklärt. Zu den wichtigsten Kunstwerken zählen Floating Clouds von Alexander Calder im Auditorium, Wandmalereien von Victor Vasarely, Wilfredo Lam und Fernand Léger sowie Skulpturen von Jean Arp und Henri Laurens. Sehr sehenswert ist auch der Jardín Botánico mit faszinierendem Arboretum.

Östlich der Plaza Venezuela beginnt das Shopping- und Ausgehviertel Sabana Grande mit gleichnamigem Fußgänger-Boulevard. Die Polizeipräsenz ist hier besonders hoch, nachts ist es dennoch unsicher.

AUSFLÜGE

Idyllisch geht es im attraktiven, noch von Kolonialarchitektur geprägten Vorort **El Hatillo** mit seinen vielen Cafés, Restaurants, Boutiquen und Galerien zu. Dem Trubel von Caracas entfliehen kann man auch mit einer Seilbahnfahrt auf das Plateau des **Monte Avila**. Er erhebt sich in den von üppig bewaldeten Hängen geprägten **Parque Nacional Waraira Repano**, der spektakuläre Aussichten auf Caracas und die Karibik bietet. Höchster Gipfel ist der **Pico Naiguatá** (2765 m). Der Nationalpark trennt Caracas vom hier »El Litoral« genannten Küstenabschnitt, an dessen Stränden die Hauptstädter beste Surfbedingungen vorfinden. Die Sicherheitslage ist allerdings prekär.

Ein beliebtes und recht sicheres Ausflugsziel ist die 60 km westlich von Caracas gelegene **Colonia Tovar**, ein 1843 von deutschen Einwanderern gegründetes Bergdorf. Die meisten Häuser wurden im traditionellen Schwarzwälder Stil gebaut, und in den Restaurants gibt es deutsche Bratwurst.

Karibikküste zwischen Caracas und Maracaíbo

Attraktive Sandstrände, malerische Kolonialstädtchen sowie zwei Nationalparks sind die Highlights von Venezuelas Küste zwischen Caracas und der Grenze zu Kolumbien. Die schwülheiße Industriestadt **Maracay** liegt etwa 125 km westlich von Caracas am **Lago Valencia**. Sie hat einen attraktiven Botanischen Garten zu bieten.

PARQUE NACIONAL HENRI PITTIER

Maracay dient als südliches Tor zum **Parque Nacional Henri Pittier**. Venezuelas erster Nationalpark wurde schon 1937 eingerichtet und nach einem Schweizer Botaniker benannt, der hier Tausende Pflanzenarten identifiziert hat. Grund für diese fabelhafte Biodiversität ist die Tatsache, dass die Bambus- und Nebelwälder über mehrere Vegetationszonen von der Küste bis zum **Pico de Cenizo** auf 2430 m über dem Meeresspiegel ansteigen. Fast die Hälfte aller Vogelarten Venezuelas sind hier heimisch, darunter sieben verschiedene Adlerarten und faszinierende Schwärme von Scharlachsichlern. Klammer- und Brüllaffen turnen von Baum zu Baum, während sich die Faultiere meist hängen lassen. Auch Jaguare und Pumas werden gelegentlich gesichtet. Am Wochenende zieht es viele Caraqueños an die herrlichen, auch von Seeschildkröten bevölkerten Strände. Unter der Woche ist es aber ruhig. Besonders beliebt ist das von pastellfarbenen Kolonialhäuschen geprägte **Santa Clara de Choroní**. Man erreicht es über eine schmale Serpentinenstraße, die von Maracay quer durch den Nationalpark führt und dabei einen 1830 m hohen Pass erklimmt. Viele Wanderwege starten hier. 2 km nördlich schließt sich das Fischerdorf **Puerto Colombia** an, das wegen des von Urwaldhügeln gesäumten weißen Palmenstrands **Playa Grande** sehr beliebt ist. Am Wochenende herrscht auf dem Malecón (Ufermauer) echte Partyatmosphäre. Hier kann man auch ein Fischerboot mieten und damit in Begleitung segelnder Fregattvögel die Küste erkunden.

PARQUE NACIONAL MORROCOY

55 km nordwestlich von Valencia am Westufer des Lago Valencia liegt die bedeutende Hafenstadt **Puerto Cabello**. Von hier geht es 80 km die Küste entlang nach Nordwesten zum Morrocoy-Nationalpark, der am Wochenende von wenig umweltbewussten Hauptstädtern gestürmt wird. Standquartiere für Ausflüge zu den 22 blendend-weißen, von azurblauem Wasser gesäumten Palmen-Cayos sind die unattraktiven Küstenorte **Chichiriviche** und **Tucacas** mit preiswerten Pousadas und Kneipen. **Cayo Sombrero** ist von Chichiriviche am schnellsten zu erreichen. Die wohl schönsten Strände besitzt **Cayo Playuela**. Zum Nationalpark gehört die **Reserva Natural Cuare** im Norden, ein Ramsar-Feuchtgebiet, in dem Scharlachsichler, Flamingos und Reiher nisten.

CORO

Etwa 200 km nordwestlich von **Chichiriviche** liegt Venezuelas schönste Kolonialstadt, ein Weltkulturerbe. An der **Plaza Bolívar** steht Venezuelas älteste **Kathedrale** (1583–1634). Schon 1538 gegründet wurde die im 18. Jahrhundert neu gestaltete **Iglesia San Clemente**. Ein Holz-

An der Karibikküste Venezuelas kann man ausgedehnte Urwaldwanderungen unternehmen

kreuz vor der Kirche erinnert daran, dass hier die erste Messe in Venezuela gelesen wurde. Unter den Herrenhäusern besonders attraktiv sind **Los Arcaya** (mit Keramikmuseum und schönem Garten), die **Casa de las Ventanas de Hierro** (mit Museumspersonal in historischer Tracht), die **Casa del Tesoro** (Kunstgalerie) und das **Museo de Arte de Coro.** Im **Museo Alberto Henríquez** ist die vielleicht älteste **Synagoge** Südamerikas untergebracht, gegründet von Juden aus Curaçao, die auf dem ältesten **jüdischen Friedhof** Südamerikas ruhen. Zum Weltkulturerbe gehört auch der historische Teil des Hafens **La Vela de Coro**.

Etwas südlich von Coro liegt der **Parque Nacional Juan Crisóstomo Falcón**, mit tropischen Wäldern, Höhlen und Wasserfällen. Ausgangspunkt für Wanderungen ist das hübsche Dorf **Curimagua**.

PENINSULA PARAGUANÁ

Über eine Landzunge, an der die Sanddünen des kleinen **Parque Nacional Médanos de Coro** liegen, erreicht man die Halbinsel Paraguaná, ein Paradies für Kite- und Windsurfer, die im verschlafenen **Adicora** an der Ostküste absteigen. Zollfrei einkaufen kann man in der unattraktiven Stadt **Puerto Fijo** an der industrialisierten Westküste.

MARACAÍBO [A1]

Venezuelas Ölmetropole liegt am **Lago de Maracaíbo**. Vor der drückenden Mittagshitze kann man ins vorzügliche **Centro de Arte de Maracaíbo** fliehen. Die Stadt ist weitgehend modern, doch in den von bunt gestrichenen Adobe-Häusern gesäumten Gassen ist noch etwas vom Flair des 19. Jahrhunderts zu spüren. Am **Paseo de Maracaibo** (Vereda del Lago) kann man flanieren und den mächtigen Öltankern auf ihrem Weg in die Karibik zusehen.

Ein beliebtes Ausflugsziel ist das **Catatumbo-Delta** südwestlich des Sees. In diesem riesigen Sumpfgebiet mit seinen schiffbaren Flüssen zucken besonders zwischen Mai und Dezember unzählige lautlose Blitze über den nächtlichen Himmel. Wahrscheinlich sind aufsteigende Methanpartikel dafür verantwortlich. Der beste Beobachtungsposten ist der **Congo Mirador**. Ausflüge dorthin mit dreistündigem Bootstransfer ab **Encontrados** werden von Mérida › **S. 134** aus angeboten.

Ostküste und Isla Margarita

Zwischen **Caracas** und **Carúpano** liegen Hafenstädte, verschlafene Fischerdörfer und Strandresorts, die in glücklicheren Tagen als Geheimtipp für alle galten, denen die **Isla Margarita** mit ihren Bettenburgen zu kommerzialisiert war. Ausländer kommen wegen der Sicherheitslage kaum noch. Auch die Isla Margarita, lange ein beliebtes Pauschalreiseziel für Europäer, wird fast nur noch von Einheimischen und südamerikanischen Urlaubern besucht.

Auf der fünfstündigen Fahrt von Caracas nach **Puerto La Cruz** entlang der üppig grünen Küste lohnt sich ein Zwischenstopp im **Parque Nacional Laguna de Tacarigua** bei **Higuerote**. In der Lagune, durch eine Landzunge vom offenen Meer getrennt, tummeln sich viele Wasservögel, darunter Flamingos. Die Strände sind attraktiv, aber aufgrund der nahen Mangroven gibt es viele Mücken.

PUERTO LA CRUZ [B1]

Die Hafenstadt mit Ölraffinerie ist trotz ihrer von Hotels, Restaurants, Bars und Nachtklubs gesäumten Seepromenade **Paseo de La Cruz y El Mar** eher unattraktiv. Hier steigen einheimische Urlauber ab, die mit der Fähre auf die Isla Margarita übersetzen möchten.

Wer den **Parque Nacional Mochima** besuchen möchte, sucht sich besser ein Quartier an der rotsandigen palmengesäumten **Playa Colorada**, in Santa Fé oder im strandlosen Mochima. Von hier starten Bootsausflüge in den Nationalpark,

Die Isla Margarita ist noch immer schön, aber ein Ferienziel mit Problemen

dessen zahllose unbewohnte *Cayos* (Inseln) perfekte Bedingungen für Taucher und Schnorchler bieten.

CUMANÁ [B1]

Die Hafenstadt wurde 1521 von Perlenfischern gegründet. Die zahlreichen Erdbeben überlebt haben zwei Festungsbauten des 17. Jahrhunderts. Vom **Convento de San Francisco** (Plaza Badaracco Bermúdez), der Kapuzinermission von 1514 und ersten Schule Südamerikas, sind nur Ruinen erhalten.

Wüstenhafte Landstriche und rosafarbene Salzseen prägen die **Halbinsel Araya**, die allenfalls für erfahrene Windsurfer interessant ist.

CARÚPANO [C1]

Das 136 km östlich von Cumaná gelegene koloniale Küstenstädtchen lebt besonders vom Kakaoexport. An der schönen **Plaza Santa Rosa** findet man die **Iglesia Santa Rosa** und das **Museo Histórico**. Carúpano feiert den besten traditionellen Karneval des Landes. Weiter östlich erstreckt sich die schmale Landzunge der **Halbinsel Paria**. Hier findet man goldfarbene Sandstrände mit kristallklarem Wasser wie **Playa Medina** und **Playa Pui Puy**, friedliche Küstenorte wie **Río Caribe** und **San Juan de las Galdonas**, Regenwälder und bis zu 2000 m hohe Berge. **Macuro** an der Ostspitze rühmt sich, der Ort zu sein, an dem Kolumbus am 5. August 1498 als erster Europäer den Boden des südamerikanischen Festlandes betrat.

Von Carúpano lohnt sich ein Abstecher in das 100 km südwestlich in herrlicher Berglandschaft gelegene **Caripe**. Hauptattraktion ist die 10 km lange Tropfsteinhöhle **Cueva del Guácharo**. Alexander von Humboldt hat ihren vorderen Abschnitt am 18. September 1799 als erster erforscht und den hier lebenden Fettschwalm beschrieben. Er ist der einzige nachtaktive, früchtefressende Vogel der Welt und orientiert sich in der Höhle mittels Echoortung, deren tiefe Frequenz, anders als die der Fledermäuse, für den Menschen hörbar ist. Die Vogelkolonien sorgen daher für unheimlichen Lärm.

ISLA MARGARITA [C1]

Auf Venezuelas großer Ferieninsel versuchen die Hoteliers geradezu verzweifelt, einigermaßen Standards zu halten. Doch europäische Besucher kommen kaum noch: Versorgungsengpässe, Kriminalität und grelle Kommerzialisierung schrecken ab. Wer nicht hinfliegt, erreicht die Insel mit Fähren und Speedbooten von Puerto La Cruz und Cumaná. Alle Boote legen in **Punta de Piedras** an, eine Stunde Busfahrt vom Hauptort **Porlamar** entfernt.

Margaritas bekanntester Strand ist die 3 km lange, feinsandige und mit Palmen gesäumte **Playa El Agua** an der Nordspitze, die man von Porlamar in einer Stunde mit dem Bus erreicht. Segler ankern im Sommer gerne in der Bucht von **Pampatar**, an der 1662 mit **San Carlos de Borromeo** die größte Festung der Insel errichtet wurde. An der Nordwestküste liegt die von der kleinen Festung **La Galera** bewachte Bucht von **Juan Griego**, in der viele Fischerboote ankern, und man vorzügliches Seafood bekommt.

An der **Playa El Yaque** an der Südküste treffen sich besonders zwischen Mitte Juni und Mitte Oktober die Wind- und Kitesurfer. Die 22 km lange sandige Landzunge **La Restinga** schützt ein bedeutendes vogelreiches Feuchtgebiet und verbindet den Ostteil von Margarita mit der kargen **Peninsula de Macanao**. Eine Brückenstraße führt hinüber. Hier findet man noch einsame Strände.

ARCHIPIÉLAGO LOS ROQUES

Die wahren Karibikträume Venezuelas liegen 170 km nördlich von Caracas. Die 340 Inselchen und Riffe bilden einen Nationalpark mit türkis- und smaragdgrün schimmernden kristallklaren Lagunen und schneeweißen unberührten Puderzuckerstränden. Nur Schatten gibt es nicht. Die besten Reviere für Schnorchler und Taucher liegen im Süden des Archipels. **Gran Roque** ist die einzige ständig bewohnte Insel. Hier landen die Flüge aus Caracas, hier gibt es Hotels, einige Restaurants und Tauchshops. Die Unterkünfte vermitteln Bootsausflüge zu anderen Inseln. Hauptsaison ist Juli/August und Weihnachten.

Mérida und die Anden

Die **Sierra Nevada de Mérida** ist die höchste Gebirgskette der **Cordillera de Mérida**, deren Gebirgszüge in südwestlich-nordöstlicher Richtung zwischen der Grenze zu Kolumbien und der Küste verlaufen. Höchster Gipfel Venezuelas ist der **Pico Bolívar** (4978 m, manchmal auch mit 5007 m angegeben). Auch die etwas niedrigeren **Pico Humboldt** (4940 m) und **Pico Bonpland** (4883 m) sind nach wie vor mit Schnee bedeckt. Bis 1991 gab es in dem Massiv noch fünf Gletscher; mittlerweile ist lediglich am Pico Humboldt ein Rest erhalten. Auch er wird wohl in den nächsten zehn bis zwanzig Jahren verschwinden. Im Juli und August sinkt die Schneefallgrenze gelegentlich auf etwa 3800 m. Die Andenwälder erreichen eine Höhe von etwa 3100 m, darüber prägt Páramo-Steppe die Hochgebirgslandschaft.

MÉRIDA [A1]

Zwei Bergketten, die **Sierra de la Culata** im Norden und die **Sierra Nevada de Mérida** im Süden, umrahmen die in einem tiefen Tal liegende, mit

Los Nevados ist ein charmantes Kolonialstädtchen in der Sierra Nevada

ihren 33 Parks recht attraktive Stadt, an deren renommierter Universität auch viele internationale Studenten eingeschrieben sind. Dementsprechend lebhaft ist das Nachtleben. Viele Agenturen kümmern sich um die Bedürfnisse der zahlreichen Abenteuersportler. Im Angebot sind Canyoning und Abseilen an und unter Wasserfällen, Bergsteigen und Trekking, Mountainbiking, Reiten, Paragliding und zwischen Juni und November auch Rafting (Klasse III–V). Sehr lohnend sind auch organisierte Ausflüge in das »Blitzgebiet« von **Catatumbo** › **S. 131** und in die endlosen Llanos (Feuchtgebiete) östlich der Anden.

Rund um die **Plaza Bolívar** findet man noch einige Kolonialbauten. Die düstere **Kathedrale** wurde aber erst 1958 vollendet. Das **Museo Arqueológico** zeigt prähispanische Artefakte der Region. Hauptattraktion im kleinen **Zoo** am Nordrand der Stadt sind ein seltener Brillenbär und ein Kondor. Der **Jardín Botánico** an der Straße nach La Hechicera besitzt Südamerikas größte Bromeliensammlung.

Im **Parque de las Cinco Repúblicas** wurde 1842 das weltweit erste Denkmal für Simón Bolívar aufgestellt (1988 ersetzt). Von hier aus kann man drei Andengipfel sehen: Bolívar, La Silla del Toro und León.

PARQUE NACIONAL SIERRA NEVADA

2016 wurde der von österreichischen Technikern modernisierte **Teleférico de Mérida Mukumbarí** in Betrieb genommen. Die höchste und längste Seilbahn der Welt führt vomMéridas **Parque Las Heroínas** zunächst 3000 m vertikal und dann 12,5 km horizontal über drei Zwischenstationen auf den Gipfel des **Pico Espejo** (4765 m) im Nationalpark. An der vorletzten Station **Loma Redonda** (4045 m) empfiehlt sich ein Akklimatisierungsstopp. Von hier geht es auf mehrere Wanderwege in fünf bis sieben Stunden (vier Stunden mit Maultier) hinunter in das 14 km entfernte, 2711 m hoch gelegene Kolonialstädtchen **Los Nevados**.

Kristallklar ist das Wasser des Gletschersees in der Laguna Victoria im Hochland Páramo de Mucubají

Vom Pico Espejo bietet sich ein grandioser Blick auf den **Pico Bolívar** im Osten. Sein indigener Name Mukumbarí bedeutet »Wo die Sonne schläft«. Dahinter ragt der **Pico Humboldt** auf. Vom Pico Espejo kann man in zwei bis drei Tagen auf 4000 m Höhe zum Nebelwald des **Parque Nacional La Mucuy** wandern, mit herrlichen Ausblicken auf Schneegipfel und die Seen **Laguna Verde** und **Laguna Coromoto**. Die Nächte sind vorhersehbar eiskalt.

Vom Pico Espejo sind es fünf Stunden auf der in der Trockenzeit zwischen Dezember und Mai technisch nicht übermäßig anspruchsvollen Ruta Weiss bis zum Gipfel des **Pico Bolívar**. Weitere Routen bieten größere Herausforderungen mit Eisklettern. An klaren Tagen schweift der Blick über Mérida bis zu den kolumbianischen Anden im Westen und den Llanos im Osten.
Die dreitägige Besteigung des **Pico Humboldt** beginnt am Eingang zum **Parque Nacional La Mucuy**, etwa 10 km nordwestlich von Mérida. Die erste Nacht verbringt man am Ufer der malerischen **Laguna Coromoto**.

LOS LLANOS [A/B2]

Von Mérida führt eine spektakuläre Straße durch die Sierra nach **Barinas**, dem westlichen Tor zu den riesigen Ebenen und Feuchtgebieten der Llanos, die mit etwa 300 000 km² zwischen Anden und Orinoco fast ein Drittel des Landes einnehmen. Die von zahlreichen Flüssen mit bewaldeten Ufern durchzogenen Llanos zählen zu den bedeutendsten Biotopen Südamerikas. Während der Regenzeit, von Mai bis November, verwandelt sich das Land in grüne Flutebenen. In der Trockenzeit kann man Tiere besonders gut beobachten, da sie sich an den wenigen Wasserlöchern zusammendrängen. Zu sehen gibt es neben besonders vielen Wasservögeln auch Flussdelfine, Kaimane, Anakondas, Wasserschweine, Ameisenbären, Brüll- und Kapuzineraffen, mit viel Glück auch Jaguare und Pumas. Die Übergangszeit im Oktober und November ist zu empfehlen.

Die Herren dieser Region sind die *Llaneros*, Venezuelas »Cowboys«. Sie arbeiten auf abgelegenen, Rinderfarmen, die man *Hatos* nennt. In der Regenzeit treiben die geschickten Reiter ihre riesigen Rinderherden durch die Sümpfe von einer Anhöhe *(mesa)* zur nächsten. In der Trockenzeit weiden die Rinder in den feuchteren Regionen von Apure und Orinoco. Manche *Hatos* bieten Aufenthalte für Ökotouristen an.

Orinoco und Canaima

Die Region Guayana (nicht zu verwechseln mit dem Land Guyana) umfasst drei der größten Bundesstaaten Venezuelas – Amazonas, Bolívar und Delta Amacuro. Neben reichen Vorkommen an Gold, Eisenerz, Bauxit und Diamanten liefert sie auch Wasserkraft für große Teile des Landes. Es gibt nur zwei echte Städte, **Ciudad Guayana** und **Ciudad Bolívar**. Dazu kommen indigene Gemeinschaften der Yanomami, Pemón, Warao und Piaroa. Zu den Attraktionen gehören die tropischen Regenwälder des Amazonas, das mächtige Orinoco-Delta, der atemberaubende **Salto Angel**, die faszinierenden, *Tepuis* genannten Tafelberge, darunter der riesige **Monte Roraima**, der Sir Arthur Conan Doyle's Roman »The Lost World« inspiriert haben soll.

PUERTO AYACUCHO [B2]

In der verschlafenen Grenzstadt zu Kolumbien am Río Orinoco lebt die Hälfte aller Einwohner des Staates Amazonas. Im Ort selbst kann man einen Blick in das **Museo Etnológico de Amazonas** und in das **Centro Cultural Amazonas** werfen. An der **Plaza de los Indios** verkaufen Indígenas schönes Kunsthandwerk. Hauptattraktion ist jedoch der riesige **Autana**, ein einzelner *Tepui*, der sich im Südosten hoch über dem Dschungel erhebt. Beste Reisezeit sind November bis Dezember, kurz nach der Regenzeit. Beim 12 km südlich gelegenen Dorf Pintado sind auf dem riesigen Felsen **Cerro Pintado** die

Der 2680 m hohe Tafelberg Kukenán-Tepui steht im Nationalpark Canaima

von Alexander von Humboldt beschriebenen Petroglyphen zu sehen.

Die Einheimischen amüsieren sich am Wochenende gern im 35 km südlich an der Straße nach Samariapo gelegenen **Parque Tobogán de la Selva**, wo man in der Regenzeit auf einer natürlichen Wasserrutsche über einen steil abfallenden, glatten Felsen in den Río Maripure schlittert. Von der Straße aus kann man die mächtigen Stromschnellen des Orinoco bewundern.

CIUDAD BOLÍVAR [C2]

680 km sind es von Puerto Ayacucho nach **Ciudad Bolívar** (der alte Name der Stadt ist Angostura) am Südufer des hier mit 300 m besonders schmalen Río Orinoco. Hier entwickelte 1824 der deutsche Arzt Johann Gottlieb Benjamin Siegert ein hochprozentiges Tonikum gegen die dort herrschenden Tropenkrankheiten, das jedoch nicht als Medizin, sondern als Würzmittel und Cocktailbitter unter dem Namen »Angostura« Karriere machte. Die Stadt ist Sprungbrett für Ausflüge ins Orinoco-Delta (400 km nordöstlich) sowie in den **Parque Nacional Canaima** und die **Gran Sabana**. Im attraktiven historischen Zentrum rund um die **Plaza Bolívar** lohnt der Besuch der **Casa del Congreso de Angostura**, wo die Abgeordneten von Venezuela, Kolumbien, Ecuador und Panama 1819 Großkolumbien schufen, mit Simón Bolívar als Präsidenten. Die von optischen Illusionen geprägten Bilder und Skulpturen von Jesús Soto, Venezuelas berühmtester zeitgenössischer Künstler, sind im **Museo de Arte Moderno Jesús Soto** zu sehen. Außerdem hat die Stadt einen schönen **Jardín Botánico** zu bieten. Tagsüber kann man auch auf dem **Paseo Orinoco** flanieren oder mit dem Schnellboot hinüber in das Städtchen **Soledad** fahren.

PARQUE NACIONAL CANAIMA

Der riesige Nationalpark, seit 1994 Weltnaturerbe, ist mit seinen Tafelbergen, Wasserfällen, Höhlen und indigenen Kulturen Venezuelas größte Touristenattraktion. Hier rauscht mit dem **Salto Ángel** der höchste Wasserfall der Welt. In den Dörfern des Nationalparks leben etwa 20 000 Pemón-Indígenas. Touristisches Zentrum ist das Dorf **Canaima** (Flug von Ciudad Bolívar). Hier starten die organisierten Ausflüge zum Salto Ángel, der sich 980 m tief vom Rand des riesigen Auyantepui-Plateaus in den grünen Dschungel hinabstürzt. Die erste Etappe zum Wasserfall ist eine etwa dreistündige, 70 km lange und sehr nasse Bootsfahrt von Canaíma auf den Flüssen Caroní und Carrao nach Süden, die zweite eine einstündige Wanderung durch den Dschungel. Sie endet am wichtigsten Aussichtspunkt. Während der Regenzeit (Mai–Dezember) sind die Wasserfälle am spektakulärsten, doch verdecken nicht selten Wolken den obersten Abschnitt. In der Trockenzeit (Januar–Mai) erschweren niedrige Wasserstände in den Flüssen die Fahrt. Von Ciudad Bolívar und Canaima werden auch Flüge über die Wasserfälle angeboten.

Von der freundlichen indigenen Siedlung **Kamarata** ist der größten der Tafelberge, der **Auyán Tepuy** (700 km^2) gut zu erreichen. Von Kamarata zwei Stunden zu Fuß entfernt liegt das von Indígenas geführte Resort **Kavác**. Hier starten Ausflüge zur gleichnamigen Schlucht und zum Wasserfall **La Cueva**. Westlich von Kamarata liegt das Camp Uruyén: Ausgangspunkt für Trekkingtouren auf den Auyán Tepuy.

LA GRAN SABANA [C2] UND RORAIMA

Das unweit der Grenze zu Brasilien gelegene **Santa Elena de Uairén** ist über eine 690 km lange Straße von **Ciudad Guayana** am Orinoco zu erreichen. Die boomende Stadt ist mit ihren preiswerten Unterkünften und Restaurants Standquartier für Ausflüge in die Tepuy-Landschaft **Gran Sabana** und zum mächtigen Tafelberg **Roraima** (2810 m), dessen Besteigung ein Highlight ist. Weitere Ausflugsziele sind die Wasserfälle **Quebrada de Jaspe** und der 105 m hohe **Salto Aponguao**. Von Santa Elena kann man ins 1000 km weiter südlich gelegene Manaus am Amazonas weiterfahren.

GUAYANAS

Die Kaieteur-Wasserfälle sind das absolute Highlight von Guyana

GUYANA IN KÜRZE

Staatsname: Co-operative Republic of Guyana
Fläche: 214 969 km^2
Hauptstadt: Georgetown
Amtssprache: Englisch
Einwohner: 738 000 (Juli 2017, geschätzt)
Landesvorwahl: 00592
Währung: Guyana-Dollar (GYD)
Zeitzonen: Während der europäischen Sommerzeit MEZ –6 Std., während der Winterzeit –5 Std. Guyana hat keine Sommerzeit.

LAGE

Das Land erstreckt sich zwischen 1° und 8,5° nördlicher Breite sowie 57° und 61° westlicher Länge. Guyana grenzt im Nordwesten auf 789 km an Venezuela, im Osten auf 836 km an Suriname, im Süden auf 1308 km an Brasilien. Grenzstreitigkeiten bestehen mit Suriname und Venezuela. Guyanas Atlantikküste ist 459 km lang. Geographische Großräume sind ein sumpfiger Küstenstreifen im Norden, dahinter eine teils eingedeichte und trockengelegte Schwemmlandzone, Hügellandschaften (an der Grenze zu Venezuela auch Gebirgszüge) mit Regenwäldern im Zentrum und Savannen im Süden. Hauptfluss ist der Essequibo, der im Süden entspringt und im Norden in den Atlantik mündet. Höchste Erhebung ist der Tafelberg Mount Roraima (2810 m).

POLITIK

Guyana ist eine präsidiale Demokratie, der Staatspräsident ist gleichzeitig Regierungschef. Das Land gliedert sich in 10 Regionen. Die 65 Mitglieder der Einkammer-Nationalversammlung werden direkt in Wahlkreisen durch Verhältniswahl für 5 Jahre gewählt. Der designierte Kandidat der bei den Nationalratswahlen siegreichen Partei wird Präsident für 5 Jahre (keine Amtszeitbegrenzung). Die letzte Wahl fand am 11. Mai 2015 statt. Präsident ist David Granger (A Partnership for National Unity, APNU-AFC).

WIRTSCHAFT

Die Wirtschaft Guyanas stützt sich vor allem auf Landwirtschaft und Bergbau. Maßgeblich ist der Export der Rohstoffe Zucker, Gold, Bauxit, Garnelen, Holz und Reis, die fast 60 % des BIP des Landes ausmachen und sehr anfällig für ungünstige Wetterbedingungen und Preisschwankungen sind. 2018 reduzierte Guyana die Zuckerproduktion. Das Wachstum in den letzten Jahren ist größtenteils auf einen Anstieg der Goldförderung zurückzuführen. Mit 700 000 Unzen im Jahr 2016 konnte Guyana die wirtschaftlichen Auswirkungen der rückläufigen Zuckerproduktion ausgleichen. Im Januar 2018 wurden etwa 3,2 Milliarden Barrel Öl vor der Küste entdeckt. Bis März 2020 soll Guyana Erdölproduzent werden. In den letzten zehn Jahren konnte Guyana fast jedes Jahr ein positives Wachstum verzeichnen. Auch die Auslandsverschuldung wurde deutlich reduziert, ist aber immer noch beträchtlich. Chronische Probleme sind ein Mangel an Fachkräften und eine unzureichende Infrastruktur.

Die Landwirtschaft (Reis, Zuckerrohr, Kokosnüsse und Zitrusfrüchte) macht 17,5 % des BIP aus, die Industrie steuert 37,8 % bei, die restlichen 44,7 % des BIP entfallen auf Dienstleistungen. Die Arbeitslosenquote betrug 2017 geschätzt 12 %, die Inflationsrate etwa 2,6 %. Guyana ist ein Gründerstaat und Mitglied der seit 1973 bestehenden Caribbean Community and Common Market (CARICOM) mit Sitz in Georgetown.

SURINAME IN KÜRZE

Staatsname: Republiek Suriname
Fläche: 163 820 km²
Hauptstadt: Paramaribo
Amtssprache: Niederländisch
Einwohner: 592 000 (Juli 2017, geschätzt)
Landesvorwahl: 00597
Währung: Suriname-Dollar (SRD)
Zeitzonen: Während der europäischen Sommerzeit MEZ –5 Std., während der Winterzeit –4 Std. Suriname hat keine Sommerzeit.

LAGE

Das Land erstreckt sich zwischen 1° und 6° nördlicher Breite sowie 54° und 58° westlicher Länge. Suriname besitzt im Westen eine 836 km lange Grenze mit Venezuela, an Französisch-Guayana im Osten grenzt es auf 556 km und im Süden auf 515 km an Brasilien. Zwischen Suriname und Guyana bestehen Streitigkeiten zum exakten Grenzverlauf. Die Atlantikküste von Suriname ist 386 km lang. Geographische Großräume sind eine sumpfige Küstenebene im Norden, die Suriname-Hochebene und das Bergland von Guayana. Höchste Erhebung ist der Julianatop (1280 m).

POLITIK

Das Land gliedert sich in 10 Distrikte. Suriname ist eine repräsentative Demokratie mit parlamentsgebundener Exekutivgewalt. Die Parlamentswahlen finden alle 5 Jahre statt. Suriname hat ein Einkammersystem, die Nationalversammlung (De Nationale Assemblée, DNA), deren Mitglieder in Wahlkreisen in Verhältniswahl gewählt werden. Die DNA wählt mit Zwei-Drittel-Mehrheit den Präsidenten und Vizepräsidenten. Falls in der DNA nach zwei Wahlgängen keine Zwei-Drittel-Mehrheit auf einen Kandidaten entfällt, tritt die Vereinigte Volksversammlung (Verenigde Volksvergadering, VVV) zur Wahl des

Präsidenten und Vizepräsidenten zusammen. Diese besteht aus einem Wahlkollegium von Mitgliedern der DNA (51 Parlamentarier) und Abgeordneten der regionalen Räte. Bei den Parlamentswahlen am 25. Mai 2015 gewann die Nationale Democratische Partij (NDP) von Präsident Desi Bouterse 26 der 51 Sitze.

WIRTSCHAFT

Die Wirtschaft Surinames wird von der Bergbauindustrie dominiert, wobei der Export von Öl und Gold etwa 85% der Exporte und 27% der Staatseinnahmen ausmacht. Der weltweite Rückgang der Rohstoffpreise und die Einstellung des Bauxit-Abbaus in Suriname haben zu einem Rückgang des Wirtschaftswachstums von knapp 5 % im Jahr 2012 auf –10,4 % im Jahr 2016 geführt. Für 2018 wird ein Wachstum von 2,2 % prognostiziert. Die Inflation sank von 30 % (April 2017) auf derzeit etwa 8 %. Die Landwirtschaft (Reis, Bananen, Garnelen, Gelbflossenthunfisch, Gemüse) macht 11,6 % des BIP aus, die Industrie (Goldbergbau, Öl, Holz, Lebensmittelverarbeitung, Fischerei) steuert 31,6 % bei, 57,4 % entfallen auf Dienstleistungen. Die Arbeitslosenquote betrug 2017 geschätzt 9,1 %. Suriname ist ein Mitglied der seit 1973 bestehenden Caribbean Community and Common Market (CARICOM).

FRANZ.-GUAYANA IN KÜRZE

Name: Französisch-Guayana (Guyane française), auch La Guyane (Lagwiyàn auf Kreolisch)
Fläche: 83 534 km²
Hauptstadt: Cayenne
Amtssprache: Französisch
Einwohner: 260 000 (2015)
Landesvorwahl: 00594
Währung: Euro (EUR)
Zeitzonen: Während der europäischen Sommerzeit MEZ –5 Std., während der Winterzeit –4 Std. Französisch-Guayana hat keine Sommerzeit.

LAGE

Das Land erstreckt sich zwischen 2° und 6° nördlicher Breite sowie 53° und 51,5° westlicher Länge. Französisch-Guayana besitzt im Westen eine 556 km lange Grenze mit Suriname, im Süden grenzt es auf 649 km an Brasilien. Geographische Großräume sind die Küstenebene im Norden mit Sümpfen und Savannen sowie das fast völlig mit nahezu unzugänglichen Regenwäldern bedeckte Hochland des Guyana-Plateaus, das 95 % der Landesfläche ausmacht. Höchste Erhebung ist der Bellevue de l'Inini (851 m).

POLITIK

Französisch-Guayana ist eine Verwaltungsregion, deren Präfektur Cayenne ist. Zusammen mit den Antilleninseln Guadeloupe und Martinique bildet sie die Départements français d'Amérique (DFA) und gleichzeitig eine Region Frankreichs. Französisch-Guayana gliedert sich in zwei Arrondissements, eines um Cayenne, das andere mit der Unterpräfektur Saint-Laurent-du-Maroni. Auf kommunaler Ebene gibt es 22 Gemeinden, die von Bürgermeistern geleitet werden. Das Land wird auf nationaler Ebene in Paris durch je zwei Abgeordnete und Senatoren vertreten. Es gibt eine linke Unabhängigkeitsbewegung, die aber keine große Rolle spielt. Französisch-Guayana ist vollständig in den französischen Staat integriert und damit auch Teil der Europäischen Union.

WIRTSCHAFT

Die wirtschaftliche Lage von Französisch-Guayana wird aufgrund der hohen Arbeitslosigkeit von über 20 % und der niedrigen Exportquote als schwierig eingeschätzt. Dazu kommt eine relativ hohe Kriminalitätsrate (bewaffnete Überfälle und Drogenhandel sind recht häufig). Französisch-Guayana ist die ärmste französische Region und wird daher stark von Paris subventioniert. Der Weltraumbahnhof Centre Spatial Guyanais in Kourou ist ein bedeutender Wirtschaftsfaktor und generiert zunehmend auch Einnahmen durch den Tourismus. Dazu kommen Forstwirtschaft, Goldförderung in entlegenen Urwaldregionen (oft illegal und aufgrund des Einsatzes von Quecksilber mit verheerenden Folgen für die Umwelt), in Küstennähe auch Reisanbau sowie Garnelenfischerei. Der Ökotourismus konnte zwar in den letzten Jahren zulegen, doch leidet Französisch-Guayana noch immer unter seinem Image als »grüne Hölle« mit extrem schwülheißem Klima. Es gibt nur wenige Direktflüge in andere südamerikanische Länder, außer nach Suriname und Brasilien. Wichtigste Handelspartner sind das französische Mutterland, Trinidad und Tobago sowie Italien.

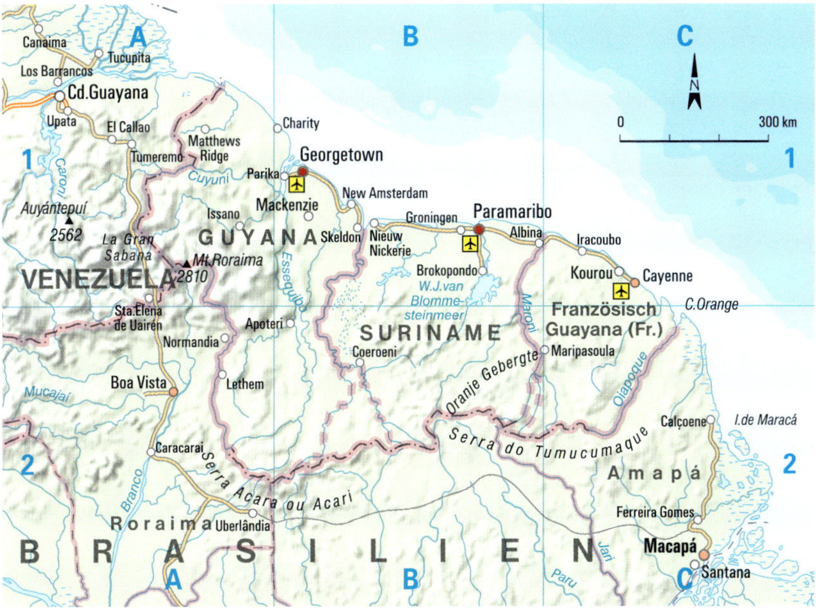

GESCHICHTE DER GUAYANAS

1602 ließen sich die Holländer entlang der Flüsse Essequibo, Courantyne und Cayenne nieder. 1621 erhielt die Niederländische Westindien-Kompanie das heutige Guyana und später Suriname. Das Unternehmen führte afrikanische Sklaven ein, um seine Tabak-, Baumwoll- und Kaffeeplantagen zu bearbeiten. Ein Teil von Suriname wurde 1651 von Engländern aus Barbados kolonisiert. Die Franzosen ließen sich 1624 zunächst in einem Handelsposten in Sinnamary nieder und gründeten später Cayenne (1643). Nach dem Vertrag von Breda (1667) erhielten die Niederländer Suriname von England im Tausch gegen Nieuw Amsterdam (New York). Die Franzosen bekamen Französisch-Guayana und vertrieben die niederländischen Siedler aus Cayenne. Zucker wurde zur wichtigsten Plantagenkultur, und zwischen 1742 und 1786 siedelten britische Pflanzer aus der Karibik auf die niederländisch regierten Guayanas um.

EMANZIPATION DER SKLAVEN

Nach der napoleonischen Eroberung Europas besetzten die Briten vorübergehend die niederländischen Guayanas, kauften 1815 die Kolonien Demerara, Berbice und Essequibo und konsolidierten 1831 ihre Kolonien in Britisch-Guayana. Bis 1838 schafften die Briten die Sklaverei ab. Französisch-Guayana folgte 1848, das niederländisch regierte Suriname erst 1863. Die Mehrheit der befreiten Sklaven weigerte sich, auf die Plantagen zurückzukehren. So holten die Kolonisten Kontraktarbeiter aus Indien, China und Südostasien ins Land. Nach der Entdeckung von Gold (1879) und Bauxit (1915) bestimmte der Abbau dieser Bodenschätze die Wirtschaft der Guayanas. Französisch-Guayana wurde 1946 ein französisches Übersee-Département, während Suriname nach einer Verfassungsreform von den Niederlanden selbst regiert wurde und 1975 unabhängig wurde. Britisch-Guayana erhielt 1953 eine eigene Verfassung und wurde 1966 als Guyana unabhängig.

GUYANA

Die erste gewählte Regierung, gebildet von der People's Progressive Party (PPP) unter der Führung von Cheddi Jagan, erschien so prokommunistisch, dass die Briten im Oktober 1953 die Verfassung bis 1957 aussetzten und Truppen entsandten. Die PPP spaltete sich nach ethnischen Gesichtspunkten. Jagan führte eine überwiegend südasiatische Partei und Forbes Burnham eine Partei afrikanischer Nachkommen, den People's National Congress (PNC). Von 1961 bis 1964 kam es zu schweren Ausschreitungen zwischen afro-guayanischen und südasiatischen Gruppen. 1964 führte die britische Regierung ein neues Verhältniswahlrecht ein. Danach bildeten die PNC und eine kleinere, konservativere Partei eine Koalitionsregierung unter Burnham. Sie führte am 26. Mai 1966 die Kolonie unter ihrem neuen Namen Guyana in die Unabhängigkeit. Am 23. Februar 1970 wurde Guyana zur kooperativen Republik innerhalb des Commonwealth ausgerufen. 1978 machte Guyana traurige Schlagzeilen, als etwa 900 Mitglieder der Religionsgemeinschaft Peoples Temple auf Geheiß ihres Führers Jim Jones in ihrer Gemeinde Jonestown Massenselbstmord begingen.

Erst die 1992 abgehaltenen Wahlen wurden von internationalen Beobachtern als frei und fair angesehen. Die PPP triumphierte, Jagan wurde Präsident, revidierte aber seine sozialistischen Ansichten und plädierte für Demokratisierung und Wirtschaftsreformen. 1999 ernannte die PPP Bharrat Jagdeo zum Präsidenten; er wurde 2001 und 2006 wiedergewählt. 2011 folgte ihm Donald Ramotar. Seit 2015 ist David Granger von der oppositionellen APNU-AFC Präsident.

SURINAME

1916 begann die Aluminum Company of America (Alcoa) mit dem Bauxitabbau. Später, vor allem nach dem Zweiten Weltkrieg (1939–45), erwachte das Interesse der Niederländer an Suriname wieder. Politische Parteien wurden gegründet, die meisten von ihnen nach ethnischen Gesichtspunkten organisiert. Trotz des Widerstands der Südasiaten, die eine zunehmende kreolische Herrschaft befürchteten, wurde Suriname am 25. November 1975 unabhängig. Desaströse wirtschaftliche und politische Verhältnisse führten dazu, dass 1980 eine Gruppe von Unteroffizieren die Kontrolle über die weiterhin von einem Präsidenten geführte nominale Zivilregierung übernahm. 1981 bildete sich die Revolutionäre Front unter der Leitung von Oberstleutnant Dési Bouterse. Das Militär verlor zwar mit den Wahlen von 1991 die Macht, doch Bouterse bestimmt – trotz Anklagen wegen Drogenhandel und Mord – bis heute die Geschicke des Landes. 2010 wählte die Nationalversammlung ihn zum Präsidenten, und das ist er bis heute.

FRANZÖSISCH-GUAYANA

Die Einwohner des Gebietes, das vom Mutterland lange vor allem als Strafkolonie genutzt wurde sind bereits seit 1877 französische Staatsbürger. Französisch-Guayana wurde 1946 ein Département Frankreichs, das mit dem Bau des Weltraumbahnhofs in Kourou eine Aufwertung erfuhr. Trotz vorangegangener Unruhen lehnten 2010 in einem Referendum fast 70 % der Wähler eine größere Autonomie ab, votierten aber dann für die Zusammenlegung der Départements- und Regionalräte zu einer gewählten gesetzgebenden Versammlung.

In Guyanas Hauptstadt Georgetown findet man noch viele Kolonialhäuser

KLIMASCHUTZ IM REGENWALD

Guyanas Präsident Bharrat Jagdeo machte 2007 das beispiellose Angebot, den gesamten Regenwald Guyanas, also fast 85 % der Gesamtfläche des Landes, der Kontrolle eines internationalen Gremiums unter britischer Führung zu unterstellen: »Klimaschutz gegen Entwicklungshilfe« lautete das Motto. Doch die Briten zögerten, und so sprang das ölreiche Norwegen in die Bresche. Anlässlich des Klimagipfels in Kopenhagen (der 2009 in einem Desaster endete), kündigte man medienwirksam an, 250 Millionen US-Dollar in die Erhaltung der im Gegensatz zu Brasilien noch fast völlig intakten Regenwälder des bitterarmen Landes zu investieren. Etwa 150 Millionen sind inzwischen geflossen. Auch nach dem Regierungswechsel 2015 wurde die *Low Carbon Development Strategy* und die Partnerschaft mit Norwegen fortgesetzt. So will Guyana die Entwaldung des Landes streng begrenzen, fast komplett auf erneuerbare Energien umstellen und die Entwicklung von Industrien mit geringen CO_2-Emissionen beschleunigen.

IWOKRAMA RAINFOREST

Das von Guyana und dem Commonwealth ins Leben gerufene Regenwaldprogramm demonstriert die Erfolge dieser nicht nur von Norwegen geförderten Politik. Es schützt 400 km^2 eines der ursprünglichsten und artenreichsten Dschungelgebiete der Erde, wo Jaguar, Tapir, Ozelot, Puma, Nabelschwein und Anakonda leben. 474 Vogelarten, 130 verschiedene Säugetiere, 420 Fischarten und 132 Reptilienarten hat man hier gezählt – Tendenz steigend. Das Programm führt auch Studien zur nachhaltigen Nutzung des Re-

Umweltschutz und Holzfällerei sind in Guyana kein Widerspruch

genwaldes und zum Ökotourismus durch. Die Field Station befindet sich in **Kurukupari**, in der Nähe des Arawak-Dorfes **Fairview** (mit Landebahn) an der nördlichen Grenze des Reservats. Hier kann man in mit Solarenergie betriebenen Flusskabinen nächtigen, an denen lokale indigene Gemeinden beteiligt sind. Besucher teilen sich Unterkunft und Verpflegung mit Biologen, Botanikern und Journalisten und können an Besuchen in nahegelegenen indigenen Dörfern, nächtlichen Kaimanbeobachtungen und mehrtägigen Ausflügen in den Dschungel teilnehmen. Übernachtet wird in Außenlagern tief im Wald.

Der 90 Minuten Fahrt vom Forschungszentrum entfernte, 33 m hohe **Iwokrama Canopy Walkway**, ein 140 Meter langes Netz von Aluminium-Hängebrücken mit drei Aussichtsplattformen bietet die Möglichkeit, zwischen den Baumkronen zu wandern und die in der Abend- und Morgendämmerung besonders aktiven Vögel und Affen zu beobachten. Hier bietet das **Atta Rainforest Camp** eine luxuriöse Unterkunft.

45 Autominuten westlich des Canopy Walkway liegt das Makushi-Dorf **Surama**, eine Erfolgsgeschichte des Ökotourismus. Man übernachtet in zwei als traditionelle Hütten gestalteten Ökolodges, lässt sich von einheimischen Führern in die Geheimnisse lokaler Heilpflanzen einweihen, besteigt den **Mount Surama** (230 m) und beobachtet die Tierwelt entlang des Flusses Burro Burro.

Herrliche Ausblicke bieten sich morgens vom **Turtle Mountain** (45 Minuten mit dem Boot, dann 1½ Stunden zu Fuß) und vom Gipfel des **Mount Iwokrama** (eine schwierige 20 km lange Rundtour). Dabei badet man in kristallklaren Bächen und bewundert prähispanische Petroglyphen.

MARIA SIBYLLA MERIAN IN SURINAME

Die 1705 erschienene Sammlung von kunstvoll kolorierten Kupferstichen und erläuternden Texten, in denen die gesamten Lebenszyklen der Insekten Surinames, besonders Raupen und Falter, in ihrer natürlichen Pflanzenumwelt dargestellt und beschrieben sind, heißt »Metamorphosis insectorum surinamesium«. Das allein war für die damalige Zeit bereits eine unerhörte Leistung, doch dass sie eine Frau vollbrachte, die nur in Begleitung ihrer jüngsten Tochter Dorothea Maria nach Suriname gereist war und damit im 17. Jahrhundert gegen alle Konventionen der damaligen Zeit verstieß, ist einzigartig. In einer Zeit, in der noch Hexen verbrannt wurden, beäugten die Einwohner Surinames, strenge Calvinisten und Zuckerrohrpflanzer, die beiden Frauen misstrauisch, die vom Herbst 1699 bis zum Sommer 1701 in der malariaverseuchten grünen Hölle Raupen und andere Insekten sammelten, um dieses »nutzlose Getier« zu studieren und zu zeichnen. Dabei lebten die beiden ohne männlichen Schutz unter Eingeborenen und afrikanischen Sklaven im Urwald, denen sie, anders als die holländischen Pflanzer, mit Respekt begegneten.

Das Talent zum Zeichnen hatte die künstlerisch hochbegabte Maria Sibylla (1647–1717) von ihrem früh verstorbenen Vater geerbt, dem durch seine Stadtansichten weithin bekannten Kupferstecher und Verleger Matthäus Merian d. Ä. Gefördert wurde Maria von ihrem Stiefvater Jacob Marrell, der ebenfalls Künstler und Kupferstecher war. Bereits im Alter von 13 Jahren studierte das Mädchen akribisch die Entwicklung von der Larve bis zum schlüpfenden Falter, und schon vor ihrer Reise hatte sie sich in Deutschland und in den Niederlanden, wo sie zuletzt lebte, als Kupferstecherin und Naturforscherin einen Namen gemacht. Zwischen 1675 und 1683 veröffentlichte Maria Sibylla Merian illustrierte Bücher über Blumen und einheimische Raupen, die unter Naturforschern und Kunstliebhabern großen Anklang fanden. Ihr »Opus Magnum« sollte sie allerdings ruinieren: Nur wenige konnten sich so ein aufwendiges Werk leisten, das eine hohe künstlerische mit einer beeindruckenden wissenschaftlichen Leistung verband. So erkannte Maria Sibylla Merian als erste, dass bestimmte Raupenarten nur mit dem für sie geeigneten Futter gedeihen und ihre Metamorphose vollziehen können. »Schlagt nach bei Maria Sibylla Merian!« riet der schwedische Naturforscher Carl von Linné seinen Kollegen. Viel diskutiert wurde Maria Sibylla Merians Wiedergabe einer »Vogelspinne mit Kolibri«. Inzwischen hat die Forschung Merians lange angezweifelte Darstellung bestätigt: Tatsächlich geht die Spinne zumindest gelegentlich auf Vogeljagd, allerdings erbeutet sie fast nur geschwächte Vögel.

Weltweit gibt es heute noch etwa 60 Originalexemplare der ersten Auflage der »Metamorphosis insectorum surinamesium«, sowie seit 2016 auch hochwertige Faksimiledrucke.

Maria Sibylla Merian hatte auch vor Vogelspinnen keine Angst

WELTRAUMBAHNHOF KOUROU

Der Anblick der inmitten tropischer Wälder aufragenden Starttürme erinnert an Science Fiction. Warum errichtet man ausgerechnet in einer so abgelegenen, dünn besiedelten, schwül-heißen grünen Hölle ein Raumfahrtzentrum? Ganz einfach: Das **Centre Spatial Guyanais** (CSG) in Kourou ist ein besonders günstig gelegener Startplatz. Da er nur 580 km vom Äquator entfernt liegt, gibt die Erdrotation einer von dort nach Osten startenden Rakete einen besonders hohen horizontalen Schwung mit. Außerdem bringt ein äquatornaher Start Satelliten leichter in die vorgesehene geostationäre Umlaufbahn. Dazu kommt der Sicherheitsfaktor: Die Startrichtung führt über den Atlantik. Scheitert ein Start, werden keine Menschen gefährdet. Außerdem liegt das CSG südlich der karibischen Hurrikanzone, und Erdbeben gibt es hier auch keine. Und dann liegt Kourou natürlich in Frankreich.

Errichtet wurde das CSG 1964 als französisches Raumfahrtzentrum. Am 9. April 1968 startete dort die Höhenforschungsrakete vom Typ Véronique, es folgten acht Diamant-Trägerraketen.

Die Gründung der Europäischen Raumfahrtbehörde ESA im Jahr 1975 sorgte dafür, dass die Startrampen für gemeinsame europäische Raketen mehrfach umgerüstet wurden. Die Ariane 5 des europäischen Raumtransportunternehmens Arianespace hebt von der Startrampe ELA-3 ab. Russische Sojus-Raketen starten von der ELS und Vega-Raketen von der ELV. Seit dem Start von Véronique sind mehr als fünfhundert Raketen in die Umlaufbahn geschickt worden.

Kourou ist inzwischen eine der größten Touristenattraktionen des Übersee-Départements. Auf dreistündigen Führungen wird ein Film über die Geschichte der Anlage gezeigt, danach besucht man das Jupiter-Kontrollzentrum und die drei Startrampen. Das teilweise interaktive, hochmoderne **Musée de l'Espace** neben dem Empfangszentrum führt Besucher in die Weltraumforschung ein.

Wer einen meist nächtlich stattfindenden Raketenstart von einer der sieben offiziellen Beobachtungsstellen (Agami, Carapa, Venus, Ibis, Jupiter, Colibri und Toucan) verfolgen möchte, muss sich eine Einladung des CNES (www.cnes.fr) besorgen, die man möglichst Monate im Voraus unter https://cnes-csg.reservationlancement.fr/en/Inscription/Lancements beantragt. Wem das zu kompliziert ist, fährt einfach die südwestlich von Kourou gelegene **Montagne des Singes** hinauf zu zwei Aussichtspunkten.

Der Start einer Ariane 5 ist in Kourou inzwischen eine Touristenattraktion

UNTERWEGS IN DEN GUAYANAS

Guyana

GEORGETOWN [B1]

Die Hauptstadt **Georgetown** wurde im 18. Jahrhundert von den Holländern im Schachbrettmuster am Ostufer der Demerara-Mündung gegründet und bietet mit ihren weißen Kolonialhäusern auf Stelzen und farbenfroh blühenden Tropenbäumen viel karibisches Flair. Die 1889 vollendete **St. George's Cathedral** ist mit 44 m Höhe eine der höchsten freistehenden Holzkonstruktionen der Welt. Etwas südlich steht die 1888 im viktorianischen Stil erbaute **City Hall**. Weitere architektonisch reizvolle Gebäude an der High Street sind das **City Engineer's Office**, die **Victoria Law Courts** (1887) und der **Magistrates' Court**. Das Parliament an der Brickdam Street ist ein eindrucksvolles neoklassizistisches Gebäude von 1839. Gegenüber steht **St Andrew's Presbytery** aus dem 18. Jahrhundert.

Am Fährterminal tobt rund um den von einem mächtigen Turm überragten **Stabroek Market** (1881) ein liebenswertes multiethnisches Chaos. An dieser Stelle betraten früher die Überlebenden der »Mittleren Passage« den Boden Südamerikas. Heute werden hier keine Menschen mehr verkauft, aber immerhin noch Waren, die unter dubiosen Arbeitsbedingungen hergestellt wurden. Vom Schicksal der Sklaverei und der unter ähnlichen Bedingungen funktionierenden Goldbergbauindustrie erzählt das nahe **Guyana National Museum**, während zwei Blocks weiter nördlich das **Walter Roth Museum of Anthropology** veranschaulicht, wie die neun indigenen Stämme Guyanas Maniok verarbeiten, Fischfang betreiben, Hängematten herstellen und Pflanzen für medizinische Zwecke nutzen. Faszinierend ist die zeremonielle Kleidung, darunter prächtige Kopfbedeckungen aus Ara-Federn.

Alt und Neu mischen sich in der Innenstadt von Georgetown

Entlang der South Street sind es etwa 20 Minuten bis zu den **Botanical Gardens**, die mit viktorianischen Brücken, Pavillons, Palmen und Lilienteichen reizvoll angelegt wurden. Hier kann man u.a. den seltenen Kanonenkugelbaum *(Couroupita Guianensis)* bestaunen und Guyanas Wappenvogel beobachten, den Rothalspecht *(Campephilus rubricollis)*. Im angeschlossenen **Zoo** (WWF-Logo) tummeln sich u.a. Manatis (Seekühe).

An der Südwestecke des Botanischen Gartens steht das **Castellani House**, die ehemalige Residenz des Präsidenten. Heute zeigt hier die **National Art Gallery** afrikanisch inspirierte Masken, indigene Figuren, Schnitzereien und Gemälde, darunter die Werke des lokalen Künstlers Philip Moore. Südlich der Galerie erinnert das fünf Meter hohe Bronzedenkmal **1763 Monument** an den afrikanischen Sklaven Cuffy, der 1763 eine erfolglose Sklavenrebellion anführte.

Ein besonders Erlebnis ist der frühabendliche Spaziergang auf dem **Sea Wall**, einer Seemauer, die das unter dem Meeresspiegel gelegene Georgetown vor dem Atlantik schützt. Besonders am Sonntagabend herrscht hier Partyatmosphäre.

ESSEQUIBO UND MAZARUNI

Von Georgetown aus gerne gebucht wird eine Bootsfahrt auf dem **Essequibo**, einer der wichtigsten Wasserstraßen Guyanas. Erster Halt ist die Marktstadt **Parika**, dann besucht man die holländische Festung **Kyk Over Al** aus dem 17. Jahrhundert und die Goldgräberstadt **Bartica**. Es folgt eine Bootsfahrt auf dem kleineren **Mazaruni** zu den **Bara Cara Falls** oder den **Marshall Falls** und eine kurze Wanderung durch den Dschungel.

KAIETEUR NATIONAL PARK

Das beliebteste Tagesausflugsziel wird mit Kleinflugzeugen angesteuert. Die faszinierenden, fast 100 m breiten Wasserfälle des Potaro, einem Nebenfluss des Essequibo, stürzen sich im Direktfall 226 m tief in eine Regenwaldschlucht des Nationalparks. Im Januar sowie Juni und Juli (Regenzeit) führen sie die größten Wassermengen. Nach einem Überflug wandert man zu drei Aussichtspunkten und bewundert die auf dem Wasserstrahl tanzenden Regenbögen. Im Angebot sind auch mehrtägige Expeditionen mit Allradfahrzeugen, Bootsfahrten, anstrengenden Wanderungen und Übernachtungen in rustikalen Lodges. Dafür entschädigt der Traumanblick der Wasserfälle in der Abend- und Morgendämmerung. An den Kaskaden kann man leuchtend-orangefarbene Tiefland-Felsenhähne und Weißhalssegler *(Makonaima)* sehen, die abends in die Schlucht hinabstoßen. Der endemische goldene Pfeilgiftfrosch lebt auf riesigen Panzerbromelien.

St. George's Cathedral ist komplett aus Holz gebaut

Westlich der Wasserfälle erstrecken sich die **Pakaraima Mountains** bis zum Tafelberg **Roraima** (2810 m) › **S. 66** im Dreiländereck zwischen Guyana, Brasilien und Venezuela.

RUPUNUNI-SAVANNE

Südlich des **Iwokrama-Regenwaldes** › **S. 146** geht der dichte Dschungel in eine endlose Savanne über. Das Busch- und Grasland ist das

Revier von Guyanas Cowboys, die hier fast unüberschaubare Rinderherden hüten. Ameisenbären finden in den riesigen Termitenhügeln der Savanne reiche Beute. In den Flüssen leben schwarze Kaimane und Flussottern. Gastfreundliche indigene Dörfer wie **Annai** und **Rupertee**, dessen rote Hartholzschnitzereien und Webereien beliebte Souvenirs sind, laden zum Verweilen und Wandern in den artenreichen Wäldern mit Flüssen, Bächen und Teichen ein. Beste Besuchszeit ist die Trockenzeit von Oktober bis April. Am Osterwochenende treffen sich im Städtchen **Lethem** an der brasilianischen Grenze Cowboys, Gauchos und Vaqueros aus aller Welt zu einem tollen Rodeo.

Suriname

PARAMARIBO [B1]

Die historische Innenstadt von »Parbo«, wie die Einheimischen Surinames Hauptstadt **Paramaribo** nennen, ein Weltkulturerbe, ist ein faszinierendes Ensemble aus holländischen, britischen, spanischen und französischen Holzhäusern des 18. und 19. Jahrhunderts. Der Suriname prägende Mix der Kulturen spiegelt sich auch in der vielfältigen Küche der Hauptstadt wider. Nicht minder bunt geht auf dem riesigen Zentralmarkt an der Waterkant zu. Die *Maroons* (Nachfahren geflüchteter Plantagensklaven) verkaufen hier auch Voodoo-Artikel und Fetische.

Von religiöser Toleranz innerhalb des Landes zeugen Hindutempel in der Koningstraat und Wanicastraat sowie eine der größten Moscheen der Karibik in der Keizerstraat, in fröhlicher Nachbarschaft mit einer Synagoge. Christliche Gotteshäuser gibt es in Parbo natürlich auch. Die in fröhlichem Gelb und Blau gehaltene neogotische **St. Peter und Paul Kathedrale** (1885) in der Henck Arronstraat ist eine der größten Holzkirchen Südamerikas. Sie besitzt eine Doppelturmfassade mit schöner Fensterrose, und ihr luftiger Innenraum ist mit aufwendigen Schnitzereien verziert.

Am **Onafhankelijkheidsplein** (Unabhängigkeitsplatz), einer Rasenfläche in der Nähe der Waterkant genannten Uferpromenade, stehen der **Präsidentenpalast** (früher Gouverneursvilla) und das **Congresgebouw**. Sonntagfrüh treten hier stolze Besitzer mit heimischen Singvögeln (Picolets und Twa Twas) zu einem Wettbewerb an.

Das **Surinaams Museum** im **Fort Zeelandia** informiert über den Kaffee- und Zuckerhandel, besitzt aber auch jüdische Artefakte, Relikte der Sklaverei sowie indigene Webkunst, Waffen und prächtige gefiederte Kopfbedeckungen. Wenige Schritte entfernt lädt der wunderschöne **Palmentuin** (Palmengarten) zum Entspannen ein, bevor man weiter östlich im **Rumhuis** die heimischen Rummarken Borgoe, Black Cat und Mariënburg verkostet.

ZWISCHEN PARAMARIBO UND FRANZÖSISCH-GUAYANA

Im Norden von Paramaribo setzt eine Fähre über nach **Nieuw Amsterdam**. Das sternförmige Fort mit Freilichtmuseum bewacht den Zusammenfluss von Suriname und Commewijne. Mit einem Fahrrad erkundet man alte Zuckerrohrplantagen und Rumbrennereien mit kolonialen Herrenhäusern wie **Mariënburg**. Eine aufgegebene Kaffee- und Kakaoplantage mit Pflanzerdorf wurde in den **Peperpot Nature Park** umgewandelt, durch den Naturpfade führen. Übernachtet wird im **Hotel Frederiksdorp**, dessen Gebäude um 1760 errichtet wurde: Ideal für alle, die am Strand von **Matapica** Seeschildkröten und Wasservögel beobachten wollen. Weiter östlich liegt die **Wia-Wia Nature Reserve**, ein weiteres Schutzgebiet.

Von Paramaribo aus starten organisierte Bootsfahrten auf dem Commewijne. Mit etwas Glück lassen sich rosa Flussdelfine blicken. Agenturen bieten auch zwei- bis dreitägige Ausflüge in die **Galibi Nature Reserve** an. Sie liegt an der Mündung des Marowijne/Maroni, dem Grenzfluss zwischen Suriname und Französisch-Guayana. Fünf verschiedene Arten von Seeschildkröten legen hier ihre Eier ab, darunter

Karte S. 143

Die Ile Royale war für französische Sträflinge einst die Hölle auf Erden

die mächtige, vom Aussterben bedrohte Lederschildkröte. Highlight ist der nächtliche Besuch des Strandes, um (besonders im Juli) frisch geschlüpfte Babyschildkröten zu beobachten. Übernachtet wird in indigenen Dörfern.

URWÄLDER DES SÜDENS

Die Stichting Natuurbehoud Suriname bietet zehnstündige Tagesausflüge in den 130 km südlich der Hauptstadt auf dem Mazaroni-Plateau am Brokopondo-Stausee gelegenen Regenwald des **Brownsberg Natuurpark** an. Hier leben Brüll- und Klammeraffen, Hirsche, Agutis, Aras und Papageien. Baden kann man an drei Wasserfällen. Wer länger bleiben möchte, kann im Bergendal Eco & Cultural River Resort übernachten. Dieses bietet Baumwipfeltouren, Kajakfahrten, Mountainbiking und Wanderungen an.

METS Travel & Tours organisiert den Besuch zweier faszinierender Dörfer im Süden des Landes mit Kleinflugzeugen. **Awarradam** ist eine Dörfergemeinschaft am **Gran Rio**, die von Saramacca-Maroons bewohnt werden. In den Siedlungen glaubt man sich ins tiefste Afrika versetzt. Die Frauen tragen noch immer große Lasten auf dem Kopf, man praktiziert traditionelle Religionen und Tänze und verständigt sich in Dialekten, die vor 300 Jahren in Ghana gesprochen wurden. Trotzdem sind auch hier Handys eine Selbstverständlichkeit. Die Touren werden nachhaltig mit kundigen Führern durchgeführt. Man übernachtet in einer Ökolodge auf einer Insel im Fluss.

METS kombiniert die Tour auch mit einem Besuch des noch tiefer im Amazonas-Regenwald am Tapanahony-Fluss gelegenen Dorf **Palumeu**, in dem indigene Trio und Wajana leben. Übernachtet wird in einer traditionellen Lodge am Flugplatz. Ein faszinierendes Erlebnis ist die Fahrt mit dem Einbaumkanu zum Granitberg **Kasikasima** (718 m), der sich spektakulär über dem Regenwald erhebt.

Ebenfalls mit dem Flugzeug wird die **Central Suriname Nature Reserve** besucht, die 9 % des Staatsgebietes einnimmt. Highlights sind die Wasserfälle **Ralleighvallen** und der **Voltzberg** (240 m), eine Granitinsel im Regenwald. Das Urwaldgebiet mit faszinierender Biodiversität ist ein Weltnaturerbe, das leider durch illegalen Goldbergbau bedroht ist.

Französisch-Guayana

Das französische Übersee-Département Französisch-Guayana ist Europas Außenposten in Südamerika. Die Bevölkerung ist größtenteils afrikanisch-karibischer Abstammung, dazu kommen viele Menschen mit laotischen, chinesischen, haitianischen und brasilianischen Wurzeln. Dementsprechend vielfältig ist die Küche der multikulturellen Hauptstadt, die ihren Karneval gleich zwei Monate lang feiert. Dabei betreiben die *touloulou* genannten Karnevalsköniginnen (öfters auch Männer) einen riesigen Aufwand, schnüren sich in Korsagen, über denen Petticoats schwingen, tragen lange Handschuhe und eine riesige Perücke. Sehr bunt geht es auch auf dem am Montag, Mittwoch, Freitag und Samstag stattfindenden Markt zu. Die Preise sind allerdings gepfeffert.

CAYENNE [C1]

Unter den Hauptstädten der drei Guayanas ist die Stadt an der Mündung des Cayenne-Flusses die modernste, doch auch hier gibt es noch Kolonialbauten wie **Hôtel de ville** (Rathaus), **Préfecture** und die **Chambre de Commerce et d'Industrie**. Zentrum ist die **Place des Palmistes** an der Avenue du Général de Gaulle. Ein Denkmal erinnert an **Felix Éboué** (1884–1944), einen schwarzen Guyanesen, der verschiedene französische Gebiete in Afrika und der Karibik regierte. In einer Kolonialvilla aus Holz präsentiert das **Musée Départemental Franconie** die lokale Flora und Fauna. Schockierend realistisch setzen sich die Gemälde der oberen Galerie mit der Brutalität der Strafkolonie auseinander. Die kulturelle Vielfalt des Lan-

Die attraktiven kreolischen Häuser von Cayenne wurden sorgfältig restauriert

des demonstriert mit Kunsthandwerk und Kostümen das **Musée des Cultures Guyanaises**.

Ein schöner Ausblick auf Cayenne bietet sich von den Ruinen des **Fort Céperou**. Es wurde als erstes Bauwerk in Cayenne errichtet, nachdem die Compagnie de Rouen den Hügel 1643 einem indigenen Galibi-Häuptling abgekauft hatte.

Mit einem Boot vom Yachthafen zu erreichen ist das Inselchen **Îlet la Mère**. Auf einer 90-minütigen Wanderung kann man Totenkopfäffchen, Leguane, Kaimane und Scharlachsichler sehen.

ZWISCHEN CAYENNE UND BRASILIEN

Etwa 75 km südöstlich von Cayenne liegt der Sumpf **Marais de Kaw**. Auf organisierten Bootsfahrten durch die amphibische Landschaft lassen sich unzählige Wasservögel, darunter Flamingos, aber auch schwarze Kaimane beobachten.

Besonders am Sonntag (Markttag) lohnt sich der Besuch des 75 km südwestlich von Cayenne gelegenen Dorfes **Cacao**. Es wurde 1977 von Flüchtlingen aus Laos besiedelt. An den steilen Hängen baut die kleine Hmong-Gemeinde Kakao, Obst- und Gemüse an. Die laotische Küche ist vorzüglich. Das **Musée Le Planeur Bleu** zeigt eine beeindruckende Insekten- und Schmetterlingssammlung mit vielen endemischen Exemplaren sowie indigene Keramik und Kunsthandwerk der Hmong.

188 km südöstlich von Cayenne bietet die Grenzstadt **St-Georges de l'Oyapock** die Gelegenheit, über eine 378 m lange Schrägseilbrücke von Europa nach Brasilien zu fahren. Fertiggestellt wurde die Brücke schon 2011, doch politische Streitfragen verzögerten bis 2017 ihre Eröffnung.

ZWISCHEN CAYENNE UND SURINAME

Etwa 15 km vor der Küste von **Kourou** › **S. 150** liegt die ehemalige Strafkolonie **Îles du Salut**: drei eigentlich sehr schöne Palmeninseln. Zwischen 1852 und 1953 internierte die französische Justiz hier insgesamt 70 000 Strafgefangene: Zigtausende gingen zugrunde. Haarsträubende Fluchtversuche schildert Henri Charrière in seinem mit Steve McQueen in der Hauptrolle verfilmten Erfolgsroman »Papillon«.

Mit Katamaranen setzt man vom Ponton des pêcheur in Kourou zur **Île Royale** über. In der alten Villa des Verwalters neben dem Anlegesteg ist das kleine **Musée du Bagne** untergebracht. Die kleine Kirche zeigt Gemälde mit Szenen des Gefängnislebens von François Lagrange.

Von der Nordostseite der Insel blickt man auf die zerstörten Gefängnisgebäude der **Île du Diable**. Auf der schwer zugänglichen felsigen Teufelsinsel waren politische Gefangene wie der zu Unrecht des Verrats beschuldigte jüdische Offizier Alfred Dreyfus inhaftiert.

Von der Île Royale setzen Boote über zur **Île Saint-Joseph**. Hier mussten »unverbesserliche« Sträflinge und alle, die Fluchtversuche unternommen hatten, ihr Leben fristen. Heute ist die Insel ein kleiner Marinestützpunkt. Auf Spaziergängen begegnet man Affen, Schildkröten, Kolibris und Aras.

Ein paar Autostunden südlich von Kourou liegt die Dschungelkampfschule der Fremdenlegion. Hier trainieren die besten Eliteeinheiten der Welt, auch die deutschen Kommando Spezialkräfte (KSK).

SAINT LAURENT DU MARONI

In der Stadt am Maroni, dem Grenzfluss zwischen Französisch-Guayana und Suriname, ist noch heute das **Camp de la Transportation** zu besichtigen, in dem die Gefangenen vor ihrer endgültigen Deportation abgefertigt wurden. Heute geht es in der Stadt, in der auch viele Surinamesen, Brasilianer und Guyaner leben, deutlich entspannter zu.

Im Angebot sind Ausflüge auf dem Maroni, Besuche von Gemeinden mit indigener Bevölkerung oder *Maroons* (Nachfahren geflüchteter Sklaven) und der 73 km südlich gelegenen Wasserfälle **Chûtes Voltaire**. Am weiten Sandstrand der Flussmündung, dem **Plage Les Hattes**, legen von etwa März bis Juli Lederschildkröten ihre Eier ab.

BRASILIEN

Die Copacabana ist eigentlich nur einer der legendären Stadtstrände von Rio de Janeiro

A
B
C
D
E
1
2
3
ATLANTISCHER
OZEAN
TRINIDAD UND TOBAGO
MARACAIBO
San Cristóbal
VALENCIA
CARACAS
Cumaná
Ciudad Bolívar
Cd.Guayana
VENEZUELA
BERGLAND VON GUAYANA
KOLUMBIEN
GUYANA
Georgetown
Paramaribo
SURINAME
Französisch Guayana (Fr.)
Macapá
Santarém
MANAUS
Amazonastiefland
BELÉM
São Luís
Imperatriz
Marabá
Palmas
Teresina
FORTALEZA
Natal
RECIFE
Maceió
Aracaju
SALVADOR
Juazeiro do Norte
BRASILIEN
Cuiabá
Porto Velho
Rio Branco
PERU
BOLIVIEN

ATLANTISCHER OZEAN
0 300 km
N
A
B
C
D
E
5
6
7
BRASILIEN
Bergland
Vitória
Gdor. Valadares
BELO HORIZONTE
RIO DE JANEIRO
Uberlândia
Ribeirão Preto
Limeira
SÃO PAULO
CURITIBA
Joinville
Florianópolis
São José do Rio Preto
Ponta Grossa
Maringá
PORTO ALEGRE
Passo Fundo
Rio Grande
Campo Grande
PARAGUAY
Asunción
Posadas
Formosa
Uruguaiana
URUGUAY
MONTEVIDEO
Mar del Plata
La Plata
BUENOS AIRES
Paraná
Santa Fé
ROSARIO
CÓRDOBA
ARGENTINIEN
Bahía Blanca
SANTA CRUZ DE LA SIERRA
Potosí
Salta
Mendoza
ANDEN
CHILE
SANTIAGO
Tacna
Iquique
Antofagasta
La Serena
Osorno

BRASILIEN IN KÜRZE

Staatsname: República Federativa do Brasil
Fläche: 8 515 770 km²
Hauptstadt: Brasília
Amtssprache: Portugiesisch
Einwohner: 208 Mio. (Dez. 2017, geschätzt)
Landesvorwahl: 0055
Währung: Brasilianischer Real (BRL)
Zeitzonen: Brasilien hat vier Zeitzonen (MEZ –3 bis –6), außerdem regionale Sommerzeiten.

LAGE

Brasilien umfasst eine etwas kleinere Fläche als China und die USA. Es erstreckt sich zwischen 5° nördlicher und 34° südlicher Breite sowie 35° und 74° westlicher Länge. Brasilien grenzt an 10 Länder. Im Uhrzeigersinn sind dies: Uruguay (1050 km), Argentinien (1263 km), Paraguay (1371 km), Bolivien (3403 km), Peru (2659 km), Kolumbien (1790 km), Venezuela (2137 km), Guyana (1308 km), Suriname (515 km) und Französisch-Guayana (649 km). Die brasilianische Atlantikküste ist 7491 km lang.

Das Land lässt sich in zwei Großräume einteilen: das Amazonasbecken im Norden mit einer Größe von 4 Mio. km² und das Hochplateau im Zentrum und Süden. Das brasilianische Staatsgebiet wird geographisch in fünf Großregionen eingeteilt. Der Norden umfasst das Amazonastiefland, das größte zusammenhängende Waldgebiet der Erde, und das Bergland von Guayana mit dem Pico da Neblina (3014 m) als höchstem Berg Brasiliens. Der Nordosten besteht aus dem Litoral Oriental, einem etwa 60 km breiten Küstenstreifen mit vielen Buchten, Inseln, Dünen, Lagunen und Riffen, dem dahinter ansteigenden Plateau der Agreste mit Erhebungen über 700 m, steil abfallenden Hängen, steinigen Böden und spärlicher Vegetation sowie der Halbwüstenzone des Sertão ganz im Westen mit Caatinga-Vegetation. Den mittleren Westen prägen wellenförmige Hochplateaus des Mato Grosso, Savannengebiete mit Cerrado-Wald und sumpfige Tiefebenen, darunter das besonders artenreiche Pantanal. Im Südosten liegen die Millionenstädte Rio de Janeiro, São Paulo und Belo Horizonte. An der Küste gibt es noch Atlantischen Regenwald, das Hinterland ist von Sierras genannten Hügellandschaften geprägt, die besonders im Bundesstaat Minas Gerais reich an Bodenschätzen sind. Der Süden ist überwiegend ein Hochplateau und gilt mit seiner Pampa als Land der Gauchos. Mit den Cataratas do Iguaçu besitzt er einen der mächtigsten Wasserfälle der Welt.

POLITIK

Brasilien ist eine föderale präsidiale Demokratie. Der Staatspräsident ist auch gleichzeitig

Regierungschef. Das Land ist in 26 Bundesstaaten und den Bundesdistrikt Distrito Federal der Hauptstadt Brasília gegliedert. Der Präsident wird mit absoluter Mehrheit in – falls erforderlich – zwei Wahlrunden für eine Amtszeit von 4 Jahren direkt gewählt. Die letzte Wahl fand am 5. Oktober 2014 statt, mit einer Stichwahl am 26. Oktober 2014, die Dilma Rousseff (PT, linksgerichtete Arbeiterpartei) gegen Aecio Neves (PSDB, Sozialdemokraten) mit 51,6 % der Stimmen gewann. Rousseff wurde am 31. August 2016 vom Senat ihres Amtes enthoben. Die restliche Amtszeit bis zum 1. Januar 2019 übernahm Michel Temer (PMDB, rechtsgerichtet). Im Oktober 2018 werden die nächsten Präsidentschaftswahlen stattfinden. Brasiliens *Congresso Nacional* ist ein Zweikammerparlament mit Bundessenat *(Senado Federal)* (81 Sitze; 3 Mitglieder aus je 26 Bundesstaaten und 3 aus dem Bundesdistrikt, direkt gewählt mit einfacher Mehrheit für eine Amtszeit von 8 Jahren) und der Abgeordnetenkammer *(Câmara dos Deputados)* (513 Sitze; Mitglieder in Wahlkreisen nach Verhältniswahlrecht für eine Amtszeit von 4 Jahren gewählt).

WIRTSCHAFT

Brasilien, die achtgrößte Volkswirtschaft der Welt, erholt sich derzeit von einer Rezession in den Jahren 2015 und 2016, die als die schlimmste in der Geschichte des Landes gilt. 2017 stieg das brasilianische BIP um 1 %, die Inflation fiel auf historische Tiefststände von 2,9 %, und die Zentralbank senkte die Leitzinsen von 13,75 % im Jahr 2016 auf 7 % im Jahr 2017. Die 2016 eingeleiteten Wirtschafts-, Steuer-, Struktur- und Arbeitsmarktreformen sollen das Wachstum der Staatsausgaben bremsen und Hürden für ausländische Investoren abbauen, die sich angesichts zahlreicher Korruptionsskandale und eines relativ verschlossenen Marktes zögerlich verhalten. Brasilien ist Mitglied des *Mercosur*, dem Gemeinsamen Markt des Südens, zu dem auch Argentinien, Paraguay und Uruguay gehören (Venezuela wurde ausgeschlossen).

Reife Kakaofrüchte sind ziemlich schwere Brocken

Die Landwirtschaft (Kaffee, Sojabohnen, Weizen, Reis, Mais, Zuckerrohr, Kakao, Zitrusfrüchte, Rindfleisch), in der 9,4 % der Bevölkerung beschäftigt ist, macht nur 6,2 % des BIP aus, die Industrie (Textilien, Schuhe, Chemikalien, Zement, Holz, Eisenerz, Zinn, Stahl, Flugzeuge, Kraftfahrzeuge und -teile, sonstige Maschinen und Geräte), in der 32,1 % arbeiten, steuert 21,3 % bei, die restlichen 72,8 % des BIP entfallen auf Dienstleistungen mit 58,5 % der Beschäftigten. Die Arbeitslosenquote betrug 2017 geschätzt 11,8 %. Unter der Armutsgrenze leben etwa 4,2 % der Bevölkerung, wobei 4 % unter extremer Armut leiden. Die Verbraucherpreise stiegen 2017 um geschätzt 3 %.

Der Tourismus verzeichnete 2017 einen neuen Besucherrekord. Knapp 6,6 Mio. internationale Touristen besuchten das Land, mehr als in den Jahren der Fußballweltmeisterschaft (2014) und der Olympischen Sommerspiele (2016). Darunter waren etwa 225 000 deutsche Staatsbürger.

BRASILIENS GESCHICHTE SEIT DER UNABHÄNGIGKEIT

Brasiliens Weg in die Unabhängigkeit verlief deutlich friedlicher als in den spanischen Kolonien Südamerikas. Als 1807 Napoleon in Portugal einfiel, das mit Großbritannien verbündet war, zog der portugiesische Prinzregent Dom João (ab 1816 König João VI.) mit seinem Hofstaat nach Rio de Janeiro um. Dom João öffnete alle Häfen für den Handel mit befreundeten Nationen und förderte die brasilianische Produktion. Sein Dekret vom 16. Dezember 1815 schuf das Vereinigte Königreich von Portugal, Brasilien und den Algarven. 1821 ernannte er seinen Sohn Dom Pedro zum Regenten und segelte nach Lissabon. Trotz Druck aus Portugal entschied sich Pedro, in Brasilien zu bleiben und erklärte am 7. September in der Ebene von Ipiranga bei São Paulo die Unabhängigkeit Brasiliens. Am 1. Dezember wurde er zum Kaiser gekrönt. Die Vereinigten Staaten erkannten die neue Nation 1824 an, die Portugiesen folgten 1825.

DAS BRASILIANISCHE KAISERREICH

Die impulsive Herrschaft von Pedro I. verlief nicht immer glücklich. Zwar erhielt das Land eine liberale Verfassung, doch ging nach einem teuren Krieg mit Argentinien (1825–1828) die brasilianische Provinz Cisplatina (Uruguay) verloren. 1831 trat Pedro I. zugunsten seines fünfjährigen Sohnes Pedro de Alcântara (später Pedro II.) offiziell zurück. Nach unruhigen Regentschaftsjahren wurde Pedro II. im Alter von 14 Jahren 1840 zum Kaiser gekrönt. Seine fast 50-jährige fortschrittliche, von parlamentarischen Prinzipen geleitete und von Wirtschafts- und Bevölkerungswachstum geprägte Herrschaft gilt als Glanzzeit der brasilianischen Geschichte, trotz des kostspieligen Krieges der Dreifachallianz gegen Paraguay (1864–1870). Doch erst 1888 wurde in dem von Plantagenwirtschaft beherrschten Land die Sklaverei abgeschafft. 1889 putschten die Militärs, Pedro II. trat zurück und ging ins Exil nach Europa.

DIE KAFFEEPRÄSIDENTEN

Brasiliens aufeinanderfolgende »Kaffee-Präsidenten«, die hauptsächlich aus den Bundesstaaten São Paulo und Minas Gerais stammten, trugen zur Sicherung des Friedens, zur Reform der Finanzinstitutionen und zur Steigerung der Kaffeeexporte bei, doch nur eine ausgewählte Minderheit durfte wählen. Die wirtschaftlichen und politischen Zentren des Landes verlagerten sich von den alten Zuckerregionen des Nordostens in die neuen Kaffeeregionen des Südostens. Immer mehr Einwanderer strömten ins Land. Das Amazonasbecken erlebte einen Kautschukboom.

Eine Postkarte der 1920er-Jahre zeigt die schwere Arbeit der Verladung von Kaffeesäcken im Hafen von Santos

REFORM UND MILITÄR

Die 1920er-Jahre waren unruhige Zeiten, dann kam Getúlio Vargas 1930 durch einen Aufstand an die Macht. Vargas schuf den autoritären, aber auch reformistischen *Estado Nôvo* (Neuer Staat), schlug sich im Zweiten Weltkrieg auf die Seite der Alliierten und regierte nach einer demokratischen Phase zwischen 1950 und 1954 erneut.

Zwischen 1955 und 1960 drückte Juscelino Kubitschek de Oliveira dem Land seinen Stempel auf. In seine Amtszeit wurde die neue Hauptstadt Brasília angelegt, die Wirtschaft boomte, doch auch die Lebenshaltungskosten explodierten. Nach politischen Turbulenzen unter seinen Nachfolgern übernahm 1964 das Militär die Macht, das mit willfährigen zivilen Präsidenten regierte, bis 1978 mit João Baptista de Oliveira Figueiredo die Demokratie zurückkehrte.

AUFSCHWUNG UNTER HENRIQUE CARDOSO

Auch die Militärregierungen hatten die Probleme des Analphabetismus, der Unterernährung und der hohen Kindersterblichkeit nicht gelöst. Daran änderten die von Korruption verdunkelten Präsidentschaften von Fernando Collor de Mello und Itamar Franco wenig. Fernando Henrique Cardoso brachte dagegen ein erfolgreiches Finanzprogramm auf den Weg und führte die neue Währung *Real* ein: Die Wirtschaft wuchs, die Inflation sank, bis die Finanzkrise 1998 auch Brasilien erreichte. Cardoso gewann die Wahlen erneut gegen den linken Kandidaten Luiz Inácio Lula da Silva, der fünf Jahre später Präsident wurde.

LULA UND DILMA

Lulas zwei Amtszeiten waren von linker Reformpolitik und Korruptionsskandalen geprägt, dennoch wuchs die brasilianische Wirtschaft unter seiner Regierung stetig. Seine Nachfolgerin Dilma Rousseff setzte Lulas Politik fort, hatte aber mit der Unzufriedenheit vieler Brasilianer mit den Infrastrukturausgaben für die WM 2014 und die Olympiade 2016 in Rio de Janeiro zu kämpfen. Zwar gewann sie 2014 die Wahlen noch einmal, wurde aber unter eher fadenscheiniger Begründung wegen Korruption 2016 abgesetzt. Michel Temer, der konservative Vizepräsident des Senats, übernahm und verfolgt eine marktfreundliche Politik mit umstrittenen Sparmaßnahmen, Renten- und Arbeitsrechtsreformen. 2017 wurde Lula wegen Korruption und Geldwäsche zu zehn Jahren Haft verurteilt. Sollte er bis zur endgültigen Rechtskraft seiner Verurteilung frei kommen, gilt er als aussichtsreichster Kandidat für die Präsidentschaftswahlen 2018.

Das schiere Leben selbst feiern die Einwohner von Salvador da Bahia *(Baianos)* mit ihrem Karneval, der gleich zwei Tage länger dauert als in Rio. Doch während der Karneval in Rio immer mehr zur Show im Sambadrome wird, bei der die Touristen artig auf ihren reservierten Stühlen das Defilee der Sambatruppen verfolgen, ist der Karneval von Bahia ein Straßenfest geblieben – schwärzer, heißer und orgiastischer – ein Hexenkessel aus Bierdunst und Schweiß, mit ohrenbetäubender Musik, die mit 120 000 Watt aus den überdimensionalen Lautsprechern der Trio Elétricos wummert: Riesige Lastwägen und Sattelschlepper, die sich im Schneckentempo durch die aufgepeitschte Menge schwitzender Leiber quälen und dabei oft funkensprühende Stromleitungen herunterreißen. Kostümiert sind nur die Mitglieder der knapp 200 Karnevalsvereine, genannt *Blocos*, die eine 25 Kilometer lange Parade absolvieren. Die Blocos de Trios, deren Mitglieder sich glitzernde kunstvolle Kostüme leisten können, geben den Ton an. Auch Touristen können eines leihen, gegen saftige Bezahlung, versteht sich.

Die *Afoxés* sind mit dem **Candomblé** **› S. 169** verbundene weißgekleidete Karnevalsgruppen, die dem gesetzteren Ijexá-Rhythmus folgen und westafrikanische Gesänge anstimmen, während die Bloco-Afro-Gruppen die brasilianische Variante der Black-Pride-Bewegung darstellen und Samba-Reggae tanzen. Ihre bekanntesten Vertreter, die Musiker von Olodum, sind inzwischen geradezu ein Markenzeichen der Stadt und darüber hinaus der einzige Bloco Afro, der auch Weiße zulässt. Die reichen, überwiegend hellhäutigen Blocos de Trios schotten sich wiederum von der schwarzen wogenden Menge ab, die in T-Shirt und Badehose tanzt. Mühsam schützen kräftige schwarze *Cordeiros* mit Seilen die »offizielle« Bühne. Das bisschen Geld, das man braucht, versteckt man besser gut, und Halbnackten kann ohnehin keiner in die Tasche fassen. Karneval in Bahia ist kein unschuldiges Vergnügen, da wird geschnüffelt und Selbstgebranntes aus Plastikkanistern getrunken, mit dem man Elefanten mattsetzen könnte. Wundersamerweise tanzen die Menschen weiter, aber umfallen kann in dem Gedränge ohnehin niemand, und das Trommelgewitter Afrikas donnert die Nächte hindurch, vom Donnerstag bis zum Nachmittag des Aschermittwochs. Dann endlich erstirbt die Musik und die Freude, und alles schleicht erschöpft nach Hause oder schläft sich am Strand aus und schaut den jungen Männern zu, die zu den blechernen Lauten des Berimbau in weißen Hosen im nassen harten Sand des Flutsaums die akrobatische *Capoeira* tanzen.

KARNEVAL VON BAHIA

Der Karneval von Bahia ist eine Fest für alle Sinne

Die meisten der Brasilianer, die von Angola und Nigeria über Salvador nach Brasilien verschleppt und katholisch zwangsgetauft wurden, blieben doch sehr oft ihren Göttern *(Orixás)* verbunden. Nur mit Bauchgrimmen nimmt der katholische Klerus den Synkretismus hin, und wenn eine der größten Feiern der afrobrasilianischen Religion Candomblé stattfindet, der **Lavagem do Bomfim**, verrammelt die Kirche einfach ihre Pforten. Die *Baianos* kümmert das nicht: Am zweiten Donnerstag nach dem Dreikönigsfest ziehen sie vom Stadtzentrum Salvadors in einer Prozession zur zehn Kilometer entfernten Kirche **Nosso Senhor do Bomfim** hinaus, die auf einer Landzunge in der Bahia de Todos os Santos, der Allerheiligenbai liegt. Baianas in weißen Spitzenkleidern waschen die Stufen der Kirche mit parfümiertem Wasser zu Ehren von Oxalá. Der Gott der Fruchtbarkeit wird im afro-katholischen Synkretismus oft mit Jesus verglichen. Die Tradition reicht zurück bis in die Tage, als die Sklaven die Kirche nicht betreten durften und draußen beten mussten.

Bunte Stoffarmbänder, die *Fitinhas*, hängen am Gitter vor der Kirche. Sie werden gegen Entgelt auch gerne Touristen ums Handgelenk gebunden und müssen, dreimal verknotet, von allein abfallen, dann gehen drei Wünsche in Erfüllung. »*Lembrança do Senhor do Bomfim*« steht darauf – Erinnerung an den Herrn des Guten Endes. Sie abzuschneiden, bringt Unglück.

ORIXÁS

Oxalá ist die Farbe Weiß zugeordnet, Blau ist dagegen die Farbe von **Yemanjá**, die Mutter der meisten *Orixás*, kapriziöse Meeresgöttin und Symbol der mütterlich umsorgenden Liebe. An ihrem Festtag, dem 2. Februar, lassen weißgekleidete Frauen im Stadtteil Rio Vermelho zahlreiche Boote zu Wasser, die mit Geschenken – Blumen, Duftwässerchen, Spiegel, Schmuck, Lippenstifte und Bittbriefe – aufs Meer hinaustreiben, um die Gaben für die als eitel geltende Göttin den Fluten zu übergeben. Doch auf rituelle Opfergaben am Wegesrand trifft man in Bahia überall, auch für **Xangó**, der Blitz und Donner befehligt, oder **Exu**, der gerne Schnaps trinkt und eine Zigarre raucht. Ihm gebührt stets das erste Opfer, er kontrolliert das *Axé*, die mystische Kraft, ohne die kein Leben existiert. Exu ist der *Trickster*, der »die Wege öffnet«.

MAGIE DES CANDOMBLÉ

Über tausend Kultstätten des Candomblé, bei dem die Frauen das Sagen haben, gibt es in Salvador, vom einfachen Terreiro im Hinterhof bis hin zur tempelartigen **Casa Branca** in der Avenida Vasco da Gama, die schon 1830 von Sklaven gegründet wurde. Candomblé ist kein Geheimkult, und mit etwas Glück kann man eine authentische Zeremonie erleben, bei der Haustiere geopfert werden und initiierte Tänzerinnen in Trance verfallen. In deren Verlauf werden sie zu Medien der Götter, die auf diesem Weg – über die Gestik der Tänzer – ihre Botschaften an die Menschen übermitteln. Ein Führer bringt Besucher sicher ins Armenviertel Liberdade: Weiße oder zumindest helle Kleidung ist Pflicht. Die vom Touristenbüro vermittelten Veranstaltungen sind allerdings meist nachgestellte Zeremonien.

DAS FEST VOM GUTEN TOD

Absolut authentisch ist dagegen die berühmte **Festa da Boa Morte**, die vom 13.–15. August in Cachoeira stattfindet, einem im Dämmerschlaf versunkenem Kolonialstädtchen mit kopfsteingepflasterten Straßen und bunten alten Häusern im Recôncavo genannten Hinterland von Salvador am westlichen Ende der Bucht. Im Anschluss an einen katholischen Gottesdienst ziehen die Mitglieder der »Schwesternschaft des Guten Todes«, eine religiöse Selbsthilfeorganisation, in bunten Spitzenblusen und -röcken durch die Gassen. Die Anführerin der Prozession trägt eine Statue der Madonna, doch der afrikanische Kreistanz Samba de Roda und die zubereiteten Gerichte – alle weiß – gelten den Orixás.

Der Lavagem do Bomfim ist eine der größten Candomblé-Feiern von Salvador

GÖTTERWELT DER CANDOMBLÉ

OSCAR NIEMEYER UND BRASÍLIA

Oscar Ribeiro de Almeida Niemeyer Soares (1907–2012) – die Familie seines Vaters war deutscher Abstammung – kam in Rio de Janeiros Stadtteil Laranjeiras zur Welt. Schon während seines 1934 abgeschlossenen Studiums an der Escola Nacional de Belas Artes in Rio fand er unbezahlte Arbeit im Büro des Architekten und Stadtplaners Lúcio Costa, einem der wenigen damals in Brasilien tätigen Modernisten.

ANFÄNGE IN BELO HORIZONTE

Zufällig gehörte Costa zu den brasilianischen Architekten, die den berühmten Schweizer Modernisten Le Corbusier 1929 und 1936 nach Rio eingeladen hatten. Bei Le Corbusiers zweitem Besuch gehörte Niemeyer schon zum Team Costas, das ein neues Bildungsministerium entworfen hatte. Niemeyer lernte nach Le Corbusiers Prinzipien zu entwerfen: Fenster in voller Breite, starrer Sonnenschutz, Dachgärten, *Pilotis* (Säulen, die ein Gebäude über dem Boden anheben) und freie Formen innerhalb eines Stützenrasters. Das 1943 fertiggestellte Bildungsministerium in Rio (heute **Palácio Gustavo Capanema**) wurde Niemeyers erstes großes Werk: ein Meilenstein in der Geschichte des brasilianischen Modernismo. Schon vorher hatte Niemeyer eine Reihe von Freizeitgebäuden und eine Kirche in Belo Horizonte errichtet, die dem damaligen Bürgermeister der Stadt, Juscelino Kubitschek, so gut gefielen, dass er, inzwischen Gouverneur von Minas Gerais, Niemeyer mit Aufträgen für ein Modernisierungsprogramm in diesem Bundesstaat eindeckte.

ARCHITEKT EINER HAUPTSTADT

Als Kubitschek 1955 Staatspräsident wurde, boomte die brasilianische Wirtschaft. Lúcio Costa wurde mit der Stadtplanung, Niemeyer mit dem Entwurf aller wichtigen öffentlichen Gebäude der neuen Hauptstadt **Brasília** in der bis dahin menschenleeren Mitte des Landes beauftragt.

Die Kathedrale von Brasília wurde 1960 eingeweiht

500 000 Einwohner sollte sie haben, und in vier Jahren gebaut werden, bevor Kubitscheks Amtszeit ablief. Dazu gehörten die **Praça dos Três Poderes** (Platz der drei Mächte) mit Parlament **Congresso Nacional** (Legislative), Präsidentenpalast **Palácio do Planalto** (Exekutive) und Oberstem Gerichtshof **Palácio Nereu Ramos** (Judikative), die in einen See hinein gebaute Präsidentenresidenz **Palácio da Alvorada**, das **Nationaltheater** und das Hotel **Brasília Palace**. Später kamen das **Außenministerium** und die kreisförmige **Kathedrale** hinzu. Brasília wurde tatsächlich am 21. April 1960 eingeweiht. Doch inzwischen war, auch durch den Fall des Kaffeepreises auf dem Weltmarkt, die Staatsverschuldung auf vier Milliarden US-Dollar angestiegen. Kubitschek trat nicht mehr zur Wahl an, und 1964 putschte das Militär.

SPÄTE MEISTERWERKE

Der dem Kommunismus nahestehende Niemeyer ging ins Ausland und arbeitete die nächsten 25 Jahre in Israel, Frankreich und Nordafrika. Das 1996 eröffnete **Museu de Arte Contemporânea de Niterói (MAC)** ist vielleicht sein beeindruckendstes Werk nach seiner 1985 erfolgten Rückkehr nach Brasilien. Zu den von ihm entworfenen Gebäuden des 21. Jahrhunderts gehören das **Museu Oscar Niemeyer (MON)** in Curitiba (2002), die **Biblioteca Nacional** in Brasília (2006), das **Centro Cultural International Oscar Niemeyer** im spanischen Aviles (2011) und der **Torre de TV Digital de Brasília** (2012). In seinen im Jahr 2000 veröffentlichten Memoiren erklärte Niemeyer: »Ich fühle mich von frei fließenden, sinnlichen Kurven angezogen. Die Kurven, die ich in den Bergen meines Landes finde, in der Windung seiner Flüsse, in den Wellen des Ozeans und am Körper der geliebten Frau. Kurven bilden das gesamte Universum, das gebogene Universum von Einstein.« Tatsächlich machte Niemeyer moderne Betonarchitektur sinnlich und verführerisch. »Seine« Stadt ist seit 1987 Weltkulturerbe.

FAVELAS

Trotz ihres geradezu malerischen Anblicks ist das Leben in Rios Favelas hart und gefährlich

Im Juli 2018 gerieten sie wieder in die Schlagzeilen. Am frühen Morgen rückten Militär und Polizei gleichzeitig in die vier Favelas Cantagalo, Pavão-Pavãozinho, Babilônia und Chapéu Mangueira auf den Hügeln der Stadtteile Copacabana, Ipanema und Leme vor. Sie kamen mit gepanzerten Fahrzeugen und schwerem Gerät zur Zerstörung von Barrikaden. Damit wurde deutlich, dass die Favelas im Zuge der Vorbereitungen auf die Fußballweltmeisterschaft 2014 und die Olympischen Sommerspiele 2016 nur oberflächlich »befriedet« worden waren. Tatsächlich bekriegen sich hier, nach einigen Jahren trügerischer Ruhe, wieder schwer bewaffnete Drogenbanden, die man mit diesen massiven Razzien aber nur für ein paar Tage vertreibt.

DROGEN UND GEWALT

Seitdem der umstrittene Präsident Michel Temer im Februar 2018 die innere Sicherheit des Bundesstaates Rio de Janeiro per Dekret in die Hände des Militärs gelegt hat, nimmt dort die Gewalt wieder erheblich zu. Offenbar hängt es stark vom Fingerspitzengefühl der bewaffneten Befriedungseinheiten (*Unidades de Polícia Pacificadora* oder UPPs) ab, die schon seit 2008 in einer Reihe von Favelas patrouillieren. Zwischen 2008 und 2012 ging die Mordrate innerhalb der Favelas mit UPPs stark zurück. Jetzt steigt sie wieder.

WIE FAVELAS ENSTEHEN

In Brasiliens Niedriglohnwirtschaft mit minimalen sozialen Leistungen ist das Leben für die Mehrheit der Brasilianer extrem schwierig. In den letzten Jahrzehnten strömten viele Arme auf der Suche nach einem Lebensunterhalt in die städtischen Zentren. Da sie kaum Unterkunft finden oder Miete zahlen können, bauen sie sich Hütten aus Pappkartons und Plastikfolie an jedem freien Platz. In Rio sind das die Hügel, die zwar eine tolle Aussicht bieten, aber auch sehr erdrutschgefährdet sind. Darum wohnt jeder, der es sich leisten kann, unten an den Stränden.

Die Pappkartons werden bald durch Wellblech und Ziegel ersetzt, und das Elendsviertel wächst und gedeiht. Aus der Ferne sehen Rios Favelas geradezu malerisch aus, doch der Schein trügt. Nach heftigen Regenfällen kann ein Erdrutsch die Existenz binnen Minuten vernichten.

Das soziale Gefüge in den Favelas ist sehr eng. Die *Favelados* organisieren Selbsthilfeinitiativen, die sich zum Beispiel um die Förderung von Fußballmannschaften und Sambaschulen kümmern oder schwangere Mädchen und Kinder ohne Selbstwertgefühl unterstützen. Auch die Behörden fördern »Favela-Bairro« genannte Projekte, um die Bewohner in das Stadtleben zu integrieren. Doch der Gewalt wird man nicht Herr. Der schockierende, preisgekrönte Film »Cidade de Deus« (Stadt Gottes) von 2002 war keine Übertreibung. Das Scheitern der Befriedung – aus der Perspektive einer desillusionierten jungen Polizistin – zeigt der neue Film »Intervenção« (2018) von Caio Cobra, der bezeichnenderweise nur in der besonders friedlichen Favela Tavares Bastos gedreht werden konnte.

FAVELA-TOUREN

Allein eine Favela zu erkunden verbietet sich. Zwar lauert nicht an jeder Straßenecke eine Drogengang, doch die gewöhnliche Kriminalität ist hoch, und auch die eigentlich sehr freundlichen Favelados wollen nicht wie Zootiere begafft werden. Mit einem kundigen Favela-Bewohner oder einer von seriösen Agenturen organisierten Führung kann man es aber durchaus wagen.

Favelas wie Tabajaras-Cabritos, Vidigal und Santa Marta haben einen drastischen Rückgang der Kriminalität erlebt, was dazu führte, das lokale Unternehmen investierten und die Infrastruktur verbesserten. Touristen können hier die kreative Atmosphäre miterleben, an Sambapartys teilnehmen und auf einer Wanderung zur Pedra do Maroca oder zum Gipfel des Morro dos Dois Irmãos die grandiose Aussicht genießen. Sogar nette Pensionen für Touristen gibt es inzwischen.

FERNANDO DE NORONHA

Alle Jahre wieder wird in Internetforen und Reisezeitschriften die **Praia do Sancho** in die Top Ten der schönsten Strände der Welt gewählt. Dabei haben diese traumhafte Bucht wohl nur wenige Wähler tatsächlich besucht. Sie liegt nämlich etwa 350 km vor der Küste von Pernambuco, auf der Hauptinsel des atemberaubenden Archipels von Fernando de Noronha, ein Weltnaturerbe. Die ersten europäischen Entdecker kamen 1503 hierher, und nachdem sich zwischen 1700 und 1735 die Holländer auf dem Archipel eingenistet hatten, übernahmen die Portugiesen die Kontrolle. Lissabon hielt die Inseln für strategisch wichtig genug, um die Festung **Forte dos Remédios** zu errichten, in der die antikommunistische Diktatur von Getúlio Vargas noch bis 1943 politische Dissidenten inhaftierte. Heute sind nur noch Ruinen zu sehen. Im Zweiten Weltkrieg wurden die Inseln von den USA besetzt und als Marinestützpunkt genutzt.

ILHA DE FERNANDO DE NORONHA

Die größte und einzige bewohnte der insgesamt 13 Inselchen und 8 Klippen ist auch nur 10 km lang und liegt zum größten Teil im gleichnamigen Nationalpark, der das gesamte Archipel schützt. Die Hauptsiedlung ist **Vila dos Remédios**, dazu kommen noch einige kleinere Dörfer. Die berühmtesten Buchten mit ihren Stränden liegen im Park: **Baía dos Porcos**, **Praia do Leão** und der besagte **Praia do Sancho**. Ins Schwärmen kommen hier auch Schnorchler und Taucher: bis zu 40 m tiefes kristallklares Wasser, ein weißer Sandboden, unzählige Korallen, Krustentiere, Schild-

Die über Traumstränden aufragende Felsnadel Morro Pico ist das Wahrzeichen von Fernando de Noronha

kröten, Delfine und farbenfrohe Tropenfische! An andere Strände brandet dagegen der Ozean mit voller Wucht. So finden am Strand von **Cacimba do Padre** Surfmeisterschaften statt.

TEURES PARADIES

Einen kleinen Haken hat das Paradies allerdings, das ohnehin pro Tag maximal 500 Touristen einlässt: Der Besuch strapaziert die Reisekasse. Die zu entrichtenden Nationalparkgebühren machen da nur einen kleinen Teil des Budgets aus. Sowohl der gut einstündige Flug von Recife und Natal ist um einiges teurer als normale Inlandsflüge, auch die Hotels und Pousadas verlangen viel Geld für meist eher wenig Luxus, und die Verleiher von Buggies und Motorrädern möchten ebenfalls möglichst viele Reais sehen. Das schreckt aber betuchte Brasilianer und Ausländer nicht ab, die sich im **Parque Nacional Marinho de Fernando de Noronha** vielen Beschränkungen unterwerfen müssen, damit die einzigartige Natur, die aufgrund der Isolation vom Rest Brasiliens erhalten blieb, keinen Schaden nimmt. Besonders vielfältig ist die Vogelwelt, mit einigen endemischen Arten. Am frühen Morgen lassen sich besonders viele Delfine in den Buchten blicken, die man über Wanderwege erreicht. Im Angebot sind Boots- und Tauchausflüge im Archipel, die vom Hafen an der nordöstlichen Spitze der Hauptinsel starten. Nachtleben gibt es in der Bar de Cachorro in Vila dos Remédios. Hier tanzen Einheimische mit Touristen Samba und Forró, wenn diese nicht gerade die traumhaften Sonnenuntergänge genießen.

DIE TIER- UND PFLANZENWELT IM PANTANAL

Cuiabá, die grüne Hauptstadt des Bundesstaates Mato Grosso, ist das nördliche, die ökotouristisch ausgerichtete Stadt **Bonito** im Bundesstaat Mato Grosso do Sul das südliche Tor zu den einzigartigen riesigen Feuchtgebieten des Pantanal. Hier und im kleinen **Miranda** nördlich von Bonito organisieren zahlreiche Agenturen viele verschiedene Ausflüge. Nur ein kleiner Teil des Pantanal gilt offiziell als Nationalpark. Der 135 km^2 große **Parque Nacional do Pantanal Matogrossense** ist nur per Flugzeug oder Boot zu erreichen. Die Besuchserlaubnis erteilt das Instituto Chico Mendes de Conservação da Biodiversidade (www.icmbio.gov.br). Vier besonders geschützte Gebiete, also 1,3 % des Pantanal, wurden zum Weltnaturerbe erklärt.

EIN VIELFÄLTIGES BIOTOP

Die von niedrigen Bergen gesäumte und von etwa 175 Flüssen durchzogene Ebene des brasilianischen Pantanal nimmt eine Fläche von nahezu 21 000 km^2 ein. Nach heftigen Sommerregenfällen entstehen riesige flache Seen, über die nur die Hochebenen und Cerrado-Wälder hinausragen. Botanisch ist das Pantanal eine Mischung aus saisonal oder ständig überflutetem Amazonasgebiet mit riesigen Wasserhyazinthen, Várzea- und Galeriewäldern, tropischer Palmensavanne, dem Cerrado von Zentralbrasilien mit seinen in Indigo und Gelb blühenden Trompetenbäumen und der von trockenem Buschwald und Kakteen bestimmten Chaco-Region Paraguays.

FASZINIERENDE FAUNA

Die Nahrungskette ist klar definiert. Plankton fressende Fische und Amphibien werden die Beute von Wasservögeln und Reptilien. Pflanzenfressende Säugetiere weiden Wasserhyazinthen und Savannengras ab, bevor sie als Jagdbeute großer Raubtiere enden: Jaguar, Puma, Ozelot, Tiger- und Pampaskatze, Mähnenwolf und gelbe Anakonda. Das sind natürlich die Tiere, die alle Besucher auf ihren Wanderungen, Reittouren, Jeep- und Bootsfahrten sehen möchten. Zwischen Juli, dem Ende der Regenzeit, und September ist die beste Zeit dafür. Die überschwemmte Ebene **Campo Jofré** erinnert dann geradezu an das afrikanische Okavangodelta, so zahlreich ist hier die Tierwelt. Tatsächlich tummeln sich acht der zehn in Südamerika heimischen Wildkatzen im Pantanal, doch gehen sie Menschen lieber aus dem Weg. Am ehesten lässt sich der Jaguar blicken. Glückliche haben ihn sogar schon direkt an der Straße Transpantaneira gesehen. Bewohner des Pantanal sind aber auch Wasser- und Nabelschweine, Sumpf- und Pampashirsche, Ameisenbären sowie zahlreiche Primaten, vom Zwergseidenäffchen bis zum schwarzen Brüllaffen. Im Wasser tummeln sich zahlreiche Kaimane, darunter der besonders häufige Brillenkaiman. Außerdem gibt es im Pantanal mehr als 700 einheimische und Zugvogelarten. Der über einen Meter große Jabiru-Storch ist häufig anzutreffen, ebenso der kobaltblaue Hyazinth-Ara, mit einem Meter der größte Papagei der Welt.

An ihrem riesigen Schnabel sind die Tukane des Pantanal leicht zu erkennen

UNTERWEGS IN BRASILIEN

Rio de Janeiro [D5]

Cidade Maravilhosa, die wunderbare Stadt, nennt man in Brasilien die schönste Stadt Südamerikas, die mit ihren Stränden, Panoramen und Karnevalsfeiern der Inbegriff von Lebensfreude ist, wenngleich die Favelas daran erinnern, dass das Paradies auch Schattenseiten hat.

KULTUR AM HAFEN

Die Metrostation Uruguaiana ist ein guter Ausgangspunkt für einen Bummel durch den ältesten Stadtteil – das **Centro** – das eigentlich aus mehreren recht weitläufigen Stadtvierteln besteht. Aus der Gründerzeit von 1555 blieb zwar nichts erhalten, doch hier findet man in Hafennähe noch enge Gassen wie die **Travessa do Comércio**. In den restaurierten Häusern des 18. Jahrhunderts sind heute Galerien, Geschäfte, Restaurants und Cafés untergebracht. Besonders malerisch ist der bogenförmige Durchgang **Arco de Teles**. In der Umgebung findet man einige schöne Barockkirchen. Geschichtsträchtig ist die **Praça 15 de Novembro**, die man in Kolonialzeiten Largo do Paço nannte. Hier wurden zwei Kaiser gekrönt, die Abschaffung der Sklaverei verkündet und Kaiser Dom Pedro II. abgesetzt. Residiert hatte er im 1743 für Portugals Vizekönige errichteten **Paço Imperial**, wie vor ihm schon Dom Pedro I. und Portugals König João VI. Der Palast wurde in ein Kulturzentrum umgewandelt.

Und da ist er nicht der einzige in der sanierten Hafengegend rund um den alten Flughafen Santos Dumont. Im ehemaligen Hauptpostamt (mit fotogenem alten Aufzug) wurde das **Centro Cultural Correios** untergebracht, im benachbarten Hauptgebäude von Brasiliens ältester Bank das **Centro Cultural Banco do Brasil**, in dem man locker einen verregneten Tag (die gibt es auch in Rio!) verbringen könnte.

Der berühmte Landschaftsgestalter Roberto Burle Marx schuf das Mosaikmuster der Strandpromenade von Ipanema

Karte
S. 160/161

Die Sanierung der lange vernachlässigten Hafengegend hat der Stadt mehrere hochkarätige Museen beschert. Beim **Museu de Arte do Rio (MAR)** schlägt ein postmodernes Wellendach auf Stelzen die architektonische Brücke zwischen einem Kolonialpalast und einem ehemaligen modernistischen Busbahnhof. Die Galerie feiert Rio mit surrealistischer, modernistischer und naiver Kunst. Vom obersten Stockwerk blickt man über Rios Hafen. Das in einem auf 1603 zurückgehenden Festungsbau am Hafen untergebrachte **Museu Histórico Nacional** widmet sich Brasiliens Geschichte, während weiter südlich das **Museu de Arte Moderna (MAM)** in einem Bau aus Glas und Beton Brasiliens kreative Kunstszene präsentiert: mit Ausstellungen, musikalischen Performances, Arthouse-Kino und einem jährlich stattfindenden Street-Art-Festival.

PRUNKVOLLE KIRCHEN

Einige Teile des 1780 vollendeten **Convento do Santo Antônio** gehen auf das Jahr 1615 zurück. Das Kloster besitzt erlesene Barockkunst, die Sakristei schmücken portugiesische Azulejos. Noch um einiges prunkvoller ist die 1737 vollendete **Igreja de São Francisco da Penitência**, deren Zedernholzwände vollständig mit Blattgold überzogen sind. Das von Caetano da Costa Coelho geschaffene Deckengemälde zeigt die Heiligsprechung des Franziskus von Assisi und gilt als die erste Perspektivmalerei Brasiliens überhaupt.

Mit der modernen Bienenwabenstruktur der um 1960 errichteten **Catedral Metropolitana** konnten sich die *Cariocas* (Einwohner von Rio) dagegen bis heute nicht recht anfreunden, doch wenn Sonnenlicht durch die Buntglasfenster in das 80 m hohe luftige Innere flutet, in dem bis zu 20 000 Menschen Platz finden, ändert sich der Eindruck von diesem äußerlich abweisenden Betonbau schnell.

TEMPEL DER KULTUR

Rund um die Metrostation Carioca steht aber auch die weltliche Kultur im Mittelpunkt. Keinesfalls entgehen lassen darf man sich einen

An eine Mayapyramide mit Bienenwabenstruktur erinnert die Catedral Metropolitana

Besuch des 1909 eröffneten **Theatro Municipal an der Praça Floriano**, das nach dem Vorbild der Pariser Opéra Garnier gestaltet und 2009 glanzvoll restauriert wurde. Gespart wurde an nichts: Carrara-Marmor, Mosaiken, Kronleuchter, Bronze- und Onyxstatuen, vergoldete Spiegel, deutsche Glasmalereien, Böden aus Brasilholz und Wandmalereien der brasilianischen Künstler Eliseu Visconti und Rodolfo Amoedo. Die Akustik ist hervorragend, wie schon Maria Callas und Enrico Caruso festgestellt haben. Konzerte mit klassischer Musik sind daher ein besonderer Genuss. Gleich nebenan zeigt das **Museu Nacional de Belas Artes** Werke von Brasiliens führenden Künstlern des 19. und 20. Jahrhunderts, darunter Arbeiten des Modernisten Cândido Portinari, sowie eine große Kollektion mit afrikanischer Kunst. Gegenüber bewahrt die zwischen 1905 und 1908 mit einer Jugendstilkuppel errichtete **Biblioteca Nacional** bibliophile Schätze, die deshalb so reich ausfallen, weil der portugiesische König João VI. 1808 seine Sammlung aus Portugal mitgebracht hatte.

LAPA UND SANTA TERESA

Über Rios älteste Straße, der **Rua do Lavradio**, spaziert man vom Centro nach **Lapa**. Nachts verwandelt sich dieses Viertel in Rios Partyzentrum. Am Wochenende wird nicht nur in den zahllosen Bars und Klubs, sondern auch auf den Straßen gefeiert. Das tagsüber beliebteste Fotomotiv ist die **Escadaria Selarón**, eine Treppe, die der weitgereiste chilenische Künstler Jorge Selarón viele Jahre lang bis zu seinem gewaltsamen Tod 2013 mit farbenfrohen Fliesen aus aller Welt verzierte.

Über den zwischen 1744 und 1750 errichteten 42 mächtigen steinernen Bögen der **Arcos da Lapa**, über die früher der **Aqueduto da Carioca** Wasser aus dem Fluss Carioca vom höher gelegenen Santa Teresa ins Centro leitete, ratterten ab 1896 die gelben Straßenbahnen der heißgeliebten *Bonde*. Nach einem Unfall 2011 wurde sie modernisiert, und nun fährt sie endlich wieder nach **Santa Teresa** – ein Viertel mit blumengeschmückten Hügeln, kopfsteingepflasterten Gassen, exzentrischer farbenfroher Häuserarchitektur, Cafés, Antiquitätenläden, Galerien und viel Bohème-Atmosphäre, besonders rund um den für seine Straßenpartys bekannten **Largo do Guimarães**. Einen Besuch lohnt das **Museu Chácara do Céu**, das die Sammlung von Rios großem Kunstmäzen Raymundo de Castro Maya versammelt, darunter Werke von Picasso, Braque, Dalí, Degas, Matisse, Modigliani und Monet sowie Arbeiten der führenden Modernisten des Landes. Von hier und vom benachbarten **Parque das Ruinas** bietet sich ein großartiger Blick auf die Arcos de Lapa und die Hafenbucht.

Die von Jorge Selarón geschaffene Fliesentreppe wurde bereits in populären Musikvideos verewigt

GLÓRIA UND CATETE

Südlich von Lapa schließen sich die historischen Wohnviertel **Glória** (mit attraktiver Marina) und **Catete** an, die mit der Metro gut zu erreichen sind. Die von den Cariocas heiß geliebte barocke **Igreja de Nossa Senhora da Glória do Outeiro** (1793) thront auf einem Hügel, ist von vielen Standorten in der Stadt zu sehen und bietet natürlich eine herrliche Aussicht. Im **Palácio do Catete** (Museu da República), der ehemaligen Villa eines deutschen Barons, residierten nach der Abschaffung der Monarchie 1889 insgesamt 18 Präsidenten der Republik. Sehr schön sind auch die (besonders sicheren) Palastgärten mit Königspalmen.

FLAMENGO UND BOTAFOGO

Auf ihrem Weg in die Zona Sul bedient die Metro auch diese beiden Stadtviertel. Im verschmutzten Wasser der Strände von **Flamengo** schwimmt aber niemand mehr. Lieber besucht man das futuristische Multimediazentrum **Oi Futuro Flamengo** und den von Roberto Burle Marx an der Baía de Guanabara angelegten **Parque do Flamengo**.

In **Botafogo** findet man mit dem Rio Sul eines der beliebtesten Shoppingzentren der Stadt, aber auch drei Museen, darunter die mit Schweizer Hilfe liebevoll restaurierte neoklassizistische **Casa Daros** aus dem 19. Jahrhundert. Sie präsentiert Rios umfassendste Sammlung südamerikanischer Kunst.

Während der Fahrt mit der Kabinenbahn auf den Zuckerhut bieten sich tolle Ausblicke

URCA UND DER ZUCKERHUT

Von der Metrostation Botafogo nimmt man am besten ein Taxi, um zur charmanten, von kolonialer Architektur geprägten **Halbinsel Urca** hinüber zu fahren, auf der sich Rios berühmtestes Wahrzeichen erhebt, der **Pão de Açúcar**. Am besten kommt man am Nachmittag, genießt zuerst die Atmosphäre an der **Praia da Urca**, in der Fischerboote mit tollem Blick auf den **Cristo Redentor** ankern, um dann am frühen Abend mit der 70 Passagiere fassenden Kabinenbahn mit Umsteigehalt auf dem **Morro da Urca** (212 m) zur Gipfelstation des 396 m hohen Zuckerhuts hinaufzufahren. Der Sonnenuntergangsblick ist sehr schön, aber dennoch nicht vergleichbar mit dem, was Besucher auf dem wesentlich höheren Corcovado erwartet, dessen Gipfel man daher möglichst nicht vorher ansteuert.

COPACABANA, IPANEMA UND LEBLON

Ehrwürdige Palasthotels säumen die **Avenida Atlántica**, auf deren Strandpromenade mit dem wellenförmigen Mosaikmuster man bei aller Begeisterung Vorsicht walten lassen sollte. Doch wer ein wenig länger bleibt, verliert die Furcht vor den *ladrões*, den Meisterdieben, lässt das Geld im Hotel und schöpft Vertrauen auch dort, wo keine Militärpolizisten Wache stehen, denn »Gott, ist schließlich Brasilianer« – so lautet ein Sprichwort. Allerdings nicht nach Sonnenuntergang! Die beste Aussicht auf Rios berühmtesten Strand und den Zuckerhut bietet sich vom Dach des **Forte de Copacabana** am Südende des Strandes.

Während sich an der Copacabana eher Rios untere Mittelschicht tummelt, geht es an der **Praia Ipanema** um einiges schicker zu. Über die tägliche Show der »Girls from Ipanema«, die höchstens knietief ins Wasser gehen, um unter bewundernden Blicken am Bikinihöschen zu zupfen, sind unzählige Magazinartikel geschrieben worden. Aber auch die Performance der mehr oder weniger athletischen Männer, die ihren Body mit Klimmzügen zur Schau stellen, ist amüsant. Ein Augenschmaus sind auch die eleganten Boutiquen an der **Rua Garcia D'Ávila** und die im **Museu H. Stern** ausgestellten Preziosen. Ipanema geht nahtlos in das eigentlich noch schickere Viertel **Leblon** über, in dessen **Rua Dias Ferreira** einige der besten Restaurants und exklusivsten Bars der Stadt zu finden sind. Am Strand versorgen Kioske und fliegende Händler Durstige mit herrlich frischem Kokoswasser.

Cariocas machen gern einen Abstecher von Ipanema oder Leblon zur **Lagoa Rodrigo de Freitas**. An dieser natürlichen Lagune geht man joggen, radeln, rudern, führt den Hund aus, bummelt mit einem Eis in der Hand und hört abends Musik an den Kiosks. In der Nähe des Westufers liegt der **Jardim Botanico**, eine kühle Oase der Ruhe mit Orchideenhaus, Königspalmen und unzähligen exotischen Vögeln.

SÃO CONRADO UND BARRA DA TIJUCA

Westlich der Zona Sul liegen die sehr wohlhabenden Wohngebiete **São Conrado** und **Barra da Tijuca**, in denen moderne Apartmenthochhäuser dominieren. Der Strand von São Conrado ist als Landeplatz der Paraglider beliebt, die von der **Pedra Bonita** starten. Barra da Tijuca ist ein Shoppingparadies mit riesigen Malls im US-Stil und 15 km langem Strand.

CORCOVADO UND DER CRISTO REDENTOR

Ob man sich den Panoramablick auf Rio für den Schluss aufspart oder nicht ist Ansichtssache. Einen schöneren gibt es jedenfalls nicht. Auf dem 690 m hohen Granitberg breitet seit 1931 der 30 m hohe, abends effektvoll beleuchtete **Christus der Erlöser** seine Arme aus. Hinauf auf den Gipfel kommt man mit der 1885 erbauten Zahnradbahn ab **Cosme Velho** oder mit dem offiziellen Van von Copacabana und Largo do Machado. Auf jeden Fall sind nach der Ankunft noch 220 steile Stufen zu bezwingen, wenn man sich nicht für die Rolltreppe oder den Panoramaaufzug entscheidet. Am besten kommt man am frühen Morgen, wenn die Luft am klarsten ist. Am Nachmittag verwehren oft Dunst oder gar dicke Wolken die Aussicht.

Ganz in der Nähe der Talstation der Zahnradbahn lohnt das **Museu Internacional De Arte Naïf do Brasil** einen Besuch. Wanderer können den **Parque Nacional da Tijuca** erkunden, in dem auch der **Corcovado** liegt: ein Urwald mit exotischen Bäumen, rauschenden Wasserfällen und traumhaften Aussichtspunkten.

Die auf dem Corcovado thronende Christusstatue ist ein Wahrzeichen von Rio

Im Palácio de Cristal von Petrópolis feierte Princesa Isabel die endgültige Abschaffung der Sklaverei

PETRÓPOLIS

Die Fahrt zur etwa 70 km nordöstlich von Rio im kühlen **Parque National da Serra dos Órgãos** gelegenen einstige Sommerresidenz der kaiserlichen Familie ist besonders an heißen Tagen ein Hochgenuss. In der neogotischen **Catedral São Pedro de Alcântara** liegen Dom Pedro II., seine Frau Dona Teresa Cristina und ihre Tochter Princesa Isabel begraben. Wie sie wohnten, kann man im **Museu Imperial** studieren, einem Palast mit 44 erlesenen ausgestatteten Räumen, über deren spiegelblankes Holzparkett man nur in Pantoffeln schreiten darf. Im **Palácio de Cristal** aus Eisen und Buntglas, ein Hochzeitsgeschenk an Princesa Isabel, wurde einst getanzt. Heute finden hier klassische Konzerte statt.

COSTA DO SOL

Östlich von Rio erstreckt sich Brasiliens »Sonnenküste« mit den schicken Resorts **Cabo Frio**, **Arraial do Cabo** und **Búzios**. Auf dem Weg dorthin legt man einen Halt in **Nitéroi** ein, um von Niemeyers »UFO«, dem **Museu de Arte Contemporânea**, die Aussicht auf Rio zu bewundern. Besonders idyllisch sind die schneeweißen Strände von Arraial do Cabo. Das kristallklare Wasser zieht auch viele Taucher an, besonders die 15 m tiefe **Gruta Azul**. Mit seinen 23 Stränden hat sich Búzios wie Saint Tropez von einem verschlafenen Fischerdorf zum Promiresort entwickelt, als Brigitte Bardot hier in den 1960er-Jahren den Paparazzi entfloh. An der **Praia Azeda** darf sogar *topless* gebadet werden.

COSTA VERDE

Die wohl schönste Küste Südbrasiliens bietet von dichten atlantischen Regenwäldern gesäumte schneeweiße Strände mit kristallklarem, türkisfarben bis smaragdgrün leuchtendem Wasser und attraktive Kolonialarchitektur in den Städtchen **Angra dos Reis** und **Paraty**. Gleich 86 Strände hat die **Ilha Grande** südlich von Angra dos Reis zu bieten. Der schönste ist wohl **Lopes Mendes**, auch für Brasilien ein Superlativ. Oder doch die **Praia do Sono** bei Paraty? Es gibt einfach zu viele!

Portugiesische Kolonialhäuser säumen die Gassen von Paraty an der Costa Verde

São Paulo [D5]

Viele Brasilientouristen machen um die Megacity, in deren Ballungsraum über 21 Millionen Menschen leben, lieber einen großen Bogen. Mit der architektonischen Schönheit von Rio de Janeiro kann São Paulo zwar nicht mithalten, doch seine kosmopolitische Dynamik fasziniert, und die Bevölkerung begegnet Besuchern geradezu herzlich. Das kulturelle und kulinarische Angebot ist überwältigend, ebenso das Nightlife und das Shoppingangebot. Die *Paulistanos* arbeiten hart, geben ihr Geld aber auch gerne aus.

Orientierung tut allerdings not. Wer nicht viele Stunden im abgasgeschwängerten Labyrinth der Straßenschluchten verbringen möchte, nur um vom Norden in den Süden der Stadt zu gelangen, richtet sich in einem strategisch günstigen Viertel ein. Als besonders sicher gilt das schicke grüne **Jardins** an der Südseite der Avenida Paulista, mit vielen Restaurants und Geschäften.

CENTRO

Im leider nicht besonders sicheren Downtown von »Sampa«, wie man die Stadt gern nennt, bieten die Aussichtsterrasse der **Torre Banespa** (161 m) und das im 41. Stock gelegene schicke Restaurant des **Edifício Itália** (165 m) einen Überblick über den Hochhausdschungel. Das schönste Hochhaus ist allerdings das 1922 mit 12 Stockwerken begonnene und 1934 erweiterte neoklassizistische **Edificio Martinelli**, mit einer Höhe von 130 m und 30 Stockwerken – seinerzeit der erste Wolkenkratzer Brasiliens. Auf Pläne von Oscar Niemeyer zurück geht das 1950 in Wellenform errichtete **Edifício Copan.**

Im Centro sind aber auch noch einige schön restaurierte Gebäude aus dem 19. Jahrhundert zu sehen. Am besten startet man einen Streifzug an der Metrostation **Sé**. Wie die Stadt in dieser Zeit ausgesehen hat, zeigt eine große Reliefkarte im nach einem der Stadtgründer von 1554 benannten **Museu Padre Anchieta**, das im Jesuitenkolleg Pateo do Collegio untergebracht ist.

Die mächtige neogotische **Catedral da Sé** markiert mit der immer geschäftigen **Praça da Sé** den offiziellen Mittelpunkt der Stadt. Auf dem Platz versammeln sich oft Migranten aus Brasiliens armem Nordosten, um Musik zu spielen und wundertätige Kräuter zu verkaufen. Auch viele Straßenkinder schlagen sich hier durchs Leben. Etwas nördlich präsentiert die **Caixa Cultural** in einem Art-déco-Gebäude Brasiliens Kunst, Kultur und Geschichte. Von den oberen Etagen bietet sich ein toller Ausblick. In einem der ältesten Häuser der Stadt ist die Galerie für zeitgenössische Kunst **Phosphorus** untergebracht. Fast benachbart ist der 1834 errichtete, heute für Wechselausstellungen genutzte **Solar da Marquesa de Santos**, in dem einst die Mätresse des brasilianischen Kaisers residierte. Ebenfalls nur einen Katzensprung entfernt dokumentiert die **Casa da Imagem** 60 Jahre Werbefotografie der Stadt.

Vorzügliche Wechselausstellungen und kulturelle Veranstaltungen sind etwas weiter nordwestlich im **Centro Cultural Banco do Brasil** zu sehen. Von hier ist es nicht mehr weit zum **Mosteiro de São Bento** (Metro São Bento), das der deutsche Architekt Richard Berndl 1922 im normannisch-byzantinischen Stil errichtete. Die Sonntagsmesse um 10 Uhr ist stets gut besucht, da man dann den gregorianischen Chorälen der Mönche lauschen kann.

Auf der gegenüberliegenden Seite der Avenida Tiradentes steht das topmoderne Kulturzentrum für Orchester, Chor und Ballett, die **Praça das Artes**, ein echter architektonischer Hingucker (Metro Anhangabaú).

An der Ostseite des **Parque Jardim da Luz** (Metro Luz) präsentiert die **Pinacoteca do Estado** moderne brasilianische Kunst, darunter Werke der berühmten Kubistin Tarsila do Amaral und des Neorealisten Cândido Portinari. Folgt man der **Avenida Tiradentes** nach Norden, kommt man zum **Museu de Arte Sacra** (Metro Tiradentes), das eine vorzügliche Einführung in die Barock- und Rokokokunst der Bundesstaaten Bahia und Minas Gerais bietet.

LIBERDADE

Südlich der Praça da Sé markierte ein rotes Portal den Eingang in das Viertel Liberdade, in dem viele Brasilianer japanischer, chinesischer und koreanischer Herkunft wohnen. Besonders am Sonntag lohnt der Besuch, denn dann findet auf der **Praça Liberdade** (Metro Liberdade) ein farbenfroher, stets überfüllter Markt mit asiatischem Kunsthandwerk, leckeren Garküchen und religiösen Zeremonien statt – wie beispielsweise das Blumenfest Hana Matsuri, bei dem im April die Geburt Buddhas gefeiert wird. In der Umgebung findet man viele japanische Läden und Restaurants. Das **Museu Histórico da Imigração Japonesa no Brasil** dokumentiert die Geschichte der japanischen Einwanderer und ihren Beitrag zur Gartenkultur des Landes, die man auch im kleinen **Jardim Oriental** an der Rua Galvão Bueno genießen kann: eine kleine Zen-Oase in diesem hektischen Geschäftsviertel. In der tempelartigen **Casa da Cultura Oriental** gibt es mehrere Stände mit Tempura und Sushi.

138 m Höhe misst der Pylon der Schrägseilbrücke Ponte Estaiada Octávio Frias de Oliveira, die über den Rio Pinheiros in São Paulo führt

AVENIDA PAULISTA

Südlich des Centro durchschneidet die **Avenida Paulista** fast schnurgerade die Stadt. Zwischen den beiden Metrostationen **Paraíso** (Paradies) und **Consolação** (Trost), die Paulistanos zu allerlei Witzen über die Ehe herausfordern, bummeln viele Pärchen Hand in Hand.

An der Paulista errichteten sich Kaffeebarone ihre Herrenhäuser. Die **Casa das Rosas** ist eines der wenigen, die erhalten blieben: eine charmante französische Villa von 1935 mit wunderschönem Rosengarten, der angesichts der umgebenden Hochhäuser wie aus der Zeit gefallen scheint. Heute ist das Haus ein Kulturzentrum. Weiter nordwestlich zeigt das exzellente **Museu de Arte de São Paulo (MASP)** nicht nur europäische Maler wie Van Gogh, Renoir, Delacroix, Cézanne, Monet, Rembrandt, Picasso und Degas, sondern auch erlesene Werke brasilianischer Künstler: Barockskulpturen von Aleijadinho, expressionistische Bilder von Lasar Segall und surrealistische Kunst von Cândido Portinari. Am Sonntag findet im offenen Areal unter dem Museum ein charmanter Antiquitätenmarkt statt.

Schräg gegenüber lädt der 1892 angelegte **Parque Trianon**, dem 1968 der berühmte Landschaftsgestalter Roberto Burle Marx ein neues Gesicht verlieh, zum Verschnaufen ein, bevor man sich im nahen pyramidenförmigen **Centro Cultural FIESP–Ruth Cardoso** eine digitale Performance ansieht. Wer dann noch nicht erschöpft ist, findet einen Katzensprung entfernt mit dem **Itaú Cultural** einen weiteren Kulturtempel mit Shows, Filmen und Ausstellungen.

PARQUE IBIRAPUERA

Der südwestlich der Metrostation Paraíso gelegene große Stadtpark ist ein weiterer kultureller Schwerpunkt von São Paulo. An der Konzeption der 1954 eröffneten, 160 ha großen grünen Oase mit See und Wegen für Spaziergänger, Jogger und Radfahrer waren Oscar Niemeyer und Roberto Burle Marx beteiligt. Niemeyers Handschrift verraten die 2005 eröffnete Konzerthalle **Auditório do Ibirapuera**, in deren weißer Rampe ein riesiger feuerroter Blitz einschlägt, und die an ein UFO erinnernde Ausstellungshalle **Oca**. Auch das Innere des **Pavilhão da Bienal** (1954) setzt Niemeyers Vorliebe für offene Räume und schwungvolle Formen um. Eine getreue Replik der kaiserlichen Katsura-Villa in Kyoto ist der **Pavilhão Japonês**, den Sutemi Horiguti von der Universität Tokio entwarf. Er wurde in Japan konstruiert und hier an einem künstlichen See im Japanischen Garten wieder zusammengesetzt. Das benachbarte **Museu Afro Brasil** widmet sich der oftmals nicht genügend gewürdigten schwarzen Geschichte Brasiliens.

Ebenfalls im Park liegt das **Museu de Arte Moderna (MAM)**, dessen riesige Glaswand die brasilianische Künstlerin Lina Bo Bardi schuf. Das äußere Wandbild stammt von den Zwillingsbrüdern Os Gêmeos, die für ihre Graffitikunst bekannt sind. Etwas außerhalb des Parks glänzt das **Museu de Arte Contemporânea (MAC)** u. a. mit Werken von Picasso, Modigliani und Chagall.

GROSSRAUM SÃO PAULO

Im Wohnviertel Morumbi südwestlich des Zentrums zeigt die **Fundação Maria Luisa e Oscar Americano** in schöner Wald- und Gartenlage Gemälde, Möbel, sakrale Kunst, Silber, Porzellan, Gravuren, Tapisserien, Skulpturen und persönlichen Besitz der brasilianischen Königsfamilie. Im **Parque do Estado**, südöstlich des Zentrums, findet man den **Jardim Botânico**, der u.a. Orchideen und Wasserpflanzen zeigt. Über 100 verschiedene Vogelarten tummeln sich hier. Im benachbarten **Parque Zoológico de São Paulo** lernt man die Fauna Brasiliens kennen, darunter viele vom Aussterben bedrohte Arten.

Westlich des Zentrums wurde 1989 das von Oscar Niemeyer entworfene **Memorial da América Latina** (Metro Barra Funda) eröffnet. Der Komplex aus mehreren Gebäuden mit Skulpturen und Denkmälern soll der kulturellen, politischen, sozialen und wirtschaftlichen Integration und Emanzipation Lateinamerikas dienen und ehrt Helden wie Simón Bolívar und José Martí.

Der Parque Ibirapuera in São Paulo bietet nicht nur viel Natur, sondern auch jede Menge Kultur

In die 16 m hohe Handskulptur **A Grande Mão**, die ebenfalls von Oscar Niemeyer konzipiert wurde, ist eine rote Karte Lateinamerikas eingelegt: Symbol des Blutzolls, den Unterdrückung und Freiheitskämpfe gefordert haben.

KÜSTE VON SÃO PAULO

Mit der **Costa Verde** › S. 183 des benachbarten Bundesstaats Rio de Janeiro können die Strände des Estado de São Paulo zwischen **Santos** und **Ubatuba** vielleicht nicht ganz mithalten, aber für die Paulistanos ist das nur arrogantes Geschwätz der Cariocas.

Ein besonders beliebtes Ausflugsziel ist die nur 80 km südlich von São Paulo gelegene Hafenstadt **Santos** mit dem größten Containerhafen Südamerikas. Attraktionen der Stadt sind das **Museu do Café** und das **Museu Pelé**, in dem sich Edson Arantes do Nascimento, Brasiliens berühmter Fußballstar, selbst ein Denkmal setzt. Am Wochenende zieht es die Paulistanos massenweise an die insgesamt 7 km langen, durch Kanäle voneinander getrennten Strände im Westen der Stadt. Am meisten Trubel herrscht an den stadtnahen Stränden **José Menino**, **Gonzaga** und **Boqueirão**. Hier findet man die meisten Hotels und Restaurants. **Embaré** ist bei jungen Leuten besonders beliebt, **Aparecida** bei Familien und **Ponta da Praia** bei Wassersportlern.

Östlich von Santos lockt die Küste von **São Sebastião** mit ihren Buchten, Inseln und Stränden. Junge Leute bevorzugen **Maresias** und **Camburi**, Familien **Barra do Sahy** und **Camburizinho**. Von São Sebastião setzen Boote hinüber zur **Ilhabela**, die Kite- und Windsurfer, Segler und Taucher schätzen. Sie bietet aber auch viele kleine ruhige Strände. Wanderer können durch den Wald zu Wasserfällen spazieren.

Auch das weiter nordöstlich gelegene **Ubatuba** ist mit seinen über 70 Stränden die lange Anfahrt von São Paulo (225 km) wert. Party wird an der **Praia Grande** gemacht, Naturliebhaber zieht es an

Von der brasilianischen Seite bietet sich ein besonders imposanter Gesamteindruck der Iguaçu-Wasserfälle

die von Regenwald und Ferienhäusern gesäumte **Praia do Prumirim** mit der vorgelagerten **Ilha Prumirim**, ein vorzügliches Tauchrevier. Ihre schneeweißen Sandstrände, an die kristallklares türkisfarbenes Wasser spült, können es nun wirklich mit der sich nordöstlich anschließenden Costa Verde aufnehmen. Und doch wird die Trauminsel erstaunlich wenig besucht.

Der Süden

Die südlichsten Bundesstaaten – Paraná, Santa Catarina und Rio Grande do Sul – sind das Land der Gauchos, dramatischer Canyons, herrlicher Sandstrände und der majestätischen Iguaçu-Wasserfälle. Kulturell ist man hier Argentinien oder gar Europa oft näher als dem übrigen Brasilien. Allerdings gilt es Jahreszeiten zu beachten: Die Strände sind nur zwischen November und März ein Hochgenuss, und in der Sierra kann es im Südwinter sogar schneien.

CURITIBA [C5]

Die Hauptstadt des Bundesstaates Paraná, gilt als Brasiliens ökofreundliche »Modellstadt«, in der alles funktioniert, in der man Fahrrad fährt, seine Freizeit in gepflegten Parks verbringt, im Winter unter dem kühlen feuchten Klima leidet und in elitären Kunstgalerien am Weinglas nippt, statt sich »richtig« zu amüsieren. Touristen bleiben hier meist nicht lang, denn die einzige echte Attraktion ist das 3 km außerhalb des historischen Zentrums gelegene **Museu Oscar Niemeyer**, dessen Form an ein riesiges Auge oder ein Retro-Raumschiff aus den 1960er-Jahren erinnert. Kein Wunder, denn entworfen hatte es Niemeyer schon 1967, gebaut wurde es erst 2003. Die Wechselausstellungen mit brasilianischer und lateinamerikanischer Kunst können sich ebenfalls sehen lassen.

Von der Aussichtsplattform (109 m) des **Torre Panorâmica** im schicken Vorort Mercês kann man einen Blick über die Stadt und das Küstengebirge der **Serra do Mar** werfen. Durch deren atlantische

Regenwälder geht es mit dem **Serra Verde Express**, auf einer der schönsten Zugfahrten Brasiliens › **S. 73**, hinunter nach **Paranaguá**, dessen Hafenfront pastellfarbene Kolonialhäuser säumen. Hier setzen Fähren zur **Ilha de Mel** (Honiginsel) über, deren goldfarbene Strände Rucksackreisende anziehen. Weiter nördlich liegen die **Ilha Superagüi** und die **Ilha das Peças**: Sie bilden den für Besucher größtenteils gesperrten **Parque Nacional do Superagüi**, der einen intakten Atlantischen Küstenwald mit vielen Orchideenarten, Tukanen und Papageien schützt. Von Paranaguá und der Ilha de Mel werden Bootsausflüge zur 38 km langen **Praia Deserta** angeboten, an der sich Fregattvögel und Kormorane tummeln, im März und April auch viele Zugvögel aus Nordamerika.

PARQUE NACIONAL DO IGUAÇU [C5]

Von Curitiba sind es 8 Stunden Fahrt (640 km) nach **Foz do Iguaçu**, Brasiliens Tor zu den etwa 20 km südöstlich donnernden **Iguaçu-Wasserfällen** (span.: *Iguazú*) › **S. 250**, die man sowohl von der brasilianischen als auch argentinischen Seite erkunden sollte. In der Regenzeit zwischen April und Juli sind die Fälle am mächtigsten, doch ist der Himmel dann meist bedeckt. In der sommerlichen Trockenzeit sorgt der blaue Himmel für intensive Farben, und Regenbögen spannen sich über der weißen Gischt. Am Morgen ist das Licht auf der brasilianischen Seite am schönsten.

ILHA SANTA CATARINA

Das deutsche Erbe im Bundesstaat Santa Catarina beschränkt sich heute auf einige Fachwerkhäuser und Mikrobrauereien im Zentrum von **Blumenau**, das ein riesiges Oktoberfest feiert, und das noch sehr deutsch wirkende Dorf **Pomerode**. Die wirklich große Attraktion ist aber die **Ilha Santa Catarina** mit ihren herrlichen Stränden, traditionellen Fischerdörfern und subtropischem, von Atlantikbrisen gekühltem Klima. Die an der Westküste gelegene Stadt **Florianópolis** (Floripa), ein Zentrum der Informationstechnologie und des Tourismus, hat sich inzwischen aufs Festland ausgedehnt und feiert den besten Karneval südlich von Rio. An den schönsten Stellen machen sich zwar Resorts und Ferienanlagen breit, doch finden Wanderer abseits der Straßen noch immer wilde Küstenabschnitte. Die attraktivste Siedlung ist **Santo Antônio de Lisboa**. Einwanderer von den Azoren haben sie 1698 gegründet und bis heute ihre Architektur und Traditionen bewahrt. Weiter nördlich bietet sich von der 1740 errichteten **Fortaleza de São José** ein herrlicher Blick auf die Inselküste und hinüber zum Festland. Die Strände der Ostküste sind wilder: Am einsamsten geht es an der 12 km langen surferfreundlichen **Praia da Moçambique** zu. Der schönste Strand der Insel ist jedoch die weiter südlich gelegene **Praia Mole**.

RIO GRANDE DO SUL [C6]

Porto Alegre, die Hauptstadt von Brasiliens südlichstem Bundesstaat, wird Besucher nicht lange fesseln, doch die 5 km südlich des Zentrums gelegene **Fundação Iberê Camargo**, ein faszinierender Museumsbau von 2008 mit zeitgenössischer Kunst, sollte man besuchen, bevor es weiter in die **Serra Gaúcha** geht. Highlights sind der **Parque Nacional dos Aparados da Serra**, ein vor 150 Millio-

Die Usina do Gasômetro von Porto Alegre wurde 1928 eröffnet

nen Jahren entstandenes, 700 m hohes zerklüftetes Basaltplateau mit Canyons und Nebelwäldern sowie der schwer zugängliche **Parque Nacional da Serra Geral**, dessen über 900 m tiefe **Cânion Fortaleza** die Anreise lohnt. Weinliebhaber können sich im **Vale dos Vinhedos** (125 km nördlich von Porto Alegre) auf Weingütern wie **Casa Valduga**, **Famiglia Tasca**, **Pizzato Vinhas e Vinhos** und **Vinhos Larentis** von der inzwischen bemerkenswerten Qualität brasilianischer Weine überzeugen. Die Strandresorts des 500 km langen **Litoral Gaúcho** sind zwar im Sommer gut besucht, doch die Küste Uruguays › **S. 226** ist doch um einiges attraktiver.

Minas Gerais

Der gebirgige, an Bodenschätzen reiche Binnenstaat, immerhin fast so groß wie Frankreich, hat mehr UNESCO-Welterbestätten zu bieten als jeder andere Bundesstaat Brasiliens. Moderne Architektur in **Belo Horizonte**, barocke Architekturperlen wie **Ouro Preto**, **Mariana**, **Tiradentes**, **Congonhas** und **Diamantina** sowie mehrere Mineralheilbäder wie **São Lourenço** und **Caxambu** lohnen den weiten Abstecher von der Küste.

BELO HORIZONTE [D4]

Die 444 km nordwestlich von Rio de Janeiro und 586 km nordöstlich von São Paulo gelegene Hauptstadt wurde erst 1897 gegründet, als das von Bergen umgebene Ouro Preto nicht mehr wachsen konnte. »BH« wurde somit die erste Planstadt Brasiliens ohne portugiesischen Einfluss. Sie orientierte sich vielmehr an den breiten Straßen von Paris und Washington.

Liebhaber moderner Architektur pilgern (am besten per Taxi) zur **Lagoa da Pampulha**, denn an diesem Stadtsee hat Oscar Niemeyer in den 1940er-Jahren den wegweisenden **Conjunto Arquitetônico** entworfen, der den Einfluss von Le Corbusier auf den jungen Brasilianer verrät. Die Glas- und Betonkonstruktion, deren Landschaftsgärten von Richard Burle Marx konzipiert wurden, diente bis 1946 als Spielkasino der Stadt und wurde 1957 in das **Museu de Arte** umgewan-

Santo Antônio ist die wohl schönste Barockkirche des Kolonialstädtchens Tiradentes

delt. Die **Casa do Baile**, ursprünglich ein kleines Restaurant mit Ballsaal, ist heute ein Zentrum für Architektur und Design. Auch die mit Glas- und Stuckmosaikplatten verkleidete **Igreja de São Francisco de Assis** zeugt bereits von Niemeyers Vorliebe für fließende Formen. Niemeyer hat 1941 auch den **Palácio das Artes** entworfen, der allerdings erst 30 Jahre später realisiert wurde. Heute ist er das bedeutendste Kulturzentrum der Stadt mit Theatern und Kunstgalerien.

Doch schon vor Niemeyer wusste man in Belo Horizonte zu bauen und zu gestalten. Aus der Gründerzeit stammt der 1897 eingeweihte **Parque Municipal Américo Renée Giannetti**, der sich an französischen Gärten der Belle Époque orientierte. 50 verschiedene Baumarten sind hier zu sehen. 1898 errichtete man im französischen Stil den prunkvollen Kulturpalast **Palácio da Liberdade** an der architektonisch sehr reizvollen **Praça da Liberdade**. Auch das aus den 1930er-Jahren stammende **Centro Cultural Banco do Brasil** zeugt von der Kulturbegeisterung der Einwohner.

OURO PRETO

Die Goldstädte haben vieles gemein: Krumme Gassen mit Kopfsteinpflaster, vor Gold strotzende Barockkirchen, charmante Kolonialhäuser und bunte Märkte. Schon die Barockkirchen des nur 19 km östlich gelegenen **Sabará** künden vom unermesslichen Reichtum von Minas Gerais während der Zeit des Goldrausches. Die schlichte Fassade der **Matriz de Nossa Senhora da Conceição** verrät wenig über ihre prunkvolle Barockausstattung, die asiatische Einflüsse zeigt.

Besonders häufig zieren die weißen Häuser mit roten Ziegeldächern des knapp 100 km südöstlich von Belo Horizonte gelegenen Weltkulturerbes **Ouro Preto** die Tourismusplakate. Nicht weniger als 13 Kolonialkirchen gibt es hier. Die schönsten sind die **Igreja de Nossa Senhora do Carmo** (1776) mit Spätwerken des berühmten Bildhauers Aleijadinho, die mit Gold und Silber besonders reich ausgestattete **Igreja de Nossa Senhora do Pilar** (1733), in der auch schöne Gemälde von Bernardo Pires zu sehen sind und die **Igreja de São Francisco de Assis** (1766), die als Meisterwerk von Aleijadinho gilt. Das didaktisch vorbildliche **Museu da Inconfidência** erzählt vom gescheiterten Aufstand der separatistischen Inconfidentes (1789) und veranschaulicht das Leben in der Kolonialzeit, während das **Museu de Ciência e Técnica** eine faszinierende Kollektion von Edel- und Halbedelsteinen präsentiert.

MARIANA

Zwischen Ouro Preto und Mariana liegt Brasiliens älteste Goldmine, die **Mina de Ouro de Passagem**. Auf einer Besichtigung der 11 km langen Tunnels mit einem alten Minenfahrzeug wird deutlich, welch entsetzlicher Sklavenschufterei der Reichtum geschuldet war. Das 1696 gegründete **Mariana** ist die älteste Stadt in Minas Gerais und Geburtsort des von Aleijadinho bevorzugten Malers Manuel da Costa Ataíde, dessen sinnliche Gemälde die Kirchen des Ortes schmücken. Werke von Aleijadinho und Ataíde sind auch im **Museu Arquidiocesano de Arte Sacra** zu bewundern. In der **Catedral Basílica da Sé** erklingt noch heute eine 1701 gebaute und bestens erhaltene Orgel von Arp Schnitger. Eine besonders eindrucksvolle Fassade besitzt die **Igreja da Nossa Senhora do Carmo**.

CONGONHAS DO CAMPO

Aleijadinhos Meisterwerk findet man etwa 50 km westlich von Mariana im Goldstädtchen **Congonhas do Campo**. Hier thront auf einem Hügel die Pilgerstätte **Santuário de Bom Jesus do Matosinho** (1757). Sie ist während der Semana Santa das Ziel riesiger Prozessionen. Am Eingang des Kirchhofs stehen 12 lebensgroße Propheten des Alten Testaments, die Aleijadinho aus Speckstein meißelte, mit fließenden Bewegungen und unerhört individuellem Gesichtsausdruck. Sie gelten als absolute Meisterwerke des brasilianischen Barock. Den Weg zur Kirche säumen sechs Kapellen, die jeweils eine Szene der Kreuzwegstationen darstellen. Die 66 Figuren schnitzte Aleijadinho aus Zedernholz, die Ge-

Die Pelourinho *genannte barocke Altstadt von Salvador de Bahia wurde farbenfroh renoviert*

mälde stammen von Manuel da Costa Ataíde und Francisco Xavier Carneiro.

Das 210 km südöstlich von Belo Horizonte gelegene kleine **Tiradentes** ist ein weiteres Juwel der Kolonialzeit. Schönste der acht Kirchen ist die **Matriz de Santo Antônio** (1710). Weitere Schätze der religiösen Kunst zeigt das **Museu da Liturgia**.

DIAMANTINA

In entgegengesetzter Richtung, nämlich 290 km nordöstlich von Belo Horizonte, liegt **Diamantina**, das seinem Reichtum den hier im 18. Jahrhundert in großen Mengen geförderten Edelsteinen verdankt, wie man im **Museu do Diamante** erfährt. Aufgrund seiner isolierten Berglage ist der Ort besonders gut erhalten. Die Kirchen sind hier nicht ganz so prächtig, die Atmosphäre ist dafür umso stimmungsvoller. In der **Casa de Chica da Silva** lebte zwischen 1763 und 1771 die in zahlreichen Romanen und Filmen verewigte reichste und berühmteste aller ehemaligen Sklavinnen mit dem portugiesischen Diamantenhändler João Fernandes de Oliveira. Dieser ließ auch die **Igreja Nossa Senhora do Carmo** für sie bauen.

Salvador da Bahia [E4]

Dona Flor, die berühmte Romanheldin von Jorge Amado, lebte mit ihren zwei Ehemännern mitten in Salvador, und in den Stadtvierteln **Nazaré** und **Barroquinha** glaubt man ihr auf Schritt und Tritt zu begegnen. Kein Wunder, hier wurde 1975 eine Telenovela mit Sônia Braga gedreht, die vielleicht mehr für das Renommee von Salvador geleistet hat als hundert Hochglanzbroschüren.

PELOURINHO

Das touristische Salvador liegt nur einen Spaziergang durch enge Gassen entfernt. Mit dem 1872 erbauten Aufzugsturm **Elevador Lacerda** geht es von der **Cidade Baixa** am Hafenbecken 72 m hinauf in die Oberstadt. Der Stadtteil **Pelourinho**, benannt nach dem nicht mehr existierenden Pranger, ist ein sorgfältig restauriertes Juwel farbenfroher Barockarchitektur und Weltkulturerbe. In den 1930er-Jahren hatte sich der Pelô in der Oberstadt zu einem Armenviertel gewandelt, in dessen Herrenhäuser man schwarze Familien pferchte. Die Sanierung der 1980er-Jahre hat viele arme Einwohner verdrängt, und der Pelourinho ist inzwischen eine von Polizisten bis spät in die Nacht hinein bewachte koloniale Oase mit vielen Bars und Cafés.

BAIANAS

Die *Baianas* jedoch durften bleiben. So heißen die in weiße, lange Spitzenröcke und kunstvolle Blusen mit filigranen Bordüren und handgeklöppelten Spitzen gehüllte Einwohnerinnen der Stadt, die auf der Straße aus kleinen Garküchen Speisen verkaufen. Mit ihren Schärpen und Turbanen sind sie beliebte Fotomotive. Ihre *aracajés* – in *Dendê* (Palmöl) herausgebackener Teig mit Bohnen, Krabben und Zwiebeln – muss man einfach probiert haben. Laut Gesetz dürfen sich die Baianas überall niedersetzen, um Essen zu verkaufen, auch auf der **Praça da Sé**. Den Platz beherrscht die zwischen 1657 und 1672 errichtete **Catedral Basilica**, eine barocke Jesuitenkirche, die innen vor Gold geradezu überquillt. Die silberne

Madonnenstatue **Nossa Senhora das Maravilhas** des Franziskusaltars soll den Jesuitenpater Antônio Veira im 17. Jahrhundert dazu inspiriert haben, gegen die Versklavung der indigenen Bevölkerung Brasiliens zu kämpfen.

Noch prachtvoller ist die zwischen 1708 und 1750 erbaute **Igreja de São Francisco**, deren Innenraum überreich mit vergoldeten Schnitzereien verziert ist: Heiligenfiguren, Putten, Vögel, Früchte, Blattwerk und Meerjungfrauen. Die Wände des Klosterkreuzgangs zieren Azulejos, deren Bildszenen 1737 in Portugal gemalt wurden. Am abschüssigen **Largo do Pelourinho** steht die schöne **Igreja Nossa Senhora do Rosário dos Pretos** mit ihren zwei blau getünchten Türmen. Sie wurde 1704–1796 von katholischen Sklaven und freigelassenen Afrikanern gebaut, denen der Zutritt in die Kirchen der Weißen verwehrt war.

AFRIKANISCHE TRADITIONEN

Baianos sind Afrikaner und stolz darauf. Im **Museo Afro-Brasileiro** erfährt man viel über die afrobrasilianische Kunst und Kultur von Bahia. Besonders faszinierend sind die großen Holzschnitzereien des renommierten Künstlers Carybé: Sie zeigen die Orixás, die lebensfrohen Götter des Candomblé-Kults, mit ihren charakteristischen Attributen, Waffen und Tieren › **S. 169**.

STRÄNDE VON BAHIA

Zwischen Salvador und **Aracaju** erstrecken sich die Palmenstrände der **Estrada do Coco** mit zunehmend gentrifizierten Fischerdörfern wie **Arembepe**, **Itacimirim** und **Praia do Forte**. Weiter nördlich nennt man die Küste Litoral Verde, doch das Bild ist ganz ähnlich. **Imbassaí**, **Diogo**, **Sítio do Conde** und **Mangue Seco** heißen die noch immer recht einsamen Strandorte.

Nicht minder schön ist Bahias Südküste. Zur schicken Partymetropole gemausert hat sich **Morro de São Paulo**. Rucksackreisende fühlen sich inzwischen in **Barra Grande**, **Itacaré** und **Ilhéus** wohler. Zentrum der Südküste ist Porto Seguro. Hier landete 1500 der portugiesische Seefahrer Álvares Cabral. Das historische **Porto Seguro** hat sich bereits zur »Partystadt« gemausert, doch am Strand von **Trancoso** geht es immer noch afro-brasilianisch relaxed zu. Südlich von

Die Baianas sind mit ihrer barocken Kleidermode nicht nur ein beliebtes Fotomotiv, sondern auch geniale Köchinnen

Porto Seguro lockt der **Parque Nacional Marinho dos Abrolhos**, der großartigste Korallengarten des Südatlantiks. An den Inselstränden legen Meeresschildkröten ihre Eier ab, und zwischen Juli und November kalben Buckelwale in Sichtweite der fünf Inseln, von denen nur **Siriba** für Touristen zugänglich ist.

SERTÃO BAIANO

Das riesige Hinterland von Bahia, der oft knochentrockene Sertão, war immer eine raue harte Region der Viehhirten und Bauern, und oft genug vertrieb der Hunger die *Sertanejos* nach Salvador und Recife. Das Minenstädtchen **Lençóis** (425 km westlich von Salvador) ist Standquartier für Ausflüge in den **Parque Nacional da Chapada Diamantina**. Er schützt eine zerklüftete Region mit roten Felsformationen, Tafelbergen, üppig grünen Tälern, Wasserfällen wie den 340 Meter tiefen **Cachoeira da Fumaça**, Canyons und Höhlen. Einmal durch den ungemein blauen Höhlensee **Poço Azul** zu schwimmen oder den magischen Sonnenlichteinfall im 42 Meter tiefen **Poço Encantado** zu erleben, bleibt für immer in Erinnerung.

Nordosten zwischen Recife und São Luís

Brasiliens **Nordeste** hat einige der ältesten Kolonialstädte des Landes zu bieten, dazu endlose Dünenstrände und Karnevalsfeiern, die es locker mit Rio und Salvador aufnehmen können.

RECIFE [E3]

Die dynamische Hauptstadt des Bundesstaats Pernambuco bietet reizvolle Kontraste zwischen den Hochhäusern und modernen Einkaufspalästen des Strandbezirks **Boa Viagem** und den drei Altstadtinseln. Auf **Santo Antônio** findet man die prunkvollsten Kirchen, darunter die auf dem Höhepunkt des Zuckerbooms errichtete barocke »goldene Kapelle«, die **Capela Dourada** (1724), im **Convento de Santo Antônio**. Hauptkirche und Kreuzgang des Klosters sind mit erlesenen *Azulejos* (bemalte Fliesen) geschmückt. Auch Recifes größte Kirche, die **Basílica de Nossa Senhora do Carmo** (1767), hat goldüberzogene Rokoko-Altäre zu bieten.

An der **Praça da República** stehen Recifes prachtvollste öffentliche Gebäude, der **Palácio do Campo das Princesas**, das 1850 eröffnete **Teatro Santa Isabel** und der im französischen Empirestil errichtete **Palácio da Justiça**. Das **Museu da Cidade** ist im ursprünglich 1630 von den Holländern errichteten **Forte das Cinco Pontas** untergebracht, während in einem erlesenen Herrenhaus auf der Insel **Boa Vista** das **Museu de Arte Moderna Aloísio Magalhães** vorzügliche zeitgenössische Kunst in Wechselausstellungen zeigt. **Bairro do Recife**, die dritte Insel, lohnt wegen ihrer unlängst restaurierten farbenfrohen Häuser im Art-déco-Stil und vielen Cafés einen Bummel.

Recifes schönste Strände liegen im Süden der Stadt. So haben sich **Cabo de Santo Agostinho** und **Porto de Galinhas** zu boomenden Resorts entwickelt.

OLINDA

Das 1535 gegründete zauberhafte Kolonialstädtchen ist inzwischen fast ein nördlicher Vorort von Recife, bewahrt jedoch mit seinen mit Kopfstein gepflasterten Gassen, Barockbrunnen, weißgetünchten Kirchen und pastellfarbenen Häusern sein entspanntes Flair und künstlerisches Ambiente. Olinda feiert nach Rio und Salvador den spektakulärsten Karneval ganz Brasiliens. Vom **Alto da Sé** bietet sich ein Traumblick über Olinda bis zu den Hochhäusern Recifes. Schönste Kirche ist das im 18. Jahrhundert wiedererrichtete **Convento de São Francisco**.

JOÃO PESSOA [E3]

Die 1585 gegründete Hauptstadt des mit herrlichen Stränden gesegneten Bundesstaates Paraiba besitzt ein sehr attraktives Kolonialzentrum. Besonders schön ist die auf einem Hügel errichtete **Igreja de São Francisco**, heute Teil eines Kulturzentrums. Prunkvolle Barockaltäre, erlesene Azulejos und eine orientalisch anmutende Kup-

Auf einem Bummel durch die Altstadt von Recife lernt man eine ganze Reihe von Architekturstilen kennen

pel machen ihren Reiz aus. An den zwei fabelhaften weißen Strände **Tambaú** und **Cabo Branco** geht es vergleichsweise ruhig zu. Ein Leuchtturm markiert Südamerikas östlichsten Punkt, die **Ponta de Seixas**. Von hier sind es nur 2200 km bis zur Westküste Afrikas.

NATAL [E3]

Die 1599 gegründete Hauptstadt des kleinen, für seine Cashewnüsse und Mangos bekannten Bundesstaats Rio Grande do Norte besitzt zwar eine eher verschlafene Altstadt mit Portugiesenfestung, ist aber hauptsächlich als Standquartier für Ausflüge entlang der endlosen, von riesigen Dünen gesäumten Strände des Litoral Norte von Interesse. Mit dem Strandbuggy kann man von **Genipabu** 250 km lang bis **Areia Branca** unweit der Grenze zu Ceará fahren. Auch südlich der Stadt gibt es herrliche, hier von Palmen gesäumte Strände, darunter die von Rucksackreisenden, Sandboardern und Kitesurfern besonders geschätzte **Praia da Pipa**. Natal selbst besitzt ein lebhaftes Nachtleben mit zahlreichen Klubs, in denen der hier geborene *Forró* getanzt wird.

FORTALEZA [E3]

Die Hauptstadt des Bundesstaates Ceará gibt sich modern und kosmopolitisch. Hochhäuser prägen das Zentrum an der Strandpromenade **Avenida Beira Mar**. Hauptattraktion sind die Strände von Ceará mit Sanddünen und Palmen, wobei sich die Fischerdörfer **Canoa Quebrada** (150 km südöstlich) und das Surferzentrum **Jericoacoara** (315 km nordwestlich) zu schicken Resorts gewandelt haben. Wer mit dem Strandbuggy unterwegs ist, findet aber noch immer viel Einsamkeit.

Im trockenen Sertão liegt etwa 300 km westlich von Fortaleza der **Parque Nacional de Ubajara in der Serra da Ibiapaba**: eine grüne Berglandschaft mit Nebelwäldern, Wasserfällen und der riesigen Tropfsteinhöhle **Gruta de Ubajara**.

SÃO LUÍS [D2]

Die 1612 interessanterweise von den Franzosen gegründete Hauptstadt des bereits amazonisch wirkenden Bundesstaats Maranhão besitzt nicht nur ein faszinierendes, wenngleich bröckelndes koloniales Zentrum mit mehreren Museen, sondern auch eine fantastische afrobrasilianische

Kultur- und Musikszene. Hier vibriert alles im Reggae-Rhythmus, und das riesige Festival **Bumba-meu-boi** zieht im Juni Besucher aus ganz Brasilien an. Besonders schöne Azulejo-Fassaden findet man entlang der **Rua Portugal**.

Östlich von São Luís erstreckt sich der **Parque Nacional dos Lençóis**, eine Wildnis mit riesigen Sanddünen, deren zahlreiche Senken sich in der Regenzeit zwischen Dezember und Juli mit kristallklarem Wasser füllen. Zugang zum Nationalpark bietet das 250 km östlich von São Luís gelegene attraktive Städtchen **Barreirinhas**.

Amazonas

10 Mio. km^2 und 40 % der Gesamtfläche Brasiliens: Klingt nach einer echten Herausforderung! In der Regenzeit erreicht der Strom eine Breite von bis zu 50 km, und an einigen Stellen kann man das gegenüberliegende Ufer nicht sehen. Aber das riesige Amazonasgebiet ist gar nicht so schwer zu bereisen. Mit Inlandsflügen und Bootsfahrten lernt man die schönsten Fluss- und Urwaldgebiete ohne übertriebenen Aufwand kennen. Standquartiere sind **Manaus** mit seinen vielen Urwaldlodges, **Alter do Chão** bei **Santarém** und **Belém**. Die Distanzen zwischen den Städten kann man mühelos mit Linienbooten von Macamazon überbrücken.

Die heißere Trockenzeit (Niedrigwasser) zwischen Belém und Manaus dauert ungefähr von Mitte Juni bis Dezember. Kurz vor dem Jahreswechsel regnet es häufiger und das Klima kühlt sich etwas ab. Die durchschnittliche Jahrestemperatur beträgt 27 °C bei hoher Luftfeuchtigkeit, doch sind der frühe Morgen und der Abend immer kühler. In der Regenzeit (Hochwasser) sind die Seen und Feuchtgebiete für die Tierbeobachtung leichter zugänglich. Dafür fällt das Baden an den dann überfluteten Flussstränden weitgehend aus.

MANAUS [B2]

Die 1669 gegründete Hauptstadt des Bundestaates Amazonas liegt 1600 km westlich von Belém.

Ein labyrinthisches Netz von Flussläufen durchzieht die Urwälder des brasilianischen Amazonasgebietes

Zwischen 1870 und 1910 lieferte sie 90% des weltweiten Bedarfs an Kautschuk. Im **Museu do Seringal Vila Paraiso**, das 25 Minuten Bootsfahrt flussaufwärts am Ufer des Rio Negro in einem Herrenhaus untergebracht wurde, wird diese Zeit wieder lebendig. Auch im historischen Zentrum lässt sich der Reichtum der Gummibarone an der Architektur ablesen. Besonders spektakulär sind der für einen deutschen Kautschukfürsten errichtete **Palácio Rio Negro**, heute ein Tempel der Kunst, und das grandiose **Teatro Amazonas**. Wirklich alles, von den Bauziegeln bis zu den Kristalllüstern und Spiegeln wurde aus Europa importiert, und auch die herrlichen Deckenmalereien stammen von europäischen Künstlern. Dann brachen die Briten das Kautschukmonopol.

Von den Menschen, die hier lange vor Ankunft der ersten europäischen Abenteurer lebten, erzählen die Museen **Usina Chaminé** und **Museu do Índio**. Die perfekte Einführung in die Natur der Amazonasregion bietet das Wissenschaftsmuseum **INPA–Bosque da Ciência**.

Im Osten vor der Stadt trifft der dunkle, kühlere und schnell fließende **Rio Negro** auf den bräunlichen, schlammigen, warmen und gemächlicheren **Rio Solimões**. Etwa 6 km lang fließt das Wasser der beiden Flüsse nebeneinander, ohne sich zu vermischen. An der Wasserscheide **Encontro das Aguas** (Treffpunkt der Wasser) bietet sich ein eindrucksvolles Farbspektakel.

Mit Booten erreicht man die am Wochenende sehr beliebten Flussstrände **Praia da Lua**, **Praia da Ponta Negra** und **Praia do Tupé** am Rio Negro.

In Manaus werden Flusskreuzfahrten und Übernachtungen in teils sehr komfortablen Urwaldlodges am Rio Negro angeboten, nächtliche Tierbeobachtungen und das traumhafte Erlebnis eines Sonnenaufgangs über dem Fluss inklusive. Wer vom Tourismus kaum berührtes Leben am Fluss kennenlernen möchte, fährt mit einem Regionalboot in etwa 14 Stunden nach **Anamá** am Rio Solimões.

SANTARÉM UND ALTER DO CHÃO

Das etwa auf halbem Weg zwischen Manaus und Belém gelegene **Santarém** erlebt gerade als Umschlagplatz für Sojabohnen aus dem Mato Grosso einen neuen Boom. Amazonasreisende steuern aber vor allem das 30 km westlich gelegene **Alter do Chão** am aquamarinfarbenen kristallklaren **Rio Tapajós** an, um zwischen August und Februar an den schneeweißen Sandstränden der »Karibik des Amazonas« die relaxte Atmosphäre zu genießen. Die Sandbank **Ilha do Amor** trennt den smaragdgrün leuchtenden **Lago Verde** vom Fluss. Steht das Wasser hoch, versinken zwar die einsamen Strände, dafür fährt man mit dem Boot durch einen halb versunkenen Zauberwald. Der schönste Ort für den Sonnenuntergang ist der in den Fluss hineinragende **Ponto do Cururú**. Hier tummeln sich viele rosa Flussdelfine.

BELÉM [D2]

Die Hauptstadt des Bundesstaates Pará liegt am Südufer des Rio Guamá mit offenem Zugang zum Ozean. Schon 1616 errichteten die Portugiesen hier das mächtige **Forte do Presépio**. In der **Cidade Velha** (Altstadt) und im benachbarten Viertel **Nazaré** sind noch einige Barockkirchen wie die besonders schöne achteckige **Capela de São João Batista** (1777) sowie Prachtbauten aus der Zeit des Zucker- und Kautschukbooms zu sehen. In der neoklassizistischen **Casa das Onze Janelas** ist heute eine Kunstgalerie untergebracht. Die größte Attraktion ist der ungemein farbenfrohe Markt **Ver-o-Peso** (Schau das Gewicht an). Hier lernt man nicht nur all die exotischen Fische und Früchte der Amazonasregion kennen, sondern auch die *mandingueiras*: Frauen, die alle nur erdenklichen Zaubermittel verkaufen. Nur gegen die vielen Taschendiebe helfen sie nicht.

Natur- und Strandfreunde kommen auf der **Ilha Mosqueiro** (60 km nördlich), in **Salinópolis** an der Atlantikküste und an der herrlichen **Praia do Pesqueiro** auf der riesigen, von Wasserbüffelherden bevölkerten **Ilha do Marajó** auf ihre Kosten.

PARAGUAY

Morgenstimmung am Río Asunción
in der Nähe der gleichnamigen Hauptstadt Paraguays

PARAGUAY IN KÜRZE

Staatsname: República del Paraguay
Fläche: 406 752 km²
Hauptstadt: Asunción
Amtssprache: Spanisch
Einwohner: 6,94 Mio. (Juli 2017, geschätzt)
Landesvorwahl: 00595
Währung: Guarani paraguayo (PYG)
Zeitzonen: Während der europäischen Sommerzeit MEZ – 6 Std., während der Winterzeit – 4 Std.

LAGE

Paraguay ist ein Binnenland, annähernd so groß wie Kalifornien. Im Südwesten grenzt es auf 2531 km an Argentinien, im Norden besitzt es eine 753 km lange Grenze mit Bolivien und im Nordosten eine 1371 km lange Grenze mit Brasilien. Grasebenen und bewaldete Hügel prägen die Region östlich des Río Paraguay, die Region Gran Chaco westlich des Río Paraguay ist in Flussnähe eine überwiegend sumpfige Ebene, ansonsten dominieren Trockenwald und Dornenbüsche.

POLITIK

Paraguay ist eine Präsidialrepublik mit 17 Departamentos und einer Hauptstadt. Nach dem Ende der 35-jährigen Militärdiktatur von Alfredo Stroessner im Jahr 1989 ist Paraguay zur Demokratie zurückgekehrt und hält seitdem relativ freie Präsidentschaftswahlen ab. Präsident und Vizepräsident werden mit einfacher Mehrheit für eine Amtszeit von 5 Jahren per Direktwahl ermittelt. Staatsoberhaupt und zugleich Regierungschefin ist seit dem 28. Mai 2018 vorübergehend Alicia Beatriz Pucheta de Correa, die das Amt nach dem durch Unruhen ausgelösten Rücktritt des gewählten Präsidenten Horacio Cartes übernahm. Dieser wiederum erklärte im Juni 2018 den Rücktritt von seinem Rücktritt. In den Präsidentschaftswahlen vom 22. April 2018 ging Mario Abdo Benítez, Kandidat der rechtskonservativen Colorado-Partei ANR, mit 46,7 % der Stimmen als Sieger hervor. Er hat das Amt im August 2018 übernommen.

Das Parlament von Paraguay *(Congreso Nacional)* ist ein Zweikammersystem. Die 45 Mitglieder der Senatskammer *(Camara de Senadores)* werden in einem einzigen landesweit stattfindenden Wahlgang für 5 Jahre direkt gewählt. Die Abgeordnetenkammer *(Cámara de Representantes)* zählt 80 Mitglieder, die in 18 Wahlkreisen für 5 Jahre per Direktwahl gewählt werden. Stärkste Kraft ist die ANR mit 44 Sitzen.

WIRTSCHAFT

Paraguays Wirtschaftssystem ist zu einem erheblichen Teil eine Schattenwirtschaft und unterliegt damit keiner staatlichen Regulierung und exakten Erfassung. Die Einnahmen basieren auf der Wiederausfuhr von vorher importierten Konsumgütern in die Nachbarländer sowie den Aktivitäten von Tausenden von Kleinstunternehmen und städtischen Straßenverkäufern.

Ein großer Teil der Bevölkerung, vor allem in ländlichen Gebieten, lebt von der Landwirtschaft, oft auf Selbstversorgerbasis. Das reale Pro-Kopf-Einkommen ist in den letzten zehn Jahren stetig gestiegen, da Paraguay als sechstgrößter Sojaproduzent von der weltweiten Nachfrage profitiert. Bedeutende Wirtschaftsfaktoren sind die preiswerte Elektrizitätsgewinnung durch den riesigen Itaipu-Staudamm, niedrige Arbeitskosten und einstellige Steuersätze für ausländische Unternehmen, die im Land investieren. Besonders Unternehmen aus Brasilien lassen günstig in Paraguay produzieren. Allerdings hemmen politische Unsicherheit, häufige Fälle von Korruption und eine unterentwickelte Infrastruktur ein langfristiges konstantes Wachstum. Der neue Präsident Mario Abdo Benitez hat sich den energischen Kampf gegen die Korruption auf die Fahnen geschrieben, setzt sich dabei aber auch für den Umweltschutz ein. So hob er ein Dekret seines Vorgängers Cartes auf, das die ungezügelte Abholzung von Wäldern im Chaco gestattete.

Die Landwirtschaft (Baumwolle, Zuckerrohr, Sojabohnen, Mais, Weizen, Tabak, Maniok, Rindfleisch, Schweinefleisch) macht 17,9 % des BIP aus, die Industrieproduktion (Zuckerverarbeitung, Zement, Textilien, Getränke, Holzprodukte, Stahl, unedle Metalle, Elektroenergie) 27,7 %. Der Beitrag der Dienstleistungen zum BIP beträgt 54,5%. Die Arbeitslosenquote von 2017 wird auf 6,5% geschätzt, unter der Armutsgrenze leben derzeit annähernd 22,2% der Bevölkerung.

PARAGUAYS GESCHICHTE

IN DER KOLONIALZEIT

Als man in Buenos Aires 1808 den spanischen Vizekönig absetzte, revoltierten die royalistischen Bürger von Asunción gegen die neu gegründeten Vereinigten Provinzen des Río de la Plata. Buenos Aires schickte Truppen, die Asunción zurückschlug. 1811 zwangen die Kreolen den spanischen Gouverneur Bernardo de Velasco zur Bildung einer Konsulats-Junta mit Gaspar Rodriguez de Francia und Juan Valeriano de Zeballos. 1814 wählte der Erste Nationalkongress den Konsul Francia zum *Dictador Supremo* von Paraguay. Die Paraguayische Republik wurde am 12. Oktober 1813 ausgerufen, die offizielle Unabhängigkeit aber erst am 25. November 1842 verkündet. Vorausgegangen war der Paraguayische Krieg, in dem Brasilien die Annektierung Paraguays durch Argentinien verhinderte. Brasilien erkannte den neuen Staat 1844, Argentinien erst 1856 formell an.

DREI DIKTATUREN

Trotz widrigster Umstände stieg das von Feinden umgebene unterentwickelte Paraguay unter Diktator Francia (1814–1840) zu einer recht wohlhabenden Nation auf. Francia sah sich als Revolutionär mit utopistischen Vorstellungen, regierte kompetent und brutal, unterdrückte die Freiheitsrechte, zerstörte die kolonialen Strukturen und nivellierte die Rassenschranken. Francias autarkische Planwirtschaft war produktiver als die auf Export von Tabak und Matekraut beruhende Monokultur der Kolonialzeit. Außerdem säkularisierte Francia 1824 die Güter der Kirche. Bald war der Staat der größte Landbesitzer, der erfolgreich 45 *Estancias* betrieb. *El Supremo* sicherte die Unabhängigkeit Paraguays, indem er Konflikte mit Brasilien und Argentinien vermied. Francias fiktionalisierte Geschichte zeichnet Augusto Roa Bastos in »*Yo, el Supremo*« (1974) nach, einem der großen Diktatorenromane Lateinamerikas.

Der zweite Diktator, Carlos Antonio López (1841–1862), genannt *El Excelentísimo*, regierte Paraguay ebenfalls mit eiserner Faust, förderte das Bildungswesen, baute Südamerikas seinerzeit größte Militärmacht auf, lockerte die Isolation des Landes und wirtschaftete am liebsten in die eigene Tasche.

Sein 1862 zum Nachfolger gewählter Sohn Francisco Solano López (1862–1870), ein Bewunderer des französischen Kaisers Napoleon III., zettelte 1864 einen erbarmungslos geführten fünfjährigen Krieg gegen die »Tripel-Allianz«

von Argentinien, Brasilien und Uruguay an. Diesem fiel bis 1870 die Hälfte der Bevölkerung (inklusive Diktator) zum Opfer. Paraguay musste große Gebietsverluste hinnehmen.

ZWISCHEN ROT UND BLAU

Die folgenden Jahrzehnte prägten Konflikte zwischen »roten« *Lopiztas* (ehem. Anhänger von López) und »blauen« liberaleren Kräften. Die von Brasilien unterstützten Politiker etablierten die Herrschaft der »roten« *Colorado*-Partei, bis die Liberalen zwischen 1904 und 1936 die Macht übernahmen und Argentinien an Einfluss gewann. Allerdings war die »liberale« Zeit von blutigen Fehden und Militärcoups geprägt. Dazu kam der gewonnene, aber verlustreiche Chacokrieg mit Bolivien (1932–1935) um vermutete Ölvorkommen im menschenleeren Gran Chaco. 1936 beendete die Februarrevolution die Herrschaft der Liberalen Partei und brachte den Mussolinibewunderer Oberst Rafael Franco an die Macht. Die Liberalen kehrten 1937 zurück. 1939 wählte man den Chacokriegshelden General José Félix Estigarribia zum Präsidenten. Dessen 1940 verabschiedete Verfassung wies dem Präsidenten größte Machtfülle und dem Militär eine bedeutende Schutzrolle zu. Sein Nachfolger Higinio Morínigo regierte mit den diktatorischen Vollmachten der neuen Verfassung und überlebte mit Hilfe von Oberstleutnant Alfredo Stroessner mehrere Revolten. 1954 putschte Stroessner gegen die Nachfolgeregierung und errichtete eine der brutalsten Diktaturen Südamerikas, deren antikommunistischer Kurs das Wohlwollen der USA genoss. Der mit brasilianischem Geld zwischen 1973 und 1982 errichtete Staudamm von Itaipú am Río Paraná sorgte für den wirtschaftlichen Aufschwung Paraguays. 1989 wurde Stroessner, der 2006 im brasilianischen Exil starb, von General Andrés Rodríguez gestürzt.

SIEG DER DEMOKRATIE

Die Verfassung von 1992 etablierte ein demokratisches System. Im Mai 1993 wurde der Colorado-Kandidat Juan Carlos Wasmosy in fairen und freien Wahlen zum Präsidenten gewählt. 1996 verhinderte die Bevölkerung einen Putschversuch von General Lino Oviedo, dessen politischer Weggefährte Raúl Cubas allerdings 1998 als Kandidat der *Colorados* zum Präsidenten gewählt wurde. Cubas ordnete verfassungswidrig die Freilassung Oviedos an, musste aber 1999 zurücktreten.

Der neue Präsident González Macchi führte eine Konsensregierung. 2003 wurde Nicanor Duarte zum Präsidenten gewählt, der den USA die Gründung einer Militärbasis an der Grenze zwischen Paraguay, Brasilien und Argentinien gestattete. 2008 wurde nach 60 Jahren *Colorado*-Herrschaft der Befreiungstheologe Fernando Lugo zum Präsidenten gewählt, aber 2012 seines Amts enthoben. Zwischen 2013 und 2018 war der Unternehmer und *Colorado*-Politiker Horacio Cartes Präsident. Am 28. Mai 2018 trat er zurück. Nach einem Intermezzo der Vizepräsidentin Alicia Beatriz Pucheta de Correa übernahm der in den Präsidentschaftswahlen vom 22. April 2018 siegreiche Mario Abdo Benítez von der *Colorado*-Partei im August 2018 das Amt.

Mario Abdo Benitez von der Colorado-Partei ist der neue Präsident

DIE MISSIONEN DER JESUITEN

1610 gründeten Jesuitenmissionare auf dem heutigen Staatsgebiet von Paraguay acht *Treinta Pueblos*. Die übrigen »30 Städte« liegen in Brasilien, Argentinien und Bolivien. Um die Guaraní vor der Ausbeutung durch die Kolonialgesellschaft zu schützen, schotteten sich die Missionen von der Außenwelt ab. Gemeinsam entwickelten Jesuiten und Guaraní ein zukunftsweisendes florierendes Wirtschafts- und Sozialsystem. 1767 wurden die Jesuiten per Dekret von Karl III. von Spanien vertrieben und die Guaraní von reichen Landbesitzern versklavt. Das tragische Ende der Reduktionen schildert der britische Film »The Mission« (1986) von Roland Joffé. Die acht Ortschaften der Jesuitenmissionen liegen an der **Ruta Jesuítica** in den Departamentos Itapúa und Misiones, mit der ehemaligen Jesuitenstadt **Encarnación** als zentralem Bezugspunkt.

DEPARTAMENTO ITAPÚA

Nordöstlich von Encarnación findet man entlang der Ruta 6 in Richtung Ciudad del Este zwei zum UNESCO-Weltkulturerbe erklärte Missionen. **La Santísima Trinidad del Paraná** ist die bedeutendste und am besten erhaltene aller 30 südamerikanischen Reduktionen. Sie liegt 700 m abseits der Straße auf einem Hügel. Die restaurierte **Iglesia Mayor** besitzt herrliche Steinmetzarbeiten, darunter eine Kanzel und ein Taufbecken. Berühmt ist der Engelsfries des Altars. Vom wieder aufgebauten Glockenturm bietet sich eine grandiose Aussicht. Zu besichtigen sind auch Werkstätten mit Artesanía-Vorführungen und Wohnräume der Guaraní. Es lohnt sich, in Trinidad zu übernachten, um die Licht- und Tonshow zu erleben, die den Alltag in der Mission zum Leben erweckt.

13 km nordwestlich von Trinidad steht die Reduktion **Jesús de Tavarangüé**. Kirche, Sakristei

Jesuiten schützten die Guaraní bis 1767 in ihren Missionen vor der Ausbeutung durch europäische Großgrundbesitzer

und Wohnbereich blieben unvollendet. Die Fassade zeigt drei maurisch wirkende Bogenportale.

Westlich von Encarnación liegt an einer nach Süden von der Ruta 1 abzweigenden Straße am Río Paraná die Mission **San Cosme y San Damián**. Ihr Hauptgebäude von 1760 wird noch immer als Hauptkirche der Ortschaft genutzt. Herrlich sind das restaurierte Tor, die original erhaltenen bemalten Holzdecken und schmiedeeiserne Fenstergitter. Das **Centro Astronómico Buenaventura Suárez** erinnert an den Jesuitenastronomen, der hier eine verblüffend präzise Sonnenuhr entwarf. Ein Dokumentarfilm erläutert die kosmologischen Vorstellungen der Guaraní.

DEPARTAMENTO MISIONES

Etwa 18 km südlich der Ruta 1 findet man an der Straße nach Ayolas das 1651 gegründete Jesuitenzentrum **Santiago**. In der Kirche am Hauptplatz zeigt eine schöne Schnitzarbeit den hl. Jakob als Maurentöter. Weitere barocke Schnitzkunst präsentiert das **Museo Tesoros Jesuíticos**, darunter den einzigen erhaltenen Holzaltar aller Jesuitenruinen. Im 1698 gegründeten **Santa Rosa** an der Ruta 1 (km 248) blieb eine Loreto-Kapelle mit Wandmalereien und Skulpturen erhalten, darunter eine Mariä Verkündigung, die zu den großen Werken des hispanoamerikanischen Barock zählt.

An der Kreuzung von Ruta 1 und 4 (km 226) liegt **San Ignacio Guazú**. Hier wurde die erste Jesuitenreduktion in Paraguay errichtet. Das **Museo Diocesano del Arte Jesuítico Guaraní** zeigt erlesene Holzschnitzkunst in einer im 17. Jahrhundert aus Adobe-Ziegeln errichteten Werkstatt. Noch wertvoller ist die Sammlung von 60 barocken Heiligenfiguren im 12 km nördlich von San Ignacio gelegenen **Museo de Santa María de Fe**.

UNTERWEGS IN PARAGUAY

Asunción [B2]

Das 1637 an einer Schleife des Río Paraguay gegründete und nach Mariä Himmelfahrt benannte Asunción war in Kolonialzeiten lange das Zentrum der spanischen Verwaltung der La-Plata-Kolonien. Doch mit der zunehmenden Bedeutung von Buenos Aires mit seinem Atlantikhafen im Südosten entstand für Asunción eine übermächtige Rivalin, und die endlosen Weiten des sumpfigen Chaco verwehrten den Zugang zu den unermesslich reichen Silberminen von Potosí im Nordwesten (damals Vizekönigreich Peru, heute Bolivien).

Inzwischen macht sich die etwas über eine halbe Million Einwohner zählende Stadt aber immer hübscher und empfängt seine Besucher besonders freundlich. Wer jedoch raus aus der Stadt will, besucht die typischen Artesanía-Dörfer **Areguá** und **San Bernardino** rund um den **Lago Ypacaraí** sowie **Itauguá**, die Hochburg der *Ñandutí*-Weberinnen, deren filigrane Spitzen weltberühmt sind.

ALTSTADT

Ein Bummel durch den *casco histórico* startet am besten an der **Plaza de los Héroes**. Besonders schön ist es hier im Juli und August, wenn in den vier Parks der Plaza die Lapacho-Bäume in intensivem Rosa erblühen. Hier ist immer etwas los: zahlreiche Straßenmusikanten und fliegende Händler unterhalten das Volk, und wenn gerade mal wieder gegen etwas demonstriert wird, dann hier. An der Nordwestecke (Calle Chile und Calle Palma) erhebt sich Paraguays »Invalidendom«, das monumentale **Panteón de los**

Im Panteón de los Héroes von Asunción ruhen die Helden Paraguays

Héroes, in dem u. a. die beiden López-Diktatoren, aber auch ein Kindersoldat des Chacokrieges ruhen. In der Einkaufsstraße Calle Palma laden Stände zum Kauf von farbenfroh gewebten Körben und Taschen ein.

Nordwestlich der Plaza de los Héroes säumt die **Costanera** das Ufer des Río Paraguay. Auf dem Weg dorthin über die Avenida El Paraguayo Independiente kommt man am architektonisch recht eigenwilligen Regierungssitz **Palacio de los López** vorbei. Diktatur Carlos Antonio López hatte mit dessen Bau ab 1857 begonnen, um eine Residenz für seinen Sohn und Nachfolger zu schaffen. Der britische Architekt Alonso Taylor schuf einen neoklassizistischen Mix aus Weißem Haus, Westminister und Versailles, mit einem Touch Palladio.

Dem Palacio gegenüber liegt das italienisch angehauchte **Centro Cultural Manzana de la Rivera**, dessen restaurierte Häuser über 250 Jahre alt sind. Hier sind das stadtgeschichtliche **Museo Memoria de la Ciudad**, eine Galerie für Wechselausstellungen und eine Bar untergebracht, von der man abends bei einem Cocktail den extravagant illuminierten Palacio bewundern kann.

PLAZA DE ARMAS

Spaziert man vom Palacio auf der El Paraguayo Independiente zurück nach Osten, kommt man zur verschlafen wirkenden **Plaza de Armas**. Hier tagte im alten Cabildo aus den 1840er-Jahren der Nationalkongress bis 2004, bevor er in das neue Kongressgebäude an der Nordwestecke der Plaza umzog. Heute zeigt im Cabildo das **Centro Cultural de la República** historische Exponate, darunter den Präsidententhron der beiden López. Außerdem lernt man hier die Geschichte der wichtigsten Musiker und Schauspieler des Landes kennen. Am Abend gibt es oft kostenlose Konzerte. Die südöstlich der Plaza gelegene neoklassizistische **Catedral** schmückt ein schöner, mit Silber aus dem Besitz der Jesuiten- und Franziskanerorden verzierter Altar. Zwischen der Plaza und der Bucht liegt ein Slumviertel, das Besucher lieber meiden sollten.

Besuchenswert ist dagegen die etwas südwestlich der Plaza zu findende **Casa de la Independencia**. Sie geht auf das Jahr 1811 zurück und ist eines der historisch bedeutendsten Gebäude des Landes. Hier schmiedeten die Architekten der Unabhängigkeit in konspirativen Treffen ihre Pläne. Heute zeigt das Haus Artefakte aus der Zeit der Unabhängigkeitserklärung.

PLAZA URUGUAYA

Ein etwas längerer Spaziergang auf der Eligio Ayala führt von der Casa in südöstlicher Richtung zur schattig-grünen Plaza Uruguaya, an der die elegante **Estación Central de Ferrocarril** steht. Der 1861–1864 erbaute alte Bahnhof der Stadt ist heute ein Eisenbahnmuseum. Weitere fünf Blocks östlich entlang der Eligio Ayala findet man das eher bescheidene, nostalgische **Museo Nacional de Bellas Artes**.

LOMA SAN JERÓNIMO

Der Aussichtshügel westlich des Stadtzentrums in Hafennähe ist heute ein malerisches kleines Viertel mit krummen, kopfsteingepflasterten Gassen, papageienbunt gestrichenen Häuschen und vielen kleinen Familiengeschäften. Vom Mirador der Kirche bietet sich ein schöner Ausblick. Am Sonntag bauen Kunsthandwerker und Garküchen ihre Stände auf, und Straßenmusiker spielen auf. Es lohnt sich, vom nahen Hafen mit einem Boot über den Río Paraguay zu setzen, um von der Ortschaft Chaco'i aus die Skyline von Asunción zu bewundern.

VILLA MORRA UND MUSEO DEL BARRO

Die Elite der Stadt wohnt heute im schicken Vorort **Villa Morra** östlich des Zentrums, das mit Bussen entlang der Avenida España bequem zu erreichen ist. Alles dreht sich hier um das riesige Einkaufszentrum **Shopping del Sol** und den **Paseo Carmelitas**. Hier gibt es viele vorzügliche Restaurants, Bars und das entsprechende

Nachtleben. Unbedingt besuchen sollte man das moderne **Museo del Barro**, das sich neben zeitgenössischer Kunst besonders Paraguays indigener Kunst und Folklore widmet. Wunderschön ist die für Paraguay typische, *ñandutí* genannte spinnennetzartige Webkunst aus der Stadt Itauguá, die heute nur noch wenige Frauen beherrschen. Im Museumsladen kann man erlesene Artesanía erwerben.

Östlich des Río Paraguay

97 % der Bevölkerung leben im östlichen Landesteil Paraguays. Hier findet man fast alle Touristenattraktionen. Highlights sind der Karneval von Encarnación, die Wasserfälle des Río Monday bei Ciudad del Este, der Staudamm von Itaipú, die barocken Jesuitenmissionen und die Hafenstadt Concepción, die als »Perle des Nordens« gilt.

ENCARNACIÓN [C3]

Die 1614 gegründete »Perle des Südens« am mächtigen Río Paraná ist Paraguays drittgrößte Stadt und ein geschäftiger Hafen, über den Holz, Soja, Mate, Tabak, Baumwolle und Felle ausgeführt werden. Einwanderer aus Deutschland, Osteuropa und Japan prägen die kosmopolitische Atmosphäre mit vielen guten Restaurants. Die Altstadt wurde größtenteils beim Bau des Wasserkraftwerkes **Complejo Hidroeléctrico Yacyretá-Apipé** überflutet. Eine Brücke über den Alto Paraná verbindet Encarnación mit der argentinischen Grenzstadt **Posadas**. Drei künstlich aufgeschüttete Sandstrände an der Costanera laden zum Relaxen ein. Die Touristeninformation hält hervorragende Informationen zu den nahen **Jesuitenmissionen** › **S. 204** bereit.

Im Januar und Februar wird in Encarnación an vier Wochenenden *Carnaval* gefeiert und alle Dämme brechen. Schon unter der Woche ist niemand vor den Wasserballons der Kinder gefeit. Höhepunkte sind die Paraden am Wochenende im **Sambódromo** auf der Costanera (www.carnavalencarnaceno.com.py).

CIUDAD DEL ESTE [C2/3]

Das hektische Dreiländereck von Paraguay, Argentinien und Brasilien ist gewöhnungsbedürftig. Doch der zweitgrößten Stadt des Landes (220 000 Einw.) lassen sich auch interessante Facetten abgewinnen. Die 327 km von Asunción entfernte, oft nur kurz »CdE« genannte »Stadt des Ostens« wurde 1957 mit dem Namen Puerto Presidente Stroessner gegründet. Sie erlebte ein explosives Wachstum, als ab 1973 der Bau des gigantischen Itaipú-Staudamms viele Arbeitssuchende anzog. Heute strömen Schnäppchenjäger aus Brasilien und Argentinien auf der Suche nach zollfreien und häufig geschmuggelten Waren in die Stadt. Gefragt sind besonders Elektroartikel, Uhren und Parfüm. Der Markt für gefälschte Marken ist allerdings gigantisch, Edelsteine wie Amethyste und Smaragde sind selten echt, und angebotene Fahrzeuge wurden meist in Brasilien oder Bolivien gestohlen. Fast alle Einkaufszentren, Märkte und Geschäfte liegen an der **Ruta Internacional**, die von Foz de Iguaçu in Brasilien aus den Río Paraná überquert und in Ost-West-Richtung, flankiert von der **Avenida San Blas** und der **Avenida Monseñor Rodríguez**, eine Schneise durch das Stadtzentrum schlägt. Shopping Zuni und Shopping Corazón unterhalten ihre Kunden mit Restaurants, Bars, Klubs und Kinos, doch das »echte« Nachtleben tobt später im Stadtteil **Boquerón** südwestlich des Zentrums.

SALTOS DEL RÍO MONDAY

Die mächtigen dreistufigen Wasserfälle **Saltos del Río Monday** südöstlich der Stadt gelten vielen Besuchern als die eindrucksvollste Touristenattraktion Paraguays. Der hier 390 m breite Fluss stürzt sich in drei Hauptfällen 45 m tief in die Schlucht des Río Paraná.

ITAIPÚ [C2]

Der 20 km nördlich von Ciudad del Este gelegene und mit Bussen nach **Hernandarias** leicht zu erreichende Staudamm (www.itaipu.gov.py) beeindruckt bis heute. Seine Staumauer erreicht

Der Staudamm von Itaipú ist ein gigantisches Meisterwerk der Technik

eine Höhe von 195 m. Im Jahr 2016 produzierte das Wasserkraftwerk über 103 Terawattstunden und deckte damit den Elektrizitätsbedarf Paraguays zu 75 %, den von Brasilien zu 17 %. Auf einer Tour von brasilianischer Seite aus kann man den riesigen, 1 km langen Maschinenraum von innen bewundern. Dafür sind die Busrundfahrten zu den Außenanlagen von paraguayischer Seite aus kostenlos. Jeden Freitag- und Samstagabend findet eine bombastische Lichtshow statt.

Bis heute ist das Wasserkraftwerk bei Umweltschützern umstritten, denn der derzeit weltweit größte Erzeuger von erneuerbarer Energie hat auch Umweltschäden angerichtet. Immerhin haben die Geldgeber des Projekts viel Geld in das **Centro Ambiental** südlich des Staudamms gesteckt. Hier kann man das interaktive und multimediale **Museo de la Tierra Guaraní** sowie den für südamerikanische Verhältnisse geradezu vorbildlichen **Zoológico Regional y Vivero Forestal** besuchen.

CONCEPCIÓN [B2] UND PANTANAL

Die vom 422 km entfernten Asunción sowie von Ciudad del Este gut zu erreichende kultivierte alte Hafenstadt am Ostufer des Río Paraguay ist das wichtigste Handelszentrum im Nordosten des Landes. Anmutige Villen im italienisierenden und Art-déco-Stil prägen die »Perle des Nordens«. Den Morgen kann man mit dem Besuch einiger kleiner Museen verkürzen, am Abend genießt man den stimmungsvollen Sonnenuntergang am Flusshafen. Mit der Aquidaban, einem Frachtschiff mit Schlafkabinen, schippern Abenteuerlustige gemächlich auf dem Río Paraguay von Concepción flussaufwärts durch den **Pantanal** nach Bahia Negra im Dreiländereck von Bolivien, Paraguay und Brasilien. Von dort ist die Forschungsstation **Los Tres Gigantes** am Ufer des Río Negro per Boot zu erreichen. Hier kann man die faszinierende Tierwelt des paraguayischen Pantanal beobachten, vielleicht sogar einen Jaguar.

Gran Chaco [B1/2]

Westlich des Río Paraguay beginnt eine andere Welt, die über 60 % des gesamten Landes ausmacht. Doch nur 2–3 % der Bevölkerung leben hier. Die Ruta 9, der »Trans-Chaco«, führt von Asunción durch dieses »grüne Inferno« bis nach Bolivien.

Der untere, in Flussnähe gelegene **Bajo Chaco** besteht aus feuchter, saisonal überschwemmter Palmensavanne und Sumpfland, der obere **Alto Chaco** ist niedriger trockener Dorn- und Buschwald, dessen stachelige Äste auf der Straße zu sehr erfolgreichen Reifenkillern mutieren. In Richtung Bolivien findet man immer mehr Kakteen. Hier ist es besonders trocken, und die Temperaturen steigen im Sommer oft auf über 45 °C.

An der Grenze der zwei Klimazonen, im **Chaco Central**, findet man schönen Buschwald mit interessanten Bäumen. Der *Palo borracho* (Flaschenbaum) speichert Wasser in seinem birnenförmigen Stamm, der *Palo santo* mit grünem Holz duftet sehr angenehm, und der besonders harte *Quebracho* gilt als »Axtbrecher«. Im Chaco Central haben sich drei Kolonien mit deutschsprachigen Mennoniten aus Russland niedergelassen, doch weite Teile des Chaco sind unbewohnt. Allein unterwegs zu sein (was den Einheimischen nie in den Sinn käme), ist nicht anzuraten. Die Vogelwelt der Chaco-Lagunen ist nicht nur für Ornithologen faszinierend. Gut zugänglich ist die **Laguna Salada**, eine Salzwasserlagune, südöstlich von Loma Plata. Hier kann man chilenische Flamingos, Schwäne, Löffler und Zugvögel aus der Arktis sehen.

Guyra Paraguay (www.guyra.org.py) organisiert Touren durch den etwa 220 km von Filadelfia entfernten, fast unzugänglichen und unberührten Nationalpark **Reserva de la Biosfera del Chaco**. Mit unendlich viel Glück wird man dabei einen der letzten Jaguare Paraguays erspähen. Auch Puma, Tapir und Peccary sowie ein kurzhaariger Guanaco sind hier heimisch. Inzwischen werden im Norden des Chaco leider großflächig Wälder abgeholzt, um Platz für die Rinderzucht zu schaffen.

Am angenehmsten ist eine Reise durch den Chaco im Winter, mit warmen Tagen und kühlen Nächten. Im Sommer herrscht drückende Schwüle, und riesige Mückenschwärme werden zur Plage.

MENNONITEN

Die indigenen Menschen (ca. 28000) machen noch immer etwas mehr als die Hälfte der Bevölkerung des Chaco aus. Die größte Minderheit sind heute Mennoniten deutscher Abstammung. 1927 kamen erstmals etwa 1700 dieser pazifistischen Wiedertäufer nach Paraguay, oft um dem Militärdienst in ihrer Heimat zu entgehen. Es gibt drei administrativ getrennte, aber benachbarte Kolonien: **Menno**, deren Siedler über Kanada aus Russland einwanderten, **Fernheim**, deren Kolonisten direkt aus Russland kamen, und **Neuland**, deren Gruppe nach dem Zweiten Weltkrieg ebenfalls aus Russland kam. Die Mennoniten »schnacken« untereinander Plattdeutsch, sprechen und verstehen aber auch Hochdeutsch, das in ihren Schulen gelehrt wird. Jüngere Mennoniten können auch Spanisch und etwas Englisch.

Die Menschen sind freundlich, durchaus weltoffen und erzählen gerne über ihre Geschichte und Kultur. Ungefähr 18 000 Mennoniten und 20 000 Indigenas aus acht verschiedenen Gruppen leben in etwa 80 Dörfern. Die Indigenas nehmen in der mennonitischen Gesellschaft den untersten Rang ein. In **Yalve Sanga**, etwa 30 km von Neuland, Filadelfia und Loma Plata entfernt, hat sich jedoch eine mennonitische Gemeinde aus etwa 1800 indigenen Einwohnern mit eigener Rechtsfähigkeit und eigenem Landbesitz in 11 landwirtschaftlichen Dörfern organisiert.

Die Mennoniten zählen heute zu den wohlhabendsten Menschen in Paraguay. Sie sind die größten Milchproduzenten des Landes. Ihre drei Kolonien sind so effizient organisiert, wie man es von deutschen Einwanderern erwartet – mit Backsteinhäusern, gepflegten Blumengärten, Zitrusplantagen und guten Straßen mit Parks und Gehwegen. Die Hotels und Restaurants sind tadellos sauber, die Dienstleistungen, auch die touristischen, sehr effizient. Richtig Aufregung herrscht in dieser Region nur, wenn in der letzten Septemberwoche die »knallharte« Trans-Chaco-Rallye stattfindet und damit die Preise aller Unterkünfte in die Höhe schießen.

DREI KOLONIEN

Dreh- und Angelpunkt des Chaco-Tourismus ist das 466 km von Asunción entfernte Städtchen **Filadelfia**. Dessen Kolonie **Fernheim** liegt ganz in der Nähe der Ruta Trans-Chaco und besitzt gleich mehrere kleine Museen. Das **Museo Jacob Unger** bietet einen Einblick in das Pionierleben im Chaco und zeigt Artefakte der indigenen Völker der Region. Das **Museo de la Colonia** ist im einzigen erhaltenen Gebäude der ersten Pioniere untergebracht.

Loma Plata ist die größte der drei mennonitischen Städte und ein Zentrum der Milchwirtschaft, aber abgesehen vom kleinen **Museo de Historia Mennonita** nicht übermäßig interessant. Gute Touren werden im Hauptort der Kolonie Neuland, **Neu Halbstadt**, arrangiert. Das Städtchen liegt 381 km nordwestlich und verfügt über die beste touristische Infrastruktur. Das **Museo Histórico** zeigt zahlreiche Objekte, die von den ersten Mennoniten aus Russland mitgebracht wurden. Sehr schön ist ein Spaziergang auf angelegten Wegen durch den 35 ha großen kakteenreichen **Parque la Amistad**, in dem im September und Oktober farbenfrohe wilde Orchideen blühen.

Manche Bewohner der Mennonitensiedlungen Paraguays sind noch immer mit altertümlichen Kutschen unterwegs

URUGUAY

Der alte Leuchtturm von Cabo Polonio steht seit 1976 unter Denkmalschutz

A
B
C
1
2
3
4
Calchaquí
Alejandra
Esquina
Sarandí
Avalos
Barrancas
Sauce
Curuzú Cuatiá
Paso de los Libres
Uruguaiana
Libertad
BR 472
Libertador
Monte Caseros
Barra do Quaraí
Quaraí
Bernabé Rivera
La Criolla
Guayquiraró
San José de Feliciano
San Jaime d.l.Frontera
Bella Unión
Artigas
Gobernador Crespo
La Brava
San Javier
Los Conquistadores
Baltasar Brum
Pintado Grande
San Justo
La Paz
Feliciano
Chajarí
Belén
Saladero M. Cabal
Conscripto Bernardi
Federal
Santa Elena
Federación
Constitución
Arapey Grande
Sequeira
Emilia
Helvecia
Gualeguay
Colonia Lavalleja
Laguna Paiva
Saladillo
Hernandarias
Bovril
Valentín
Recreo
Pueblo Arrúa (Alcaraz)
Sauce de la Luna
Concordia
Salto
Santa Fé
Río Paraná
El Pingo
San Salvador
Carumbé
Paraná
Paso de la Laguna
Ubajay
Chapicuy
Daymán
Viale
Uruguay
Villaguay
P.N.El Palmar
Quebracho
Tambores
El Eucaliptus
Diamante
Crespo
Dominguez
Villa Elisa
Piedra Sola
Nogoyá
Rosario del Tala
Lorenzo Geyres
Queguay Grande
Lucas González
Basavilbaso
Colón
Paysandú
Guichón
Nogoya
San Félix
Algorta
Cuchilla
Victoria
Tres Bocas
Concepción del Uruguay
San Javier
San Lorenzo
General Galarza
Urdinarrain
Paso de los Toros
Cap. Bermúdez
Young
Grecco
ROSARIO
Nuevo Berlín
Arroyo Grande
Larroque
Gualeguaychú
Fray Bentos
Villa Gobernador Gálvez
Arroyo Seco
Río Negro
Carlos Reyles
Villa Constitución
Gualeguay
Cerro Vera
Santa Teresa
San Nicolás de los Arrocos
Mercedes
Yí
Paraná Ibicuy
Soriano
Romallo
Palmitas
Durazno
Medio
Conesa
Ceibas
Dolores
Cañada Nieto
José Enrique Rodó
Trinidad
San Pedro
Ibicuy
Nueva Palmira
Sarandí Grande
Pergamino
La Violeta
Villa Paranacito
S.Salvador
Cardona
Doyle
Baradero
Arrecifes
Carmelo
Ombúes de Lavalle
Ismael Cortinas
San Gregorio
Carrio
Zárate
Delta del Paraná
Florida
Rojas
Capitán Sarmiento
San Antonio de Areco
Conchillas
Tarariras
Rosario
Nueva Helvecia
San José de Mayo
Salto
Campana
Carmen de Areco
Pilar
Tigre
S.Isidro
Colonia del Sacramento
Juan L.Lacaze
Santa Lucía
San Andrés de Giles
San Miguel
Gral.S.Martín
Castilla
Luján
Morón
BUENOS AIRES
Canelones
Chacabuco
Mercedes
San Justo
Avellaneda
Libertad
Progreso
Chivilcoy
Quilmes
Lomas de Zamora
Río de la Plata
Warnes
Delta del Tigre
Almte. Brown
La Plata
Alberti
Navarro
ARGENTINIEN
Bragado
Plá
Salado
Elvira
Lobos
Coronel Brandsen
Magdalena

Alegrete
D
E
F
São Vicente do Sul
Santa Maria
Agudo
Candelaria
BR 287
Lagoa Porové
Cacequi
Restinga Seca
Santa Cruz do Sul
Vale Verde
Jacuí
BR 290
Guabijú
São Sepé
Cachoeira do Sul
Rio Pardo
São Jerônimo
Butiá
1
Rosário do Sul
São Gabriel
BR 290
Pântano Grande
Caçapava do Sul
Durasnal
BR 158
BRASILIEN
Encruzilhada do Sul
Santana do Livramento
Armada
São José
Dom Feliciano
Camaquã
Rivera
BR 293
Dom Pedrito
Lavras do Sul
BR 153
Santana da Boa Vista
Camaquã
BR 116
Ataques
Palmas
BR 392
Cristal
5
Cancelão
Canguçu
Bagé
BR 293
Piratini
Arthur Lange
São Lourenço do Sul
Minas de Corrales
BR 153
Pinheiro Machado
2
Vichadero
Aceguá
Pelotas
Alto Alegre
Ansina
Aceguá
Capão do Leão
Isidoro Noblía
São José do Norte
26
Las Toscas
Herval
BR 116
Quinta
Rio Grande
Cassino
URUGUAY
Melo
Cuch. de Mangrullo
Jaguarão
Yaguarón
Arroio Grande
Río Negro
Fraile Muerto
San Gregorio de Polanco
Río Branco
Jaguarão
Taim
Lagoa Mirim
Verdún
7
Laguna Merín
Blanquillo
Sta. Clara de Olimar
Vergara
8
Curral Alto
Gral. Enrique Martínez
3
Cerro Chato
BR 471
Treinta y Tres
Lagoa Mangueira
Sarandí del Yí
Cebollatí
José Batlle y Ordóñez
José Pedro Varela
Cebollatí
San Luis al Medio
Santa Vitória do Palmar
Lascano
Chuí
Alejandro Gallinal
Pirarajá
Chuy
La Coronilla
Mariscala
Casupá
Velázquez
P.N. Santa Teresa
Laguna Negra
7
Castillos
Tala
Aiguá
8
Minas
Solís de Mataojo
Rocha
Cabo Polonio
Laguna de Castillos
4
Pan de Azúcar
9
9
La Paloma
San Carlos
Cabo Santa Maria
Atlántida
0
40 km
Maldonado
Piriápolis
Punta del Este
D
E
F
Cuchilla de Santana
Cuchilla Grande

URUGUAY IN KÜRZE

Staatsname: República Oriental del Uruguay
Fläche: 176 215 km²
Hauptstadt: Montevideo
Amtssprache: Spanisch
Einwohner: 3,46 Mio. (2018 geschätzt, davon allein an die 2 Mio. im Großraum von Montevideo)
Landesvorwahl: 00598
Währung: Peso uruguayo (UYU)
Zeitzonen: Während der europäischen Sommerzeit MEZ – 5 Std., während der Winterzeit – 4 Std.

LAGE

Das Land »östlich des (Río) Uruguay« ist das kleinste spanischsprachige Land in Südamerika. Uruguay hat im Norden eine 985 km lange Grenze mit Brasilien und im Westen (durch den Río Uruguay getrennt) eine 579 km lange Grenze mit Argentinien. Im Osten grenzt es an den Atlantischen Ozean, im Süden an die Mündung des Río de la Plata. Die Küste ist 660 km lang. Das Land ist etwa halb so groß wie Deutschland.

POLITIK

Uruguay ist eine Präsidialrepublik mit 19 Departamentos. Die Verfassung wurde zuletzt 1966 durch Volksabstimmung genehmigt und zuletzt 2016 geändert. Staatsoberhaupt ist seit 1. März 2015 Präsident Tabaré Vázquez *(Partido Socialista)*, der die Stichwahl mit 56,5 % der Stimmen gegen Luis Alberto Lacalle Pou *(Partido Nacional)* gewann. Der Präsident ist sowohl Staatsoberhaupt als auch Regierungschef. Präsident und Vizepräsident werden mit absoluter Mehrheit in zwei Wahlgängen für eine Amtszeit von fünf Jahren direkt gewählt. Die nächsten Wahlen finden im Oktober/November 2019 statt.

Das Parlament Uruguays *(Asamblea)* ist ein Zweikammersystem. Die 30 Mitglieder der Senatskammer *(Camara de Senadores)* werden direkt in einem einzigen landesweit stattfindenden Wahlgang für 5 Jahre gewählt. Die Abgeordnetenkammer *(Cámara de Representantes)* zählt 99 Mitglieder, die direkt in Wahlkreisen für 5 Jahre gewählt werden. Stärkste Kraft ist das Linksbündnis Frente Amplio mit 50 Sitzen, gefolgt von der Nationalpartei mit 32 Sitzen.

WIRTSCHAFT

Die ersten Rinder und Pferde wurden Anfang des 17. Jahrhunderts aus Europa eingeführt und im endlosen Grasland der Pampa ausgesetzt, wo sie perfekte Bedingungen vorfanden und zu riesigen Herden anwuchsen. Diese begründeten Ende des 19. Jahrhunderts den stark vom Export abhängigen Wohlstand des Landes. Dazu kommt ein angesichts der Größe des Landes außerordentlich mächtiger Bankensektor. Montevideo gilt als »sicherer Hafen«, der Anleger aus ganz Südamerika anzieht.

Das Land engagiert sich sehr intensiv beim Ausbau des Handels innerhalb und außerhalb des Gemeinsamen Marktes Südamerikas *(Mercosur)*. Präsident Vázquez Tabaré führt die in Uruguay schon seit über hundert Jahren erfolgreich praktizierte Strategie fort, die eine marktfreundliche Politik mit einem vorbildlichen sozialen Sicherheitsnetz kombiniert. Selbst in diktatorischen Zeiten wurde dieses Prinzip nicht aufgegeben. Das Land wird daher gerne als »Schweiz Südamerikas« bezeichnet, woran die lange Zeit sehr diskreten Banken, bei denen Argentinier und Brasilianer ihr Geld unbehelligt vom heimischen Fiskus und Währungskrisen in US-Dollar anlegen konnten, sicher nicht unschuldig waren.

Die wirtschaftlichen Einbrüche in den späten 1990er- und frühen 2000er-Jahren wurden maßgeblich von der Wirtschafts- und Währungskrise in Argentinien befeuert, unter der besonders der Banken- und Exportsektor litt. Im Zeitraum 2004–2008 betrug das Wirtschaftswachstum Uruguays aber bereits wieder durchschnittlich 8 % pro Jahr. Die globale Finanzkrise 2008/09 bremste das starke Wachstum 2009 auf 2,6 % ab. Dennoch gelang es dem Land, eine Rezession zu vermeiden und positive Wachstumsraten beizubehalten, vor allem durch höhere öffentliche Ausgaben und Investitionen. Das Bruttoinlandsprodukt stieg 2010 um 8,9 %, sein Wachstum verlangsamte sich jedoch im Zeitraum 2012–2016 infolge einer erneuten Abkühlung der Weltwirtschaft und Problemen bei den wichtigsten Handelspartnern Uruguays und des *Mercosur*: Argentinien und Brasilien. Aufgrund von Reformen in diesen Ländern erwartet Uruguay einen neuerlichen wirtschaftlichen Aufschwung. Das Wachstum hat sich 2017 bereits beschleunigt.

Die Landwirtschaft (bes. Zellulose, Rindfleisch, Sojabohnen), in der 13 % der Bevölkerung beschäftigt sind, spielt mit 6,2 % des BIP inzwischen in Uruguay nur noch eine untergeordnete Rolle. 25 % erwirtschaftet die Industrie (Lebensmittelverarbeitung, Elektromaschinen, Transportgeräte, Erdölprodukte, Textilien und Chemikalien) mit 14 % aller Beschäftigten, während Dienstleistungen (besonders Finanzwirtschaft) im Jahr 2017 für 68,8 % des BIP verantwortlich waren, dies mit ca. 73 % aller Beschäftigten. Die Arbeitslosenquote betrug 2017 geschätzt 7,3 %.

Der Tourismus ist inzwischen eine der bedeutendsten Einnahmequellen des Landes. Er erwirtschaftet etwa 7,5 % des BIP und beschäftigt direkt und indirekt an die 113 000 Menschen. 2017 besuchten fast 4 Millionen Reisende, überwiegend aus Argentinien und Brasilien, das Land. Sie spülten etwa 2,3 Milliarden US-Dollar in die Kassen Uruguays.

Der Hafen von Montevideo exportiert besonders Zellulose, Rindfleisch und Sojabohnen

URUGUAYS GESCHICHTE

DIE KOLONIALZEIT

Banda Oriental (Östliches Ufer), wurde in der spanischen Kolonialzeit das heutige Uruguay genannt. 1808 bildete der Cabildo von Montevideo einen autonomen Rat, der zu dem von Napoleon abgesetzten spanischen König stand. Aufständische entmachteten zwei Jahre später im Mai 1810 in Buenos Aires den Vizekönig Baltasar de Cisneros. Montevideo wurde daraufhin unter dem neuen Vizekönig Francisco Javier de Elío zum Zentrum der spanischen Royalisten.

KAMPF UM DIE UNABHÄNGIGKEIT

José Gervasio Artigas (1764–1850) organisierte 1811 im Landesinneren eine breite Aufstandsbewegung gegen die spanische Krone. Es folgten längere Kämpfe gegen die kolonialen, später auch gegen argentinische Truppen, da die Banda Oriental wieder in die Vereinigten Provinzen des Río de la Plata eingegliedert werden sollte. Artigas wollte jedoch eine Konföderation der La-Plata-Provinzen, mit kompletter Unabhängigkeit von Spanien, republikanischer Regierung, Gewaltenteilung, Garantie der bürgerlichen Freiheitsrechte, Autonomie der Provinzen sowie die Abschaffung aller Handelsprivilegien für Buenos Aires. Bald kontrollierte er die gesamte Banda Oriental und schloss diese mit den nördlichen argentinischen Provinzen zu einer »Liga Federal« zusammen. Eine Agrarreform enteignete die spanischen Großgrundbesitzer und teilte die Ländereien unter der mittellosen Landbevölkerung auf. Daraufhin annektierte Brasilien 1817 die Banda Oriental.

1825 überquerten die »33 Orientalen« unter Juan Antonio Lavalleja den Río Uruguay und vereinigten sich mit den Truppen unter der Führung von José Fructuoso Rivera, dem späteren Begründer der *Colorados*. Am 25. August 1825 wurde schließlich die Unabhängigkeit Uruguays ausgerufen, die auf britischen Druck 1828 im Frieden von Río de Janeiro von Argentinien und Brasilien anerkannt wurde. Am 18. Juli 1830 wurde die erste Verfassung Uruguays verabschiedet.

KRIEGE UND AUFSCHWUNG

Die nun folgenden Jahrzehnte waren von blutigen Interessenskonflikten zwischen Handelsliberalen *(Colorados)* und dem protektionistischen Agrarsektor *(Blancos)* geprägt. In die Guerra Grande (1839–1851) mit neunjähriger Belagerung von Montevideo mischte sich auch Brasilien ein, doch sicherten britische und französische Kriegsschiffe die Versorgung der Hafenstadt. Die

Konflikte fanden ihren Höhepunkt im entsetzlich verlustreichen Dreifachallianzkrieg gegen Paraguay (1864–1870). Anschließend regelten Blancos und Colorados ihre Einflussbereiche: die Colorados erhielten Montevideo und den Küstenstreifen, das Hinterland mit seinen Agrargebieten ging an die Blancos.

Das fast entvölkerte Land zog nun Hunderttausende Einwanderer an, meist aus Italien und Spanien. Montevideo wuchs besonders rasch, die Wirtschaft blühte auf. Autoritäre, aber gleichzeitig »progressive« Regierungen (1876–1890) modernisierten das Land, das von einer durch Immigranten stark verbesserten Rinder- und Schafzucht sowie exzellenten Beziehungen zu Großbritannien profitierte. Die Jahrhundertwende prägten wieder bewaffnete Putschversuche, die 1904 mit dem Sieg der Colorados endeten.

Unter günstigen wirtschaftlichen Voraussetzungen einer prosperierenden Agrarwirtschaft und eines bis heute sehr bedeutenden Bankensystems schuf der zweimalige Präsident José Batlle y Ordóñez die erste soziale Demokratie des Kontinents. Ab 1905 sorgten Fleischtransporte mit Kühlschiffen für weiteren Wohlstand. 1930 gewann Uruguay als Gastgeber die erste Fußballweltmeisterschaft. Es folgte die unerfreuliche Zeit der Diktatur von Gabriel Terra (1931–1938).

Während des Zweiten Weltkrieges stand Uruguay ab 1942 auf der Seite der Alliierten. Mit der Regierung des Colorado-Präsidenten Juan José Amézaga (1943–47) demokratisierte sich das Land und trieb Sozialreformen voran. Unter Luis Batlle Berres (1947–1951) stieg Uruguay zu einer der fortschrittlichsten Nationen Südamerikas auf. Am 16. Juli 1950 gewann die Nationalmannschaft das Endspiel der vierten Fußball-WM in Rio de Janeiro gegen Brasilien mit 2:1 *(Maracanaço)*.

KRISEN UND FORTSCHRITT

1958 wurden nach 93 Jahren Colorado-Regierung die Blancos mit großer Mehrheit gewählt. Die Nachfrage für landwirtschaftliche Produkte sank: Die Folge waren Massenarbeitslosigkeit, Inflation und ein niedrigerer Lebensstandard. In Montevideo entstand die Stadtguerillabewegung der Tupamaros. 1973 übernahm das Militär die Macht. Erst 1985 kehrten durch die kluge Wirtschafts-, Sozial- und Versöhnungspolitik des frei gewählten Widerständlers Julio María Sanguinetti Demokratie und Aufschwung zurück. Unter Luis Alberto Lacalle (1990–1995) wurde Uruguay 1991 Mitbegründer des Gemeinsamen Marktes Südamerika *(Mercosur)*. Zwischen 1995 und 2000 verbesserte sich Uruguays Lage mit der erneuten Präsidentschaft von Julio María Sanguinetti weiter. Die Zeit seines Nachfolgers, Jorge Luis Batlle Ibáñez, war dagegen von Rezession und Bankenkrisen geprägt. 2005 übernahm der Linkskandidat Tabaré Vázquez das Präsidentenamt. Auch sein Nachfolger José Mujica (2010–2015) kam aus den Reihen des Frente Amplio, einer Koalition linksgerichteter Parteien. Seit dem 1. März 2015 ist Vázquez wieder Präsident.

Der zweimalige Staatspräsident Julio Maria Sanguinetti war ein leidenschaftlicher Verfechter der Demokratie

GAUCHOS UND TURISMO RURAL

Fest verwurzelt in der kollektiven Psyche Uruguays und Argentiniens ist der Gaucho – Nachfahre von iberischen Einwanderern und Indigenas, die in den Pampas Viehzucht betreiben, aber mit dem schnöden Begriff »Viehhirte« ungenügend beschrieben wäre.

In Uruguay verdankt der Gaucho seine Existenz Hernando Arias de Saavedra, der 1603 Rinder und Pferde in die Banda Oriental einführen ließ. In der Einsamkeit der großen Pampas gab es Wasser und zarte Gräser für das Vieh, und der freie Gaucho führte mit seinem Pferd ein bescheidenes Nomadenleben fernab der Zivilisation. Er wurde respektiert, hielt Wort und war als kämpferischer Menschentyp mit hervorragenden reiterischen Fähigkeiten und Landeskenntnissen stets maßgeblich an unzähligen Revolten beteiligt – oft auf beiden Seiten. Uruguays berühmtester Gaucho-Caudillo ist der Freiheitskämpfer José Gervasio Artigas.

Anfänglich streiften die Gauchos durch die Pampa, um verwilderte Rinder und Pferde zu fangen. Ihren Lebensunterhalt verdienten sie sich mit der Produktion von Leder und Talg. Später waren Gauchos begehrte Verwalter und Aufseher entlegener *Estancias*, um die sich die Besitzer selbst nicht kümmerten. Zum Einfangen der Rinder setzen die Gauchos eine Stange mit einem halbmondförmig angebrachten Draht ein, dazu auch die sog. *boleadoras*: drei Steine, die mit einer Schnur zusammengebunden sind und sich in den Beinen des Viehs verfangen. Unverzichtbare Ausstattung sind das Gaucho-Messer *facón*, das Lasso, die weiten, bis zum Knöchel reichenden *Bombacha*-Hosen und der *culero*, eine Schürze aus weichem Leder, die um die Taille gebunden und auf der linken Seite offen ist. Der typische Poncho des Gauchos (der diesem gelegentlich als Schild in Messerkämpfen diente) leistet auch Touristen auf Ausritten gegen Wind und Wetter gute Dienste.

Auf dem Festival der Gaucho-Kultur in Tacuarembo führen Uruguays »Cowboys« ihre Künste vor

Ihre Blütezeit hatten die Gauchos im 19. Jahrhundert. Wer den Mythos um die Gauchos wirklich begreifen möchte, sollte den Roman »Don Segundo Sombra« von Ricardo Güiraldes lesen. Dieser nostalgische Rückblick auf das Pampa-Leben schildert die Beziehung zwischen einem kleinen Jungen und seinem Gaucho-Mentor. Geschrieben 1926, einige Jahrzehnte nach dem Ende der Gaucho-Ära, trug der Roman maßgeblich dazu bei, das Bild des südamerikanischen »Cowboys« von einem gewalttätigen, unerwünschten zu einem starken, unabhängigen Mann mit einfachem Geschmack zu wandeln. Gauchos gab und gibt es auch in Paraguay, Bolivien und Brasilien, wo sie allerdings weniger romantisch verklärt werden.

URLAUB MIT GAUCHOS

Endlose Weideflächen und riesige *Estancias* prägen Uruguays weites Hinterland und den kaum besuchten, dünn besiedelten Norden. Immer mehr *Estancias* bieten Urlaubsunterkünfte an, grenzenlose überschäumende Gastfreundschaft inklusive. Besonders attraktiv ist die sanfte Hügellandschaft rund um das geschichtsträchtige Städtchen Minas, das vom etwa 120 km entfernten Montevideo und Punta del Este leicht zu erreichen ist. Wer einmal mit einem echten Gaucho Mate getrunken hat, ist erst wirklich in Uruguay angekommen. Sein munter machender Genuss ist eine geheiligte Zeremonie. Getrunken wird der etwas bittere, mit heißem, aber nicht kochendem Wasser aus einer Thermoskanne aufgegossene Sud aus einem gefüllten Kürbisbecher mit metallenem Saugröhrchen *(bombilla)*, der von Gast zu Gast gereicht wird.

Ein besonders gutes Angebot an *Estancias* findet man bei Lares (www.lares.com.uy), eine komplette Liste aller *Estancias (Establecimiento Rural)* ist unter www.turismo.gub.uy erhältlich.

UNTERWEGS IN URUGUAY

Montevideo [C4]

Die Hauptstadt Uruguays gilt als entspannte Nachbarin von Buenos Aires: Vielleicht nicht ganz so schick, aber kaum weniger kosmopolitisch, und das alles nur eine zweistündige Bootsfahrt mit dem »Buquebus« über den Río de la Plata von Argentiniens Metropole entfernt.

Mit rund 1,4 Millionen Einwohnern ist Montevideo das politische und wirtschaftliche Zentrum Uruguays. Gegründet wurde es 1726 als Festung gegen portugiesische Übergriffe am Nordufer des Río de la Plata. Wie Buenos Aires erlebte Montevideo im 19. Jahrhundert eine Masseneinwanderung aus Europa, vor allem aus Italien und Spanien. So findet man hier einen ähnlichen Architekturmix wie in Buenos Aires.

Montevideo gilt zumindest den Uruguayern als wahre Heimat des Tangos, der in zahllosen Bars hingebungsvoll gespielt wird. Auch die Steaks sind die besten der Welt (finden die Urus). Und dann der Karneval! Nirgendwo in Südamerika dauert er länger als in Montevideo. Dazu kommen jede Menge teils recht skurriler Museen, ein faszinierender Flohmarkt sowie Intellektuellentreffs in Buchhandlungen und Kulturzentren. Im **Barrio Sur** schlägt das Herz der »afrikanischen« Stadt: Das Viertel lebt im Rhythmus der Candombé-Trommeln. Schick ausgehen und Shopping ist wiederum in **Punta Carretas** oder **Pocitos** angesagt.

CIUDAD VIEJA

Ein Hauch Havanna weht durch die Altstadt Montevideos. Tatsächlich wurde mancher Hollywoodstreifen mit Schauplatz Kuba hier gedreht. Zerbröckelnde Häuser, Kopfsteinpflaster, Museen, Galerien und der fantastische Mercado del Puerto sind die Highlights. Spaziergänge beginnen meist an der **Plaza Independencia**, den

Die Gebäude an der Plaza Independencia in Montevideo zeigen einen wilden Stilmix

ein gewöhnungsbedürftiger Stilmix prägt. Die **Puerta de la Ciudadela** (1746) markiert den ersten Standort der Zitadelle von Montevideo. José Artigas, dem großen Freiheitskämpfer des Landes, ist eine 17 m hohe Statue gewidmet, unter der sich sein Mausoleum verbirgt. An der Ostseite erhebt sich der eklektische **Palacio Salvo** (1923–1928), seinerzeit das höchste Bauwerk Südamerikas. Der Präsident muss in der unattraktiven **Torre Ejecutiva** arbeiten. Schöner ist der neoklassizistische alte Präsidentenpalast von 1873 auf der Südseite des Platzes. Hier erzählen das **Museo Casa de Gobierno** von den oft eigenwilligen Präsidenten des Landes und gleich nebenan das **Museo del Tango** von der Exzentrik im Tanz.

Ein kulturelles Highlight ist das **Teatro Solís** von 1856, mit dessen Prunk nur das Teatro Colón in Buenos Aires und das Opernhaus im brasilianischen Manaus mithalten können. Es werden Führungen angeboten, doch man sollte unbedingt eine Aufführung erleben – gerne auch Tango.

Unterhaltsam ist ein Bummel durch die Fußgängerzone **Peatonal Sarandí** von der Puerta de la Ciudadela zur **Plaza de la Constitución**. Den ältesten Platz Uruguays (auch Plaza Matriz genannt), beherrscht die unspektakuläre **Catedral Metropolitana** von 1790. Weit aufregender sind zwei nahe Museen. Das **Museo Torres García** widmet sich dem visionären Künstler Joaquín Torres García. Dieser schuf z. B. das berühmte umgedrehte Bild Südamerikas, das aus der Artesanía Uruguays nicht wegzudenken ist. Die Wandmalereien und Skulpturen des litauischen jüdischen Immigranten José Gurvich erinnern an Chagall und Miró. Sie sind im **Museo Gurvich** zu bestaunen.

Noch mehr Kunst wartet weiter westlich an der grünen, nach dem Gründer von Montevideo benannten **Plaza Zabala**. Im prunkvollen Privathaus **Palacio Taranco** an der Nordseite präsentiert das **Museo de Artes Decorativas** eine erlesene Sammlung uruguayischer Kunst und sehr schöne Keramik aus aller Welt.

In Montevideos Mercado del Puerto kommen Fleischliebhaber auf ihre Kosten

Auf dem **Mercado del Puerto** kommen Feinschmecker auf ihre Kosten. Besonders mittags laden zahlreiche Hafenrestaurants zum Verweilen in stimmungsvoller Atmosphäre mit zahlreichen Musikern ein. Hier findet man auch das **Museo del Carnaval**. Nach einem Besuch wird man sich fest vornehmen, das dreimonatige Fest mit Umzügen, *Tablados* (Bühnen) und *Murgas* (wild trommelnde Straßenkapellen) live zu erleben. Besonders spektakulär sind die Eröffnungs- und Abschlussparaden auf der Avenida 18 de Julio, während die größten Veranstaltungen im **Teatro de Verano** stattfinden.

AUSSERHALB DER ALTSTADT

Die Haupteinkaufsstraße Avenida 18 de Julio führt vom östlichen Ende der Plaza Independencia zur grünen **Plaza Fabini**. Ab 16 Uhr kann man hier Tango tanzende Pärchen jeglichen Alters beobachten und ein faszinierendes **Museo del Gaucho** besuchen. Sechs Blocks östlich (eine kurze Taxifahrt) lockt der riesigen **Palacio Municipal** mit einem Aussichtspunkt *(Mirador)* im

22. Stock und dementsprechend fantastischem Blick. Unterhalb des Palacio widmet sich das *Museo de Historia del Arte* u. a. der prähispanischen Kunst. »Antike« Schnäppchen gibt es garantiert ein paar Blocks östlich auf dem **Tristan Narvaja** genannten größten Straßenmarkt Montevideos (So 10–15 Uhr). Auch an Werktagen laden hier viele kleine Geschäfte und Cafés zum Verweilen ein. Anschließend geht es ins Gefängnis, denn das **Espacio de Arte Contemporáneo** (wieder ein paar Blocks östlich) zeigt in einem ehemaligen Zuchthaus von 1888 zeitgenössische Kunst von Weltrang.

Uruguays Westen

Nur eine Stunde von Montevideo sowie Buenos Aires entfernt, mit Bus und Boot (Buquebus, Colonia Express und Seacat) leicht zu erreichen und daher von Tagesausflüglern viel besucht ist das ungemein charmante **Colonia del Sacramento**. Verschlafener gibt sich das Weinstädtchen **Carmelo**. Hier kann man nach dem Besuch der Weingüter an ruhigen Flussstränden relaxen.

COLONIA DEL SACRAMENTO [B4]

Das einfach nur »Colonia« genannte Städtchen ist aus einem portugiesischen Schmugglerhafen aus dem 17. Jahrhundert hervorgegangen, dessen Bewohner den Spaniern in Buenos Aires am anderen Ufer des Río de la Plata gehörig auf dem Geldbeutel lagen. Heute bringen die *Porteños* die Pesos freiwillig. So konnte sich das Städtchen mit dem **BIT** ein verblüffend modernes Informationszentrum am stillgelegten alten Bahnhof leisten, das schon manchem Ausflügler einen längeren Urlaub in Uruguay schmackhaft gemacht hat. Von hier bummeln Tausende durch das stimmungsvolle, zum Weltkulturerbe erklärte **Barrio Histórico**, stolpern über kopfsteingepflasterte Straßen, essen Steaks zu uruguayischem Wein in richtig guten Restaurants und verschwinden meist abends wieder. Im Licht der Straßenlaternen herrscht dann Idylle pur. Übernachten lohnt sich, denn am frühen Morgen erstrahlen die farbenfrohen Kolonialhäuser im klaren Licht, und kein Tourist stört das Fotomotiv.

PLAZA MAYOR UND UMGEBUNG

An der Südwestecke des Platzes, auf dessen Bäumen Sittiche zwitschern, steht der 1857 errichtete **Faro** (Leuchtturm), von dem aus man an klaren Tagen Buenos Aires sehen kann. An der südöstlichen Ecke findet man die Reste des alten Stadttores **Portón de Campo**. Etwas nördlich der Plaza steht die **Iglesia Matríz**, angeblich die älteste Kirche Uruguays. Die insgesamt neun kleinen Museen sind hübsch, weltkulturell aber nicht bewegend. Im stadthistorischen und naturkundlichen **Museo Municipal** an der Westseite der Plaza Mayor ist ein Sammelticket erhältlich. Einen Eindruck vom bürgerlichen Leben der Kolonialzeit vermittelt die **Casa Nacarello** nebenan mit historischen Möbeln. Im **Museo del Período Histórico Portugés** sind schöne alte Azulejos zu bewundern. Das **Museo del Período Histórico Español** konkurriert mit sieben Ölbildern des berühmtesten zeitgenössischen Malers Uruguays, Carlos Páez Vilaró. Sie schildern die bedeutendsten Augenblicke in der Geschichte von Colonia. Die alte Ziegelfestung **Bastión del Carmen** am Nordrand des Barrio Histórico dient heute als Kulturzentrum mit Theater, Galerie und Geschichtsmuseum.

REAL DE SAN CARLOS

Außerhalb des Zentrums ließ der Millionär Nicolas Mihanovic zwischen 1903 und 1912 einen heute weitgehend verlassenen exklusiven Touristenkomplex für reiche Argentinier errichten. Die großspurige Stierkampfarena hat nur acht Kämpfe gesehen, und auf dem verfallenen *Frontón* wird längst kein baskisches *Pelota* mehr gespielt. Nur auf der Rennbahn des Hipódromo laufen noch heute die Pferdchen. In Colonia werden Reitausflüge am nahen Strand und in die Wälder und Weingüter außerhalb der Stadt organisiert.

Der Leuchtturm in der Altstadt von Colonia del Sacramento wurde 1857 erbaut

CARMELO [B4]

Das Städtchen wurde zwar 1816 von dem uruguayischen Freiheitshelden General Artigas gegründet, ist aber nicht so geschichtsträchtig wie das nahe, per Bus leicht zu erreichende Colonia del Sacramento. Schnäppchenpreise darf man hier nicht erwarten, denn Carmelo wird bei Jachtbesitzern und anspruchsvollen Weinkennern immer beliebter, die Ausflüge in die idyllische Hügellandschaft unternehmen. Alle Bodegas laden zu Wein- und Olivenölverkostungen ein. 1913 gegründet wurde die **Bodega Familia Irurtia**, die nach wie vor in Familienbesitz ist. Im historischen Keller kann man nach einer Führung vorzügliche Tropfen (Tannat, Pinot Noir und Malbec) verkosten.

Der englische Name der **Wine Lodge Narbona** deutet schon darauf hin: Hier wird es kostspielig, und tatsächlich dürfte eine Übernachtung auf diesem exklusiven Weingut mit Toskanaambiente das Budget der meisten Reisenden sprengen. Aber eine Weinprobe im alten Keller von 1909 sollte man sich nicht entgehen lassen. Besonders Tannat, aber auch Pinot Noir, Petit Verdot, Viognier und Syrah kann man verkosten, wer mag auch bei feiner Küche im Restaurant des Weingutes.

Weinselig und müde lässt es sich herrlich an einem der nahen Sandstrände entspannen. Nur 15 Minuten zu Fuß vom Stadtzentrum Carmelos entfernt lockt die schattige und ruhige **Playa Sere** an einer Küste mit weißen, oft völlig einsamen Sandstränden. Der schönste ist die anderthalb Kilometer östlich von Carmelo gelegene **Playa Ferrando**.

FRAY BENTOS [B3]

Carmelo ist aber auch ein guter Ausgangspunkt, um das 136 km flussaufwärts gelegene Fray Bentos zu besuchen (Busverbindung). Dort steht eine 1858 gegründete, zum Weltkulturerbe der UNESCO erklärte Fleischverarbeitungsfabrik, ein Denkmal der industriellen Revolution. Bis in die 30er-Jahre des 20. Jahrhunderts wurden hier kräftigende Brühwürfel und Fleischextrakte produziert. Das **Museo de la Revolución Industrial** dokumentiert die Anfänge der uruguayischen Rindfleischindustrie.

Die Strände des Ostens

Uruguays Küste, eine von Hügeln und Wäldern gesäumte Abfolge kleiner Buchten, Flamingo-Lagunen, Kaps und Stränden, ist zumindest für Europäer noch immer ein Geheimtipp. In der Partymetropole **Punta del Este** vergnügen sich im Januar die Reichen und Schönen des Subkontinents, doch ansonsten hat an der noch weitgehend unberührten Küste vor allem die Natur das Sagen. Jeder Küstenort bietet ein ganz eigenes Flair. Im Sommer hüpft man mit Bussen bequem vom Hedonismus in Punta del Este zu den ruhigen Dünenstränden von **Valizas**, den aufregenden Surferspots in **Punta del Diablo** und zur wilden und isolierten Felsenküste des **Cabo Polonio**. Im Winter herrscht hier allerdings weitgehend Tristesse, denn fast alles ist geschlossen. Zu empfehlen ist dagegen die Nebensaison zwischen September und November bzw. März und April. Je näher man Brasilien kommt, desto einsamer werden die Strände.

PIRIÁPOLIS [D4]

Auf dem Weg von Montevideo nach Punta del Este erreicht man nach etwa 100 km **Piriápolis**, das vor gut 120 Jahren als Badeort für die Einwohner von Buenos Aires gegründet wurde. Diese wissen noch heute den schönen Strand sowie Jachthafen, Country Club und Autorennstrecke zu schätzen. Ein Sessellift führt von der Marina in zehn Minuten auf den Gipfel des

Die gigantische Handskulptur an der Playa Brava ist ein Werk des chilenischen Künstlers Mario Irarrázabal

Cerro San Antonio. Von hier bieten sich tolle Ausblicke auf Piriápolis, die Strände und die duftenden Pinien-, Eukalyptus- und Akazienwälder des hügeligen Hinterlandes.

Schöne und saubere Strände gibt es auch in **Portezuelo** und **Punta Ballena**. Hier geht es noch immer angenehm ruhig zu. Eine über 2 km lange Panoramastraße oberhalb von Punta Ballena bietet tolle Ausblicke auf die Küste. Auf einem Felsvorsprung 15 km westlich von Punta del Este thront **Casapueblo**. Das blendend weiße, andalusisch-maurisch wirkende Haus erinnert an die Schöpfungen Gaudís. Erbauen ließ es sich der berühmte, 2014 verstorbene uruguayische Künstler Carlos Páez Vilaró. Die Galerie (mit angeschlossenem Hotel und Restaurant) lohnt einen Besuch.

PUNTA DEL ESTE [D4]

Die Lage von »Punta« (oder noch kürzer »PdE«) ist berückend: Das schmale, 140 km westlich von Montevideo gelegene Kap trennt die Mündung des Río de la Plata vom offenen Ozean. Während auf der kleinen Halbinsel selbst noch etwas vom Charme des einst einfachen Ferienorts zu spüren ist, prägen extravagante Ferienarchitektur, Hotelhochhäuser, teure Restaurants und Boutiquen, Spielbanken und Nachtklubs das Punta entlang der Küstenstraßen nördlich des Kaps – aber eben auch traumhaft schöne Strände. Im Januar findet hier das Schaulaufen der brasilianischen und argentinischen Berühmtheiten statt. Wer das Neueste in Bikinimoden erfahren will, steuert die ruhigere weitläufige **Playa Mansa** an der Buchtseite an. Von hier setzen Boote zur bewaldeten **Isla de Gorriti** über, auf der einst Magellan und Sir Francis Drake Station machten. Am Inselstrand kann man campen.

Ernsthafte Surfer zieht es dagegen an die wildere **Playa Brava** an der Ozeanseite des Kaps. An der Parada 1 des Strandes findet man die berühmte Handskulptur »La Mano de Punta del Este«, die der chilenische Künstler Mario Irarrázabal 1982 aus Beton, Kunststoff und Stahl geschaffen hat. Sie zeigt fünf menschliche Finger eines »Ertrinkenden«, die teilweise aus dem Sand herausragen, und ist inzwischen eines der bekanntesten Wahrzeichen Uruguays. Südöstlich der Küste tummelt sich auf der **Isla de Lobos** eine der größten Seelöwenkolonien der Welt.

Wem Punta zu überlaufen ist, der weicht ins weiter östlich gelegene **La Barra** aus. Auf der Fahrt dorthin kann man eine Reihe beeindruckender Ferienvillen bewundern. Einige wurden von den berühmtesten Architekten Argentiniens und Uruguays errichtet. Die Boutiquen, Restaurants, Cafés, Bars und Nachtklubs von Barra gelten als besonders angesagt, wechseln aber schneller als mancher Gaucho sein Hemd. Das **Museo del Mar** zeigt u. a. eine riesige Sammlung an Muscheln sowie ein fast 20 Meter großes Walskelett. Auch das 30 km östlich von Punta gelegene einstige Fischerdorf **Faro José Ignacio** (benannt nach dem alten Leuchtturm) ist inzwischen ein schicker Ferienort.

NATUR PUR BIS BRASILIEN

Das ist dann aber schon der letzte. Weiter nordöstlich geht es wesentlich naturverbundener zu. Besonders einfach ist das Leben noch heute in **Cabo Polonio**. Das schöne Kap mit seinen Dünen und Wäldern ist ein Naturschutzgebiet. In der Nähe des alten Leuchtturms trifft man auf viele Seelöwen.

10 km weiter nordöstlich, im von mächtigen Sanddünen geprägten **Barra de Valizas**, haben die Hippies und Alternativen das Sagen. Im Sommer reiht sich hier eine Strandparty mit Gitarre spielenden Dreadlocks an die nächste. Marihuana ist in Uruguay übrigens legal.

Einsam und wunderschön, jedoch im Sommer Treffpunkt ambitionierter Surfer, die zwischen Dezember und Februar das Bild prägen: das ist **Punta del Diablo**. Man schläft in Hostels und Strandhütten, die das nötige Zubehör verleihen, relaxt in Hängematten und improvisiert jede Menge Nachtleben. Die Surfbedingungen sind das ganze Jahr über ideal, aber Internet gibt's meist nur in der Hochsaison.

ARGENTINIEN

Die fossilienreichen Steilwände des Parque Nacional Talampaya im Nordwesten Argentiniens dokumentieren die Evolutionsgeschichte des Trias

BRASILIEN
BOLIVIEN
PARAGUAY
ARGENTINIEN
CHILE
URUGUAY
COCHABAMBA
SANTA CRUZ DE LA SIERRA
Oruro
Sucre
Potosí
Uyuni
Tarija
Campo Grande
Corumbá
Dourados
Ponta Porã
Asunción
Concepción
Cascavel
Posadas
Encarnación
Corrientes
Resistencia
Formosa
Santa Fe
Paraná
ROSARIO
CÓRDOBA
BUENOS AIRES
La Plata
MONTEVIDEO
Salto
Paysandú
Rivera
Bagé
Pelotas
Santa Maria
Uruguaiana
Salta
San Salvador de Jujuy
San Miguel de Tucumán
Santiago del Estero
San Fernando d.Valle de Catamarca
La Rioja
San Juan
Mendoza
San Luis
Río Cuarto
SANTIAGO
Valparaíso
Viña del Mar
La Serena
Coquimbo
Copiapó
Antofagasta
Calama
Iquique
Arica
Tacna
Tocopilla
Rancagua
Constitución
Pantanal
Gran Chaco
Chaco Boreal
Chaco Central
Pampa del Tamarugal
Desierto de Atacama
Puna de Atacama
Salar de Uyuni
Salar de Atacama
Cerro Aconcagua 6963
Vol.Llullaillaco 6739
Nev.Ojos del Salado 6887
Islas Juan-Fernández (Chile)
Islas de los Desventurados (Chile)
Isla Más a Tierra
I.Alejandro Selkirk
Río de la Plata
Pta.del Diablo
Pta.Coles

Mar del Plata
Pta.Mogotes
Necochea
Tres Arroyos
Coronel Pringles
Bahía Blanca
La Pampa
Puelches
Neuquén
Zapala
Chelforo
La Adela
Bahía Anegada
I.Trinidad
Carmen de Patagones
Viedma
Río Negro
R.Negro
San Antonio Oeste
Sierra Colorada
Golfo San Matías
Punta Norte
Península Valdés
Pta.Ninfas
Rawson
Trelew
Sierra Grande
Telsen
Las Plumas
Chubut
Camarones
Cabo dos Bahías
Comodoro Rivadavia
Golfo San Jorge
Caleta Olivia
C.Tres Puntas
Puerto Deseado
Las Heras
Sarmiento
L.Colhué Huapí
Santa Cruz
Perito Moreno
Gdor.Gregores
Pto.San Julián
Chico
Bahía Grande
Río Gallegos
Cabo Vírgenes
El Calafate
Esperanza
Pta.Delgada
Feuerland
San Sebastián
Río Grande
C.San Diego
Tierra del Fuego
Ushuaia
Pto.Williams
I.Navarino
Islas Wollaston
Kap Hoorn
I.Hoste
I.Londonderry
I. de los Estados
Esto.de Le Maire
1026
Falkland-Inseln (Brit.)
Falkland-Inseln
(Islas Malvinas)
Stanley
East Falkland
West Falkland
Mt.Adam
Mt.Usborne
705
681
C.Meredith
Burdwoodbank
Los Angeles
I.Mocha
Victoria
Temuco
Loncoche
Valdivia
La Unión
Osorno
Puerto Montt
Parguá
Ancud
I.de Chiloé
Quellón
I.Guafo
Golfo Corcovado
Chonos-Archipel
Pto.Aisén
Coihaique
Pen.de Taitao
Golfo de Penas
C.Tres Montes
Co.S.Valentín
4058
I.Campana
I.P.Lynch
Co.Lautaro (Pirámide)
3380
Pto.Edén
I.Wellington
I.Madre de Dios
I.Duque de York
I.Hanover
I.D.de Almagro
Co.Paine
3248
Pto.Natales
Punta Arenas
Magellanstraße
C.Deseado
I.Desolación
I.Santa Inés
Cord. Patagónica
San Carlos de Bariloche
Ingeniero Jacobacci
Esquel
Tecka
2600
Vol.Lanín
3747
Limay
Buenos Aires
L.S.Martín
L.Argentino
0
300 km
N
A
B
C
D
E
5
6
7

ARGENTINIEN IN KÜRZE

Staatsname: República Argentina – Argentinische Republik
Fläche: 2 776 889 km²
Hauptstadt: Ciudad Autónoma de Buenos Aires
Amtssprache: Spanisch
Einwohner: 44,4 Mio. (2018 geschätzt), davon über 13 Mio. im Großraum Buenos Aires
Landesvorwahl: 0054
Währung: Peso Argentino (ARS)
Zeitzonen: Während der europäischen Sommerzeit MEZ –5 Std., während der Winterzeit –4 Std.

LAGE

Argentinien erstreckt sich zwischen dem 21° südlicher Breite und dem Südpol sowie dem 63° und 75° westlicher Länge. Im Norden grenzt Argentinien an Paraguay, im Nordwesten an Bolivien. Das Nachbarland im Westen auf ca. 3700 km Länge ist Chile. Im Nordosten liegen die Grenzen zu Brasilien und Uruguay, im Osten befindet sich die etwa 5000 km lange Atlantikküste.

POLITIK

Seit den 1930er-Jahren gab es in Argentinien fünf Militärdiktaturen, die letzte und brutalste von 1976 bis 1983. Über 30 000 Menschen verschwanden; bis heute werden Gräueltaten aus jener Zeit aufgedeckt. Seit dem Rücktritt der Militärjunta 1983 ist die Verfassung von 1853 wieder in Kraft. Das Volk wählt den Staatspräsidenten auf vier Jahre; eine einmalige Wiederwahl ist seit der Verfassungsänderung von 1994 möglich. Die Legislative obliegt dem Kongress, der aus Abgeordnetenhaus und Senat besteht. Ersteres wird gewählt; in den Senat entsenden die Provinzen Vertreter. Die 23 argentinischen Provinzen haben ihre eigene Regierung, der ein Gouverneur vorsteht. Parlamente und Gouverneure werden vom Volk gewählt.

2015 wurde Mauricio Macri, Parteivorsitzender der konservativen Partei Propuesta Republicana und seit 2007 Bürgermeister von Buenos Aires, zum Präsidenten gewählt und das Ende des »Kirchnerismo« eingeläutet. Diese peronistische, auf einem autokratischen Machtkonzept beruhende Politik von Néstor Kirchner (Präsident 2003–2007, † 2010) und dessen Frau Cristina Fernández de Kirchner (Präsidentin 2007–2015) hatte Argentinien seit 2003 geprägt.

Schon kurz nach seiner Amtsübernahme gab Macri den Devisen- und Kapitalverkehr frei, baute Außenhandelsschranken ab und löste die seit dem Staatsbankrott von 2001 verschleppten Schuldenkonflikte. Für entscheidende Gesetze konnte Macri parteiübergreifende Mehrheiten erreichen, traf aber auch unpopuläre Entscheidungen. Obwohl Macrís Parteienbündnis Cambiemos bei den Parlamentswahlen 2017 erhebliche Zugewinne verzeichnen konnte, hat es aber in beiden Kammern nach wie vor keine absolute Mehrheit. Macri hofft nun auf einen Wirtschaftsboom, in dessen Folge auch die Einkommen steigen. Sorgenkind bleibt allerdings die noch immer hohe Inflation.

WIRTSCHAFT

Im Vergleich zu anderen lateinamerikanischen Ländern ist die Einkommensungleichheit moderat bis gering. Argentiniens Gini-Koeffizient von etwa 0,427 ist der niedrigste unter den lateinamerikanischen Ländern. Die soziale Kluft ist in den Vororten der Hauptstadt am größten , wo die Nutznießer des wirtschaftlichen Aufschwungs in bewachten Gemeinden leben, während viele der Armen (vor allem undokumentierte Einwanderer) in Slums, die als *Villas miserias* bekannt sind, ihr Leben fristen.

Bis in die 1930er-Jahre war Argentinien durch den Export von Rindfleisch und Weizen eines der reichsten Länder der Welt. Auch heute noch bildet die Agrarwirtschaft das ökonomische Rückgrat des Landes. Es exportiert zu 62 % Fleisch(erzeugnisse), Getreide, Soja, Fette, Öle und Tierfutter, 31 % Industriegüter sowie 7 % Brennstoffe und Energie.

Aufgrund von (inzwischen weitgehend aufgehobenen) Exportbeschränkungen der Kirchner-Regierung und hoher Zölle von bis zu 35 % war der Export von Getreide, Obst und Gemüse zeitweise stark zurückgegangen. Seit 2010 ist Soja das wichtigste Exportgut, China dabei der Haupthandelspartner. Deutschland ist mit einem Anteil von etwa 20 % der wichtigste Rindfleischabnehmer.

Die Inflationsrate betrug 2016 etwa 40 %, ist allerdings 2017 auf 24,8 % gesunken. Die Zahlen sind zwar inzwischen wieder verlässlicher, doch legt der derzeit wieder rapide an Wert verlierende Peso höhere Inflationsraten nahe. Die Arbeitslosenquote beträgt offiziell 8 %, liegt aber eigentlich wesentlich höher, da in den 12 Jahren Kirchner-Amtszeit die Zahl der Staatsbediensteten um 65 % gestiegen ist.

Seit 2005 hatten durch die Exportbeschränkungen und hohen Zölle 33 000 Rinderzüchter ihren Betrieb eingestellt, der Rinderbestand war um 10 Mio. Tiere gesunken, und die Weizenernte war auf dem niedrigsten Stand seit 100 Jahren. Der mit 47 % von Kirchners Importrestriktionen am meisten betroffene Bereich betraf u. a. die Lieferungen von Rohstoffen, Zubehör und Ersatzteilen vor allem für die Autoindustrie. Inzwischen können argentinische Produkte wieder auf dem Weltmarkt bestehen, doch haben sich für die Argentinier die Lebenshaltungskosten erhöht. Die Staatsausgaben waren in der Kirchner-Ära stark gestiegen, etwa für staatliche Subventionen im Energiebereich, für Personentransport und Weizenmehl, um die Preise künstlich niedrig zu halten.

Der Tourismus ist zur viertwichtigsten Einnahmequelle geworden; über 1 Mio. Menschen arbeiten in diesem Sektor.

Riesige Rinderherden weiden vor der Kulisse der Hochanden bei Mendoza

ARGENTINIENS GESCHICHTE SEIT DER UNABHÄNGIGKEIT

DIE UNABHÄNGIGKEITSKRIEGE

Argentinien verdankt seine Unabhängigkeit teilweise einem Loyalitätskonflikt. 1808 setzte Napoleon König Ferdinand VII. ab und provozierte damit den Widerstand spanischer Guerillatruppen. Die kolonialen Eliten wussten nicht, zu wem sie halten sollten. Am 25. Mai 1810 setzte der neugebildete Stadtrat von Buenos Aires den Vizekönig ab und etablierte eine Junta, die im Namen Ferdinands VII. regieren sollte. Daraufhin sagten sich Paraguay, Uruguay und das heutige Bolivien von Buenos Aires los. Nach sechs Jahren Streit zwischen Befürwortern und Gegnern der Unabhängigkeit wurde auf dem Nationalkongress in Tucumán die Unabhängigkeit erklärt, die José de San Martín gegen die Spanier verteidigte. Seine Armee marschierte über die Anden, befreite Chile und eroberte dann Peru. Im Norden befreite die Gauchoarmee des lokalen Caudillos Martín Miguel de Güemes die Region Salta. Die Caudillos erkannten allerdings die Erklärung von Tucumán nicht an. So wurden am 9. Juli 1816 die Vereinigten Provinzen des Río de la Plata ausgerufen.

DAS 19. JAHRHUNDERT

Blutige Konflikte zwischen Föderalisten (autonome Großgrundbesitzer und Provinzeliten) und Unitariern (Handelsbürgertum und Befürworter eines Einheitsstaates) prägten bis 1853 den jungen Staat. Nach 1829 brachte Juan Manuel de Rosas etwas Ordnung in das Chaos, bis er 1852 gestürzt wurde, was erneut erbitterte Kämpfe auslöste. 1861 wurde Buenos Aires Sitz der Bundesregierung, mit Bartolomé Mitre als erstem Präsidenten Argentiniens. Er modernisierte Land, Transportwesen und Militär. Die neue Armee Mitres siegte im Verbund mit Brasilien und Uruguay gegen Paraguay. Später nutzte Präsident Roca im Rahmen der Grenzkolonisation die Truppen für seine völkermordende »Wüstenkampagne« gegen die indigenen Völker Patagoniens

Im späten 19. Jahrhundert förderte Präsident Domingo Sarmiento die europäische Einwanderung und internationale Investitionen. Die Pampas wurden für die Landwirtschaft erschlossen. Von 1870 bis 1920 verzehnfachte sich die Bevölkerungszahl von Buenos Aires. Dennoch blieb die Macht in den Händen einer kleinen Gruppe reicher Landbesitzer.

DAS 20. JAHRHUNDERT

Schafwolle und Rindfleisch, das man nach der Erfindung von Kühlschiffen in den 1870er-Jahren nach Europa exportieren konnte, sorgten für Argentiniens Wohlstand. Der konservative Präsident Sáenz Peña führte 1912 das allgemei-

Juan Domingo Peron verdankte seine Macht zu einem guten Teil seiner vom Volk geliebten Frau Evita

ne Wahlrecht (für Männer) ein, doch konnte dies die Machtübernahme der 1890 gegründeten Unión Cívica Radical nicht aufhalten. Auch die radikalen Präsidenten Hipólito Yrigoyen und Marcelo T. de Alvear entschärften den Konflikt zwischen der zunehmend militanten städtischen Arbeiterschaft und den oppositionellen Konservativen nicht.

Die dem Börsencrash von 1929 folgende Depression und der Militärputsch, der 1930 Präsident Yrigoyen stürzte, leiteten eine fatale Wende ein. Von nun an regierten vom Militär gestützte Konservative, Wahlen wurden gefälscht. All dies begünstigte den Aufstieg ultranationalistischer Offiziere mit faschistischer Ideologie. 1946 gewann Oberst Juan Domingo Perón die Präsidentschaftswahlen. An seiner autoritären, aber sozialreformerischen Herrschaft, die vom Mythos seiner zweiten Frau Evita zehrte, scheiden sich bis heute die Geister. 1955 stürzte das Militär Perón. Dieser kehrte zwar 1973 zurück, starb aber schon ein Jahr darauf. 1976 putschte eine Junta unter General Jorge Videla gegen die inkompetente Regierung von Peróns Witwe »Isabelita«, um Hyperinflation und linken Guerillakämpfern den Garaus zu machen, und leitete Argentiniens dunkle Zeit des »Schmutzigen Kriegs« ein. Wer »linker« Sympathien verdächtig war, konnte entführt und gefoltert werden. Viele »verschwanden« für immer. Die von General Leopoldo Galtieri orchestrierte Invasion der Falklandinseln, die eine britische Flotte im Juni 1982 binnen Wochen blutig beendete, läutete den Sturz des Militärregimes ein. Unter Raúl Alfonsín und seiner Unión Cívica Radical kehrte 1983 zwar die Demokratie zurück, nicht aber die wirtschaftliche Stabilität. Alfonsíns peronistischer Nachfolger Carlos Menem konnte durch Liberalisierungen und Koppelung einer neuen Währung an den US-Dollar die Hyperinflation besiegen, doch verschuldete sich Argentinien nunmehr exzessiv.

DAS 21. JAHRHUNDERT

Die harte Sparpolitik von Präsident Fernando de La Rúa rettete weder Arbeitsplätze noch den Peso: Im Januar 2002 wurde die Parität zwischen Peso und US-Dollar aufgehoben: Argentinien erlebte den schlimmsten wirtschaftlichen Absturz seiner Geschichte. 2005–2017 waren vom sogenannten »Kirchnerismo« des Präsidentenpaars Néstor Kirchner und Cristina Fernández de Kirchner geprägt. Die Wirtschaft erholte sich zunächst zwar, doch zahlte das Land mit Korruption und galoppierenden Staatsausgaben einen hohen Preis. 2015 leitete der neue liberalkonservative Mauricio Macri umfassende Reformen ein.

In Buenos Aires werden bemerkenswerte Bars per Gesetz geschützt. Oft sitzt man in historischen Gebäuden unter Kronleuchtern und wird von Kellnern im weißen Hemd bedient, die ihren Job mit Leidenschaft ausüben. Die Stadtregierung hat die gesellschaftliche Bedeutung ihrer Cafés erkannt und sie zum kulturellen Erbe der Stadt ernannt. Über 80 *Bares Notables* zählt man derzeit. Der berühmten »englischen« **Confitería Richmond** in der Calle Florida, in der einst Borges und Graham Greene ihren Tee genommen hatten, halfen Gesetz und wütender Protest allerdings nichts. 2011 wurde sie in einer Nacht- und Nebelaktion geschlossen und ausgeräumt. Zumindest teilweise gerettet werden konnte dagegen die 1929 in San Telmo gegründete **Bar Británico** (Brasil 399 Ecke Defensa), in der Ernesto Sabato an seinem Romanklassiker »Über Helden und Gräber« schrieb.

Opfer seines eigenen Erfolges ist leider das mit Scharen von fotografierenden Touristen völlig überlaufene **Café Tortoni** an der Avenida de Mayo 825 (zwischen Esmeralda und Suipacha). Das älteste Café von Buenos Aires wurde 1858 gegründet und zog 30 Jahre später an seinen heutigen Standort. Zu allen Zeiten haben sich dort Politiker, Künstler und Berühmtheiten im noblen Ambiente zu heißer Schokolade mit Churros getroffen. 1926 gründete hier eine Gruppe Intellektueller den Club La Peña del Tortoni, dem u. a. Alfonsina Storni, Luigi Pirandello, Carlos Gardel und der berühmte Maler Quinquela Martín angehörten. Jorge Luís Borges und Federico García Lorca waren hier Stammgäste. Die Einrichtung im Stil der Belle Époque ist seit 1888 fast unverändert geblieben, doch der Charme hält dem riesigen Ansturm nicht stand.

DIE SCHÖNSTEN BARS

Nostalgisches Flair verströmen in San Telmo besonders die **Bar El Federal** (Carlos Calvo 599 Ecke Perú), die **Bar Plaza Dorrego** (Defensa 1098 Ecke Humberto Primo), **El Balcón** (Humberto Primo 461 zwischen Bolívar und Defensa) und **La Coruña** (Bolívar 994 Ecke Carlos Calvo), letzteres eines der wenigen verbliebenen alten Marktcafés mit sehr viel Charme und Gästen aller sozialen Schichten aus dem Viertel. In La Boca zieht das 1899 eröffnete **La Perla** (Pedro de Mendoza 1899 Ecke Caminito) wegen seiner kunstvollen Deko Fotografen magisch an. Der alte Holztresen hat viele Geschichten erlebt, die Stoff für Romane sein könnten.

La Biela (Quintana 600 Ecke Roberto M. Ortiz) in Recoleta war in den 1950er-Jahren beliebter Treffpunkt der argentinischen Rennfahrer. Mit Glück erhascht man einen Tisch auf der Terrasse unter dem riesigen Ombú–Baum und betrachtet das Schaulaufen der High Society auf dem Gehsteig. Ein wunderbarer alter spanischer *Bodegón* ist **El Preferido de Palermo** (Jorge Luis Borges 2108 Ecke Guatemala) in Palermo Soho: die Straßenecke, an die Jorge Luís Borges die »mythische Gründung von Buenos Aires« verlegte.

Ebenfalls ein Kleinod ist aber auch **Las Violetas**, (Rivadavia 3899) im untouristischen Stadtteil Almagro mit seinen riesigen Jugendstilfenstern aus Frankreich und den köstliche Törtchen. Seit seiner Eröffnung im Jahr 1884 ist dieses Café eine Institution. Die berühmte Dichterin Alfonsina Storni liebte es ebenso wie die Tangolegende Carlos Gardel. Zahlreichen Filmen diente es als Kulisse. 1998 hätte man das Café beinahe kaputtrenoviert; ein Proteststurm mit über 10 000 gesammelten Unterschriften verhinderte das. Nun darf es auf ewig bleiben, wie es war.

Die Bar Sur im Stadtteil San Telmo von Buenos Aires ist Schauplatz erstklassiger Tangoshows

BARES NOTABLES

Der oftmals zitierte Spruch: »Tango ist ein trauriger Gedanke, den man tanzen kann« des berühmten Tangokomponisten Enrique Santos Discépolo gilt noch heute. Der große Jorge Luis Borges formulierte es noch drastischer: »Der Tango wurde in den Bordellen geboren.« Genauer gesagt: in den einfachen Kaschemmen und Bordellen am Río de la Plata. Andalusischer Flamenco, kubanische Habanera, afrikanischer Candombe, spanische Contradanse, italienische Tarantella, mitteleuropäische Polkas und Mazurkas sowie die Milonga, das traditionelle Lied der Gauchos – sie alle haben den frühen Tango geformt.

Eine entscheidende Bedeutung spielte das von deutschen Immigranten eingeführte Bandoneon. Um 1910 brachte der Playboy und Schriftsteller Ricardo Güiraldes den Parisern den »vertikalen Ausdruck eines horizontalen Begehrens« erfolgreich nahe. Über die Pariser Salons fand der Tango in den 1920er-Jahren auch Eingang in die Theater und Kabaretts von Buenos Aires. Die Interpretationen von Roberto Firpo (La Cumparsita), von Julio de Caro, Osvaldo Pugliese und natürlich die Stimme des unsterblichen Carlos Gardel fegten alle aristokratischen Widerstände hinweg.

HÖHENFLÜGE UNTER PERÓN

Der Aufstieg Peróns bescherte dem Tango mit Künstlern wie Aníbal »Pichuco« Troilo und Edmundo Rivero neue Höhenflüge der Nostalgie. In den 1960er-Jahren setzte sich der wieder stärker instrumentale Tango Nuevo durch, dem Astor Piazzolla die entscheidenden Impulse gab. Die größten Sänger dieser Epoche sind der unvergessene Roberto »Polaco« Goyeneche, der im Film *Sur* (1988) von Fernando Solanas endgültig zur Legende aufstieg, sowie Susana Rinaldi und Amelita Baltar.

Heute bedienen die glanzvollen Shows in erster Linie den Geschmack vieler Touristen, die an der glorreichen Vergangenheit des Tangos interessiert sind. Gleichzeitig existiert in Buenos Aires eine pulsierende moderne Tangoszene. Dabei fließen immer stärker auch andere musikalische Stilrichtungen ein.

MILONGA UND PEÑA

Milongas heißen in Argentinien Veranstaltungen, bei denen sich Tangotänzer treffen, um zu den drei Rhythmen Tango, Vals und Milonga (das Wort bezeichnet auch einen Musikstil) zu tanzen. Der Ablauf einer Milonga-Veranstaltung folgt bestimmten Regeln (*códigos*), die durchaus differieren können. Elegant in Schwarz gekleidete Paare wirbeln über altes Holzparkett, während zwischen den gegenüberliegenden Tischen die Blicke hin und herfliegen. Hier kann man das gesamte Repertoire der *cabeceo* (Kopfnicken) genannten nonverbalen Kommunikation studieren. Der direkte Blick eines Mannes in die Augen einer Frau gilt als Aufforderung zum Tanz.

Auch die Lokale, in denen solche Tanzveranstaltungen regelmäßig stattfinden, werden häufig als Milonga bezeichnet. Eine *Peña* ist dagegen eine lockere Zusammenkunft, gewissermaßen eine allen offenstehende, oft spontane Party, bei der musiziert, gesungen und getanzt wird: auch und gerade Tango. Die Website www.hoy-milonga.com listet, auch auf Deutsch, täglich alle Tanzveranstaltungen auf sowie auch Adressen für Tangomode und -unterricht.

STRASSENTANGO

Aber auch der Tango auf der Straße lebt! Wo immer ein Pärchen spontan einen gekonnten Tanz aufs Pflaster legt, wird es schnell von kenntnisreichem Publikum umringt. Garantiert sind Tangoerlebnisse am Sonntag um 18 Uhr auf der Plaza Dorrego. Auf dem Caminito in La Boca muss man die auf der Straße tanzenden Pärchen fast umkurven. Selbst in der Einkaufsstraße Calle Florida im Microcentro räumen sich immer wieder Pärchen ein Plätzchen für ein paar Minuten romantischen Tango frei.

TANGO

Tango wird in Buenos Aires auch spontan auf der Straße getanzt

KREUZFAHRT AM ENDE DER WELT

Auf den Inseln im Beagle Kanal von Feuerland tummeln sich Kormorane, Pinguine und Seelöwen

Ushuaia auf Feuerland gilt als Tor zur Antarktis, deren Küste von hier »nur« 1000 km entfernt liegt. Kreuzfahrten über die stürmische Drake-Passage an die eisige Küste des Sechsten Kontinents werden immer beliebter, trotz der meist astronomischen Preise.

Die besonders weit nach Norden hinausragende **Antarktische Halbinsel** mit ihrer herrlichen Küstenlandschaft ist mit dem Schiff in zwei bis drei Tagen zu erreichen. Besonders gerne angesteuert wird die Bucht **Paradise Harbor**. Ihre majestätischen Eisberge, die mit grünem Moos und orangegelben Flechten überzogenen Felswände sowie die hohen Schneeberge, die sich im bei Sonne strahlend blauen Wasser spiegeln, haben schon die ersten Walfänger beeindruckt. Eine Fahrt mit dem Schlauchboot ist, so sie die Witterung zulässt, ein unvergessliches Erlebnis.

AUF JEDEN FALL TEUER

Die meisten Antarktistouristen haben die Reise schon in der Heimat gebucht und wenigstens 6000 Euro dafür ausgegeben. Ushuaia galt lange als »Geheimtipp« für preiswerte Last-Minute-Angebote. Die gibt es noch, aber selbst im November und im März, wenn die ersten bzw. letzten Schiffe fahren, ist die Nachfrage inzwischen groß. Die günstigsten »Schnäppchen« kosten 5000 US-Dollar für eine Woche, Abfahrt binnen weniger Tage. Warme Kleidung und alles, was man sonst noch braucht, kann man in Ushuaia kaufen und vielfach auch leihen.

LOHNT ES SICH?

Eisberge und Pinguine: Sind sie das Geld wert? Enttäuschte Rückkehrer trifft man in den Bars von Ushuaia selten. Umweltschützer kritisieren die Schäden, die derart viele Touristen in einem so fragilen Ökosystem anrichten, in dem es genau zwei Blumenarten gibt. Immer lauter werden die Forderungen auch in Ushuaia, die großen Antarktisschiffe zu verbieten. Billiger werden die Reisen zukünftig sicherlich nicht, aber vielleicht umweltverträglicher. Die großen Veranstalter sind meist Mitglieder der **IAATO** (International Association of Antarctic Tour Operators, www.iaato.org), die strenge ökologische Richtlinien vorschreibt. Auf der Überfahrt werden Touristen regelrecht auf umweltgerechtes Verhalten gedrillt. Tatsächlich haben erst Beschwerden von Kreuzfahrtpassagieren dafür gesorgt, dass die örtlichen Stützpunkte ihren Müll nach Südamerika zurückschicken, statt ihn vor Ort zu entsorgen.

Wenn man eine Reise in die Antarktis plant: Im November und Dezember gibt es das meiste Eis, im Januar und Februar ist die Zeit der Pinguinbabys, im März die der Wale. Im Hochsommer (Dez./Jan.) sorgt die mitternächtliche Dämmerung für traumverlorene Stimmungen. Erste Anlaufadresse in Ushuaia ist die **Oficina Antártica Infuetur** neben der Touristeninformation (antartica@tierradelfuego.org.ar). Echte Antarktisprofis sind u. a. **Antarpply** (www.antarpply.com).

LIEBER FLIEGEN?

Das chilenische Punta Arenas kompensiert die größere Entfernung zur Antarktis durch Flüge zur chilenischen **Basis Frei**, was besonders Passagiere mit Hang zur Seekrankheit zu schätzen wissen. Schon nach drei Stunden Flug kann man von **King George Island** aus im landschaftlich schönsten Teil der Antarktis mit den Schiffen Ocean Nova, Hebridean Sky und Magellan Explorer auf Kreuzfahrt gehen. **AntarcticaXXI** (www.antarcticaxxi.com) bietet diese Kombination ab etwa 11 000 US-Dollar für eine Woche an.

DIE FALKLAND-INSELN/ ISLAS MALVINAS

Auf den Falklandinseln kann man ausgedehnte einsame Wanderungen durch subantarktische Natur unternehmen

Wahrscheinlich wären die weit vor der Atlantikküste Südpatagoniens gelegenen Inseln unter britischer Hoheit noch heute weitgehend unbekannt, hätte die argentinische Militärjunta 1982 nicht versucht, durch eine Invasion der als argentinisch betrachteten »Islas Malvinas« nationale Begeisterung zu entfachen und damit von den enormen wirtschaftlichen Schwierigkeiten des Landes abzulenken. Gelockt von der Tatsache, dass die Briten 1982 ihre militärische Präsenz in der Region verringert hatten, nahmen argentinische Truppen im April 1982 die Falklands und Südgeorgien unblutig ein, vertrieben Militär und Truppen des Vereinigten Königreichs und setzten einen Militärgouverneur ein. Daraufhin schickte Margaret Thatcher eine britische Flotte in den Südatlantik, die ab dem 21. Mai die Inseln zurückeroberte. Am 14. Juni mussten die schlecht ausgerüsteten und ausgebildeten argentinischen Soldaten nach erbitterter Gegenwehr kapitulieren. Insgesamt sind 746 Argentinier und 256 Briten in diesem Konflikt gefallen. In fast jeder argentinischen Stadt erinnert ein Denkmal an das nicht überwundene Trauma. Die Falklander sprachen sich später zu fast 100 % für einen Verbleib unter britischer Herrschaft aus.

Immerhin, man kann die Malvinas inzwischen auch von Argentinien aus bereisen. Von Ushuaia werden Kreuzfahrten angeboten, während es von und nach Santiago de Chile auch Flugverbindungen gibt. Britische Besucher fliegen auch direkt von London.

EAST FALKLAND

Die Kreuzfahrtschiffe legen auf East Falkland im Hafen der Hauptstadt **Port Stanley** an. Hier leben die meisten Einwohner der Falklands in weiß gestrichenen Häusern mit bunten Wellblechdächern. Das **Historic Dockyard Museum** weiß viel über das Leben, die Geschichte und natürlich auch den Krieg auf den Falklands zu erzählen.

Etwa 7 km von Port Stanley entfernt kann man in der Bucht **Gypsy Cove** eine Kolonie Magellanpinguine und viele Seevögel beobachten. Auch Orcas, Robben und See-Elefanten tummeln sich hier. Besonders schöne Wanderungen bieten sich rund um den Leuchtturm der Halbinsel **Cape Pembroke**: Hier wird man Delfine, Wale und zahlreiche Vogelarten sehen. Von Port Stanley werden Bootsfahrten zu unzugänglichen Buchten wie **Sparrow Cove** und **Kidney Cove** angeboten, wo man gleich vier verschiedene Pinguinarten studieren kann. Am mit geländegängigen Fahrzeugen von Port Stanley in zweieinhalb Stunden zu erreichenden **Volunteer Point** auf der Halbinsel nördlich des Berkeley Sound erwartet Besucher die weltweit am besten zugängliche Kolonie von Königspinguinen. Bei Sonne bieten das blaue Meer und der weiße, auch von See-Elefanten bevölkerte Sandstrand einen faszinierenden Anblick. Beliebt ist auch der Besuch der **Long Island Farm**, auf der man Eindrücke vom traditionellen Leben auf einer Schaffarm bekommt.

WEST FALKLAND

Auf West Falkland leben nicht einmal 50 Einheimische. Standquartier ist **Port Howard**. Im Angebot sind Wildlife-Touren, geführte Wanderungen und Forellenangeln. Sehr fotogen ist die Schaffarm Crooked Inlet an der **Roy Cove**, mit Panoramablick über King George Bay nach Hammock und Middle Islands.

SOUTH GEORGIA

Kreuzfahrtschiffe steuern auch die weit südlich der Falklands gelegene, nicht permanent bewohnte Inselgruppe **Südgeorgien** an: eine spektakuläre vergletscherte Berglandschaft mit fast 3000 m hohen Gipfeln. In **Grytviken** besucht man das in einer ehemaligen Walfangstation untergebrachte **South Georgia Museum** und das Grab des Antarktisforschers Sir Ernest Shackleton auf dem Walfängerfriedhof. Beliebte Souvenirs sind die schönen Briefmarken der Insel, die im Museum verkauft werden.

UNTERWEGS IN ARGENTINIEN

Buenos Aires [D4]

Eigentlich ist Buenos Aires ein europäisches Gesamtkunstwerk, das es in der alten Welt so nie gegeben hat. Hier findet man italienische Lebenslust und Stilsicherheit, während es im Poloklub »Very British« zugeht. In den Kaffeehäusern glaubt man sich nach Wien oder Prag versetzt, und die Melancholie der Vorstädte trägt osteuropäische Züge. Die Eleganz der Viertel Retiro und Recoleta zeugt von der Bewunderung für das Frankreich des Fin de Siècle.

Die gefühlte Nähe zu Europa zeigt sich auch im turbulenten Nachtleben: Keine Subkultur, die in Buenos Aires nicht feiern würde. In den traditionellen Milongas hingegen kann man die filigranen Bewegungen melancholischer Tangotänzer bestaunen oder selbst einen Tango versuchen. Faszinierend ist auch die Intellektualität der Hauptstadt. Jeder Taxifahrer kann dem Besucher die Seele der Stadt erklären – und mindestens jeder Zweite die ganze Welt.

MICROCENTRO

Ein guter Startpunkt für einen Spaziergang ist die **Plaza San Martín** mit ihren Palästen und dem Blick bis zum Hafen. Direkt südlich schließt sich die Fußgängerzone **Calle Florida** an. Nach einer Runde durch das Einkaufsparadies **Galerías Pacífico** geht man rechts in die zweite Einkaufsstraße, die **Lavalle**, die bis zur **Plaza de la República** auf der riesigen **Avenida 9 de Julio** führt. Hier am 67 m aufragenden **Obelisco** kann man rasten. Die verkehrsberuhigte Diagonale **Avenida Sáenz Pena** gegenüber führt zur **Plaza Lavalle** mit dem mächtigen Justizpalast. Schräg gegenüber steht das prunkvolle, 1908 eröffnete **Teatro Colón**. Zurück an der Avenida 9 de Julio schlendert man bis zur **Avenida de Mayo** und biegt zunächst links ab in die Prachtstraße der Stadt.

Auf dem Caminito von La Boca grüßen argentinische Helden aus Pappmaschee von Balkonen die zahlreichen Bummler

Entlang immer wieder überraschender Architektur gelangt man bis zum monumentalen **Congreso de la Nación** mit 80 m hoher Kuppel. Auf dem Rückweg Richtung Plaza de Mayo lohnt einen Blick in den exzentrischen, 22-stöckigen **Palacio Barolo**. Zur Linken findet sich das **Café Tortoni**, das bekannteste der Stadt. An der **Plaza de Mayo** stehen das koloniale alte Rathaus **Cabildo** zur Rechten und die **Catedral Metropolitana** mit klassizistischer Säulenfront und Mausoleum des Nationalhelden General José de San Martín sowie der **Banco de la Nación** zur Linken. An der Stirnseite befindet sich der Präsidentenpalast, die **Casa Rosada**. Einen Abstecher nordöstlich lohnt das 2015 eröffnete **CCK** (Centro Cultural Kirchner).

MONSERRAT, SAN TELMO UND LA BOCA

Nur wenige Schritte sind es von der Casa Rosada zu den Straßen Defensa und Alsina. Sie führen durch zwei der ältesten Stadtviertel *(barrios)*. Im Barrio Monserrat findet man das von Jesuiten errichtete koloniale Bildungsensemble **Manzana de las Luces** und die **Iglesia de San Ignacio** mit sehr schönem Barockaltar. Das **Museo de la Ciudad** dokumentiert die Stadtgeschichte, das **Museo Etnográfico Juan B. Ambrosetti** zeigt ethnographische Sammlungen.

Weiter südlich liegt das besonders stimmungsvolle Barrio San Telmo. Herz ist die **Plaza Dorrego** mit ihrem berühmten Antikmarkt und vielen Galerien, die oft in schlauchartigen Häuserkomplexen und idyllischen Innenhöfen untergebracht sind. Kunstfans zieht es ins **Museo de Arte Moderno de Buenos Aires (MAMBA)** und ins **Museo de Arte Contemporánea de Buenos Aires (MACBA)**.

Die große Touristenattraktion des Hafenviertels La Boca (Taxi nehmen!) ist der **Caminito**, ein 100 m langes Gässchen mit bunten Postkartenhäuschen, kleinen Museen, Künstlern und Tangotänzern. Am Wochenende ist rund um die **Bombonera**, dem Fußballstadion der Boca Juniors, die Hölle los.

Am zweiten Tag startet man am besten mit einem morgendlichen Spaziergang durch das neu gestaltete Hafenviertel **Puerto Madero**, um die restaurierten Diques, die hochkarätige Kunstsammlung **Amalia Lacroze de Fortabat** und die **Reserva Costanera Sur** zu besuchen, das Naturschutzgebiet am Río de la Plata.

RETIRO, RECOLETA UND PALERMO

Ein schöner Spaziergang (6 km) vermittelt einen guten Eindruck von den nobleren Vierteln der Stadt. Er beginnt ebenfalls an der Plaza San Martín und führt über die schicke **Avenida Alvear** in **Retiro** zum berühmten **Friedhof von Recoleta** mit seinen prunkvollen Mausoleen und unzähligen steinernen Engeln. Von dort flaniert man durch schöne Grünanlagen, besucht das hochkarätige **Museo Nacional de Bellas Artes** mit der größten Sammlung argentinischer Kunst, schlendert durch den **Parque Las Heras** und den **Botanischen Garten** ins bunte Boutiquen- und Galerienviertel **Palermo** bis zur **Plaza Serrano**. Dort warten viele Bars mit coolen Drinks. Unbedingt besuchenswert ist das **MALBA (Museo de Arte Latinoamericano de Buenos Aires)**, ein lichtdurchflutetes Museum von Weltformat.

IM FLUSSDELTA

Direkt am Rand einer der größten Betonwüsten der Erde liegt das Naturparadies **Delta del Río Paraná**, ein faszinierender Lebensraum mit einzigartiger Biodiversität (und hoher Moskitodichte). Ausgangspunkt für Touren in das riesige Wasserstraßenlabyrinth ist das hübsche Städtchen **Tigre**, das man problemlos per Zug von Buenos Aires aus erreicht.

WEITE STRÄNDE

Südlich von Buenos Aires lockt die Atlantikküste mit ihren endlos weiten Stränden, hohen Dünen und duftenden Pinienwäldern. Besonders charmant und erholsam ist der Badeort **Villa Gsell**, während die Großstadt Mar del Plata im Sommer mit Millionen Urlaubern völlig überlaufen ist.

Pampa und Hochanden

Westlich von Buenos Aires erheben sich die Sierras von Córdoba und San Luis aus der flachen trockenen Pampa. Fruchtbare Täler erstrecken sich entlang der majestätischen Gebirgskette der Hochanden mit Südamerikas höchstem Berg, dem Aconcagua.

CÓRDOBA [D3]

Die zweitgrößte Stadt Argentiniens bezaubert mit Kolonialgebäuden aus der Zeit der Jesuiten, die hier die erste Universität des Landes gründeten. Das ehemalige Jesuitenkloster **Manzana Jesuitica** ist Weltkulturerbe und prunkt mit der goldstrotzenden **Iglesia de la Compañía de Jesús** (1640–1676) und einer erlesenen Universitätsbibliothek. An der Plaza San Martín stehen weitere koloniale Prachtbauten, darunter die **Kathedrale** mit zwei Glockentürmen und Barockkuppel. Erlesenen Fliesenschmuck besitzt die **Basílica de Santo Domingo**. Unter den Museen besonders sehenswert ist das im Karmeliterkloster untergebrachte **Museo de Arte Religioso Juan de Tejeda**.

Die Kathedrale ist nur einer der vielen barocken Prachtbauten von Córdoba

SIERRAS DE CÓRDOBA [C/D3]

Die grünen Berg- und Seenlandschaften der **Sierras de Córdoba** sind beliebte Ausflugsziele für Aktivurlauber. Am attraktivsten ist **La Cumbre**, ein Treffpunkt der Golfer und Gleitschirmflieger. In **Alta Gracia** steht die **Estancia Jesuítica** (1588), nur eine von mehreren Jesuitengründungen der Region, die heute Weltkulturerbe sind. Im von Einwanderern aus Deutschland, Österreich und der Schweiz gegründeten **Villa General Belgrano** fühlt man sich geradezu in die Heimat versetzt.

LA RIOJA [C3] UND SAN JUAN

La Rioja, Hauptstadt der gleichnamigen Provinz, ist Ausgangspunkt für Touren in den **Parque Nacional Talampaya**, eine Schlucht mit leuchtend roten, wie geschliffen wirkenden Felswänden und bizarren frei stehenden Felstürmen. Zusammen mit seinem Nachbarn, dem **Parque Provincial Ischigualasto**, wurde er zum Weltnaturerbe der UNESCO erklärt. Ein extremes Klima hat diese Erosionslandschaften geformt, in denen man spektakuläre Dinosaurierfunde gemacht hat.

Die heiße, trockene Provinz San Juan bietet weitere landschaftliche Höhepunkte. Im Westen die mächtige, vom **Cerro Mercedario** (6770 m) dominierte Andenkette, und im Norden wildes Gaucho-Land. Obstgärten und duftende Felder mit Lavendel, Minze und Anis prägen das fruchtbare **Valle de Calingasta**. Das felsige, weitgehend vegetationslose Naturreservat **Parque Nacional El Leoncito** liegt an den westlichen Hängen der Sierra del Tontal südlich von Barreal. Auf dem ausgetrockneten See Barreal Blanco kann man mit dreirädrigen Wind-Carts rasend schnell über eine glatte »Seepiste« fahren.

MENDOZA [C3]

Kosmopolitisches Flair, tolle Küche und ein pulsierendes Nachtleben prägen Argentiniens

Im Valle de Uco südlich von Mendoza gedeihen Malbec-Weine besonders gut

1561 gegründete Weinhauptstadt **Mendoza**. Im Winter fährt man im nahen **Las Leñas** Ski, im März herrscht während des Weinfests geradezu Karneval in der Stadt. Erdbeben haben kaum etwas von Mendozas kolonialem Erbe übrig gelassen. So präsentiert sich die Stadt mit breiten Avenidas, belebten Plazas und schönen grünen Parks. Dreh- und Angelpunkt ist die großzügige **Plaza Independencia**. Ihre verlängerten Ecken bilden vier weitere Plätze, jeder mit ganz eigenem Flair.

WEINGEBIETE

Heiße sonnige Tage, kühle Nächte, kristallklares Schmelzwasser und sandiger Boden, den die Reblaus verschmäht: Besser könnten die Bedingungen nicht sein! Von Weinfeldern, schwarzen Vulkanebenen und roten Felslandschaften schweift der Blick nach Westen zur morgens in Orange und Rosa erglühenden Andenkette mit ihren verschneiten Sechstausendern. Die herrlichste Lage haben sich die Winzer des **Valle de Uco** ausgesucht. Vor der Silhouette des **Cordón de la Plata** keltern berühmte Bodegas fantastische Weine.

SAN RAFAEL [C4] UND MALARGÜE [C4]

Gute 200 km südlich erinnert **San Rafael** an ein kleines, verschlafenes Mendoza. In der Umgebung lädt der **Cañón del Atuel** mit seinen bizarren, rostrot, rosa, ockerfarben und giftgrün leuchtenden schroffen Felsformationen zu sanften, der **Río Diamante** weiter westlich zu wilden Raftingtouren ein. Wieder etwa 200 km südlich bietet das Städtchen **Malargüe** ein Sprungbrett für Ausflüge in die schwarz und rostrot gefleckte Lavalandschaft **La Payunia** mit der Salzlagune **Reserva Natural Laguna de Llancanelo**. Man könnte sich in dieser baumlosen Landschaft fast auf dem Mars wähnen, würden nicht auf den höchsten Gipfeln Schneeflecken glitzern und hellgrüne Grasbüschel sowie kleine blaue Lagunen Farbkontraste setzen.

ALTA MONTAÑA

Westlich von Mendoza erheben sich einige der höchsten Andengipfel. Zwischen Villavicencio und Uspallata bieten sich auf über 3000 m Höhe grandiose Ausblicke auf drei Sechstausender. Der **Aconcagua**, mit 6962 m höchster Berg der Welt außerhalb Asiens, ist ein Felsmassiv mit fünf Hanggletschern. Es fehlt ihm zwar die elegante Topographie des **Tupungato** im Süden und des **Mercedario** im Norden, doch strahlt auch er eine besondere Faszination aus. Die polychrome Felslandschaften rahmen das fruchtbare Tal von **Uspallata** ein. Hier wurden 1997 viele Szenen des Films »Sieben Jahre in Tibet« gedreht.

Der andine Nordwesten

Der Nordwesten des Landes wirkt exotisch und fremd. Hier ist die indigene Bevölkerung und Kultur noch sehr präsent. Quirlige, kolonial geprägte Städte und uralte Fels- und Canyonlandschaften, die ein Farbfeuerwerk sondergleichen entfachen, und in denen oft fast nur mächtige Kandelaberkakteen gedeihen, prägen das Bild.

SALTA [C2]

Als schönste Stadt des Landes gilt das besonders malerisch gelegene, 1582 gegründete **Salta**. Im Abendlicht bietet sich vom Cerro San Bernardo ein geradezu magischer Anblick. Rund um die inzwischen recht schicke **Plaza 9 de Julio** begeistert die schöne Kolonialarchitektur und ein schattiger Park mit mächtigen Palmen und Orangenbäumen. Im klaren Morgenlicht kann man die Einheimischen bei ihrem geschäftigen Treiben beobachten, doch auch ein abendlicher Bummel durch die Straßen ist ein Hochgenuss. In der Calle Balcarce befinden sich besonders viele Peñas mit Livemusik. Zu essen gibt es Locro, Tamales, Empanadas und Humitas: alles Speisen, für die Salta berühmt ist. In kleinen Läden rund um den Hauptplatz und auf dem Mercado Artesanal kann man rote Güemes-Ponchos und wunderschönes Kunsthandwerk erstehen.

Wahrzeichen der Stadt ist die pflaumenrot-gold-weiße Barockkirche **Iglesia San Francisco** (1796) mit einem freistehenden 57 m hohen Glockenturm. Im Rathaus von 1783 zeichnet das **Museo Histórico del Norte** die turbulente Geschichte der Region nach und zeigt erlesene reli-

Die Aussicht vom Viadukt El Polvoril ist das Highlight einer Fahrt mit dem Tren a las Nubes

giöse Kunst. Gleich gegenüber steht die rosa Kathedrale. Der riesige Barockaltar mit den Bildern eines vor Erdbeben schützenden Christus und der Jungfrau Maria bildet das Zentrum einer riesigen Prozession, die Mitte September Tausende von Pilgern anzieht. Neben der Kathedrale zeigt das **Museo de Arqueología de Alta Montaña (MAAM)** u.a. die mumifizierten Niños de Llullaillaco, die einst auf einem Andengipfel Inka-Gottheiten geopfert wurden. In der Casa Arias Rengel präsentiert das **Museo de Bellas** Artes faszinierende Gemälde der Cuzqueño-Schule.

SCHLUCHTENLANDSCHAFTEN

Nördlich von **San Salvador de Jujuy**, das einige schöne Kolonialgebäude besitzt, beginnt die **Quebrada de Humahuaca**, ein Weltkulturerbe. Die Vielfarbigkeit der Gesteinsschichten erreicht in **Purmamarca** mit dem **Cierro de los Siete Colores**, dem »Berg der sieben Farben«, ihren Höhepunkt. Das abgelegene Dorf **Iruya** bleibt schon wegen der Anfahrt über den 4000 m hohen Pass **Abra del Condor**, der Salta und Jujuy trennt, im Gedächtnis. Wo die Schlucht endet, beginnt die Puna, jene dürre, fast vegetationslose Hochebene, in der es bei 360 Sonnentagen fast nie regnet. Bis **La Quiaca** an der bolivianischen Grenze steigt sie bis auf 3500 m an.

In den immerfeuchten Tälern im Osten der Provinz Jujuy sprießen die **Yungas**, Bergregenwälder mit riesigen, vollständig bemoosten Bäumen, und komplettieren ein Landschaftsbild, das kontrastreicher kaum sein könnte. Die südlichsten Ausläufer der Yungas reichen nordwestlich von **Tucumán**, der größten Stadt der Region, bis zu den spektakulären Landschaftsformen der **Valles Calchaquíes**. Hier schlängelt sich die Panamericana durch die Tallandschaften von einem entlegenen Dorf zum nächsten.

TREN DE LAS NUBES

Der »Zug zu den Wolken« zählt zu den höchstgelegenen Zugstrecken der Welt. Er startet in Salta auf 1187 m Höhe und windet sich über mehrere Stahlbrücken ins Andenhochland, vor-

Der »Hügel der Sieben Farben« bei Purmamarca macht seinem Namen alle Ehre

bei am Minendorf San Antonio de los Cobres (3775 m), bis auf über 4000 m Höhe. An der höchsten Stelle hält der Zug an der »El Polvorillo«, einer Brücke in schwindelerregender Höhe. Die beeindruckende Stahlkonstruktion steht mitten in der kargen Andenlandschaft und ist mit 224 m Länge und 63 m Höhe das Wahrzeichen der Zugstrecke.

Die Kette zusammenhängender Täler verläuft von **San Antonio de los Cobres**, dem nördlichen Ziel des **Tren a las Nubes**, bis nach **Tafí del Valle**, der Sommerfrische der Tucumanos. Nicht nur die Fahrt von Salta nach Cachi durch die Yungas und die Puna ist hochattraktiv: auch das weiße **Cachi** selbst bezaubert. Hier blickt man auf den schneebedeckten Gipfel des 6380 m hohen **Nevado de Cachi**. Weiter südlich, in der **Quebrada de Cafayate**, hat der Wind in Millionen Jahren Erosionsarbeit Gesteinsschichten noch älterer Felswände freigelegt. Rund um Cafayate selbst, einem wunderschönen Dorf südwestlich von Salta, reifen edle Tropfen auf den höchsten Weingütern der Erde.

SANTIAGO DEL ESTERO [D2] UND CATAMARCA

Die älteste Stadt des Landes erwacht erst allmählich aus ihrem Dornröschenschlaf. Entspannen kann man sich in den bekanntesten Thermalbädern Südamerikas, in den **Termas del Río Hondo**. Noch weitgehend unentdeckt ist die außerhalb ihrer Hauptstadt fast unbesiedelte Provinz **Catamarca**. Sie ist geprägt von riesigen weiten Flächen trockener, teils sehr heißer Savannen und Halbwüsten sowie einer Reihe Sechstausender. Vikunjas, deren Wolle teurer ist als Seide, und Guanakos haben hier ihren natürlichen Lebensraum. Tausende Flamingos staksen durch Salzlagunen, die in intensiven Farben leuchten.

Der Nordosten

Im Dreiländereck mit Brasilien und Paraguay liegt mitten im Urwald der Provinz **Misiones** eines der größten Naturspektakel der Erde: die **Wasserfälle von Iguazú** (port.: *Iguaçu*) › **S. 189**. Auf einer Breite von fast 3 km rauschen, tosen und donnern Wassermassen, wie man sie sonst nirgendwo sehen kann. Man zählt 275 Wasserfälle, aber die Hauptattraktion ist die Garganta del Diablo (Teufelskehle). Hier führen Wanderwege direkt über die Wasserfälle, und man kann hautnah erleben, wie das Wasser eines gerade noch ruhig dahinfließenden Stroms 74 m über einen hufeisenförmigen Abgrund auf Basaltfelsen stürzt. Gischt und Nebelwolken sorgen dafür, dass eine Bootsfahrt zum garantiert nassen Erlebnis wird. Aber dafür kommt man auch den Regenbögen so nahe wie nirgendwo sonst. Dschungelwanderer werden am Wegesrand Begonien, Orchideen, Farne und Palmen entdecken. Oft erspäht man Tukane, farbenprächtige Papageienschwärme, neugierige Kapuzineraffen, freundliche Nasenbären mit gestreiften Schwänzen und unzählige Schmetterlinge. Pumas und Tapire sind dagegen scheu. Die brasilianische Seite ist eher für ihren Panoramablick bekannt. Hier kommt man den Fällen nicht so nahe.

DAS ERBE DER JESUITEN

Die feuchtheiße Provinz bietet aber auch Highlights aus dem Weltkulturerbe: die Jesuitenmissionen *(reducciones)* der Guaraní-Indianer, die hier vor der Versklavung geschützt waren. Vier dieser Missionen liegen in Argentinien am Fluss Paraná. Am bekanntesten sind die Ruinen von **San Ignacio Miní** aus dem Jahr 1696. Guter Ausgangspunkt für Ausflüge ist die Stadt **Posadas**.

ARGENTINIENS ZWEISTROMLAND

Südlich von Misiones liegt Mesopotamia zwischen den Flüssen Paraná und Uruguay. Diese wasserreiche Gegend besitzt eine besonders vielfältige Flora und Fauna mit allein über 300 verschiedenen Vogelarten. Die Estancias von **Colonia Carlos Pellegrini** sind ideale Standquartiere für Ausflüge in die **Esteros del Iberá**. Das zweitgrößte Feuchtgebiet der Welt ist ein praktisch unberührtes Mosaik von Wasserflächen und besser zugänglich als der bekanntere Pantanal in Brasilien. So lässt sich seine Fauna ideal beobachten, sogar im Rahmen von Tagestouren. Eine Bootstour auf der **Laguna Iberá** sollte man deshalb auf der Reise durch Mesopotamia nicht verpassen.

Der mächtige Río Uruguay bildet Argentiniens Ostgrenze mit Brasilien und Uruguay. Der Fluss ist über 1600 km lang und stellenweise eindrucksvolle 10 km breit. Die Kleinstadt **Gualeguaychú** am Río Uruguay feiert, nur drei Stunden von Buenos Aires entfernt, von Anfang Januar bis Anfang März einen der heißesten Karnevals Südamerikas. In dieser Zeit wirbeln jeden Samstag leicht bekleideten Tänzerinnen und Tänzer durch das eigens erbaute *Córsodrómo*. Auch in den Städten weiter nördlich wird *carnaval* heiß gefeiert, besonders in **Corrientes**. Ruhiger geht es im von attraktiven Kolonialbauten geprägten **Concepción del Uruguay** zu, während man im ebenfalls sehr hübschen **Colón** einen historischen Hafen entdecken und an idyllischen Sandstränden am Fluss entspannen kann. Nördlich von Concepción liegt am Westufer des Río Uruguay der **Parque Nacional El**

Palmar: mit Graslandschaften und herrlichen alten Palmenwäldern, darunter bis zu 12 m hohe Yatay-Palmen, wie man sie einst überall in den Pampas fand, bis die eingeführten Rinder sich über die jungen Setzlinge hermachten.

ROSARIO [D3]

Flussabwärts am riesigen Río Paraná liegt **Rosario**, angeblich die Stadt mit der höchsten Lebensqualität in Argentinien. Das kulturelle Angebot der Millionenstadt ist in der Tat beeindruckend. Weitläufige Parkanlagen und *balnearios* (Bademöglichkeiten) am Fluss tun ihr Übriges. Das **Museo de Bellas Artes** gilt als eines der besten Kunstmuseen des Landes und ist mit italienischer und flämischer Barockmalerei, französischen Impressionisten und argentinischen Künstlern bestens ausgestattet.

Das Zweistromland endet mit dem Zusammenfluss von Río Paraná und Río Uruguay nördlich von Buenos Aires.

CHACO

Die riesige Ebene des Chaco, der nicht nur den nördlichsten Teil Argentiniens, sondern auch die Hälfte des Staatsgebiets von Paraguay umfasst sowie auch Brasilien und Bolivien berührt, ist das Reich der Rinderzüchter und Sojapflanzer. Zahlreiche Flüsse schlängeln sich durch dieses von Touristen wenig besuchte Gebiet. Sehenswert und zugänglich sind zwei Nationalparks, deren Fauna von Menschen kaum gestört wird. Der **Parque Nacional Chaco**, der einige der letzten unberührten Feuchtgebiete des Chaco schützt, liegt 115 km nordwestlich von Resistencia. Die amphibische Landschaft des **Parque Nacional Río Pilcomayo** an der Grenze zu Paraguay erreicht man von **Formosa**. In der Laguna Blanca tummeln sich Alligatoren und Piranhas: also kein Tipp für Schwimmer!

Die Städte Formosa und Resistencia liegen beide in der Nähe des Río Paraguay, sind aber nicht übermäßig aufregend. Faszinierend sind

Das Monumento Nacional a la Bandera erinnert daran, dass in Rosario 1812 zum ersten Mal die argentinische Flagge gehisst wurde

dagegen die Traditionen der indigenen Bevölkerung des Chaco. Die halbnomadischen *Wichí* im Westen sind für ihre erlesene Web- und Schnitzkunst bekannt und praktizieren noch heute traditionelle Fischereimethoden.

Patagonien [C5/6]

Lange Zeit war das endlose Land am Südrand der Welt mehr Mythos als reales Territorium. Vor knapp 500 Jahren galt es den Spaniern als Heimat von Riesen, später war es der Traum von Naturforschern wie Charles Darwin, aber auch Sehnsuchtsziel aller Abenteurer und Glücksritter. Noch heute findet man kleine gottverlassene Dörfer mit verrosteten Wellblechhütten, durch deren staubige Gassen der Wind heult, ganz so, wie sie Bruce Chatwin in seinem Beststeller »In Patagonien« beschrieben hat.

PATAGONISCHE ATLANTIKKÜSTE

Den ersten Seefahrern musste die nur selten von Naturhäfen unterbrochene, windzerzauste Steilküste, hinter der sich einsames, baumloses Steppenland bis in die Unendlichkeit erstreckte, wild und feindlich erschienen sein. Zwischen Viedma und Río Gallegos liegt das endlose Revier der Glattwale, Magellanpinguine, Seeelefanten und Seelöwen. Highlight der Küste ist das Weltnaturerbe **Península Valdés**. Die beste Zeit für Whale Watching sind die Monate September und Oktober. Die Boote starten von Puerto Pirámides, dem Hauptort der Halbinsel.

Sprungbrett für Ausflüge entlang der Küste ist die quirlige Hafenstadt **Puerto Madryn** mit Strandpromenade und dem **Ecocentro Mar Patagonia**, das eine faszinierende Einführung in das Ökosystem des patagonischen Meeres bietet. 67 km südlich von Puerto Madryn präsentiert in der Industriestadt **Trelew** das **Museo de Paleontología Egidio Feruglio** mit wertvollen Fossilien die Pflanzen- und Tierwelt der Saurierzeit vor 250–553 Mio. Jahren. 120 km südlich von Trelew finden sich in **Puerto Tombo** von Mitte September bis März bis zu einer halben Million possierlicher Magellanpinguine ein, die keine Scheu vor Menschen kennen.

Comodoro Rivadavia, Patagoniens Ölmetropole, kann man sich getrost schenken. Sehenswert sind dagegen die **Bosques Petrificados** (Versteinerte Wälder) von Sarmiento und Jaramillo. Sehr reizvoll ist auch die **Reserva Natural Ría Deseado**. Hier dringt der aquamarinfarbene Ozean wie ein Fluss 42 km tief in das Festland ein. Wild und faszinierend desolat gibt sich die Küste zwischen **Puerto San Julián**, wo 1520 Magellan und 1578 Francis Drake überwinterten, und **Río Gallegos**, dem Tor nach Feuerland.

PATAGONISCHE SCHWEIZ

Schneebedeckte Berge und Vulkane, smaragdgrüne gemäßigte Regenwälder und saphirblaue Seen prägen den Nordwesten Patagoniens. Gleich zwei aneinandergrenzende große Nationalparks schützen den größten Teil dieser herrlichen Naturlandschaft. Wenige Kilometer außerhalb der vom Tourismus lebenden Städte **Bariloche**, **San Martín de los Andes** und **Junín de los Andes** beginnt die Wildnis.

Im mit Valdivianischen Regenwäldern gesprenkelten **Parque Nacional Lanín** bilden die Seen Huechulafquen und Paimun mit dem perfekten Schneekegel des erloschenen **Volcán Lanín** (3776 m) eine Postkartenidylle. Gut markierte Wanderwege führen durch kühle Araukarienwälder zu grandiosen Wasserfällen und verschwiegenen Seeufern.

Die »Straße der Sieben Seen« windet sich von San Martín durch wilde Berglandschaften und an sieben Seen entlang nach Villa la Angostura am **Lago Nahuel Huapi**. An diesem See liegt auch **Bariloche**, Zentrum des patagonischen Seengebiets und beliebtes Ziel der Wintersportler.

Weiter südlich haben sich rund um **El Bolsón** viele Leute niedergelassen, die einen alternativen Lebensstil pflegen und Äpfel, Birnen, Erdbeeren, Kirschen und Himbeeren, die im milden Mikroklima des idyllischen Lago Puelo gedeihen, zu leckeren Konfitüren verarbeiten.

Die Felsnadeln von Cerro Fitz Roy und Cerro Torre sind nur selten völlig unverhüllt zu sehen

AUF DER RUTA 40 NACH SÜDEN

Die legendäre Ruta Nacional 40 führt von der Seelandschaft des **Parque Nacional Los Alerces** bei Esquel mit seinen majestätischen Baumriesen durch fast wüstenhafte Pampa entlang der östlichen Andenkette nach Süden. Willkommene Stopps auf der endlos langen Fahrt sind die meist windgepeitschten Seen **Lago Buenos Aires** und **Lago Pueyrredón** sowie das Weltkulturerbe **Cueva de las Manos**. 90 m über der sattgrünen Schlucht des Río Pinturas leuchten bis zu 13 000 Jahre alte, sensationell gut erhaltene Zeichnungen, darunter 829 Hände in Rot, Gelb und Ocker.

PARQUE NACIONAL LOS GLACIARES

Das unbestrittene Highlight Südpatagoniens ist ein Weltnaturerbe. Die einsame Landschaft des nördlichen Abschnitts wird von der Bergwelt rund um die eisverkrusteten Granitnadeln von **Cerro Fitz Roy** (3445 m) und **Cerro Torre** (3128 m) beherrscht, die von **El Chaltén** aus über mehrere Trekkingrouten zugänglich ist. Schon die Halbtagestour zur **Laguna Capri** bietet grandiose Landschaftseindrücke. Die Morgensonne taucht die zerklüfteten Granitwände in wahrlich magisches Licht.

Im südlichen Abschnitt des Nationalparks konzentriert sich die touristische Aufmerksamkeit auf die westlich von **El Calafate** gelegenen Gletscher, vor allem den leicht zugänglichen, majestätisch schönen **Glaciar Perito Moreno**. Spektakulär sind die Gletscherabbrüche, bei denen riesige Eisbrocken in den Canal de los Témpanos stürzen. Es gibt nur wenige Orte auf der Welt, an denen man einen Gletscher und seine Bewegungen aus solcher Nähe beobachten kann.

Der Perito Moreno ist aber nur einer der vielen Endzungen des riesigen Eisfelds **Hielo Continental Sur** zwischen Argentinien und Chile. Reiseagenturen in El Calafate bieten Seekreuzfahrten und Eistrekking an.

Feuerland (Tierra del Fuego) [C7]

Als »ungeheure Symphonie von tiefstem Schweigen, ungeheuren Eis- und Gletschermassen, grünen, schier undurchdringlichen Wäldern, blauem Meer und düsteren Kanälen« beschrieb der deutsche Flugpionier Günther Plüschow die Landschaft Feuerlands. Die Schönheit der größten Insel Südamerikas ist wirklich einzigartig.

Heute teilen sich Chile und Argentinien das Archipel Feuerland. Wer von Río Gallegos nach Ushuaia will, muss chilenisches Staatsgebiet passieren, und auch durch den Beagle-Kanal verläuft die Grenze. Argentinien gehört der touristisch weit besser erschlossene Teil der Isla Grande, und von **Ushuaia**, der südlichsten Stadt der Welt, sind alle interessanten Ziele binnen weniger Stunden zu erreichen.

USHUAIA [C7]

»Bucht in das Land des Westens« nannten die Ureinwohner Argentiniens einzige Stadt jenseits der Anden. Nur selten unterbrechen historische bunte Häuschen den Wildwuchs moderner Betonbauten. Schön ist die Stadt daher nicht, dafür aber traumhaft gelegen. Sogar ein wenig kosmopolitisches Flair macht sich inzwischen breit. Am Ufer des Beagle-Kanals schweift der Blick nach Süden, hinüber zu den schneebedeckten Gipfeln der zu Chile gehörenden **Isla Navarino**, im Norden steigen die Bergketten von Cordón Vinciguerra und Sierra Alvear über der Stadt auf, auch sie meist verschneit. Warmes sanftes Licht, wie man es sonst nur aus Skandinavien kennt, sorgt an langen Sommerabenden für eine geradezu magische Atmosphäre, bis wieder Sturmböen und Regenschauer durch die Straßen peitschen und fröstelnde Besucher in die Museen treiben.

Mitten im Beagle-Kanal erhebt sich der »Leuchtturm am Ende der Welt«

Die sind nur einige Schritte auf der von Blumenrabatten gesäumten Avenida Maipú entfernt. Das kleine **Museo del Fin de Mundo** dokumentiert die zahlreichen Schiffbrüche der Region und zeigt eine umfangreiche ethnografische Sammlung. Gleich gegenüber kann man im **Museo Yámana** seine Kenntnisse über Feuerlands erste Bevölkerung vertiefen, die sich perfekt an die unwirtlichen Verhältnisse auf der Inselgruppe angepasst hatte, aber an eingeschleppten Krankheiten und prüden europäischen Bekleidungsvorschriften zugrunde ging.

Nur zwei Querstraßen weiter erzählt das im ehemaligen Gefängnis untergebrachte **Museo Marítimo** von der Vergangenheit der Stadt als Strafkolonie. Im 3 km östlich der Innenstadt gelegenen **Acuario de Ushuaia** kann man die subantarktische Unterwasserwelt des Beagle-Kanals trockenen Fußes genießen.

BEAGLE-KANAL

Eine Kreuzfahrt auf dem von verschneiten Bergen gesäumten Beagle-Kanal ist ein absolutes Muss für Ushuaia-Besucher. Angesteuert werden die **Isla Bridges** (Kormorane), die **Isla de los Lobos** mit ihrer Kolonie von Mähnenrobben und den selteneren Südamerikanischen Seebären sowie die **Isla de los Pájaros**, auf der viele Seevögel nisten. Außerdem zieht das Boot meist eine Schleife um den fotogenen Leuchtturm **Faro Les Eclaireurs**. Von November bis Februar ist die Pinguinkolonie auf der weiter entfernten **Isla Martillo** die Hauptattraktion. Zum Ausflugsprogramm zählt auch die östlich von Ushuaia am Beagle-Kanal gelegene historische **Estancia Harberton**, ein Nationaldenkmal.

PARQUE NACIONAL TIERRA DEL FUEGO

12 km westlich von Ushuaia kann man die Landschaften des Nationalparks auf kurzen markierten Wanderwegen erkunden: Kristallklare Bäche, türkisfarbene Gletscherseen, dunkelrote Spagnum-Moore, subantarktische Tundra sowie den für Feuerland typischen Scheinbuchenwald, dessen laubwerfende Arten im März und April in Gelb, Orange und Rottönen entflammen. An der fjordartigen Lapataia-Bucht endet die Panamericana. Immer wieder trifft man hier Motorradfahrer und sogar Radler, die von Alaska aus über 20 000 km bis zum das südliche Ende des amerikanischen Kontinents gefahren sind.

GLETSCHER UND BERGE

Die Gletscherregion des **Glaciar Martial** ist ebenfalls ein beliebtes Ausflugsziel von Ushuaia. Ein Sessellift führt zu den Cumbres de Martial hinauf: ein beliebtes Revier für Skifahrer und Snowboarder. Die Aussicht von der Bergstation des Lifts ist fabelhaft. Von hier führen mehrere Wanderwege durch die Gletscherlandschaft. Erfahrene Trekker erkunden die nördlich und nordöstlich von Ushuaia aufragenden schneebedeckten Bergketten **Sierra Valdivieso** und **Sierra Alvear**. Auch für Anfänger leicht zu bewältigen ist dagegen die Tour zum blaugrünen Gletschersee **Laguna Esmeralda**.

LAGO FAGNANO UND TOLHUIN

Nördlich des Paso Garibaldi wird das Wetter milder und es ist oft sonniger. Hier liegen die azurblauen Seen **Lago Fagnano** und **Lago Yehuin** inmitten von sanften Hügel- und Zauberwaldlandschaften. 40 km westlich von Tolhuin eröffnet sich am sturmumtosten **Cabo San Pablo** das grandiose Panorama der »Küste der Schiffbrüche«.

NORDEN UND MAGELLANSTRASSE

Den Norden Feuerlands prägt eine braune Steppe, die bereits Patagonien ankündigt. Río Grande ist meist nur Durchgangsstation auf der langen Busfahrt zwischen Río Gallegos und Ushuaia. Einzige Sehenswürdigkeit ist die 11 km nördlich gelegene **Misión Salesiana Nuestra Señora de la Candelaria**: eine Mission im magellanischen Stil der vorletzten Jahrhundertwende mit eleganter Kapelle. Weiter nördlich überqueren Fähren in einer halben Stunde vom Fährhafen Puerto Espora aus die Magellanstraße.

CHILE

Die chilenische Atacama ist trotz ihrer Salzlagunen die trockenste Wüste der Welt

BRASILIEN
BOLIVIEN
PARAGUAY
ARGENTINIEN
CHILE
URUGUAY
SANTA CRUZ DE LA SIERRA
COCHABAMBA
Oruro
Potosí
Sucre
Tarija
Campo Grande
Corumbá
Asunción
Formosa
Resistencia
Corrientes
Posadas
Encarnación
Salta
San Salvador de Jujuy
San Miguel de Tucumán
Santiago del Estero
San Fernando d.Valle-de Catamarca
La Rioja
San Juan
Mendoza
San Luis
CÓRDOBA
Santa Fe
Paraná
ROSARIO
BUENOS AIRES
La Plata
MONTEVIDEO
SANTIAGO
Valparaíso
Viña del Mar
La Serena
Copiapó
Antofagasta
Iquique
Arica
Tacna
Calama
Pelotas
Bagé
Santa Maria
Uruguaiana
Salto
Paysandú
Gran Chaco
Pampa del Tamarugal
Desierto de Atacama
Islas de los Desventurados (Chile)
Islas Juan-Fernández (Chile)
I.Alejandro Selkirk
A
B
C
D
E
1
2
3

Mar del Plata
Pta.Mogotes
Necochea
Tres Arroyos
Coronel Pringles
Bahía Blanca
La Pampa
Puelches
La Adela
Carmen de Patagones
Viedma
I.Trinidad
Golfo San Matías
San Antonio Oeste
Río Negro
R.Negro
Chelforo
Neuquén
Zapala
Sierra Colorada
Ingeniero Jacobacci
San Carlos de Bariloche
Sierra Grande
Punta Norte
Pta.Ninfas
Rawson
Trelew
Telsen
Las Plumas
Chubut
Tecka
Esquel
Cabo dos Bahías
Camarones
Comodoro Rivadavia
Golfo San Jorge
Caleta Olivia
C.Tres Puntas
Puerto Deseado
Sarmiento
Las Heras
Perito Moreno
Santa Cruz
Gdor.Gregores
Pto.San Julián
El Calafate
Esperanza
Río Gallegos
Cabo Vírgenes
Pta.Delgada
Feuerland
San Sebastián
Río Grande
Tierra del Fuego
Ushuaia
Pto.Williams
I.Navarino
I.Hoste
Islas Wollaston
Kap Hoorn
I. de los Estados
C.San Diego
Falkland-Inseln (Brit.)
Falkland-Inseln
(Islas Malvinas)
West Falkland
East Falkland
Stanley
Mt.Adam
Mt.Usborne
705
681
C.Meredith
Burdwoodbank
Los Angeles
Victoria
Temuco
Loncoche
Valdivia
La Unión
Osorno
Puerto Montt
Pargua
Ancud
I.de Chiloé
Quellón
I.Guafo
I.Mocha
Vol.Llaima
3747
2600
Cord. Patagónica
Chonos-Archipel
Pto.Aisén
Coihaique
Co.S.Valentín
4058
Pen.de Taitao
C.Tres Montes
Golfo de Penas
I.Campana
I.P.Lynch
Co.Lautaro
3380
Pto.Edén
I.Wellington
I.Madre de Dios
I.Duque de York
I.Hanover
I.D.de Almagro
Co.Paine
3248
Pto.Natales
Punta Arenas
C.Deseado
I.Desolatión
I.Santa Inés
I.Londonderry
1026
0
300 km
N
A
B
C
D
E
5
6
7

CHILE IN KÜRZE

Staatsname: República de Chile – Republik Chile
Fläche: 756 102 km²
Hauptstadt: Santiago de Chile
Amtssprache: Spanisch
Einwohner: 17,8 Mio. (2018 geschätzt), davon über 8 Mio. im Ballungsraum von Santiago
Landesvorwahl: 0056
Währung: Peso Chileno (CLP)
Zeitzonen: Während der europäischen Sommerzeit –6 Std. (nur während der chilenischen Winterzeit von Mitte Mai–Mitte August), sonst –5 Std. (während der europäischen Winterzeit –4 Std.). Die Provinz Magallanes behält ganzjährig die chilenische Sommerzeit bei. Osterinsel –2 Std. zum chilenischen Festland.

LAGE

Chile erstreckt sich in Nord-Süd-Richtung zwischen den Breitengraden 17° 30' S und 56° 0' S. Seine Nord-Süd-Ausdehnung beträgt also rund 4200 Kilometer. In westöstlicher Richtung liegt Chile zwischen dem 76. und dem 64. westlichen Längengrad und ist durchschnittlich nicht einmal 200 km breit. Es grenzt im Westen und Süden an den Pazifik (Küstenlinie 6435 km), im Norden an Peru (168 km) und im Nordosten an Bolivien (942 km). Mit Argentinien im Osten teilt es die mit 5150 km längste internationale Grenze Südamerikas. Zu Chile gehören die im Pazifik gelegene Osterinsel (Rapa Nui), die Insel Salas y Gómez, die Juan-Fernández-Inseln, die Desventuradas-Inseln, die Ildefonso-Inseln und die Diego-Ramírez-Inseln. Außerdem erhebt Chile Anspruch auf einen Teil der Antarktis. Kontinentalchile unterteilt sich in 15 Regionen.

POLITIK

Seit dem Ende der Diktatur von General Pinochet und der Rückkehr zur Demokratie ist Chile wieder eine Präsidialdemokratie. Der Präsident ist sowohl Staatsoberhaupt als auch Regierungschef und wird direkt mit absoluter Mehrheit in zwei Runden gewählt (Stichwahl, falls erforderlich), für eine einzige Amtszeit von 4 Jahren. Eine direkte Wiederwahl ist nicht möglich. Die letzten Präsidentschaftswahlen fanden im November und Dezember 2017 statt. In der Stichwahl wurde Sebastián Piñera Echenique mit 54,6 % gewählt und am 11. März 2018 in sein Amt eingeführt.

Die Legislative obliegt dem Nationalkongress *(Congreso Nacional)*, der aus zwei Kammern besteht. Die 43 Senatoren (2022 wird auf 50 Sitze erhöht) sind direkt für 8 Jahre gewählt, wobei alle 4 Jahren die Hälfte aller Mitglieder (gleichzeitig mit den Präsidentschaftswahlen) neu gewählt werden. Die 155 Delegierten des Abgeordnetenhauses *(Camara de Diputados)* werden direkt in Wahlkreisen für 4 Jahre gewählt. Stärkste Kraft (aber ohne absolute Mehrheit) in der Abgeordnetenkammer ist das konservative Parteienbündnis »Chile Vamos«, im Senat besitzt das Linksbündnis »Nueva Mayoría« der Sozialistin und zweimaligen Präsidentin Michelle Bachelet die ebenfalls nicht absolute Mehrheit.

WIRTSCHAFT

Chiles exportorientierte Marktwirtschaft zählt zu den Stabilitätsfaktoren Südamerikas. Auch seine Finanzinstitute genießen einen guten Ruf und sorgen für das beste Kreditrating aller Länder Südamerikas. 9,2 % der arbeitenden Bevölkerung sind in der Landwirtschaft beschäftigt (Trauben, Äpfel, Birnen, Zwiebeln, Weizen, Mais, Hafer, Pfirsiche, Knoblauch, Spargel, Bohnen; Rindfleisch, Geflügel, Wolle, Fisch und Holz), die aber nur 4,4 % des BIP ausmacht. 23,7 % arbeiten in der Industrieproduktion (Kupfer, Lithium, andere Mineralien, Lebensmittel, Fischverarbeitung, Eisen und Stahl, Holz und Holzprodukte, Transportgeräte, Zement, Textilien), die 31,4 % zum BIP beisteuert bei. 67,1 % sind im Dienstleistungssektor tätig, der 64,3 % des BIP erwirtschaftet. Die Exporte von Waren und Dienstleistungen machen ein knappes Drittel des BIP aus, wobei der Anteil der Rohstoffe am Gesamtexport rund 60 % beträgt. Kupfer ist Chiles Exportschlager und macht 20 % der Staatseinnahmen aus. Von 2003 bis 2013 betrug das reale Wachstum durchschnittlich fast 5 % pro Jahr. Nur 2009 fiel es im Zuge der Finanzkrise niedriger aus. 2017 verlangsamte sich das Wachstum auf geschätzt 1,4 %. Schuld daran sind sinkende Kupferpreise.

Chile verfolgt in der Regel eine antizyklische Fiskalpolitik. In Zeiten hoher Kupferpreise und damit hohen Wirtschaftswachstums häuft man Überschüsse in größtenteils außerhalb des Landes und getrennt von den Zentralbankreserven gehaltenen Staatsfonds an, und finanziert mit diesen Überschüssen in Zeiten niedriger Kupferpreise und dementsprechend niedrigem Wachstum notwendige Konjunkturprogramme.

Chuquicamata ist ein riesiger Kupfertagebau in der nordchilenischen Atacama-Wüste

Die Arbeitslosenquote betrug 2017 geschätzt 7 %, die Inflationsrate lediglich 2,3 %. Etwa 14 % der Menschen leben unter der Armutsgrenze.

Mit den USA hat Chile 2004 ein Freihandelsabkommen unterzeichnet. Im *Mercosur*, dem Gemeinsamen Markt Südamerikas, spielt es als seit 1996 assoziiertes Mitglied eine gewisse Rolle. Nachdem die USA ihre Teilnahme am geplanten Pazifik-Handelsabkommen TPP abgesagt hatten, unterzeichneten die verbliebenen 11 Länder – Kanada, Japan, Australien, Neuseeland, Mexiko, Chile, Peru, Vietnam, Malaysia, Brunei und Singapur – in Santiago de Chile im März 2018 das Nachfolgeabkommen CPTPP (Comprehensive and Progressive Trans Pacific Partnership/Umfassende und Fortschrittliche Transpazifische Partnerschaft).

Erfreulich verläuft die Entwicklung im Tourismus. 2017 besuchten insgesamt 6,45 Mio. Menschen das Land: eine Steigerung von 13,3 % gegenüber dem Vorjahr. Die Zahl der deutschen Besucher stieg um 6 % auf 78 262.

CHILES GESCHICHTE

1810 ernannte eine Gruppe führender Bürger in Santiago eine Junta, die bis zur Rückkehr des von Napoleon abgesetzten spanischen Königs Ferdinand VII. regieren sollte. Daraufhin schickte die Regierung des Vizekönigs in Lima Truppen nach Concepción. Die Niederlage der Armee unter Bernardo O'Higgins in Rancagua im Oktober 1814 führte zur Wiederherstellung der Kolonialherrschaft, doch konnte O'Higgins über die Anden fliehen und sich mit dem Freiheitshelden von Buenos Aires, José de San Martín, vereinen. Am 12. Februar 1817 besiegte San Martíns Andenarmee die Royalisten in Chacabuco nördlich von Santiago. Am 5. Mai 1817 schlug man einen königlichen Gegenangriff in Maipó zurück. 1818 war das Valle Central frei. Im Januar 1820 vertrieb eine Marineflotte unter der Führung von Lord Cochrane in Valdivia spanische Schiffe von der Pazifikküste und eroberte den Hafen von Lima.

EXPANSION UND FORTSCHRITT

Zwar folgte auf den Sturz von O'Higgins in Chile eine kurze Periode der Instabilität, doch 1830 stellten konservative Kräfte unter der Führung des Kaufmanns Diego Portales die Ordnung wieder her und führten die Verfassung von 1833 ein. Diese sah eine starke Regierung unter einem mächtigen Präsidenten vor und hielt die Armee von der Politik fern. Nach 1831 absolvierten vier aufeinanderfolgende Präsidenten ihre beiden verfassungsmäßig zulässigen fünfjährigen Amtszeiten. Bürgerliche Freiheiten wurden öfter unterdrückt, Wahlen manipuliert und Gegner verbannt. 1881 siegte Chile im Salpeterkrieg um die reichen Nitratvorkommen in der Atacama-Wüste über das von Peru unterstützte Bolivien, das den Verlust seines Pazifikzugangs nie überwunden hat. Anschließend beendete die chilenische Armee die Unabhängigkeit der Mapuche. Damit kontrollierte Chile nun die Pazifikküste von Arica bis Feuerland und besaß das Salpetermonopol.

Die Macht lag in den Händen einer kleinen Elite von Landbesitzern. Konflikte zwischen Präsident und Kongress gehörten zum politischen Leben. So stritt man sich um die Kontrolle der Einkünfte aus der Exportsteuer für Salpeter. 1890 führte der Kongress deswegen sogar einen Krieg mit Präsident Balmaceda, der unterlag und Selbstmord beging. Zwischen 1891 und 1924 waren die chilenischen Präsidenten Marionetten: Die wahre Macht lag beim Kongress, der von der Elite regiert wurde.

DIKTATUR UND VORZEIGESTAAT

In den Jahren vor dem Ersten Weltkrieg baute Chile mit den Einnahmen aus dem Salpeterhan-

In den 1960er-Jahren standen die Arbeiter Chiles fest hinter dem Sozialisten Salvador Allende

del ein dichtes Eisenbahn- und Straßennetz auf, legte Häfen an und schuf das beste Bildungssystem Südamerikas. Der Zusammenbruch der Industrie während des Ersten Weltkrieges führte jedoch zu Arbeiter- und Studentenunruhen: 1924 griff das Militär ein. Eine neue Verfassung sicherte bald wieder die bewährte starke Stellung des Präsidenten, doch war die Zeit der Großen Depression von einer Reihe kurzlebiger Regierungen gekennzeichnet. Zwischen 1932 und 1970 entwickelte Chile ein komplexes Mehrparteiensystem: Sozialisten und Kommunisten kämpften für die städtischen Arbeiter und Bergleute, konservative und liberale Parteien vertraten die Interessen der Grundbesitzer. Die Radikalen, Repräsentanten der Mittelschicht, gewannen 1938, 1942 und 1946 die Präsidentschaft. Nur die Bauern hatten weiterhin nichts zu sagen.

Schon bei den Wahlen von 1958 hätte der Sozialist Salvador Allende (1908–1973) den Konservativen Jorge Alessandri beinahe besiegt. Die alarmierten USA unterstützten daraufhin den Christdemokraten Eduardo Frei Montalva, der eine »Revolution in Freiheit« versprach. Seine Reformen weckten jedoch den Geschmack nach mehr, und so gewann Salvador Allende 1970 knapp die Präsidentschaftswahlen. Das linke Bündnis Unidad Popular brachte ein ehrgeiziges Reform- und Verstaatlichungsprogramm auf den Weg, das allerdings Chiles Währungsreserven erschöpfte. Die USA blockierten Kredite, es kam zu Kapitalflucht, und Chiles Unternehmer reagierten immer feindseliger. Streiks, Lebensmittelknappheit und Inflation brachten das Land 1973 fast zum Stillstand.

Trotzdem zeigte sich Allendes Popularität in den Parlamentswahlen im März 1973 ungebrochen. Der von General Augusto Pinochet angeführte und von der CIA unterstützte Staatsstreich vom 11. September 1973 schockierte das Land enorm. Tausende »Linke« wurden hingerichtet, Folter war weit verbreitet. Pinochets Militärjunta verbot politische Parteien und Gewerkschaften und setzte anfänglich auf eine neoliberale Wirtschaftspolitik. Erst nach dem Sieg des christdemokratischen Politiker Patricio Aylwin Azocar kehrte im März 1990 die Demokratie zurück. General Pinochet blieb bis 1998 Armeekommandant und nahm anschließend seinen Sitz im Senat ein. Er starb 2006 in chilenischem Hausarrest.

Unter Ricardo Lagos und den jeweils zweimaligen Präsidentschaften der Sozialistin Michelle Bachelet und des derzeit amtierenden rechtskonservativen Unternehmers Sebastián Piñera konnte Chile seine Rolle als politischer und wirtschaftlicher Vorzeigestaat Südamerikas behaupten.

CHILES WEINE

Schon die Spanier haben Mitte des 16. Jahrhunderts die ersten Reben nach Chile eingeführt. Ab dem frühen 19. Jahrhundert prägten aber besonders Franzosen den chilenischen Weinbau. In den 1970er-Jahren sank der inländische Weinkonsum, viele Weinberge wurden aufgegeben. Bedeutende Investitionen, vor allem aus den USA und Europa, sorgten für einen neuerlichen Aufschwung, wobei man besonders auf den Export von Qualitätsweinen setzt. Auch die heimischen Weintrinker werden anspruchsvoller. Allerdings findet man noch immer Weine in Tetrapacks für den Massenkonsum im Inland. Vier Unternehmen sind mittlerweile für 80 % des gesamten Weinverkaufes in Chile verantwortlich: Concha y Toro, Santa Rita, San Pedro und Santa Carolina. Dazu kommen über hundert weitere kleinere Hersteller, die sich meist auf den Exportmarkt konzentrieren.

Chiles Weinbaugebiete reichen vom Tal des Río Aconcagua im Norden bis zum Valle Maule im Süden. Auch außerhalb dieser Region werden Trauben angebaut, vor allem rund um Ovalle und im Valle del Elqui in der Nähe von La Serena, dem Hauptproduktionszentrum für den Branntwein *Pisco*, dessen beste Destillerie man weiter nördlich findet, in Alto del Carmen am Oberlauf des Valle del Huasco in der Atacama-Region.

VALLE CENTRAL

Chiles **Valle Central** bietet besonders gute Bedingungen für den Weinbau. Die Sommer sind heiß und trocken. Pflanzenkrankheiten und Schädlinge gibt es hier nicht. Die acht Weinbaugebiete des Valle Central liegen rund um die Täler der Flüsse Limarí, Aconcagua, Casablanca, Maipo, Cachapoal, Colchagua, Curicó, Maule und Biobío, wobei das Maipo-Tal südlich von Santiago mit seinen besonders kalkhaltigen Böden als Kernland der chilenischen Rotweinproduktion gilt. Klasse statt Masse lautet hier die Devise, und so findet man im Maipo-Tal viele der renommiertesten chilenischen Weine. In den letzten Jahren hat sich das Casablanca-Tal zu einem Produzenten feiner Chardonnays und vollmundiger Sauvignon Blancs entwickelt. Zunehmend drückt die wiederentdeckte Rotweinsorte Carménère dem chilenischen Wein ihren Stempel auf. Die häufigste Rebsorte ist aber immer noch die dunkle Pais, die man nur in Chile findet. Sie gilt als direkte Nachfahrin der Stecklinge, die von spanischen Kolonisten importiert wurden.

Die Weinlese beginnt Ende Februar für den Chardonnay und reicht bis Ende April für den Cabernet Sauvignon. In dieser Zeit werden gerne *Chicha*, ein teils vergorener Traubensaft, und *Vino pipeño*, ein ungefilterter junger Wein getrunken.

WEINROUTEN

Die beste Zeit für ein ausführliche Verkostungstour ist der März. Im **Valle del Maipo** empfehlen sich Weingüter wie Aquitania (www.aquitania.cl), **De Martino** (www.demartino.cl) und **Viña Santa Rita Padre** (www.santarita.cl). Im **Valle de Colchagua** haben acht Weingüter eine eigene **Ruta del Vino** ausgewiesen. Besonders gut sind **Viña Casa Silva** (www.casasilva.cl) mit malerischen Weinfeldern und Toprestaurant, die Bioweine der **Viña Clos Apalta** (www.closapalta.com), die **Viña MontGras Camino** (www.montgras.cl) mit ihren Carmenère-Gewächsen und die familiengeführte **Viña Viu Manent** (www.viumanent.cl). Im **Valle de Curicó** ist der innovative Winzer Miguel Torres (www.migueltorres.cl) mit Restaurant und Gästehaus ein beliebtes Ausflugsziel. Neun Bodegas laden im **Valle del Maule** zum Verkosten ein, alle von Talca aus leicht zu erreichen. Tipps sind die malerische **Viña Balduzzi** (www.balduzziwines.cl) sowie **Viña Gillmore** (www.tabonko.cl) und **Viña Via Wines** (www.viawines.com).

Weinkeller der Casa Silva
bei San Fernando im Valle de Colchagua

Besonders bei bewölktem Wetter leuchten die Cuernos del Paine in Blautönen

TORRES DEL PAINE

Imposante Gletscher, türkis und mintgrün schimmernde Seen, wild schäumende Bergflüsse, subantarktische Tundra, Hochgebirge mit gezackten Felslandschaften, üppige Südbuchenwälder: Der Nationalpark Torres del Paine (www.parquetorresdelpaine.cl) ist geradezu ein Inbegriff für die raue Schönheit Südpatagoniens.

Paine bedeutet himmelblau. Diesen Namen haben die indigenen Aónikenk dem Massiv gegeben, weil es besonders bei bewölktem Himmel bläulich leuchtet. Der artenreiche Nationalpark wurde zu einem Biosphärenreservat der UNESCO erklärt. Vier große Vegetationszonen prägen ihn: Patagonische Steppe, präandine Gebüschzone mit im Frühling farbenfroh blühenden Calafate-Sträuchen, Fuchsien und Notros, laubwerfender Magellanwald mit Lenga, Ñirre und Coigüe sowie andine Wüste unterhalb der Grenze des ewigen Schnees und Eises. Guanakos, Magellanfüchse, Pampafüchse, Kaphasen, Gürteltiere und Südandenhirsche streifen durch den Park. Auch Pumas sind hier heimisch. Am Himmel zieht der Kondor seine Kreise, während Magellangänse, Schwarzhalsschwäne und Chile-Flamingos die Lagunen bevölkern.

RAUES KLIMA

Die meisten Besucher kommen in den Sommermonaten Januar und Februar. Dabei ist es eigentlich im Frühling (September–November), wenn die Wildblumen blühen und die Winde nicht so heftig wehen, aber auch im kühlen, trotzdem oft sonnigen und farbenfrohen Herbst (März–April) schöner. Das Mikroklima im Park bleibt allerdings völlig unberechenbar. Am Lago Paine und der Laguna Azul kann es an windstillen Tagen richtig warm werden, bevor Stunden später eisiger Wind Schnee und Graupelschauer vom Glaciar Grey heruntertreibt.

TREKKINGTOUREN

»Circuito O« heißt die mit empfehlenswerten Abstechern 125 km lange komplette Umrundung der Torres und Cuernos vom Ausgangspunkt **Laguna Amarga** oder **Hostería Las Torres** gegen den Uhrzeigersinn. Sie ist ohne große Mühe in 6 Tagen zu bewältigen; kalkuliert man aber schöne Abstecher, Ruhetage und hartnäckige Schlechtwetterphasen ein, sind 8–10 Tage realistischer.

Den **Paso John Garner** (1241 m), von dem sich ein grandioser Blick auf den Glaciar Grey und das südliche Eisfeld bietet, darf man wegen der Gefahr sich zu verirren, nur in Begleitung anderer Trekker überschreiten. Ansonsten ist die Route meist gut mit orangefarbenen Punkten, Strichen, Steinhügeln oder Plastikfähnchen markiert. Größere Flüsse überspannen Hängebrücken, kleinere eiskalte Bäche muss man durchwaten.

Etwas weniger anstrengend ist die Wanderung, die am Südrand des Massivs in etwa ein »W« beschreibt. Hier sind 4–5 Tage realistisch. Die Refugios genannten Schutzhütten sind auch gute Ausgangspunkte für Touren mit leichtem Tagesgepäck, z. B. zum Wasserfall **Salto Grande** und zum **Mirador Grey** mit Traumblick auf den Glaciar Grey und die Berge auf dem Inlandeis. Als absolutes Highlight gilt die Wanderung durch das wunderschöne Valle Ascensio zum Mirador Torres. Hier präsentieren sich die drei Granitspitzen der Torres in all ihrer Pracht. **Torre Central** (2800 m), **Torre Sur** (2850 m) und **Torre Norte** (2600 m) steigen senkrecht über 1000 m oberhalb einer milchgrünen Lagune und einer Steilwand auf. Allerdings hüllen sie sich besonders nachmittags oft in dichte Wolken. Ein unvergleichliches Erlebnis ist es, sie im ersten Morgenlicht orangerot erglühen zu sehen.

Die Küstenlandschaften im chilenischen Teil Feuerlands sind menschenleer und von Land aus so gut wie unzugänglich. Wer es komfortabel mag, bucht die mit 1500 bis 2500 Euro je nach Kabine zwar teuren, aber absolut empfehlenswerten Kreuzfahrten mit **Cruceros Australis** (www.australis.com) von Ushuaia nach Punta Arenas. Touren sind zwischen Ende September und Anfang April möglich. Dreimal übernachtet man an Bord, und wenn das Wetter es zulässt, ist auch ein Landgang am Kap Hoorn möglich. Die chilenischen Schiffe Ventus Australis und Stella Australis bieten echten Kreuzfahrtluxus mit Schlauchbootausflügen in die Fjord- und Gletscherlandschaften. Meist sind sie lange im Voraus ausgebucht, doch vor Weihnachten ergattert man gelegentlich spontan ein Bett in einer der unteren Kabinen der Kategorie B, die ohnehin weniger vom Wellengang berührt sind als die teureren des Oberdecks. Die Fahrt in umgekehrter Richtung von Punta Arenas nach Ushuaia dauert einen Tag länger (4 Übernachtungen an Bord) und ist daher teurer. In Deutschland bietet u.a. DERTOUR die Kreuzfahrt von Cruceros Australis an.

Das Traumhotel **Lakutaia** (www.lakutaia.cl) in Puerto Williams organisiert ebenfalls Fahrten durch die Fjordlandschaft der Cordillera Darwin. Hier fließen mächtige Eisströme von 2000 m hohen Gipfeln hinunter zum Meer.

SCHNÄPPCHENFAHRT MIT DER AUTOFÄHRE

Es geht aber auch wesentlich günstiger. Die von **Transbordadora Austral Broom** (www.tabsa.cl) betriebene Auto- und Passagierfähre **Yaghan** fährt im Sommer mehrmals die Woche (im Winter seltener) von Punta Arenas nach Puerto Williams und zurück. Die Fahrt dauert mindestens 32 Stunden und kostet ca. 150 Euro mit Pullman-Sitz und ca. 200 Euro mit Sofabettsitz. Mahlzeiten sind im Preis eingeschlossen. Oft begleiten Wale und Delfine die Fahrt. Außerdem passiert man in nächster Nähe mehrere Gletscher, darunter La Romanche (der größte chilenische Gletscher, der ins Wasser reicht). Magisch ist der Anblick des mächtigen, pyramidenförmigen Gletscherbergs **Monte Sarmiento** (2246 m), wenn dieser sich nicht wie so häufig in Wolken hüllt. Zurück zum Ausgangsort kann man auch fliegen. Aerovías DAP (www.dapairline.com) bietet sehr gefragte Flüge mit einer Twin Otter DHC 6 (19 Passagiere) an, die Montag–Samstag (April–Okt nur Di, Do und Sa) um 10 Uhr von Punta Arenas nach Puerto Williams fliegt und um 11.30 Uhr zurückkehrt. Der Flug dauert etwa 75 Min. und kostet einfach etwa 110 Euro. Mit etwas Glück genießt man Traumausblicke auf die Cordillera Darwin (auf dem Flug nach Puerto Williams rechts sitzen, in umgekehrter Richtung links). Wetterbedingte Ausfälle sind jederzeit möglich, und wenn über Puerto Williams eine dichte Wolkendecke liegt, kann auch das Landen dauern.

KAP HOORN

Sehr zu empfehlen ist das kleine Unternehmen **SIM Expeditions** (www.simexpeditions.com) in Puerto Williams des deutschen Skippers Wolf Kloss und seiner venezolanischen Frau Jeannette. Die beiden organisieren Segeltrips rund um Kap Hoorn (7 Tage) und vom Kap Hoorn zur Cordillera Darwin (14 Tage). Da die zwei Jachten SY Santa Maria und SY Santa Maria Australis (6 bzw. 12 Passagiere) unter chilenischer Flagge fahren, dürfen sie in vielen kleinen Buchten im Archipel der Islas Wollaston ankern. Natürlich hat das Wetter stets das letzte Wort in dieser Angelegenheit.

KREUZFAHRT DURCH DIE FJORDE FEUERLANDS

Die einsamen Gletscherlandschaften der Fjorde Feuerlands sind nur mit Booten zugänglich

UNTERWEGS IN CHILE

Santiago de Chile [C3/4]

Über acht Millionen Menschen leben im Ballungsraum der Hauptstadt. Wenn sich Santiago nicht gerade mal wieder in Smog hüllt, leuchten im Osten die majestätischen Sechstausender der Andenkette im Abendlicht. Hier liegen, auf etwa 3500 m Höhe, die drei große Skigebiete von Tres Valles: El Colorado, La Parva und Valle Nevado. Die Skisaison dauert von Mitte Juni bis Anfang Oktober. Im Westen locken die Strände des Pazifiks, und rund um Santiago vorzügliche Weingüter. Für die Stadt selbst nehmen sich Besucher daher oft wenig Zeit. Die überwiegend moderne Architektur mit nur einigen kolonialen Einsprengseln fesselt nicht lange. Doch es gibt hervorragende Museen, und die *Barrios* (Stadtviertel) haben ihr ganz eigenes Flair. Jeder Ort ist mit der sauberen und effizienten U-Bahn leicht zu erreichen. Das Stadtzentrum begrenzt im Norden der Río Mapocho und im Süden die Avenida Libertador Bernado O'Higgins, die alle nur unter dem Namen **La Alameda** kennen.

PLAZA DE ARMAS UND ALAMEDA

Die schattige Plaza de Armas ist Dreh- und Angelpunkt der Metropole. Unter den Bäumen, an den Brunnen und in den Blumengärten unterhalten Straßenkünstler ein stets zahlreiches Publikum. Nur die Schachspieler lassen sich nicht ablenken. Ältestes Gebäude ist die neoklassizistische **Catedral Metropolitana** (1748) an der Westseite des Platzes. Im Norden steht der **Palacio de la Real Audiencia** (1804) mit dem **Museo Histórico Nacional** und dem **Correo Central** (Hauptpostamt).

Drei Blocks südwestlich der Plaza de Armas erhebt sich an der großen **Plaza de la Constitución** der restaurierte klassizistische Präsidentenpalast **La Moneda**: Schauplatz der dramati-

Neoklassizistische Gebäude säumen die Plaza de Armas in Santiago de Chile

schen Belagerung durch die Truppen Pinochet am 11. September 1973, bei der Präsident Salvador Allende den Tod fand. Im Untergeschoss vermittelt eine riesige Reliefkarte von Chile einen Eindruck von der Größe des Landes. Unter der Woche findet um 10 Uhr, am Wochenende um 11 Uhr eine aufwendige Wachablösung statt. Das benachbarte **Centro Cultural Palacio La Moneda** besitzt Ausstellungsräume, Kunsthandwerksläden und Cafés.

Sechs Blocks östlich der Moneda entlang der Alameda erhebt sich der Hügel **Cerro Santa Lucía**, auf dem Pedro de Valdivia die indigene Bevölkerung besiegte. Hier wurde Santiago am 12. Februar 1541 offiziell gegründet. Parks, Wanderwege, ein kunstvoller Neptunbrunnen und natürlich der Panoramablick ziehen verliebte Pärchen an.

Farbenfrohe Fassaden im Stadtteil Bellavista von Santiago de Chile

MÄRKTE

Unbedingt einen Besuch lohnt der am Südufer des Río Mapocho gelegene **Mercado Central**, in dem täglich zwischen 6 und 16 Uhr alle Köstlichkeiten des Ozeans feilboten werden. In zahlreichen kleinen Marisquerías kann man vorzüglich und preiswert zu Mittag essen. Die Eisenkonstruktion der Markthalle wurde im englischen Birmingham vorgefertigt und 1868 in Santiago aufgestellt.

Gleich gegenüber lockt am Nordufer des Río Mapocho mit **La Vega** ein weiterer riesiger überdachter Markt mit Ständen im Freien, die frisches Obst und Gemüse zu Tiefstpreisen verkaufen. Hier bekommt man wunderbare Einblicke in das Alltagsleben der Einheimischen.

MUSEEN

Das hochkarätige **Museo Chileno de Arte Precolombino** (Bandera 361) ist in der eleganten spätkolonialen **Real Casa de Aduana** (Königliches Zollhaus von 1807) an der Südwestecke der Plaza de Armas untergebracht. Es zeigt eine wirklich hervorragende Sammlung prähispanischer Kunst aus ganz Lateinamerika (Anden, Mesoamerika, Amazonas und Karibik), besonders Keramik, erlesene Textilien und wertvoller Schmuck. Dazu kommen erstklassige Wechselausstellungen.

Am Südufer des leider sehr verschmutzten Río Mapocho lädt die riesige Grünfläche des **Parque Forestal** zum Entspannen ein. Kulturelles Highlight ist der neoklassizistische **Palacio de Bellas Artes** mit dem **Museo de Bellas Artes**, das Gemälde, Skulpturen, Drucke und Zeichnungen von überwiegend chilenischen Künstlern zeigt. Das **Museo de Arte Contemporáneo (MAC)** gegenüber präsentiert Wechselausstellungen moderner Kunst.

Nachdenklich stimmt ein Besuch des vorbildlichen **Museo de la Memoria y los Derechos Humanos** im Barrio Brasil (Matucana 501), das die Menschenrechtsverletzungen der Diktatur Pinochets zwischen 1973 und 1990 dokumentiert.

SANTIAGOS STADTVIERTEL

Unter den Stadtvierteln gilt das **Barrio Lastarria** mit seinen Kunstmuseen, coolen Restaurants und schicken Boutiquen als besonders angesagt. Das Nachtleben tobt am wildesten im Trendviertel **Barrio Bellavista** nördlich des Flusses.

Hier findet man mit dem **Cerro San Cristóbal** (Standseilbahn ab Terraza Bellavista) einen weiteren schönen, von einer riesigen **Statue der Virgen de la Immaculada Concepción** gekrönten Aussichtspunkt. Rucksacktouristen schätzen die preiswerten Lokale in den westlichen Barrios **Brasil** und **Yungay**, während die besonders grünen Barrios **Providencia** und **Las Condes** (letzteres wegen seiner Wolkenkratzer scherzhaft »Sanhattan« genannt) Luxushotels und Einkaufszentren prägen. Der 300 m hohe **Gran Torre Santiago**, Lateinamerikas höchstes Gebäude, beherrscht die Skyline der Stadt und bietet fantastische Ausblicke.

Norte Chico

Fischerdörfer, Badeorte und viele schöne Fels- und Sandbuchten mit allerdings sehr kaltem Wasser säumen die Küste nördlich von Santiago. Hier beginnt die Region Norte Chico, die sich bis zu den südlichen Ausläufern der Atacama-Wüste erstreckt. **Ovalle** ist Standquartier für Ausflüge zu den Petroglyphen und den Küstenwäldern des **Parque Nacional Fray Jorge**.

In den fruchtbaren, intensiv bewirtschafteten Tälern der Hauptflüsse Choapa, Limarí und Elqui wird Obst und Gemüse angebaut. Weiter nördlich wird es immer trockener und wüstenhafter.

LA SERENA [C3]

Zentrum des Norte Chico ist das 474 km nördlich von Santiago gelegene **La Serena**, einer der besten Badeorte Chiles. Die Küstenstadt wurde 1544 gegründet und besitzt noch viele Gebäude der Kolonialzeit. Sehenswert sind auch die **Casa Gabriel González Videla**, ein vorzügliches Kunstmuseum, und das **Museo Arqueológico**, das erlesene Diaguita-Keramik sowie eine 2,5 m hohe Moai-Statue von der Osterinseln zeigt. Sehr idyllisch ist der Japanische Garten **Jardín El Corazón**. Im Sommer strömen viele Chilenen an die zu Fuß eine halbe Stunde vom Stadtzentrum entfernten Surfer- und Badestrände. In der Nebensaison geht es hier aber sehr ruhig zu.

Ein den Stränden folgender Radweg verbindet La Serena mit der etwas weiter südlich gelegenen Stadt **Coquimbo**, dem Haupthafen der Region. In der schön restaurierte Altstadt **Barrio Inglés** isst man um einiges besser als in La Serena, und auch das Nachtleben ist vielfältiger. Wahrzeichen der Stadt das 93 m hohe Kreuz **Cruz del Tercer Milenio**, von dessen Sockel sich ein herrlicher Blick über die Stadt bietet.

VALLE DEL ELQUI

La Serena ist Ausgangspunkt für Fahrten in das fruchtbare **Valle del Elqui**. Hier gedeihen die süßen Muskatellertrauben vorzüglich, aus denen der klare Branntwein *Pisco* gewonnen wird – Chiles (und Perus) Nationalgetränk. Es wird meist als *Pisco Sour* getrunken: eine Mischung aus Pisco, Limettensaft, Zuckersirup, Eiweiß, Crushed Ice und einem Tropfen Angostura Bitter. Die **Planta Capel**, die größte Pisco-Destillerie des Tals (Touren möglich), liegt südlich des verschlafenen Städtchens **Vicuña**, das seiner berühmtesten Bürgerin, der Literaturnobelpreisträgerin Gabriela Mistrál, ein Museum widmet. Die älteste Pisco-Brennerei Chiles liegt im grünen Dorf **Pisco Elqui**, mit einer tollen Aussicht auf das Tal.

Wind- und Kitesurfer zieht es an Stausee **Lago Puklara**. Sterngucker schwärmen dagegen von dem topmodernen Teleskop des **Observatorio del Pangue**, das in einer spektakulären Berglandschaft 17 km südlich von **Vicuña** faszinierende Entdeckungsreisen durch die Milchstraße bietet. Auch im **Observatorio Cerro Mamalluca** (9 km nordöstlich von Vicuña) blickt man in den unglaublich klaren, an 360 Tagen im Jahr wolkenlosen Nachthimmel der Region.

RESERVA NACIONAL PINGÜINO DE HUMBOLDT

110 km nördlich von La Serena ragen drei Inseln aus dem kalten Ozean: **Isla Chañaral**, **Isla Choros** und **Isla Damas**. In diesem Schutzgebiet tum-

Karte S. 258/259

Im März sind die Trauben im Valle del Elqui reif für die Lese

meln sich Seeotter, Seelöwen, Humboldtpinguine, peruanische Tölpel und vier Kormoranarten. Auf der Bootsfahrt vom Fischerdörfchen **Caleta de Choros** kann man Tümmler, Buckelwale und Orcas sehen, gelegentlich sogar einen mächtigen Blauwal.

COPIAPÓ [C2]

Die 333 km nördlich von La Serena gelegene Bergbaustadt wurde 2010 aufgrund der wundersamen Rettung von 33 verschütteten Grubenarbeitern international bekannt. Silber machte Copiapó reich, heute fördert man vor allem Kupfer. Sehr attraktiv ist die von uralten Pfefferbäumen gesäumten **Plaza de Armas**.

Im Copiapó-Tal wird sehr viel Wein angebaut. Östlich der Stadt liegen faszinierende Landschaften: Im **Parque Nacional Nevado de Tres Cruces** gibt die salzverkrustete türkisblaue, von Flamingos bevölkerte **Laguna Verde** auf 4325 m Meereshöhe vor der Kulisse der schneebedeckten Vulkane **Nevado Tres Cruces** und **Ojos de Salado** (letzterer noch aktiv und mit 6887 m Südamerikas zweithöchster Gipfel) ein berückendes Fotomotiv ab.

75 km westlich von Copiapó locken die weißen Sandstrände von **Bahía Inglesa** und **Caldera** an der Pazifikküste. In den Restaurants an der Uferpromenade von Caldera lässt man sich köstliche Jakobsmuscheln schmecken.

PARQUE NACIONAL PAN DE AZÚCAR

Der 180 km nördlich von Copiapó gelegene Nationalpark ist ein weiteres Highlight der Region: eine spektakuläre wüstenartige Küstenlandschaft mit steilen Felsklippen, unberührten weißen Stränden und einer Vielzahl von Kakteen. Das kleine Fischerdorf **Caleta Pan de Azúcar** ist Ausgangspunkt für Bootsausflüge zur wenige Kilometer vor der Küste gelegenen **Isla Pan de Azúcar**, auf der Humboldtpinguine, Seelöwen,

Seeotter und unzählige Meeresvögel heimisch sind. Landen darf man zwar nicht, aber die Boote fahren nahe genug heran, um tolle Fotos zu schießen. 9 km nördlich des Dorfes liegt der Aussichtspunkt **Mirador Pan de Azúcar**, von dem sich ein Panoramablick auf die Küste bietet.

Norte Grande

Die riesige knochentrockene Atacama-Wüste macht den größten Teil der Region Norte Grande aus. Wenn aber doch einmal Regen fällt, überzieht für kurze Zeit ein Wildblumenteppich in Rosa, Violett, Blau und Gelb die menschenfeindliche Landschaft: ein magischer Anblick, der zuletzt im August 2017 zu genießen war.

Die Hafenstadt **Antofagasta** [C2] wird Besucher nicht lange fesseln, auch wenn hier Szenen zum Bond-Film »Ein Quantum Trost« gedreht wurden. Immerhin kann man auf der netten **Plaza Colón** und im **Mercado Central** den Alltag der Einheimischen kennenlernen, im **Museo Regional** mumifizierte Inka-Kinder sehen und 3 km südlich mit den **Ruinas de Huanchaca** die Reste einer alten bolivianischen Silberraffinerie und das **Museo Desierto de Atacama** besuchen.

ATTRAKTIONEN DER ATACAMA [C2]

Standquartier für Ausflüge in die spektakuläre Wüstenlandschaft ist das schon 1547 gegründete freundliche Oasenstädtchen **San Pedro de Atacama**. Auf der Fahrt von Antofagasta dorthin kann man in der Stadt **Calama** eine Tour durch

In der Atacama-Wüste schießen Geysire ihr heißes Wasser gen Himmel

die riesige Kupfermine **Chuquicamata** unternehmen. In San Pedro trifft man sich auf der von rosa blühenden Pfefferbäumen gesäumten **Plaza de Armas**, an deren Westseite die weiß getünchte **Iglesia de San Pedro** (1641) steht. Das **Museo Arqueológico Gustavo Le Paige** präsentiert eine Vielzahl prähispanischer Artefakte, darunter Keramik und Goldschmuck.

Nur 3 km von San Pedro entfernt liegt das Todestal – **Valle de la Muerte** – mit engen Schluchten, bizarren roten Felsformationen und 150 m hohen Sanddünen, auf denen sich die Sandboarder austoben. In der Ferne leuchten schneebedeckte Vulkane. Auch in der Mondlandschaft des **Valle de la Luna** nehmen die gezackten Felsgipfel und Sanddünen im Morgen- und Abendlicht spektakuläre Rot- und Goldtöne an. Das 38 km von San Pedro entfernte Dorf **Toconao** wurde mit Häusern aus vulkanischem Liparita-Stein errichtet. Ein kühler Bach fließt durch das Tal und lässt Feigen-, Birnen- und Quittenbäume gedeihen.

50 km südlich von San Pedro erstreckt sich Chiles größte Salzfläche, der weiß verkrustete **Salar de Atacama**. Durch die türkisfarben schillernden Lagunen staksen Flamingos, die winzige Salzwassergarnelen verspeisen. Die **Laguna Cejar** ist so salzhaltig wie das Rote Meer: Untergehen unmöglich! Die **Ojos del Salar** sind zwei kleine, fast perfekt runde kalte Süßwasserbecken inmitten der trockenen Ebene.

Wer die 90 km nördlich von San Pedro gelegenen Geysirfelder des Vulkankraters **El Tatio** in Aktion erleben möchte, muss früh aufstehen. Die Touren starten schon um 4 Uhr, um rechtzeitig vor Ort zu sein, wenn die über hundert Fumarolen und Geysire bei Sonnenaufgang Dampf und 86 °C heißes Wasser in die Luft schießen. Auf dem mit etwa 4320 m höchstgelegenen geothermischen Feld der Welt ist es am frühen Morgen oft sehr frostig. Aufwärmen kann man sich im nahen Thermalbad.

124 km nördlich von San Pedro findet man auf etwa 4300 m Höhe die beiden Altiplano-Lagunen **Miscanti** und **Miñiques**. Sie bieten ein spektakuläres Panorama: Tiefblaue Becken mit salzverkrusteten Ufern, schwarzes Lavagestein und im Hintergrund die schimmernden Sechstausender von Cerro Miscanti und Volcán Miñiques. Auch hier gibt es wieder reichlich Flamingos und andere Wasservögel zu sehen.

AN DER KÜSTE

Bei Surfern und Gleitschirmfliegern beliebt ist der Badeort **Iquique**. Besonders populär ist die für Schwimmer geeignete **Playa Cavancha**. Tolle Breaks bieten die felsige **Playa Bellavista** weiter nördlich und die weniger überfüllte **Playa Huayquique** im Süden der Stadt. Die im Abendlicht magisch erglühende riesige Sanddüne **Cerro Dragón**, ein Magnet für Sandboarder, beherrscht die Landschaft. Iquique besitzt ein historisches Zentrum aus den großen Zeiten des Salpeterabbaus, von der in der Umgebung noch mehrere Geisterstädte wie Humberstone und Santa Laura zeugen. Wahrzeichen von Iquique ist der hohe weiße Uhrturm **Torre Reloj** (1877) auf der Plaza Prat, an der auch das neoklassizistische **Teatro Municipal** und das maurisch wirkende **Casino Español** stehen.

316 km nördlich von Iquique liegt **Arica**, das mit seinen schönen Sandstränden im Sommer viele internationale Besucher anlockt. Vom hohen Felsvorsprung **El Morro** bietet sich ein herrlicher Panoramablick. An der attraktiven **Plaza Colón** steht die von Gustave Eiffel entworfene neogotische **Iglesia de San Marcos**, die aus Eisen gefertigt und 1876 aus Frankreich per Schiff nach Chile kam und hier aufgestellt wurde. Auch die heutige **Casa de Cultura** (1877) stammt von Eiffel. Das **Museo Arqueológico** im 12 km entfernten grünen Azapa-Tal präsentiert die berühmten vier Chinchorro-Mumien, die etwa 7000 Jahre alt sind: ein Mann, eine Frau und zwei kleine Kinder.

Von Arica fährt man landeinwärts in das 3500 m hoch gelegene Putre, um den **Parque Nacional Lauca** zu besuchen. Im stahlblauen Wasser des **Lago Chungará** (18 km östlich von Parinacota) auf 4600 m Höhe spiegelt sich der schneebedeckte Kegel des **Volcán Parinacota** (6350 m). Durch die weiter südlich gelegene **Reserva Nacional Las Vicuñas** (mit Salzsee Salar de Surire) streifen Herden wilder *Vikunjas*. Ihre Wolle ist die feinste der Welt.

Valparaíso und Viña del Mar

Nur 120 km von Santiago entfernt liegt rund um die Bahía de Valparaíso und auf 42 Hügeln Chiles wichtigster Hafen und Marinestützpunkt. »Valpo« bietet eine tolle Küche und ein turbulentes Nachtleben. Kein Wunder, dass die *Santiagueros* die Wochenenden am liebsten hier und an den weitläufigen weißen Sandstränden des benachbarten Badeort Viña del Mar verbringen.

VALPARAÍSO [C3], STADT DER AUFZÜGE

Farbenfrohe baufällige Häuser, die an Hügeln kleben, kleine Läden und Cafés, ein Labyrinth verwinkelter Gassen, steile Treppen und historische Standseilbahnen prägen das Flair der Hafenstadt, die viele Künstler und Schriftsteller hervorgebracht hat. Das 1544 gegründete Valparaíso verdankt seinen Aufschwung dem Goldrausch in Kalifornien. Damals mussten Schiffe aus Europa und New York auf ihrer Fahrt nach San Francisco noch Kap Hoorn umrunden. Im 19. Jahrhundert war Valparaíso daher die wichtigste Drehscheibe Südamerikas an der Pazifikküste. Seine herausragende Rolle für die internationale Schifffahrt verlor es 1914 mit der Eröffnung des Panamakanals.

Die erste Standseilbahn der Welt fährt noch heute

Standseilbahnen – *Ascensores* – verbinden das Hafenviertel **El Plan**, in dem sich Shoppingangebot und Nachtleben konzentrieren, mit den *Cerros* (Hügeln). Zentrum des Weltkulturerbes sind der besonders schicke **Cerro Concepción** und der künstlerisch geprägte, mit vielen hochwertigen Wandmalereien verzierte **Cerro Alegre**. In diesen beiden Vierteln findet man die meisten Restaurants und Unterkünfte, aber auch viele Kirchen und Museen. 1883 wurde die erste Standseilbahn eröffnet, der **Ascensor Concepción**. Sie war ursprünglich dampfbetrieben und klettert von ihrer Basisstation gegenüber dem Uhrturm **Relój Turri** hinauf zum Paseo Gervasoni auf den Cerro Concepción. Oben kann man schöne Spaziergänge zum Cerro Alegre unternehmen.

Ebenfalls beliebt ist der **Ascensor Artillería** zwischen Plaza Aduana und Cerro Playa Ancha, der einen herrlichen Panoramablick auf Stadt und Küste bietet. In der Nähe steht das **Museo Naval y Marítimo** (Paseo 21 de Mayo 45), das sich der militärischen und maritimen Geschichte Chiles widmet und Helden wie Arturo Prat und Bernardo O'Higgins vorstellt.

Der **Ascensor Polanco** ist der einzige »echte« Aufzug der Stadt. Erst spaziert man vom Eingang in der Calle Simpson (abseits Avenida Argentina, leider unsichere Gegend) 160 m durch eine in den Fels gehauene unterirdische Passage, dann geht es senkrecht durch einen gelben Turm hinauf zu einem *Mirador*, wieder mit herrlichem Ausblick. Insgesamt existieren noch 15 *Ascensores*, allerdings sind derzeit nur neun

Farbenfrohe Häuser kleben an den Hügeln der chilenischen Hafenstadt Valparaíso

in Betrieb. Sie werden von den *Ascensoristas* gewartet, denn noch heute sind die Standseilbahnen wichtige Verkehrs- und Transportmittel. Die meisten fahren täglich von 7–23 Uhr.

Im schönen Viertel **Cerro Bellavista** steht die fünfstöckige **La Sebastiana** (Ferrari 692), eine der drei mit nautischen Motiven und unzähligen Reisesouvenirs eingerichteten Residenzen des Dichters Pablo Neruda. Vom Schlafzimmerfenster bietet sich ein wirklich berauschender Ausblick. In der Nähe des benachbarten Viertels **Cerro Panteón** liegen drei farbenfrohe Friedhöfe.

VIÑA DEL MAR [C3]

Nur 15 Minuten nördlich von Valparaíso liegt das schicke Zentrum des chilenischen Hedonismus. Teure Hochhauswohnungen grenzen an die breiten, weißen Sandstrände des Badeorts. In den Restaurants, Casinos und Boutiquen kann man viel Geld ausgeben. Besonders attraktiv ist Viña während des einwöchigen Festival de la Canción (Ende Februar/Anfang März), das hervorragende Künstler aus Lateinamerika und dem Rest der Welt anzieht. Austragungsort ist das futuristisch anmutende **Anfiteatro**. Auch die Neujahrsfeiern werden in Viña besonders aufwendig zelebriert. Künstlerisch bedeutend sind außerdem die zweiwöchige Buchmesse Feria del Libro im Januar und das renommierte Festival Cine Viña del Mar im Oktober oder November.

In der parallel zum Strand verlaufenden **Avenida San Martín** und ihren Nebenstraßen findet man die meisten Restaurants, Bars und Nachtklubs. Auf der schattigen **Plaza Vergara** warten Pferdekutschen und Straßenkünstler auf Kundschaft. Nicht weit entfernt liegt der gepflegte Park **Quinta Vergara**, in dem man viele exotische Pflanzen bewundern kann.

In der Nähe präsentiert das **Museo Francisco Fonck** (4 Norte 784) eine der bedeutendsten

Sammlungen Chiles zur Kultur der Osterinseln sowie Silberschmuck der Mapuche. Am Eingang des Gartens steht ein riesiges Moai, eine der typischen kolossalen Steinstatuen der Osterinseln.

Unter den Stränden besonders beliebt ist die **Playa Caleta Abarca** südlich des **Castillo Wulff** (heute Museo de la Cultura del Mar) das sich 1906 ein Geschäftsmann auf einem Felsvorsprung an der Flussmündung des Marga Marga errichten ließ. Gleich dahinter steht der Sommerpalast des chilenischen Präsidenten, dessen Gärten man besichtigen kann. Treffpunkt aller ist der große **Reloj de Flores** (Blumenuhr) hinter dem Strand.

Nördlich der Flussmündung verläuft die Avenida Perú parallel zum Meer, vorbei am **Casino Viña del Mar**. Die fast ununterbrochene Reihe von Sandstränden erstreckt sich bis zum kleineren Resort **Reñaca**.

ISLA NEGRA

80 km südlich von Valparaíso ist im Küstendorf Isla Negra (keine Insel) die **Casa Museo Pablo Neruda** zu besichtigen, in der ein faszinierendes Sammelsurium von Reisemitbringseln des chilenischen Literaturnobelpreisträgers zusammengefasst ist.

Zentralchile und Seengebiete

Im Süden der Hauptstadt liegt Chiles fruchtbarste Region mit Obstgärten und Weinfeldern. Hauptattraktion sind die Weinrouten zu den Bodegas des **Valle Central** › S. 264 wobei **Santa Cruz** mit seiner attraktiven **Plaza de Armas** und dem vorzüglichen **Museo de Colchagua** für prähispanische Kunst ein gutes Standquartier ist. In **Pichilemu** an der Küste kommen Surfer auf ihre

An den wilden Stränden von Pichilemu treffen sich Surfer aus aller Welt

Kosten. Die berühmtesten Breaks findet man an der **Punta de Lobos**. Wanderer schätzen die Wälder des **Parque Nacional Altos del Lircay** (70 km östlich von Talca) mit grandiosen Ausblicken auf schneebedeckte Berge und Vulkane. Im benachbarten **Parque Nacional Radal Siete Tazas** locken sieben Wasserfälle.

Rund um **Chillán** (150 km südlich von Talca) besucht man die heißen Quellen und Skigebiete von **Nevados de Chillán**. Wieder 112 km südwestlich lohnen in **Concepción** [B4], Chiles zweitgrößter, von Studenten geprägten Stadt, die **Galería de la Historia** und die **Casa del Arte** einen Halt, letztere wegen eines riesigen Lateinamerika-Wandbilds des mexikanischen Muralisten Jorge Gonzáles Camarena.

SEEN UND VULKANE ARAUKANIENS

Südlich des Río Bío Bío liegen Chiles von schneebedeckten Vulkanen und dichten Wäldern geprägte Seengebiete der Region La Araucanía, in der sich die Mapuche lange gegen die europäische Invasion wehrten. Das hervorragende **Museo Regional de la Araucanía** in **Temuco** zeichnet die Geschichte der Araukaner nach und präsentiert asymmetrische Metawe-Keramik, Bestattungsurnen, heilige Steine, traditionelle Webarbeiten, zeremonielle Masken, Trommeln und besonders schönen Silberschmuck der Mapuche aus der Kolonialzeit. Anspruchsvolle Wanderer zieht es in den östlich von Temuco gelegenen, schwer zugänglichen **Parque Nacional Conguillío**, dessen Araukarienwald und unberührten Seen der besonders aktive **Volcán Llaima** (3125 m) beherrscht.

Am etwa 90 km südöstlich von Temuco gelegenen ruhigen **Lago Villarrica** laden die Städtchen **Villarrica** und **Pucón** zu längeren Aufenthalten ein. In Villarrica erzählt das **Museo Histórico Municipal** viel über die Kultur der Mapuche, deren Kunsthandwerk gleich nebenan gekauft werden kann. Auch vom weiter östlich am Seeufer gelegenen Pucón bietet sich ein herrlicher Blick auf den Schneekegel des **Volcán Villarrica** (2847 m). Pucón ist das Ziel vieler Rucksackreisender und Abenteuersportler. Rafter testen ihr Können auf den Stromschnellen von **Río Trancura** und **Río Liucura** und entspannen sich anschließend in den heißen Quellen der **Termas Geométricas** und der **Termas Los Pozones**. Bergsteiger erklimmen in etwa fünf Stunden den Vulkan im **Parque Nacional Villarrica**. Die Aussicht auf die Seen und weitere Vulkane bleibt unvergesslich, der Schwefelgestank des Kraters aber auch. Im Winter zieht es Skifahrer und Snowboarder auf die Pisten des **Centro de Esqui Pucón**.

Auch der nördlich des Villarrica gelegene **Parque Nacional Huerquehue** ist mit seinen viele Seen, Araukarienwälder und Wasserfällen ein beliebtes Ziel für Tageswanderungen mit Blick auf den Vulkan Villarrica.

VALDIVIA [B5] UND DIE SÜDLICHEN SEENGEBIETE

Die 1552 von Pedro de Valdivia gegründete Hafenstadt wurde ab 1848 für viele deutsche Einwanderer das Tor nach Chile. Attraktionen sind der Fischmarkt **Mercado Fluvial**, die Uferpromenade, von der aus Ausflugsboote zu den spanischen Festungsruinen des 17. Jahrhunderts ablegen, und das **Museo Histórico y Antropológico**, in dem man viel über das Chile des 19. Jahrhunderts erfährt.

Etwa 170 km südlich von Valdivia leuchtet der tiefblaue **Lago Llanquihue**, Chiles zweitgrößter See. Im Städtchen **Frutillar** fühlt man sich wirklich nach Deutschland versetzt. Hier und vom etwas weiter südlich ebenfalls am Seeufer gelegenen Kurort **Puerto Varas** bieten sich herrliche Ausblicke auf die beiden Vulkane **Osorno** (2660 m) und **Calbuco** (2003 m) im Osten. Vulkanbesteiger, Kajakfahrer und Radsportler werden sich hier wohlfühlen. Östlich des Sees schießen die Stromschnellen der **Saltos de Petrohué** durch Lavaröhren und über bizarre Felsen talwärts. Von hier ist es nicht weit bis zum kleinen Dorf **Petrohué**, in dem Bootsausflüge auf dem blaugrünen **Lago Todos Los Santos** angeboten werden. Er liegt in Chiles ältestem Nationalpark, dem **Parque Nacional Vicente Pérez Rosales**. Im Nordwesten ragt der Osorno auf, im Osten der majestätische **Cerro Tronador** (3491m). Mit der Fähre erreicht man **Peulla** an der Ostspitze des Sees. Von hier kann man mit Fähre und Bustransfer über die Grenze zum argentinischen **Lago Nahuel Huapi** › S. 252 fahren.

Wer in den chilenischen Teil Patagoniens will, steuert das von deutschen Siedlern gegründete **Puerto Montt** [B5] an, das sehr schön am Meeresarm **Seno de Reloncaví** liegt, einen bezaubernden Blick auf den Volcán Calbuco bietet, ansonsten aber nur Durchgangsstation ist. Wanderer zieht es in das Fischerdorf **Cochamó** am Estuario de Reloncaví westlich von Puerto Montt, denn das Tal des Río Cochamó gilt mit seinen Alercenwäldern und Granitbergen als »Yosemite des Südens«.

Isla Grande de Chiloé [B5]

Der **Canal de Chacao** trennt das chilenische Festland von Südamerikas zweitgrößter Insel: eine eigene Welt mit sanften Hügeln, dichten Wäldern, kleinen Seen, Weizenfeldern, Wildblumenwiesen und traditionellen Dörfern in geschützten Buchten. 16 der einzigartigen Holzkirchen von Chiloé wurden zum Weltkulturerbe erklärt. Charakteristisch ist jeweils ihr Bogenportal, über das ein dreistufiger, sechseckiger Glockenturm aufsteigt, und das Dach in Form eines umgestülpten Boots. Die Decken sind oft mit allegorischen Darstellungen oder goldenen Sternenkonstellationen auf blauem Grund bemalt. Chiloé ist eigentlich ein Archipel mit vielen kleineren Inseln, auf denen das Leben noch geruhsamer verläuft. Im Januar und Februar gibt es viele Fiestas.

Schon 1567 besiedelten die ersten Spanier Chiloé, nachdem die indigenen Huilliche fast vollständig einer Pockenepidemie zum Opfer gefallen waren. Bald flohen viele Kolonisten vor den rebellischen Mapuche des Festlands auf die Insel und entwickelten dort in relativer Isolation eine ganz eigene Kultur mit vielen Mythen, in denen Hexen und Geisterschiffe eine wichtige Rolle spielen. Unbedingt probieren muss man *Curanto*, das jahrhundertealte, traditionell im Erdofen gegarte »Nationalgericht« Chiloés mit Muscheln, Fleisch, Wurst und Kartoffeln. *Curanto en hoyo* wird noch heute ein oder zwei Tage lang im Boden gekocht, doch dieses Original erlebt man wohl nur bei einer Einladung auf dem Land. Im Restaurant serviert man eher *Curanto en olla*, das in gusseisernen Töpfen zubereitet und mit heißer, angeblich aphrodisisch wirkender Brühe gereicht wird.

ANCUD [B5]

Die zweitgrößte Inselsiedlung liegt an der Nordküste und war nach der Unabhängigkeitserklärung Chiles acht Jahre lang die letzte Bastion der spanischen Kolonialtruppen. An der kleinen **Plaza de Armas**, auf der im Sommer Kunsthandwerk und Bücher verkauft werden, illustriert das **Museo Regional de Ancud** Natur, Geschichte, Handwerk und Traditionen der Insel. Mit aufwendig geschnitzten Modellen bietet das **Iglesias de Chiloé Centro de Visitantes** eine hochinteressante Einführung in die Architektur der Holzkirchen auf der Insel. Vom Strand des etwa 28 km südwestlich von Ancud gelegenen Fischerdörfchens **Puñihuil** starten zwischen Dezember und März Ausflugsboote zu den auf drei kleinen vorgelagerten Inseln beheimateten großen Kolonien von Humboldt- und Magellanpinguinen.

Etwa 20 km südlich von Ancud liegt das **Valle de Chepu**, ein Feuchtgebiet mit ertrunkenem Geisterwald, das der große Tsunami von 1960 geschaffen hat. Hier kann man besonders viele Vögel beobachten. Am besten erkundet man die amphibische Landschaft mit einem Kanu.

CASTRO UND DALCAHUE

Die bereits 1567 gegründete Inselhauptstadt **Castro** hat zahlreiche Piratenüberfälle erlebt, wurde durch das große Seebeben von 1960 zer-

Palafitos *heißen die bunten Stelzenhäuser rund um Castro auf der Insel Chiloé*

stört und in modernem Stil wieder aufgebaut. An der großen **Plaza de Armas** steht die gelbviolett gestrichene neogotische **Iglesia San Francisco.** Rund um Castro findet man noch immer Chiloés bunt bemalte *palafitos* (Stelzenhäuser). 20 km nordöstlich von Castro liegt das Hafenstädtchen **Dalcahue**, das vom Bootsbau und Kunsthandwerk lebt. Auf der Feria Artesanal kann man täglich (am besten sonntags) schöne Holzschnitzereien, Wollarbeiten und handgewebte Körbe erwerben, die auf den nahegelegenen Inselchen hergestellt werden. In dieser sehr dörflich geprägten Region findet man besonders viele traditionelle Holzkirchen. Direkt an der schönen **Plaza de Armas** steht die eindrucksvolle **Iglesia de Nuestra Señora de los Dolores** mit neunbogigem Portikus.

Es lohnt sich, von Castro auf die Isla Quinchao überzusetzen, um das Fischerdorf **Achao** zu besuchen, dessen Häuschen mit farbenfrohen, *tejuelas* genannten Schindeln gedeckt sind. Die 1764 errichte **Iglesia Santa Maria de Loreto** ist wieder ein schönes Beispiel des Weltkulturerbes.

WEST- UND SÜDKÜSTE

Ein Paradies für Wanderer, die allerdings tagelangen Regen nicht scheuen dürfen, ist der **Parque Nacional Chiloé** an der gebirgigen Westküste der Insel: mit immergrünen Zauberwäldern, durch die scheue Pygmäenhirsche und Chilote-Füchse streifen, zerklüfteten Küstenabschnitten und einsamen Stränden. Am besten mit Wanderwegen aller Schwierigkeitsgrade erschlossen ist der Sector Anay, den man vom Dorf **Cucao** (Bus von Castro) aus erreicht.

Von Cucao kann man auf einer rauen Piste zur windgepeitschten Landzunge **Punta Pirulil** fahren, um Spaziergänge entlang der Pazifikküste zu unternehmen.

An der einsamen Südküste von Chiloé liegt der **Parque Tantauco**, durch dessen kühle Regenwälder gut markierte Wanderwege führen. Vom 93 km südlich von Castro gelegenen Hafenstädtchen Quellón gelangt man auf einer Schotterstraße in den nördlichen Abschnitt des Parks, die südliche Zone ist nur mit dem Boot von Quellón aus zu erreichen.

Chilenisches Patagonien

Ein Drittel des chilenischen Territoriums liegt südlich von Puerto Montt, aber wirklich erschlossen hat diese vorher nur mit dem Schiff zugängliche feuchtkühle Region erst eine Straße – die spektakuläre **Carretera Austral** zwischen **Puerto Montt** und **Villa O'Higgins**. Besucher erwarten wilde unberührte Landschaften mit Bergen, Fjorden und Inseln, lange isolierten Gemeinden und malerischen Häfen. Pkws und Linienbusse müssen auf dem Weg nach Süden immer wieder kurze Fährüberfahrten einlegen. Nach heftigen Regenfällen können Erdrutsche die Straße blockieren.

NÖRDLICHE CARRETERA AUSTRAL

2008 brach völlig überraschend der **Volcán Chaitén** aus und verwüstete die Umgebung mit Schlammfluten. Das am Meer gelegene Dorf **Chaitén** musste größtenteils wieder aufgebaut werden. Es ist Sprungbrett für Ausflüge in die gemäßigten Regenwälder des **Parque Pumalín**, ein Naturschutzprojekt des amerikanischen Milliardärs Douglas Tompkins. 2017 schenkte dessen Umweltstiftung das private Reservat

Wer diesen Anblick der über einer Lagune aufsteigenden Torres del Paine genießen möchte, muss wandern

dem Staat, der es zu Südamerikas größtem Nationalpark erweiterte.

Schneebedeckte Berge, kristallklare Seen, donnernde Wasserfälle und über 1000 Jahre alte Alercen prägen die magische Schönheit dieser Region. Markierte Wanderwege und Zeltplätze findet man im südlichen Sektor. Der anspruchsvolle **Sendero Laguna Tronador** endet an einem unberührten See mit Zeltplatz und belohnt Trekker mit grandiosen Ausblicken auf den **Volcán Michinmahuida**.

Ein östlicher Abstecher von der Carretera führt in das attraktive Städtchen **Futaleufú**, das im Sommer bei Wanderern und Reitern, aber auch bei Raftern und Kajakfahrern beliebt ist. Der Río Futaleufú gilt nämlich als einer der anspruchsvollsten Wildwasserflüsse der Welt. Von Futaleufú sind das auf argentinischer Seite an der Ruta 40 gelegene **Esquel** und der **Parque Nacional Los Alerces** › S. 253 auf guter Straße zu erreichen.

Etwa 190 km südlich von Chaitén führt die Carretera in den von deutschen Siedlern gegründeten Ort **Puyuhuapi**. Er liegt an der Spitze des von steilen, bewaldeten Hügeln gesäumten schmalen Ventisquero-Fjords und hüllt sich oft in Nebelschwaden. Die 6 km südlich der Siedlung gelegenen heißen Quellen der **Termas Ventisquero** laden zur Entspannung ein. Im Osten von Puyuhuapi erstreckt sich der **Parque Nacional Queulat**: eine wilde Landschaft mit zerklüfteten Bergen, dichten Wäldern, reißenden Gletscherflüssen und dem atemberaubenden Hängegletscher **Ventisquero Colgante**.

COYHAIQUE [C6]

Mit dem Flughafen von **Balmaceda** und dem Hafen von **Puerto Chacabuco** bietet das etwa auf halbem Weg 634 km südlich von Puerto Montt an der Carretera gelegene Städtchen die beste touristische Infrastruktur. Coyhaique selbst ist zwar nicht übermäßig attraktiv, besitzt aber gute Unterkünfte und Restaurants. Sehr beliebt sind Gletschertouren im 200 km südwestlich von Coyhaique gelegenen **Parque Nacional Laguna San Rafael**: Die pfeilschnellen Katamarane starten in Puerto Chacabuco. Mit Schlauchbooten fährt man ganz nah an den riesigen Gletscher heran.

SÜDLICHE CARRETERA AUSTRAL

Über **Villa Cerro Castillo**, das zu Wanderungen in der **Reserva Cerro Castillo** einlädt, erreicht man **Puerto Río Tranquilo** am Ufer des **Lago General Carrera**. Über das am Südufer gelegene Grenzstädtchen Chile Chico kann man ins argentinische Los Antiguos an der Ruta 40 fahren. **Chile Chico** ist auch das Tor zur **Reserva Nacional Jeinemeni**, dem nördlichsten Abschnitt des **Parque Patagonia**. Das weiter südlich gelegene **Cochrane** bietet weitere Zugänge zum Parque Patagonia: einem Reservat mit Bergen, unberührten Hochlandseen, patagonischer Steppe und bewaldeten Hügeln. Seit 2018 ist es Teil von fünf neugeschaffenen Nationalparks.

Weiter südwestlich lohnt ein Abstecher von der Carretera zur **Caleta Tortel**. Hier legen Ausflugsboote zu den Gletschern Ventisquero Steffens und **Ventisquero Jorge Montt** ab. Die Carretera endet nach atemberaubenden Serpentinen mit grandiosen Ausblicken auf Gletscherflüsse und Wälder in **Villa O'Higgins**.

SÜDLICHES PATAGONIEN

Die endlosen Gletscherwelten des südlichen Eisfelds, unberührte Fjorde und unzählige Inseln prägen die wilde Landschaft der Provinz Magallanes. Wer nach **Punta Arenas** [C7], der südlichsten Stadt des südamerikanischen Festlands möchte, fliegt am besten von Coyhaique. Aus der großen Zeit des Wollhandels sind eine Reihe neoklassizistischer Residenzen sowie ein prunkvoller Friedhof erhalten. Ansonsten ist die Stadt an der Magellanstraße Ausgangspunkt für Ausflüge zu den Pinguinkolonien der **Isla Magdalena** in der Magellanstraße und zur **Pingüinera Seno Otway** 70 km nordwestlich von Punta Arenas. **Puerto Natales**, das Tor zum **Nationalpark Torres del Paine** › S. 266, liegt 250 km nördlich von Punta Arenas.

TIERRA DEL FUEGO [C7]

Der chilenische Teil Feuerlands ist nur dünn besiedelt, und lässt sich am besten auf einer Bootsfahrt von Punta Arenas nach **Puerto Williams** erkunden › **S. 268**. Hier auf der **Isla Navarino** umrunden Wanderer in vier bis sieben Tagen die wild gezackten **Dientes de Navarino**: eine Wildnis am Ende der Welt.

Juan Fernández und die Osterinsel

Mitten im Pazifik liegen zwei zu Chile gehörende Nationalparks, die seit 2007 den Status von Sondergebieten genießen. Auf der größten Insel des vulkanischen Archipels Juan Fernández strandete einst Alexander Selkirk, das Vorbild für Robinson Crusoe, während die noch weiter entfernte Osterinsel aufgrund ihrer gigantischen Moai-Statuen Weltruhm genießt.

JUAN FERNÁNDEZ [A4]

Der spanische Seefahrer Juan Fernández entdeckte 1574 ein Archipel, das später nach ihm benannt wurde. Dessen drei Inseln – Robinson Crusoe, Alejandro Selkirk und Santa Clara – bilden heute ein UN-Biosphärenreservat. Die rund um die Inseln gefangene Langosta de Juan Fernández, ein zangenloser Hummer, gilt in den Restaurants des Festlands als absolute Delikatesse.

Flugzeuge aus Santiago landen auf der **Isla Robinson Crusoe**. Die größte Insel des Archipels liegt etwa 670 km westlich von Valparaíso. Gelegentlich sitzen Schatzsucher im Flugzeug, die davon überzeugt sind, dass auf der Insel geplündertes Gold aus der Zeit der Inkas versteckt wurde. Gefunden hat es bisher aber niemand. Das Fischerdorf **San Juan Bautista** an der Bahia Cumberland ist die einzige Siedlung der Inselgruppe. In der Nähe der spanischen Festungsruine **Fuerte Santa Bárbara** liegen die Höhlen **Cuevas de los Patriotas**, in denen die 1814 von den Spaniern deportierten chilenischen Unabhängigkeitsführer hausten. Auf dem Hügel **Mirador de Selkirk** südwestlich des Dorfes entzündete Selkirk seine Signalfeuer. Der Schotte hatte sich 1704 nach einem Streit mit seinem Kapitän William Dampier hier aussetzen lassen und verbrachte vier Jahre und vier Monate allein auf dem damals Isla Más a Tierra genannten Eiland, bis er von einem Freibeuter aufgelesen wurde. Die Höhle, in der Selkirk anfänglich lebte, liegt ca. 4 km nordwestlich des Dorfes und kann auf einer Bootsfahrt besichtigt werden.

Weiter südlich liegt der ambossförmige El Yunque, auf dessen 915 m hohen Gipfel Hugo Weber, ein Überlebender des 1915 von den Briten in der Bahia Cumberland versenkten deutschen Kreuzers, 12 Jahre lang als Einsiedler lebte.

OSTERINSEL

Etwa auf halbem Weg zwischen Chile und Tahiti liegt die faszinierende, nur 163 km^2 große **Isla de Pascua**, deren wohl von den polynesischen Marquesas stammende untergegangene Zivilisation bis heute Rätsel aufgibt. Ihre heutigen Bewohner nennen sie Rapa Nui. Nicht nur Kulturbegeisterte, sondern auch Surfer, Taucher, Wanderer und Reiter kommen hier auf ihre Kosten, die allerdings aufgrund der teuren Flüge, auf die LAN Chile das Monopol hat, beträchtlich sind. Die Maschinen landen südlich des Hauptorts **Hanga Roa**, in dem etwa 7000 Menschen leben. Im Norden des Städtchens informiert das exzellente **Museo Antropológico Padre Sebastían Englert** über die Moai und den nach dem Untergang der Moai-Zivilisation herrschenden Vogelmenschenkult. In der Nähe des attraktiven Friedhofs von Hanga Roa findet man drei bei Sonnenuntergang besonders spektakuläre Plätze: **Ahu Tahai** mit einem einzigen großen Moai, dann **Ahu Vai Uri**, mit fünf stehenden, unterschiedlich gut erhaltenen Moai, und schließlich den viel fotografierten **Ahu Ko Te Riku**, einen einzelnen Moai mit Pukao (Haarknoten) und intakten Korallenaugen.

Insgesamt existieren noch Hunderte dieser riesigen Steinstatuen. Sie gelten als Darstellungen von Vorfahren, sind zwei bis zehn Meter hoch und wiegen im Schnitt 12 Tonnen. Die

Die Moai der Osterinsel sind stumme Zeugen einer untergegangenen Zivilisation

meisten Moai zeigen längliche Gesichtszüge und Gliedmaßen, markante Nasen, dicke Augenbrauen und runde Bäuche. Bis auf die sieben Moai von Ahu Akivi blicken alle Moai landeinwärts. Zwischen 800 und 1600 n. Chr. existierte auf der Insel eine bis zu 30 000 Menschen zählende vielschichtige Gesellschaft, deren herrschende Klasse den Schöpfer Make-Make verehrte und die Herstellung der Statuen überwachte. Am Ende waren die Ressourcen der Insel erschöpft, ihre Zivilisation ging in Kriegen unter und die Moai wurden von ihren Sockeln gestürzt.

Ein berauschender Panoramablick bietet sich von einem *Mirador* südlich von Hanga Roa auf den Kratersee des erloschenen Vulkans **Rano Kau**. Zehn Minuten zu Fuß entfernt liegt das Dorf **Orongo**, Zentrum des Vogelmenschenkults. Petroglyphen am Vulkanrand stellen den Vogelmenschen sowie Make-Make dar.

Die vielleicht bedeutendste Stätte mit 15 Moai ist **Ahu Tongariki** an der östlichen Südküste. Kurz zuvor zweigt eine Straße ins Landesinnere zum Vulkan **Rano Raraku** ab. Hier wurden alle Moai der Osterinsel aus dem Tuffstein des Vulkankraters gemeißelt, dann wohl mit Seilen herabgelassen, mit Holzrollen oder Schlitten zu den *Ahu* (Plattformen) an der Küste transportiert und mit Hilfe von Holzhebeln an ihren Platz gehievt. Der enorme Holzbedarf führte zur völligen Entwaldung der Insel. An den Vulkanhängen sind viele halbfertige und vollendete Moai zu sehen, die ihren Bestimmungsort nie erreichten. Vom östlichen Kraterrand bietet sich ein spektakulärer Traumblick auf die Bucht und Ahu Tongariki in der Ferne.

BOLIVIEN

Der riesige Salar de Uyuni in Bolivien wirkt geradezu außerirdisch

PERU
BRASILIEN
BOLIVIEN
CHILE
PARAGUAY
ARGENTINIEN
Rio Branco
Sena Madureira
Abuña
Ariquemes
Guayaramerín
Guajará-Mirim
Ji-Paraná
Brasiléia
Cobija
Riberalta
Rond nia
Príncipe da Beira
Vilhena
Puerto Maldonado
Madre de Dios
Caupolican
L. Rogaguado
Llanos de Mojos
Cordillera Real
Yungas
Cord. Oriental
Cord. Central
ALTIPLANO
Sicuani
Tirapata
Juliaca
Puno
Arequipa
Titicacasee
3812
Puerto Acosta
Nev. Cololo Keasani 5915
Rurrenabaque
San Borja
Trinidad
LA PAZ
Guaqui
Charaña
Moquegua
Tacna
Arica
Nev. Sajama 6520
COCHABAMBA
Oruro
Challapata
L. de Poop
Sucre
Potosi
Aquile
Puerto Grether
SANTA CRUZ DE LA SIERRA
San Ignacio de Velasco
San José de Chiquitos
Santo Corazón
Pontes e Lacerda
Cáceres
Llanos de Chiquitos
Puerto Suarez
Padilla
Pampa del Tamarugal
Huara
Iquique
Llica
Salar de Uyuni
Uyuni
Vitichi
Boyuibe
General E.a Garay
Puerto Bahía Negra
Villa Montes
Tarija
Vol. Ollag e 5869
Chaco Boreal
Toko
Tocopilla
Chuquicamata
Calama
Cerro Zapaleri 5653
La Quiaca
Bermejo
Doctor Pedro P. Peña
Filadelfia
Ben
Abu a
Guapor
San Martin
Mamor
S. Pablo
S. Miguel
Roosevelt
Juruena
Paraguay
L. Rogagua
0
300 km
N
A
B
C
1
2
3

BOLIVIEN IN KÜRZE

Staatsname: Estado Plurinacional de Bolivia
Fläche: 1 098 581 km^2
Hauptstadt: La Paz (administrativ), Sucre (verfassungsgemäß)
Amtssprache: Spanisch, Ketschua, Aymara, Guaraní und weitere indigene Sprachen
Einwohner: 11,14 Mio. (Juli 2017, geschätzt), davon ca. 2,3 Mio. im Großraum La Paz/El Alto.
Landesvorwahl: 00591
Währung: Boliviano (BOB)
Zeitzonen: Während der europäischen Sommerzeit MEZ –6 Std., während der Winterzeit –5 Std. Bolivien hat keine Sommerzeit.

LAGE

Bolivien ist ein Binnenland, das seine Ansprüche auf den an Chile verlorenen Küstenstreifen bis heute nicht völlig aufgegeben hat. Es liegt zwischen 10° und 23° südlicher Breite sowie 68° und 58° westlicher Länge. Im Südwesten grenzt es an Chile, im Süden an Argentinien, im Südosten an Paraguay und im Westen an Peru. Mit Brasilien im Osten teilt es die längste Grenze: 3403 km.
Zwei Andenketten mit mehreren Sechstausendern (höchster Berg ist mit 6542 m der Nevado Sajama) sowie das am dichtesten besiedelte, 3000 bis 4000 m hohe Hochlandplateau (Altiplano) prägen die Geographie im westlichen und südwestlichen Landesteil. Weiter östlich fällt das von fruchtbaren Tälern und Feuchtwäldern (Yungas) geprägte ostbolivianische Bergland in die tropisch-heißen Tiefebenen (Llanos) ab. Im Valle Central de Tarija und bei Camargo ganz im Süden wird intensiv Weinanbau betrieben. Im Norden prägen die Regenwälder des Amazonasbeckens die Landschaft. Im Südosten an der Grenze zu Paraguay erstrecken sich die Trockensavannen des fast menschenleeren Gran Chaco.

POLITIK

Bolivien ist eine Präsidialrepublik, bestehend aus 9 Departamentos (Beni, Chuquisaca, Cochabamba, La Paz, Oruro, Pando, Potosi, Santa Cruz und Tarija) mit gewählten Gouverneuren und Regionalparlamenten. Boliviens Parlament, die »Plurinationale Legislative Versammlung«, ist ein Zweikammernsystem. Es besteht aus Senat (*Senado Nacional*, 36 Mitglieder) und Abgeordnetenhaus (*Cámara de Diputados*, 130 Mitglieder). Der Vizepräsident ist auch Präsident der Plurinationalen Legislativen Versammlung. In der Abgeordnetenkammer gibt es 7 reservierte Sitze für Vertreter der indigenen Völker. Die linksgerichtete Regierungspartei Movimiento al Socialismo (MAS) hat eine Zweidrittelmehrheit in beiden Kammern. Stärkste Oppositionspar-

Evo Morales

Evo Morales ist der erste indigene Präsident in der Geschichte Boliviens und Südamerikas. Am 21. Januar 2006 wurde er im Alter von 46 Jahren in Tiwanaku – die bedeutendste archäologische Stätte Boliviens und das Symbol nationaler Größe – in sein Amt eingeführt. Geboren wurde er am 26. Oktober 1959 in Isallavi, einer kleinen Gemeinde in der Nähe des Lago Poopó im Department Oruro, und wuchs in einem Lehmhaus mit Strohdach auf dem Altiplano auf. Nur zwei seiner sechs Geschwister sollten die Kindheit überlebten. Mit 16 Jahren zog er in die Stadt Oruro, wo er als Bäcker, Maurer und Trompeter in einer Band arbeitete. Durch überregionale Engagements hatte er die Gelegenheit, ganz Bolivien zu bereisen und damit »in der Universität des Lebens« zu lernen.

1980, als Evo 21 Jahre alt war, zwangen Dürre und Hungersnot seine Familie, aus dem Altiplano in die subtropische Gebiete von Chapare zu ziehen, wo sie, wie so viele andere Campesinos, Koka anbauten. Evo engagierte sich im Cocaleros-Verband und führte in den 1980er- und 1990er-Jahren, als mehrere Regierungen von den USA gesponserte Kampagnen zur Vernichtung aller Kokafelder betrieben, zahlreiche Protestmärsche von Chapare nach La Paz an. Er wurde verhaftet, geschlagen und 1989 fast umgebracht.

1997 wurde er in den Kongress von Bolivien gewählt. Als Kandidat der Partei Movimiento al Socialismo (MAS) konnte er bei den Präsidentschaftswahlen 2002 den zweiten Platz erringen. 2005 erhielt er 54 % der Stimmen und wurde damit der Präsident von Bolivien. Seine sozialistisch ausgerichtete Regierung konnte Erfolge bei der Armutsbekämpfung verzeichnen, doch führten drastische Erhöhungen der Preise für Grundnahrungsmittel und Kraftstoffe immer wieder zu spontanen Ausbrüchen des Volkszorns, Streiks und Massendemonstrationen. Die marktliberale Opposition prangert das Missmanagement der Regierung an. Trotz aller Widerstände konnte Evo im Januar 2015 seine dritte Amtszeit antreten, die bis 2020 läuft. In dieser Zeit soll eine Reform des Justizsystems durchgeführt werden.

teien sind die wirtschaftsliberale Unidad Democratica (UD) und der konservative Partido Demócrata Christiano (PDC). Präsident und Vizepräsident werden direkt auf dem gleichen Wahlzettel für 5 Jahre gewählt. Eine Stichwahl findet nur statt, wenn kein Kandidat mindestens 40 % der Stimmen und 10 % mehr als der nächsthöhere Kandidat gewinnt, ansonsten wird der Gewinner mit einfacher Mehrheit bestimmt. Die nächste Wahl findet 2019 statt. Seit der letzten Verfassungsänderung 2017 sind die Amtszeiten des Präsidenten nicht mehr begrenzt. Staatspräsident und Regierungschef ist seit 2006 Evo Morales Ayma.

WIRTSCHAFT

Bolivien ist ein rohstoffreiches Land, dessen Wirtschaft aufgrund erheblicher Ausfuhren von Erdgas nach Argentinien und Brasilien zwischen 2010 und 2014 ein recht starkes Wachstum erlebt hat. Sinkende Rohstoffpreise bremsen allerdings seit 2015 das Wachstum ab und sorgten 2017 für ein erhebliches Haushaltsdefizit. Trotz tiefgreifender Reformen in den 1990er-Jahren ist Bolivien noch immer eines der am wenigsten entwickelten Länder Lateinamerikas, da seine von sozialen Konflikten geprägte politische Instabilität und die seit 2006 staatlich-sozialistisch ausgerichtete Politik internationale Investoren abschreckt. Diese werden in den Schlüsselsektoren Bergbau und Erdgas eigentlich dringend benötigt. Seit 2015 bemüht sich Präsident Evo Morales um ein freundlicheres Investitionsklima. Ein Wirtschaftswachstum von 6 % im vorausgegangen Jahr und eine umsichtige Verwendung der Einnahmen aus dem Verkauf von Erdgas und anderen Rohstoffen bescherten dem Land Währungsreserven in Höhe von etwa der Hälfte des BIP. Der Mindestlohn konnte erhöht, die Unterernährung von Kindern gesenkt werden. Auch die Auslandsverschuldung wurde drastisch reduziert. Anfang 2016 verabschiedete die bolivianische Regierung den Nationalen Plan für wirtschaftliche und soziale Entwicklung (2016–2020) mit dem Ziel, ein dauerhaftes Wachstum von 5 % pro Jahr zu erreichen und die Armut zu bekämpfen.

Die Landwirtschaft (Sojabohnen, Quinoa, Paranüsse, Zuckerrohr, Kaffee, Mais, Reis, Kartoffeln, Chia, Koka), in der 29,4 % aller Beschäftigten tätig sind, macht 13,9 % des BIP aus, die Industrieproduktion (Bergbau, Verhüttung, Elektrizität, Erdöl, Lebensmittel und Getränke, Handwerk, Bekleidung, Schmuck) 37,4 %. Der Beitrag der Dienstleistungen beträgt 54,1 %. Die städtische Arbeitslosenquote betrug 2017 geschätzt 4 %, liegt auf dem Land allerdings vermutlich wesentlich höher. Unter der Armutsgrenze leben etwa 38 % der Bevölkerung. Die Verbraucherpreise stiegen 2017 um geschätzt 3,2 %. Erfreuliche Zahlen vermeldet der Tourismus: 2017 konnte das Land etwa 1,15 Millionen ausländische Besucher begrüßen, die allerdings im Schnitt nur etwa 700–800 US-Dollar im Land ausgeben. Bis 2025 soll die Zahl auf drei Millionen steigen.

An die tausend Kartoffelarten soll es noch heute in Bolivien geben

BOLIVIENS GESCHICHTE SEIT DER UNABHÄNGIGKEIT

Auch in der Region Alto Perú (Hoch-Peru), die das heutige Staatsgebiet von Bolivien, den Süden Perus und den Norden Paraguays umfasste, wehrten sich die *Criollos* genannten Nachkommen der in Lateinamerika geborenen Spanier zunehmend gegen Handelsbeschränkungen und hohe Steuern. Nachdem Napoleon in Spanien einmarschiert war, forderte die Universität von San Francisco Xavier in La Plata (heute Sucre) die Unabhängigkeit aller amerikanischen Kolonien Spaniens. Als das wieder befreite Spanien ab 1814 seine Kolonialherrschaft wiederherstellen wollte, rebellierten die kreolischen Eliten und griffen unter der Führung von Simón Bolívar zu den Waffen. Am 9. Dezember 1824 gewann Antonio José de Sucre, der wohl fähigsten General von Simón Bolívar, die entscheidende Schlacht bei Ayacucho. Am 6. August wurde die Unabhängigkeit der República de Bolívar erklärt. La Plata wurde die Hauptstadt und Sucre der zweite Präsident. 1828 musste Sucre wegen starker Widerstände gegen seine Politik zurücktreten.

GEBIETSVERLUSTE

Bolívars zweiter Befehlshaber, Andrés Santa Cruz (1829–1839), bildete die längste Regierung des von extremer politischer Instabilität gekennzeichneten 19. Jahrhunderts, doch als er 1836 versuchte, Bolivien mit Peru zu vereinen, intervenierten Chile und Argentinien militärisch. Die Entdeckung von Salpeter in der bolivianischen Provinz Antofagasta vergiftete die Beziehungen mit Chile weiter, da die Bodenschätze von der anglo-chilenischen Antofagasta Railroad and Nitrate Company ausgebeutet wurden und diese sich 1878 gegen die geplante bolivianische Besteuerung wehrte. Daraufhin beschlagnahmten die Bolivianer das Vermögen des Unternehmens, Chile erklärte den Krieg gegen das von Peru unterstützte Bolivien und eroberte sogar Lima. Bolivien musste seine Küstenprovinz an Chile abtreten. Der Verlust des »Litoral« beschäftigt die nationale Psyche bis heute.

Der Bau einer Eisenbahn von La Paz nach Arica war seinerzeit nur ein schwacher Trost und dennoch von entscheidender Bedeutung, denn die bolivianische Wirtschaft war viele Jahrzehnte lang auf den Export von in Europa und den USA stark nachgefragtem Zinn angewiesen. Schon 1899 lieferten sich Zinnunternehmer aus La Paz einen Krieg mit der Hauptstadt Sucre, gewannen ihn und verlegten den Regierungssitz nach La Paz. 1903 annektierte Brasilien das kautschukreiche Acre-Territorium, ein weiterer schwerer Verlust. Schlimmer aber erging es der indigenen Be-

Jahrzehnte andauernde Gebietsstreitigkeiten mit Paraguay führten zum Chacokrieg

völkerung: Ende des 19. Jahrhunderts beendete die politische Elite die Existenz der Ayllus, der indigenen Gemeindegebiete, und gliederte sie in die riesigen *Latifundios* der Grundbesitzer ein.

REVOLUTIONEN UND DIKTATUREN

Der grausame Chacokrieg (1932–1935) um vermutete Ölvorkommen, im bolivianischen Sprachgebrauch *La guerra estúpida* (der dumme Krieg) genannt, führte zum weitgehenden Verlust des Gran Chaco an Paraguay. Die Niederlage schürte nationalistische Ressentiments unter jungen Armeeoffizieren und unter den Indigenas, die sich nach der Demobilisierung zu Tausenden weigerten, in die Leibeigenschaft zurückzukehren. Stattdessen ließen sie sich in Städten nieder, wo sie eine wichtige Rolle bei der politischen Radikalisierung der Bevölkerung, insbesondere der Bauern und Bergleute, spielten. Eine Gruppe junger Intellektueller gründete den Movimiento Nacional Revolucionario (MNR), mit dem 1951 Víctor Paz Estenssoro die Wahlen gewann. Als die amtierende Regierung stattdessen die Macht auf eine Militärjunta übertrug, brach am 9. April 1952 eine Revolution der Bergarbeiter aus, der sich Campesinos, städtische Fabrikarbeiter und die untere Mittelschicht anschlossen. Zwei Tage später ergab sich die Armee den Milizen des MNR. Paz Estenssoro wurde Präsident, eine MNR-Regierung verstaatlichte die Minen und führte das allgemeine Wahlrecht ein. Die Agrarreform beendete die feudalen wirtschaftlichen Bedingungen im ländlichen Bolivien und leitete die Auflösung und Umverteilung großer Ländereien ein. Nach der Revolution wurde die Central Obrera Boliviana (COB) unter der Führung von Juan Lechín Oquendo zu einer wichtigen politischen Kraft im Land. Die Zinnbarone verloren ihren politischen und wirtschaftlichen Einfluss. Die aufgrund fallender Zinnpreise und schnell steigender Verschuldung notwendig gewordene strikte Sparpolitik führte zu Konflikten innerhalb des MNR, bei denen die Bergarbeiter gegen Armee und Bauern standen. Die 1960er- und 1970er-Jahre waren von Staatsstreichen und Militärjuntas geprägt. Besonders repressiv regierten General René Barrientos (1964–1969) und General Hugo Banzer (1971–1979). Erst 1982 kehrte unter Hernán Siles Zuazo eine allerdings von galoppierender Inflation gekennzeichnete linke Zivilregierung zurück. Ab 1985 prägte eine neoliberale Wirtschaftspolitik das Land. Ab 2005 vollzog der bis heute regierende Evo Morales, indigener Anführer der Kokabauern, mit seiner Partei Movimiento al Socialismo (MAS) die Wende zum Sozialismus.

KALLAWAYA: DIE HEILER DER ANDEN

Wenn ein Bolivianer krank wird, sucht er wahrscheinlich eher den örtlichen *Curandero* (Heiler) auf, als einen Termin mit einem Arzt zu vereinbaren. Gerade im ländlichen Raum wird die westliche Medizin nur als letztes Mittel gesehen.

Die traditionelle Medizin ist ein integraler Bestandteil der Andenkultur. Sie berücksichtigt im Gegensatz zu westlichen Praktiken die eigenen Vorstellungen des Patienten von seiner Krankheit und seinen emotionalen Zustand. Die Heiler glauben, dass körperliche Krankheiten von der Seele ausgehen und durch die Ajaya (Lebenskraft) verursacht werden, die den Körper verlässt. Die Aufgabe des Heilers ist es, die Ajaya wieder in den Körper zu locken und das Gleichgewicht zwischen Geist und Körper wiederherzustellen.

Besondere Wertschätzung genießen *Kallawaya*, die berühmten Wanderheiler der Anden. Mit ihrem Beutel, in dem sich Kräuter, Wurzeln, Salben und Amulette verbergen, reisen die Kallawaya von Ecuador über Peru und Bolivien nach Argentinien, um Kranke mit spiritueller Weisheit und natürlichen Heilmitteln zu versorgen.

Niemand weiß, warum die eine Ketschua-Geheimsprache sprechenden Kallawaya alle aus der gleichen Region stammen, nämlich aus sechs kleinen Dörfern im oberen Charazani-Tal der Cordillera Apolobamba, aber die ökologische Vielfalt der kräuterreichen Region spielt sicherlich eine Rolle. Dazu kommt die Nähe zum tropischen Tiefland und damit der Zugang zu den enormen medizinischen Ressourcen des Amazonas-Schamanismus.

Angeblich sind die Kallawaya Nachfahren der lange vor den Inka existierenden Tiahuanaco-Kultur. Etwa ein Viertel der Bewohner dieser Dörfer soll über beträchtliche Kenntnisse und Heilkräfte verfügen. Auf ihren Reisen haben die Kallawaya die Heilkräfte von über 900 Pflanzen und Kräutern verinnerlicht. So sollen sie als Erste die getrocknete Rinde des Cinchona-Baum, aus der man Chinin gewinnt, zur Vorbeugung und Heilung von Malaria verwendet haben, was ihnen die Jesuiten dann abschauten.

Ihr Wissen geben die Heiler an ihre Söhne oder gelegentlich auch an Lehrlinge weiter. Frauen dürfen traditionell keine Kallawaya werden, obwohl sie als Hebammen und Spezialistinnen für Frauenkrankheiten eine wesentliche Rolle spielen.

Die UNESCO hat die von der Andenregion geprägte kosmische Weltsicht der Kallawaya 2008 in die Repräsentative Liste des immateriellen Kulturerbes der Menschheit übernommen.

Boliviens Kallawayas sind mit den Heilkräften zahlloser Pflanzen vertraut

DIE WOLLE DER ANDEN

Vor etwa vierzig bis fünfzig Millionen Jahren sollen die ersten *Kameliden* die Beringstraße überquert und in Amerika eingewandert sein, lange vor den Menschen. Aus diesen frühen Formen haben sich die heutigen Arten in Peru, Bolivien, Chile, Argentinien und Ecuador entwickelt. Diese Gruppe der höcker- und hornlosen Schafkamele besteht aus vier Arten: Lama, Alpaka, Guanako und Vikunja. Inzwischen gibt es über drei Millionen Lamas, von denen 33 % in Peru und weitere 63 % in Bolivien heimisch sind. Die Population der Alpakas liegt bei über vier Millionen, davon 87 % in Peru und nur 11 % in Bolivien. Von den beiden wilden Kameliden ist das Vikunja die kleinere und seltenere Art, die nur in den höchsten Lagen (bis zu 4500 m) lebt: um die 200 000 Tiere. Guanakos, die Stammform des Lamas, sind dagegen besonders in Argentinien und Chile heimisch. Ihre Jungtiere liefern Felle, die hauptsächlich vor Ort für Decken verwendet werden.

Lamas und Alpakas wurden schon früh als Zucht-, Last- und Wolltiere gehalten. Heute ziehen viele Alpakas in halbwilden Herden mit ihren Hirten umher und werden einmal im Jahr geschoren. Es gibt aber auch Zuchtfarmen. Alpakas werden in Europa aufgrund ihres ruhigen und friedlichen Charakters auch in der tiergestützten Therapie eingesetzt. Die Wolle der so »kuschelig« aussehenden Alpakas ist überwiegend weiß oder etwas dunkler und besteht aus der feineren, seidig glänzenden Unterwolle und den weniger elastischen Grannen oder Deckhaaren. Das herrliche Vlies der leicht gewellten, sehr feinen Unterhaare

In Bolivien sind heute noch traditionelle Webstühle im Einsatz

wird als Spinnmaterial besonders geschätzt. Da die Alpakafaser kein nennenswertes Lanolin (Wollfett) besitzt, müssen keine Chemikalien zur Aufbereitung eingesetzt werden. Die daraus gestrickten Kleidungsstücke wärmen herrlich, sind streichelweich und atmungsaktiv. Man kann sie daher sogar bei warmem Wetter tragen. Produkte aus Alpakafaser haben selbstreinigende Eigenschaften. Die Kleidung nimmt kaum Gerüche an. Auf eine Reinigung oder Wäsche kann meist verzichtet werden, da es reicht, die Kleidung gut auszulüften. Hochwertige, von Hand gestrickte Alpakawollwaren, oft mit attraktiven Mustern, sind in Bolivien und Peru erstaunlich günstig zu haben. Am begehrtesten ist die Wolle von Baby-Alpakas.

Die wilden zimtfarbenen Vikunjas, die mittlerweile als Vorfahren der Alpakas angesehen werden, lassen sich dagegen nicht zähmen. Sie können (und dürfen) nur alle zwei Jahre in Trichterfallen getrieben und geschoren werden. Das hellere Bauchfell der scheuen Tiere liefert einige der feinsten Fasern der Welt, mit einem Durchmesser von 12 µm (Kaschmirziegen 14-19 µm). Pro Tier sind das nach Entfernung der unerwünschten Deckhaare nur etwa 300 Gramm. Dafür wird ein Preis von an die 150 Euro erzielt. Früher war diese Wolle hohen Adeligen der Inka vorbehalten. Ein Pullover aus Vikunja-Wolle kostet selbst in Peru und Bolivien ein kleines Vermögen, in Deutschland legt man dafür mindestens 3000 Euro auf den Tisch, von Maßanzügen und Mänteln ganz zu schweigen. Da die Wolle empfindlich auf chemische Behandlung reagiert, wird sie meist nicht gefärbt.

KOKA

Im Dorf Cruz Loma bei Coroico werden Kokablätter zum Trocknen ausgelegt

Ein altes peruanisches Volkslied besingt die wahrsagenden Kräfte des Kokablattes mit den Worten: *Hojita verde de la coca, díme toda la verdad ...* Nach Kolumbien sind Peru und Bolivien die Hochburgen der Kokaproduktion, doch hat der Konsum von Kokablättern (nicht Kokain!) in diesen beiden Ländern eine lange Tradition. Grabbeigaben belegen, dass die Blätter des Kokastrauches *(Erythroxylum coca)* schon vor rund 5000 Jahren für medizinische und rituelle Zwecke verwendet wurden, und das gilt bis heute. Völlig selbstverständlich findet man Kokablätter als Gaben bei Taufen, Hochzeiten und Begräbnissen. Mit dem Konsum von Koka ist auch die harte Arbeit in den Minen besser zu ertragen, was schon die spanischen Kolonialherren für ihre ausbeuterischen Zwecke zu nutzen wussten.

Nach wie vor ist es üblich, Kokablätter im Mund mit Kalk oder Quinoa-Asche als Katalysator zu einer bitter schmeckenden Kugel *(bola)* zu formen und zu kauen: ein probates Mittel gegen Höhenkrankheit *(soroche)*, Hungergefühle sowie Kopf- und Magenschmerzen. Kokatee *(mate de coca)* ist in Peru und Bolivien ein beliebtes Getränk, und auf den Märkten werden Kokablätter völlig selbstverständlich verkauft. Touristen sollten Kokablätter allerdings auf keinen Fall über eine Staatsgrenze transportieren. Negative gesundheitliche Auswirkungen hat dieser energiesteigernde Konsum laut der Weltgesundheitsbehörde WHO nicht.

Koka wird in Peru und Bolivien an den Osthängen der Anden auf einer Höhe zwischen 500 und 2000 m angebaut. Zu den wichtigsten Regionen zählen in Peru Quillabamba und die Täler des Apurimac, Huallaga, Aguaytia und Monzón. In Bolivien sind die Yungas das bedeutendste Anbaugebiet. Der Kokainboom beschert zwar seit den 1970er- und 1980er-Jahren dem *Narcotráfico* (Drogenhandel) immense Gewinne, die Kokabauern *(cocaleros)* selbst profitieren davon aber kaum. Anbau und Ernte werfen zwar mehr ab als beispielsweise Kaffee, Kakao, Palmöl oder Obst, sind aber auch äußerst arbeitsintensiv und nur mit dem Einsatz der gesamten Familie zu leisten. Selten sind die Anbaugebiete größer als einen Hektar, außerdem liegen sie in schwer zugänglichen, strukturschwachen Regionen. Der Anbau selbst ist legal, nicht aber die lukrativere Herstellung der braunen Kokainpaste mit Chemikalien, und schon gar nicht die Verfeinerung zu schneeweißem Kokain, die größtenteils in Kolumbien stattfindet.

Coca-Cola enthielt übrigens einst tatsächlich Kokain. Ob heute noch ein nicht narkotisierender Extrakt des Kokablattes zur Aromatisierung verwendet wird, ist nicht zweifelsfrei zu ermitteln.

La Paz ist der höchstgelegene Regierungssitz der Welt

UNTERWEGS IN BOLIVIEN

La Paz [A2]

Boliviens Hauptstadt raubt den Atem, nicht nur wegen ihrer spektakulären Lage in einer Bergschlucht, an deren Hängen die Häuschen der Armen kleben, überragt vom Eisgipfel des **Monte Illimani** (6439 m). Auf 3500 m über dem Meeresspiegel wird die Luft dünn, Staub und Smog tun ihr Übriges.

Die 1548 gegründete *La Ciudad de Nuestra Señora de la Paz* ist heute das politische und wirtschaftliche Zentrum Boliviens. Fast eine Million Menschen wohnen hier. Der Verkehr auf der **Avenida 16 de Julio (Prado)**, die mitten durch die Altstadt geschlagen wurde, ist höllisch, die Architektur brutal modern, doch gleichzeitig gibt es im Zentrum auch attraktive Zeugnisse der Kolonialzeit. Die Gondeln des Seilbahnnetzes **Mi Teleférico** verbinden La Paz mit der höher gelegenen Satellitenstadt **El Alto** und ersparen den Bewohnern die Staus und Protestblockaden der Aymara auf den wenigen Verbindungsstraßen. Auf der Fahrt mit der Linea Roja bieten sich tolle Ausblicke.

CASCO VIEJO

Der Rundgang durch die Altstadt beginnt auf der östlich des Prado gelegenen **Plaza Murillo**. An der Südseite erhebt sich die klassizistische **Catedral Metropolitana**, gleich daneben stehen der im Volksmund seit dem Brand von 1875 **Palacio Quemado** genannte Regierungssitz, den Soldaten in roten Uniformen bewachen, und das benachbarte Parlament. An der Südwestecke zeigt das **Museo Nacional de Arte** im grandiosen barocken **Palacio de Los Condes de Arana** erlesene Beispiele religiöser Kunst der Kolonialzeit, darunter Werke von Melchor Pérez de Holguín (1660–1735), dem großen Meister der Schule von Potosí.

Weiter nordwestlich demonstriert der **Templo de Santo Domingo** mit seiner aufwendig skulptierten Fassade aus dem 18. Jahrhundert den Stil des Mestizo-Barock. Schräg gegenüber präsentiert das feine, in einem eleganten Barockpalast untergebrachte **Museo Nacional de Etnografía y Folklore** die Kultur der drei großen indigenen Völker Boliviens: *Aymara* (Cordillera Oriental), *Uru-Chipayas* (Altiplano rund um Oruro) und *Tarabuqueños* (Hochland östlich von Sucre).

DIE MUSEEN DER CALLE JAÉN

Die am besten erhaltene Kolonialstraße von La Paz hat gleich fünf Museen zu bieten. Kombitickets gibt es im **Museo Costumbrista Juan de Vargas**, das die Folklore des Altiplano vorstellt. Das **Museo del Litoral Boliviano** erzählt von Boliviens traumatischem Verlust der Küste an Chile. Gleich nebenan leuchtet im **Museo de Metales Preciosos** Goldschmuck der Inka und aus Tiwanaku. Schräg gegenüber verrät die **Casa Museo de Murillo** Heilkunstgeheimnisse der Kallawaya › **S. 294**. Musikfreunde können im **Museo de Instrumentos Folkloricos** den *Charango* testen, ein gitarrenartiges Zupfinstrument aus dem Altiplano.

WESTLICH DES PRADO

Die zwischen 1743 und 1784 wiedererrichtete **Iglesia de San Francisco** an der verkehrsumtosten **Plaza San Francisco** besitzt die schönste Fassade im Mestizo-Barock: Der anthropomorphe Figurenschmuck erinnert an prähispanische Vorbilder. Im renovierten Klostergebäude zeigt das **Museo San Francisco** Kunst und Mobiliar aus dem 17. Jahrhundert.

Einen faszinierenden Einblick in die Welt der *Aymara* bietet der nahe **Mercado de Hechicería** (Hexenmarkt) in der Touristenstraße **Calle Sagárnaga**, an dessen Ständen unzählige, oft bizarre rituelle Gegenstände, Talismane und Heilmittelchen gegen jedes erdenkliche Zipperlein feilgeboten werden. Die religiöse und kulturelle Bedeutung des Kokablattes erläutert das einen Katzensprung entfernte **Museo de la Coca**. Das Kauen lindert die Höhenkrankheit *soroche* und lässt Arbeiter in den Minen Hunger und Müdigkeit vergessen. Allerdings ist das Blättchen auch der Rohstoff für die Herstellung von Kokain. Kokablätter werden westlich des Hexenmarktes im riesigen **Marktviertel** von La Paz verkauft. Stundenlang könnte man durch die Straßen bummeln und den *Cholas* (*Aymara*-Frauen mit Reifröcken und Zylinderhüten) beim Feilschen um Designermode, Früchte, Haushaltswaren und Elektrogeräte zuzusehen. Hochwertiges *Ketschua*-Kunsthandwerk findet man aber eher im Laden des **Museo de Textiles Andinos** im Studentenviertel Miraflores nordöstlich der Altstadt.

TIWANAKU

Auf den Besuch der 70 km westlich von La Paz gelegenen Ruinenstadt, ein Weltkulturerbe, stimmt südlich der Altstadt das **Museo Nacional de Arqueología** (Tiwanaku 93) ein: Highlights der Artefakte aus der Zeit zwischen 400 und 1000 n.Chr. sind ein Räucherofen in Pumagestalt und ein Lama-Krug. Tiwanaku war die

Die Ruinen von Tiwanaku sind weit über tausend Jahre alt

Hauptstadt eines hoch entwickelten Reiches und ist für die Aymara des Altiplano noch immer von großer spiritueller Bedeutung. Nur ein kleiner Teil des riesigen Areals wurde ausgegraben: zerfallene Pyramiden, Paläste und Tempel aus megalithischen Steinblöcken.

CORDILLERA REAL

Sogenannte »Inka-Pfade« führen von La Paz durch die von Fünf- und Sechstausendern geprägte Bergwelt am nordöstlichen Rand des Altiplano. Isolierte Aymara-Gemeinschaften bewirtschaften die unteren Hänge und Täler, auf den Hochweiden grasen Lamas und Alpakas. Nebelwald prägt die oberen Osthänge, darüber beginnt das Reich von Schnee und Eis. Als bestes Standquartier gilt das 2695 m hoch gelegene, mit einem milden Klima gesegnete Städtchen **Sorata**. Von hier führen zahlreiche Trekkingrouten ins Hochgebirge, andere hinunter in die subtropischen Täler der Yungas, in denen Kaffee, tropische Früchte und Koka gedeihen.

Cochabamba [B2] und Zentralbolivien

Das freundliche, wegen des warmen, sonnigen und trockenen Klimas »Stadt des ewigen Frühlings« genannte **Cochabamba** liegt in einem Talkessel zwischen dem Altiplano und dem östlichen Tiefland auf ca. 2570 m Höhe. Boliviens viertgrößte Stadt (650 000 Einwohner) wurde 1574 gegründet und war als Zentrum der reichen Agrarregion des Cochabamba-Tals schon in der Kolonialzeit der »Brotkorb« für die Minenstadt Potosí. Heute ist sie ein wichtiges Handelszentrum, dessen Bedeutung sich bei einem Besuch des riesigen überdachten Straßenmarktes **Mercado La Cancha** im Süden der Stadt zwischen Aguirre, Punata, República und Pulacayo schnell erschließt. Am meisten los ist am Mittwoch und Samstag. Kein Wunder, dass man in Cochabamba besonders gut isst, und auch das Nachtleben ist top.

PLAZA 14 DE SEPTIEMBRE

Der blumengeschmückte und von Arkaden gesäumte Platz ist der gesellschaftliche Mittelpunkt der Stadt. Auf den von Palmen beschatteten Bänken lassen sich die Cochabambinos gern zu einem Schwatz überreden. Hier und in den anderen Parks der Stadt blühen Bougainvilleen, Jasmin, Magnolien und Jacaranda geradezu verschwenderisch.

Im Gegensatz zu Sucre und Potosí ist in Cochabamba wenig Kolonialarchitektur erhalten. Die Kathedrale am Hauptplatz geht zwar auf 1571 zurück, wurde aber immer wieder umgebaut. Eine Stippvisite lohnt das nahe **Convento y Museo Santa Teresa**, das 1760–1790 errichtet wurde. Es besitzt einen idyllischen Patio, einen Kapitelsaal mit Wandfresken und einen schönen Chor.

Etwas südlich des Hauptplatzes zeigt das etwas in die Jahre gekommene **Museo Arqueológico** der Universidad de San Simón prähispanische Artefakte, Mumien, Textilien und Schätze der Kolonialzeit aus der Region Cochabamba.

Etwa 1 km nördlich des Stadtzentrums ließ sich der in Cochabamba geborene »Zinnkönig« Simón Patiño zwischen 1915 und 1922 den luxuriösen **Palacio Portales** erbauen. Gewohnt hat er hier allerdings nie. Der Mix zwischen französischem Neoklassizismus und Mudéjarstil ist Geschmackssache, aber wahrlich prunkvoll. Heute ist hier das **Centro Cultural Simón I. Patiño** mit einer ausgezeichneten Kunstgalerie untergebracht. Ein echtes Highlight sind die herrlichen Gärten.

CERRO DE SAN PEDRO

Eine moderne Seilbahn führt vom Ostende der **Avenida de las Heroinas** auf dem Gipfel des Hügels, bekrönt von der riesige Statue des **Cristo de la Concordia**. Sie wurde zwischen 1987 und 1994 aus Stahlbeton gefertigt. Mit über 40 m Höhe (inkl. Sockel) und einem Gewicht von 2200 Tonnen übertrumpft sie sogar ihr Vorbild, den weltberühmten Cristo Redentor von Rio de Janeiro. Der Panoramablick über die Stadt ist je-

Das Kolonialdorf Totora im Departamento Cochabamba besitzt eine besonders attraktive Kirche

denfalls berauschend. Nördlich des Cerro liegt der **Jardín Botánico Martín Cárdenas**, mit schönen, von Palmen und Jacaranda-Bäumen gesäumten Alleen.

PARQUE NACIONAL CERRO TUNARI

Der nur wenige Kilometer nordwestlich der Stadt gelegene Nationalpark ist ein beliebtes Ausflugsziel und ideal für die Akklimatisation. Auf über 4000 m hoch gelegenen Weiden grasen Lamas und Alpakas, und gelegentlich sieht man Kondore in den Lüften kreisen. Vom **Cerro Tunari** (5035 m), den man auf einem Tagesausflug besteigen kann, bietet sich eine herrliche Aussicht. Die **Hacienda Pairumani** und das Berghotel Carolina arrangieren geführte Touren mit Lasttieren.

STRASSEN NACH SANTA CRUZ

Nordöstlich von Cochabamba geht es auf der asphaltierten, nach starkem Regen allerdings öfter von Erdrutschen heimgesuchten Hauptstraße nach **Santa Cruz** (Ruta 4) hinunter in die Regenwälder der Ebene **Chapare**, die auch Hauptanbaugebiet für Koka ist. Man bleibt also besser auf der Straße, entlang der die Städtchen völlig sicher sind, wenn nicht gerade wieder eine Protestaktion gegen die Kokapflanzer stattfindet.

Villa Tunari ist ein gutes Standquartier für Ausflüge in den **Parque Nacional Carrasco** mit Flüssen, Wasserfällen und Schluchten auf einer Höhe zwischen 300 und 4500 m.

Die malerische, 500 km lange Hochlandstraße von Cochabamba nach Santa Cruz (Ruta 7) wird weniger befahren, da sie nicht durchgängig asphaltiert wird. Einige Kilometer vor **Epizana** zweigt eine Straße nach **Pocona** und zu den Inka-Ruinen von Inkallajta ab. In Epizana lohnt es sich, die Abzweigung nach Sucre zu nehmen, um das hübsche Kolonialdorf **Totora** zu besuchen.

TARATA

Die Kolonialstadt liegt 33 km südöstlich von Cochabamba. Markttage sind Donnerstag und Sonntag. Gegenüber dem Kloster werden feine Strickwaren aus Alpakawolle verkauft. In den Marktdörfern **Cliza**, **Mizque** und **Aiquile**, die ein Ferrobús auf Schienen miteinander verbindet, kann man ebenfalls unverfälschtes Markttreiben beobachten.

PARQUE NACIONAL TOROTORO

Weiter südlich, etwa 140 km von Cochabamba entfernt, liegt Boliviens kleinster Nationalpark, eine dramatische Felslandschaft mit Tropfsteinhöhlen, Schluchten, Wasserfällen, Inka-Ruinen, Felsmalereien, Fossilien und versteinerten Dinosaurierspuren. Der Kaktus- und Buschwald des Parks beherbergt zahlreiche Tiere, darunter den seltenen Rotstirnara.

Santa Cruz und das östliche Tiefland

Das östliche Tiefland zwischen den letzten Ausläufern der Anden im Westen, dem brasilianischen Pantanal im Osten und den weiten Ebenen des Chaco im Süden war lange die am wenigsten entwickelte Region des Landes, doch haben Öl, Gas, Viehzucht und Agrarwirtschaft für einen enormen Aufschwung gesorgt. Hauptstadt der Region ist Santa Cruz, eine junge Universitätsstadt, die zahlreiche Ausflugsmöglichkeiten bietet.

SANTA CRUZ DE LA SIERRA [B2]

Die lange isolierte Stadt ist heute mit 1,6 Mio. Einwohnern der wirtschaftliche Motor Boliviens. Kolonialen Charme hat die moderne Stadt selbst im *Casco Viejo* genannten Altstadtviertel

Das Interieur der Basílica Mayor de San Lorenzo in Santa Cruz ist neoklassizistisch

kaum zu bieten. An der gepflegten **Plaza 24 de Septiembre** treffen sich die *cambas* genannten Einheimischen. Hier steht die riesige rosafarbene **Basílica Mayor de San Lorenzo** (1845–1915), deren Glockenturm man besteigen kann. Gleich nebenan zeigt das **Museo de Arte Sacro** religiöse Kunst, und im **Manza Uno** genannten Block hinter der Kathedrale gibt es kulturelle Wechselausstellungen. Weiter nördlich stellt das **Museo Etnofolklórico** im Parque Arenal die indigenen Volksgruppen des östlichen Tieflandes vor.

PARQUE NACIONAL AMBORÓ

Der Nationalpark, 40 km westlich von Santa Cruz, erstreckt sich auf einem großen, bewaldeten Ausläufer der Anden. Die steilen Regen- und Nebelwaldhänge von Amboró bieten eine verblüffend große Artenvielfalt, darunter über 850 Vogelarten (Quetzalvögel, Aras, Tukane und endemische Hornhokkos), außerdem Jaguare, Ozelots, Riesenameisenbären, Tapire, Brillenbären und verschiedene Affenspezies. Angeblich soll es hier mehr Schmetterlingsarten geben als irgendwo sonst auf der Welt. Das nördliche Tor zum Park ist das Städtchen **Buena Vista**, das etwa 100 km nordwestlich von Santa Cruz an der Hauptstraße nach Cochabamba liegt. Die dortigen Ökolodges Villa Amboró, La Chonta und Mataracú organisieren geführten Wanderungen zu Wasserfällen und Fossilienstätten im ansonsten weitgehend unzugänglichen Nationalpark.

Etwa 129 km westlich von Santa Cruz liegt das beliebte, zumindest unter der Woche ruhige und angenehm kühle Kurstädtchen **Samaipata** idyllisch in einem von bewaldeten Bergen gesäumten Tal. Auch hier werden Ausflüge in den Nationalpark organisiert. Viele Artesania-Geschäfte versorgen die immer größere Zahl an ausländischen Residenten, am Wochenende machen die Einwohner aus Santa Cruz hier Party. Das kleine **Museo Archeológico** zeigt schöne Keramiken der Inka und einen Lehrfilm über die etwa 10 km östlich von Samaipata auf 1990 m Höhe gelegene rätselhafte prähispanische Ruinenstätte **El Fuerte**. In ihrem Zentrum befindet sich ein großer Sandsteinfelsen, der mit abstrakten und figürlichen Gravierungen überzogen ist. Sie könnten über 3000 Jahre alt sein.

VALLEGRANDE UND LA HIGUERA

Westlich von Samaipata zweigt von der alten Straße nach Cochabamba ein Sträßchen nach Süden zum Marktflecken **Vallegrande** ab. Im alten Wäschereiraum des hiesigen **Hospital Nuestro Señor de Malta** wurde die Leiche von Ernesto »Che« Guevara der Weltpresse präsentiert, nachdem der erschöpfte Revolutionsheld etwa 60 km südlich, im Schulhaus des elenden Weilers **La Higuera**, am 8. Oktober 1967 hingerichtet worden war. Das jetzt dort untergebrachte kleine **Museo Histórico del Che** wirkt eher wie einen Schrein. Fremdenführer bringen Revolutionstouristen zur Schlucht **El Churo** (oder Yuro), in der Che gefangengenommen wurde.

JESUITENMISSIONEN VON CHIQUITOS

Östlich von Santa Cruz kann man mit der Eisenbahn in Richtung Brasilien durch die weiten bewaldeten Ebenen und Sümpfe von Chiquitos fahren. Im 17. und 18. Jahrhundert gründeten Jesuitenpadres in einem Gebiet, das sich heute Bolivien, Brasilien, Paraguay und Argentinien teilen, mitten in der Wildnis 30 Missionen. Diese wurden solange wie einen halbautonomen sozialutopischen theokratischen Staat geführt, bis die spanische Krone die Padres 1767 aus Südamerika verbannte. Bis heute sind mehrere schöne Kirchen der Jesuiten erhalten.

Sechs der neun noch erhaltenen Missionskirchen – **San Javier**, **Concepción**, **San Rafael**, **Santa Ana**, **San Miguel** und **San José de Chiquitos** – wurden restauriert und zum Weltkulturerbe der UNESCO erklärt. Viele wurden vom Schweizer Jesuitenpater Martin Schmidt und seinen Schülern errichtet. Schmidt komponierte auch Musik und veröffentlichte ein Wörterbuch der *Chiquitano*-Sprache.

Ganz im Nordosten des Departamento Santa Cruz an der Grenze zu Brasilien liegt der **Parque Nacional Noel Kempff Mercado**, ein wenig besuchtes, unglaublich artenreiches Weltnaturerbe der UNESCO, mit sieben Ökosystemen, aber ohne Infrastruktur. Abenteuerlustige Selbstversorger besuchen vor allem die beiden über 80 m hohen tosenden Wasserfälle des Huanchaca-Hochplateaus. Ein Expeditionsbericht über die Region inspirierte 1910 den Schriftsteller Sir Arthur Conan Doyle zu seinem Roman »Die vergessene Welt«.

CHACO

Südlich von Santa Cruz erstreckt sich bis nach Argentinien und Paraguay der riesige und unwirtliche Chaco, eine trockene Wildnis aus dichtem Dornengestrüpp.

Sucre und Potosí

Boliviens beiden schönsten Kolonialstädte, das weiße Sucre und die Minenstadt Potosí, sind heute UNESCO-Weltkulturerbe. Hier findet man die schönsten Kirchen und einige der besten Museen des Landes.

SUCRE [B3]

Boliviens schönste Stadt (340 000 Einw.) liegt in einem weiten Hochlandtal am östlichen Rand des Altiplano und genießt ein ganzjährig frühlingshaftes Klima. Da alle Häuser einmal im Jahr gekalkt werden, bewahrt Sucre seinen Ruf als *La Ciudad Blanca de Las Américas*. Gegründet wurde Sucre zwischen 1538 und 1540, hieß zeitweilig Villa de la Plata (Stadt des Silbers) und wurde nach der Unabhängigkeit unter dem Namen des zweiten Präsidenten Hauptstadt der neuen Republik Bolivien. Zwar verlegte man nach dem Bürgerkrieg 1899 den Sitz des Kongresses und des Präsidenten nach La Paz, doch ist Sucre nach wie vor Sitz des Obersten Gerichts und trägt bis heute den Titel der verfassungsmäßigen Hauptstadt des Landes.

PLAZA 25 DE MAYO

An der Nordwestseite des schönen, von eleganten Gebäuden gesäumten Hauptplatzes steht die **Casa de la Libertad** mit gut erhaltener Kolonialfassade der Jesuiten-Universität aus dem 17. Jahrhundert. Im Versammlungssaal wurde am 6. August 1825 die bolivianische Unabhängigkeitserklärung unterzeichnet. Im Museum kann man ein berühmtes Porträt von Simón Bolívar des peruanischen Künstlers Gil de Castro bewundern.

An der Plaza erhebt sich die **Kathedrale** aus dem 17. Jahrhundert. Nebenan zeigt das **Museo Eclesiástico** u.a. die berühmte, mit Juwelen verzierte Jungfrau von Guadalupe (1601). Etwas nordwestlich steht die Anfang des 17. Jahrhunderts errichtete **Iglesia de San Miguel**. Hinter ihrer weiß getünchten Barockfassade verbirgt sich ein prunkvoller Kirchenraum mit vergoldeten barocken Altarbildern und einer bemalten Kassettendecke im Mudéjar-Stil. Einen Katzensprung entfernt liegt **Santa Mónica**, ein weiteres koloniales Juwel, das heute als Theater des Colegio Sagrado Corazón genutzt wird. Ebenfalls ganz in der Nähe findet die **Iglesia San Francisco** mit goldverzierten Altären und einer Decke aus dem 17. Jahrhundert.

SUCRES MUSEEN

Etwas östlich der Plaza präsentiert das **Museo Nacional de Etnografía y Folklore (MUSEF)** u.a. eine beeindruckende Sammlung von Masken der Uru-Chipaya-Kultur. Südlich der Plaza zeigt das **Museo Universitario Charcas** in einem schönen Kolonialhaus des 17. Jahrhunderts. Sammlungen zur Archäologie, Anthropologie und Folklore der Region sowie koloniale und moderne Kunst. Wenige Blocks weiter östlich sind im **Monasterio de Santa Clara** u.a. Gemälde des Manieristen Bernardo Bitti zu sehen, der einer der wichtigsten Maler Südamerikas des 16. Jahrhunderts war.

Etwas weiter südöstlich widmet sich das faszinierende **Museo de Arte Indígena** der Webkunst der *Ketschua* sprechenden *Jalq'a* und

Sucre ist verfassungsmäßig noch immer die Hauptstadt Boliviens

Tarabuqueños, während das **Convento y Museo La Recoleta** an der Plaza Pedro de Anzures religiöse Kolonialkunst zeigt. Vom Ausguck des Franziskanerklosters bietet sich ein schöner Ausblick auf die Stadt.

Fünf Kilometer außerhalb der Stadt in Richtung Cochabamba wurden 1994 in einem Steinbruch am Hügel **Cal Orko** über 150 Fußspuren acht verschiedener Dinosaurierspezies entdeckt.

TARABUCO

Auf dem Sonntagsmarkt des etwa 65 km südöstlich von Sucre gelegenen Landstädtchen (3295 m) verkaufen traditionell gekleidete Indigenas der Berggemeinden, die *Tarabuqueños*, ihre schönen Webarbeiten, für die sie in ganz Bolivien berühmt sind.

POTOSÍ [B3]

Die mit 4067 m eine der höchstgelegenen Städte der Welt, mit dementsprechend unwirtlichem Klima, verdankt ihre Existenz dem **Cerro Rico** (ReicherBerg) im Süden. Hier wurden 1545 die reichsten Silbervorkommen des Erdballs entdeckt. Während sich in drei Jahrhunderten Millionen von indigenen Arbeitern und afrikanischen Sklaven in den Minen zu Tode schufteten, errichtete die weiße Oberschicht prunkvolle Kirchen und amüsierte sich in Theatern, Spielhöllen und Bordellen. Insgesamt wurden über 2000 Kolonialgebäude katalogisiert. Die Minen können besichtigt werden, inklusive der noch immer miserablen Arbeitsbedingungen.

Zentrum der Stadt ist die von Kolonialgebäuden gesäumte **Plaza 10 de Noviembre** mit der neoklassizistischen **Kathedrale**. Westlich der Plaza beeindruckt die 1572 gegründete und 1759–1773 mit 160 Räumen wiedererrichtete **Casa Real de la Moneda**. Die ehemalige Münzanstalt, die gleichzeitig als Schatzkammer und Festung diente, ist ein herausragendes Beispiel kolonialer Zivilarchitektur und stellt exquisite religiöse Kunstwerke aus.

An der Calle Ayacucho westlich der Moneda steht **La Torre de la Compañia de Jesus**. Der restaurierte Glockenturm (1707) ist ein wunderschönes Beispiel des Mestizo-Barock. Vom *Mirador* genießt man die tolle Aussicht auf die Stadt und den Cerro Rico.

Ebenfalls an der Ayacucho zeigt das **Convento y Museo Santa Teresa** erlesene Silberwaren und koloniale religiöse Kunst, darunter Werke des berühmten Malers Melchor Pérez de Holguín.

TARAPAYA

Besonders nach einem Besuch der eiskalten und staubigen Minen des Cerro Rico ist der Besuch der Thermalbäder von **Tarapaya** herrlich entspannend. Sie liegen etwa 21 km nordöstlich an der Straße nach Oruro.

Südlicher Altiplano

Südlich von La Paz erstreckt sich der Altiplano über 800 km bis zur chilenischen und argentinischen Grenze. Auf einer durchschnittlichen Höhe von ca. 3700 m findet man unter einem meist stahlblauen Himmel eine baumlose Landschaft. Am Horizont der trockenen Steppen schimmern schneebedeckte Berge wie eine Fata Morgana.

PARQUE NACIONAL SAJAMA

Südwestlich von La Paz führt die asphaltierte Ruta 4 nach Chile durch eine Wüstenebene, in der Pumas und seltene Laufvögel heimisch sind. Den Horizont beherrschen Vulkane, darunter der schneeweiße Kegel des **Volcán Sajama**, mit 6542 m höchster Berg Boliviens. Zwischen April und Oktober zieht der Sajama viele Gipfelstürmer an. Jenseits der Grenze schließt sich der chilenische **Parque Nacional Lauca** › **S. 275** an.

ORURO [B2]

Die während des Jahres düster wirkende Bergbaustadt (260 000 Einw.) auf dem kargen Altiplano, etwa 230 km südlich von La Paz, reißt im Februar der Karneval aus ihrer Lethargie. Höhepunkt ist die *Diablada*, der Tanz der Teufel, angeführt von zwei kostümierten Tänzern, die

Der Salzsee Salar de Coipasa liegt an der Grenze zwischen Bolivien und Chile

Luzifer und St. Michael repräsentieren. Hinter ihnen springen Hunderte von Teufelstänzern durch die Straßen. Die Feiernden liefern sich ausgiebige Wasserschlachten und auch der Alkohol fließt in Strömen.

Reich geworden ist Oruro durch enorme Zinnvorkommen, doch nach dem Einbruch der Zinnpreise versanken die Minen im Dämmerschlaf. Etwas östlich der attraktiven **Plaza 10 de Febrero** dokumentiert im prunkvollen Domizil von Simón I. Patiño die **Casa de Cultura** das dekadente Leben des legendären »Zinnkönigs«. Fünf Blocks westlich der Plaza steht das **Santuario del Socavón** mit dem Gnadenbild der Schutzpatronin der Bergleute, zu deren Ehren die Karnevalsfeierlichkeiten stattfinden. Im Minenschacht unter der Kirche zeigt das **Museo Minero** Bergbautechnik und zwei Statuen von *El Tío*: Diese teuflische Figur wird von bolivianischen Bergleuten als König der Unterwelt und Besitzer aller Mineralien verehrt. Eine Sammlung mit traditionellen Masken ist im **Museo Antropológico Eduardo López Rivas** zu sehen.

SALAR DE COIPASA

Der über 2200 km² große **Salar de Coipasa** liegt etwa 225 km südwestlich von Oruro abseits der über **Pisiga** ins chilenische **Iquique** führenden Ruta 12: ein türkisfarbener See (3680 m über dem Meeresspiegel) in einer Salzpfanne. Mitten aus dem See ragen mehrere Berge vulkanischen Ursprungs in die Höhe, darunter der **Cerro Pucarani** (4910 m).

Auf der **Ruta Intersalar** kann man von **Coipasa** nach **Coquesa** am Rand des Salar de Uyuni fahren. Die Straße säumen Gräber *(Chullpas)*, Terrassen und alte Bewässerungskanäle. Am Horizont erheben sich die gewaltigen Vulkankegel von **Cora Cora** und **Tunupa**. Zwischen beiden Salzseen liegt das Kolonialstädtchen **Salinas de Garci Mendoza** und der **Parque Arqueológico de Alcaya**, ein prähispanischer Komplex. Von der Spitze des **Cerro Tangani** genießt man einen Panoramablick über die beiden Salares.

Auch die direkte Fahrt von Oruro nach Uyuni lohnt sich. Vom **Mirador Tatacuchunita** beim 130 km südlich von Oruro gelegenen Örtchen **Santiago de Huari** bietet sich bei Sonnenuntergang ein herrlicher Blick auf den **Lago Poopó**, ein Ramsar-Vogelschutzgebiet, das im Winter völlig austrocknet. Das **Museo Regional Arqueológico** zeigt eine Ausstellung über die ethnische Gruppe der Uru Llapallapani, die in Rundhäusern wohnen und vom Fischen im Poopó-See leben. Das 212 km südlich von Oruro gelegene **Uyuni** ist Sprungbrett für Ausflüge auf den riesigen Salar de Uyuni.

SALAR DE UYUNI

Eine dicke harte Salzkruste, die ein Geländefahrzeug locker aushält, überzieht den mit rund 9000 km² größten Salzsee der Welt. Im Sommer zwischen Dezember und April ist die Oberfläche meist etwa knietief mit Wasser bedeckt. Am endlos weiten Horizont ragen schneebedeckte Berge auf. Im Juni und Juli ist der Kontrast zwischen tiefblauem Himmel und blendend weißer Salzkruste besonders intensiv. Auf der **Isla Incahuasi** setzen hohe Kakteen farbliche Akzente.

Touren schließen fast immer einen Besuch der 4000–6000 m hoch gelegenen **Reserva Nacional de Fauna Andina Eduardo Avaroa** ein: eisige, leuchtend rot oder smaragdgrün gefärbte Salzseen, bizarre Felsformationen, schneebedeckte Vulkangipfel, Thermalquellen, endlose Puna-Steppe und viele Tiere der Anden, darunter James-Flamingos, Andenfüchse und Vikunja-Herden.

DER TIEFE SÜDEN

Von Uyuni führt die Ruta 21 in die Minenstadt **Tupiza**, in deren von Schluchten und Kakteen geprägten Berglandschaft Butch Cassidy und Sundance Kid ihre letzte Schlacht ausfochten. Ganz im Süden liegt das von andalusischen Bauern besiedelte **Tarija** im fruchtbaren Valle Central auf 1924 m Höhe. Das warme Klima sorgt für einen florierenden Obst- und Weinbau. Campos de Solana, Casa Vieja, Kohlberg,

La Concepción und Bodega Magnus heißen die renommierten Weingüter. Das **Museo Paleontológico** zeigt Fossilien und Säugetierskelette des Pleistozäns, darunter Andenelefanten. Die im Jugendstilhaus **Casa Dorada** untergebrachte Casa de la Cultura erzählt von der Geschichte der Region. Älteste Kirche ist die schön ausgemalte **Basílica de San Francisco**.

Tiefland des Nordens

Ein großer Teil des bolivianischen Territoriums liegt jenseits der Cordillera in einer riesigen, dünn besiedelte Tiefebene: Sumpf, Savanne und tropischer Regenwald mit beeindruckendem Artenreichtum. Immer mehr organisierte Touren erschließen diese faszinierende Region. In der Regenzeit zwischen November und April verwandeln sich die Straßen jedoch oft in unpassierbare Sümpfe.

AUF DER TODESSTRASSE

Die Fahrt von La Paz auf der Ruta 3 über die Cordillera in die feuchtheißen Yungas nach **Coroico** lässt sich besonders abenteuerlich gestalten, wenn man den alten, weiter südlich verlaufenden Straßenabschnitt wählt, der zu Recht als **Camino de la muerte** berüchtigt ist. Vom kühlen Bergpass **La Cumbre** auf rund 4650 m Höhe geht es in unzähligen Haarnadelkurven 3400 m bergab bis nach Coroico im warmen Regenwald der Yungas. Keine Leitplanke schützt vor dem fast senkrechten Abgrund. Reiseveranstalter bieten geführte Downhill-Touren für Mountainbiker an: ohne Lebensversicherung!

Von **Coroico**, das an einem steilen Berghang liegt und einen Panoramablick über die bewaldeten Ausläufer der Anden bis hin zu den eisigen Gipfeln der Cordillera Real bietet, fährt man weiter über **Caranavi** und **Sapecho** nach **Yucumo**: neben **Rurrenabaque** ein gutes Standquartier für Ausflüge in die **Reserva de Biosfera y Tierra Comunitaria de Origen Pilón Lajas**. Das UNESCO-Biosphärenreservat liegt zwischen subandinen Gebirgszügen und dem tropischen Schwemmland des **Río Quiquibey**: ein Territorium der indigenen *Chiman*, *Mosetén* und *Tacana*. Es gilt als eines der intaktesten Ökosysteme des amazonischen Regenwalds mit unglaublich vielfältiger tropischer Fauna.

RURRENABAQUE [A2]

In Yacumo zweigt die Ruta 8 nach Norden ab, und die meisten Touristen folgen ihr, um Rurrenabaque zu erreichen. Das freundliche feuchtheiße Urwaldstädtchen liegt etwa 400 km nördlich von La Paz am Ufer des **Río Beni** und hat sich zum Zentrum des Ökotourismus im bolivianischen Amazonasgebiet gemausert. Es lohnt sich, von La Paz nach Rurrenabaque zu fliegen, denn die Ausblicke auf die Cordillera Real sind spektakulär. In »Rurre« organisieren lokale Agenturen Ausflüge in die spektakulären Regenwälder des **Parque Nacional Madidi** und in die Pampas am **Río Yacuma**. In der Stadt selbst gibt es eher wenig zu tun: Zwischen den Ausflügen relaxt man in einem der mit toller Aussicht auf den Regenwald gesegneten Pools, schaut den Booten auf dem mächtigen Río Beni hinterher oder saust an den *Ziplines* im nahen **Villa Alcira** über die Baumkronen des Dschungels.

PARQUE NACIONAL MADIDI

Wohl kaum ein anderes Schutzgebiet der Welt erstreckt sich über so viele Naturräume und bietet deshalb eine so artenreiche Flora und Fauna. Der Nationalpark reicht von den fast 6000 m hohen vergletscherten Andengipfeln der **Cordillera Apolobamba** im Südwesten über Nebel- und Trockenwälder bis hin zum feuchtheißen Dschungel des **Río Tuichi** und tropischer Pampa im Norden und Osten. Allein über 1100 Vogelarten hat man hier gezählt. Außerdem gibt es große Affenpopulationen, riesige Ameisenbären, Pumas, Jaguare und viele Reptilien. Zu erreichen ist der Nationalpark mit dem Boot auf dem Río Beni. Auf Touren übernachtet wird in von indigenen Gemeinschaften vorbildlich ge-

Blühende Florettseidenbäume (ceiba speciosa) in Trinidad

führten Ökolodges wie **Berraco del Madidi** (www.berracodelmadidi.com), **Chalalán Ecolodge** (www.chalalan.com) und **Madidi Jungle Eco Lodge** (www.madidijungle.com). In der Regenzeit sieht man weniger Tiere, dafür gibt es wesentlich mehr Moskitos.

Auf Touren durch die offene Savanna der Pampa im Nordosten wird man Brüllaffen, Kapuzineräffchen, Kaimane, Wasserschweine, rosa Delfine und natürlich wieder viele Vögel zu Gesicht bekommen.

NACH NORDEN

Von Rurrenabaque führt eine mindestens zwölfstündige Autofahrt auf einer unbefestigten Straße durch eine weite Savannenebene nach Norden bis **Riberalta**. Die Einwohner der verschlafenen Stadt, die kurz nach der Mündung des Río Beni an einer Schleife des **Río Madre de Díos** im Tiefland des Amazonas liegt, leben besonders von der Verarbeitung und dem Export von Paranüssen. Etwa 86 km östlich liegt **Guayaramerín** am Ufer des **Río Mamoré**. Am wichtigsten Grenzübergang im Norden nach Brasilien floriert der zollfreie Handel.

TRINIDAD

Wer in Yacumo auf der Ruta 3 geblieben ist, erreicht nach 50 km **San Borja**, ein recht wohlhabendes Viehzuchtzentrum. Anschließend fährt man am Südrand der von Wäldern, Savannen und Feuchtgebieten geprägten **Reserva del Biosfera del Beni** weiter in das Städtchen **San Ignacio de Moxos**. Die dort beheimatete überwiegend indigene Bevölkerung spricht nicht nur eine eigene Sprache, sondern pflegt noch immer die Traditionen der ehemaligen Jesuitenmissionen, besonders während der Karwoche und der Fiesta del Santo Patrono de Moxos.

Trinidad am Río Mamoré ist ein modernes Zentrum der Viehzucht. Lokale Agenturen bieten Kreuzfahrten mit motorisierten Kanus auf dem **Río Ibare** (einem Zufluss des Río Mamoré) in den Regenwald an. Auf der Fahrt zu indigenen Gemeinden wird man Blaukehlaras, rosa Süßwasserdelfine und Wasserschweine sehen. Im Angebot sind außerdem viertägige Kreuzfahrten auf einem luxuriösen Hotel-Katamaran, die Reina de Enín. Sie startet von **Puerto Varador**.

PERU

Bizarre Felsformationen prägen den 4910 m hoch gelegenen Patopampa-Pass bei Arequipa

KOLUMBIEN
ECUADOR
PERU
BRASILIEN
CHILE
QUITO
LIMA
GUAYAQUIL
Popayan
Vol.Puracé
4800
El Bordo
Tumaco
Pasto
Florencia
San José del Guaviare
Esmeraldas
Punta Galera
Vol.Cumbal 4764
Ibarra
5790
Vol. Cayambe
Volcán Cotopaxi 5897
Sto.Domingo d.l.Colorados
Manta
Portoviejo
Jipijapa
Volcán Chimborazo 6310
Ambato
Riobamba
5230
Vol.Sangay
Milagro
Azogues
Cuenca
I.Puna
Golfo de Guayaquil
Tumbes
Machala
Loja
Talara
1618
Zumba
Sullana
Piura
Chulucanas
Jaen
Desierto de Sechura
Olmos
Pta.Negra
Chachapoyas
Ferreñave
Chiclayo
Cajamarca
Moyobamba
Tarapoto
Juanjui
Otuzco
Trujillo
Chimbote
Señal Huascarán 6768
Huaráz
Casma
Huarmey
Barranca
Huacho
Huaral
Callao
Tingo Maria
Huánuco
Cerro de Pasco
Tarma
La Oroya
Huancayo
Huancavelica
Ayacucho
Chincha Alta
Pisco
Pta.Carreta
Ica
Palpa
Nazca
Chala
Camana
Abancay
Cuzco
Urubamba
6400 Nev.Ausangate
Sicuani
Tirapata
Huancane
Titicaca-see
3812
Juliaca
Puno
Nev.Coropuna 6424
Nev.Ampato 6314
Arequipa
Moquegua
Guaqui
Charaña
Pta.Coles
Tacna
Arica
Huara
Yarí
Putumayo
Pantoja
Caquetá
Japurá
La Pedrera
Uapés
Buenos Aires Lérida
Napo
Pebas
Amazonas
Iquitos
Nauta
Leticia
Benjamin Constant
Maynas
Barranca
Marañón
Requena
Yavari
Javari
Ucayali
Eirunepé
Cord. Oriental
Cord. Central
Cord. Occidental
La Montaña
Pucallpa
Serra de Divisor
Cruzeiro do Sul
Tarauacá
Acre
Sena Madureira
Alto Purus
Urubamba
Atalaya
Brasiléia
Cobija
Puerto Maldonado
Apurimac
Peru-Chile-Graben
A
B
C
1
2
3
4
5
N
0
300 km

PERU IN KÜRZE

Staatsname: República del Perú
Fläche: 1 285 216 km²
Hauptstadt: Lima
Amtssprache: Spanisch, Ketschua und Aymara
Einwohner: 31,23 Mio. (2017)
Landesvorwahl: 0051
Währung: Peruanischer Nuevo Sol (PEN)
Zeitzonen: Während der europäischen Sommerzeit MEZ –7 Std., während der Winterzeit –6 Std. Peru hat keine Sommerzeit.

LAGE

Peru grenzt im Norden an Ecuador und Kolumbien, im Osten an Brasilien, im Südosten an Bolivien, im Süden an Peru und im Westen an den Pazifik. Die Gesamtlänge der Landesgrenzen beträgt 7062 km. Es liegt zwischen 0° und 18° südlicher Breite sowie 69° und 81° westlicher Länge. Perus sehr unterschiedliche Landschaftszonen sind die weitgehend wüstenhafte Küste, die Sierra (Anden und Hochland) mit dem Nevado Huascarán (6768 m) in der Cordillera Blanca als höchstem Berg sowie die Selva, deren feuchtheiße Regen- und Nebelwälder etwa 60 % des Territoriums einnehmen.

POLITIK

Peru ist eine Präsidialrepublik, bestehend aus 25 Regionen und der Provinz Lima. Perus Parlament ist ein Einkammersystem. Der Kongress der Republik Peru *(Congreso de la República del Perú)* zählt 130 Abgeordnete, die in Wahlkreisen für 5 Jahre gewählt werden. Bei den letzten Wahlen (April–Juni 2016) errang die konservativ-wirtschaftsliberale Fuerza Popular von Keiko Fujimori, Tochter des früheren diktatorischen Präsidenten Alberto Fujimori, mit 36,34 % der Stimmen eine absolute Mehrheit der Sitze.

Der Präsident wird mit absoluter Mehrheit direkt in zwei Runden für eine Amtszeit von 5 Jahren gewählt. Staatsoberhaupt und zugleich Regierungschef ist seit dem 23. März 2018 Martin Alberto Vizcarra. Er löste den zurückgetretenen Präsidenten Pedro Pablo Kuczynski Godard (Mitte-Rechts-Bündnis Peruanos Por el Kambio) ab, der 2016 mit hauchdünner Mehrheit die Stichwahl gegen Keiko Fujimori gewonnen hatte. Die nächste Wahl findet im April 2021 statt.

WIRTSCHAFT

Perus Wirtschaft ist derzeit eine der dynamischsten in Südamerika. In den Berg- und Küstengebieten gibt es eine Vielzahl wichtiger Bodenschätze. So ist Peru der weltweit zweitgrößte Produzent von Silber und Kupfer. Die vom kalten Humboldtstrom beeinflussten peruanischen Küstengewässer sind ausgezeichnete Fischgründe.

Die peruanische Wirtschaft wuchs von 2009 bis 2013 um durchschnittlich 5,6 % pro Jahr,

Sendero Luminoso

Der maostische »Leuchtende Pfad« hat die unruhigen Zeiten Perus in den 1980er-Jahren geprägt. In den späten 1970er-Jahren entwickelte sich die zunächst universitäre Bewegung zu einer Guerillagruppe rund um Ayacucho. Der bewaffnete Kampf galt als einziges zweckmäßiges Mittel, um eine »antifeudale und antiimperiale« Revolution in Peru auszulösen. Der zeitweise geradezu mythisch verehrte Anführer Abimael Guzmán (Deckname »Presidente Gonzalo«), ein Philosophieprofessor aus Ayacucho, verstand seine Ideen, die er erfolgreich mit Vorstellungen der tausendjährigen Inka-Mythologie würzte, als Weiterentwicklung der Lehren von Marx, Lenin und Mao. Bis zu seiner Gefangennahme lebte er hauptsächlich im Untergrund, und selbst seine engsten Kampfgenossen bekamen ihn nur selten zu Gesicht.

Der Sendero rekrutierte seine Mitglieder aus den ärmsten Gegenden des Landes. In den späten 1980er- und frühen 1990er-Jahren soll es etwa 10 000 bis 15 000 Senderistas gegeben haben.

Im Mai 1980 begann der Sendero seinen Krieg gegen die Regierung, indem er Wahlurnen in einem Dorf bei Ayacucho verbrannte. Zunächst versuchte Guzmán die Unterstützung der Bürger zu gewinnen, indem er korrupte Regierungsbeamte und andere unbeliebte Führer bestrafte.

Die Senderistas trafen sich nur zur Durchführung paramilitärischer Operationen und kehrten anschließend unerkannt in ihre Dörfer zurück. Finanziert wurden die Aktivitäten auch mit Drogenhandel: Der Sendero schützte die Kokainbarone, die den aus dem Hochland in die Selva gezogenen Bauern die gesamte Kokaernte abkauften. Die immer brutaleren Methoden des Leuchtenden Pfades führten aber zu immer heftigeren Gegenreaktionen der Bevölkerung, die unter Angst und Ausgangssperren litt. Schließlich wandten sich Milizgruppen der Campesinos gegen den Leuchtenden Pfad. In Folge führten die Guerillas unbarmherzige Strafexpeditionen durch, bei denen sie sogar Frauen und Kinder entführten und umbrachten. Für besondere Empörung sorgte 1992 die Explosion einer Autobombe in einem der verkehrsreichsten Geschäftsviertel von Lima, die viele Tote forderte. Die Wahrheits- und Versöhnungskommission Perus schätzte später, dass der Konflikt den Tod von etwa 70 000 Menschen verursacht hat.

Der entscheidende Schlag im schmutzigen Krieg gegen den Leuchtenden Pfad gelang am 12. September 1992, als man Guzmán und mehrere Führer der Bewegung in Lima festnehmen konnte. Guzmán wurde der Öffentlichkeit in gestreifter Häftlingskleidung vorgeführt und verlor weitgehend seinen Nimbus. Guzmáns Nachfolger Óscar Ramírez wurde 1999 gefangen genommen. Danach zerfiel die Gruppe weitgehend, und spielt trotz einiger Anschläge heute kaum noch eine Rolle.

und dies bei stabilem Wechselkurs und niedriger Inflation. Dieses Wachstum ist zum Teil auf die hohen Preise für Metalle und Mineralien zurückzuführen, die 55 % der Gesamtexporte des Landes ausmachen. Schwächere Weltmarktpreise für diese Ressourcen sorgten zwischen 2014 und 2017 für eine Verlangsamung des Wachstums.

Mit Konjunkturpaketen, Investitionsförderung, Wirtschaftsreformen und einer Ankurbelung des lukrativen Bergbaus (leider auch durch die Lockerung von Umweltvorschriften) ist es den Regierungen von Ollanta Humala und Pedro Pablo Kuczynski gelungen, die Armut im Land erheblich zu senken. Dennoch ist die soziale Ungleichheit noch immer hoch, besonders in den küstenfernen Regionen mit mangelhafter Infrastruktur. Negative Einflüsse auf das noch immer hohe Wachstum sind Verzögerungen bei Infrastruktur-Megaprojekten und Korruptionsskandale. Auch die durch das periodisch wiederkehrende Wetterphänomen *El Niño* Anfang 2017 verursachten Überflutungen belasten das Wachstum und sorgen für höhere Staatsausgaben.

Die Landwirtschaft (Obst und Gemüse, Kaffee, Kakao, Baumwolle, Zuckerrohr, Heilpflanzen, Quinoa, Palmöl, Rind- und Schweinefleisch, Milchprodukte) macht nur 7,5 % des BIP aus. Die Industrieproduktion (Bergbau, Stahl- und Metallverarbeitung; Erdölförderung und Raffination, Erdgas- und Erdgasverflüssigung, Fischerei und Fischverarbeitung, Zement, Glas, Textilien, Bekleidung, Lebensmittelverarbeitung, Gummi, Maschinen, Chemikalien, Möbel) steuern 36,3% zum BIP bei. Der Beitrag der Dienstleistungen zum BIP beträgt 56,1%.

Die Arbeitslosenquote betrug 2017 rund 6,7 %, unter der Armutsgrenze leben geschätzt 22,7 % der Bevölkerung. Die Verbraucherpreise stiegen 2017 um etwa 3,2 %. Einen Boom erlebt der Tourismus: 2017 besuchten knapp über 4 Millionen ausländische Besucher das Land, eine Steigerung gegenüber dem Vorjahr um 7,7 %. Allerdings verfälschen venezolanische Staatsbürger, die als Touristen ins Land kommen, aber eigentlich nach Arbeit suchen, die Statistik.

Auf dem Fischmarkt von Ancón werden Goldmakrelen verkauft

PERUS GESCHICHTE SEIT DER UNABHÄNGIGKEIT

In Peru waren die *Criollos* (in Amerika geborene Peruaner europäischer Abstammung) lange königstreu gesinnt. Dennoch gab es 1809 Aufstände in den peruanischen Städten Huánuco und Cusco. Nach 1814 erzwangen königliche Truppen vielerorts die Rückkehr zur Kolonialherrschaft.

KAMPF UM DIE UNABHÄNGIGKEIT

Nachdem der argentinische General José de San Martín Peru erobert hatte, landete 1819 eine Rebellenmarine unter Lord Thomas Cochrane in Paracas an der Südküste Perus. Im folgenden Jahr griff die Armada Lima an und siegte über königliche Truppen, die in das zentrale und südliche Hochland flohen. Unterdessen erklärten die nördlichen Städte Trujillo, Lambayeque, Piura und Cajamarca ihre Unabhängigkeit. General San Martín zog 1821 in Lima ein und verkündete am 28. Juli die Unabhängigkeit für ganz Peru. 1822 trug San Martín dem venezolanischen Freiheitshelden Simón Bolívar die Führung Perus an. Während Bolívars Präsidentschaft (1824–1827) wurden die spanischen Truppen in Junín (1824) und Ayacucho (1825) entscheidend geschlagen. Nach der Abreise von Bolívar nach Kolumbien herrschten chaotische Zeiten, in denen bis 1865 nicht weniger als 35 Präsidenten regierten, viele davon Militärs.

GUANO, KAUTSCHUK UND SALPETER

Trotzdem erlebte Peru bald einen Wirtschaftsboom, der zunächst durch den Export von *Guano* (Vogelkot) befeuert wurde. Dieser war in Europa als Düngemittel begehrt. Dazu kamen Baumwoll- und Zuckerfabriken an der Küste, sodass Peru billige chinesische Arbeitskräfte für die Feldarbeit ins Land holte. Zwischen 1880 und 1912 stieg das im Amazonasurwald gelegene Iquitos zur Gummihauptstadt der Welt auf. Dann aber schmuggelte ein Engländer den Samen des Latexbaums aus dem Land, und das Gummimonopol brach zusammen.

Wirtschaftliche Rückschläge erlitt Peru auch durch den verlorenen Salpeterkrieg (1879–1883), in dem es an der Seite Boliviens gegen Peru gekämpft hatte. Die enorme Verschuldung führte dazu, dass wenig später britische Firmen die Guanoproduktion und das Eisenbahnsystem des Landes übernahmen. Ab 1900 mischten immer mehr US-Investoren mit. Die Cerro de Pasco Mining Company kontrollierte bald alle Minen in der zentralen Sierra.

ERSTE REFORMEN

1924 gründete Victor Raúl Haya de la Torre die Alianza Popular Revolucionaria Americana (APRA). Nach der verlorenen Wahl von 1931 zettelten die »Apristas«, die sich betrogen fühlten, Rebellionen an, die blutig niedergeschlagen wurden. Die Folge waren konservative und militärische Regimes. Nach einem Intermezzo der ersten Regierung von Fernando Belaúnde (1963–1968), die versprochene Reformen nicht realisieren konnte, übernahm General Juan Velasco das Ruder und setzte tatsächlich drastische Maßnahmen durch. Die umfassend Agrarreform wandelte riesige Latifundien in Genossenschaften um und verstaatlichte Bergbau- und Fischereiindustrie. Velascos Reformen waren allerdings von Misswirtschaft begleitet. Ein unblutiger Staatsstreich stürzte ihn, doch auch die neue Militärregierung von Francisco Morales Bermúdez konnte den rasanten Anstieg von Schulden und Inflation nicht bremsen. 1980 kehrte Peru mit der zweiten Amtsperiode von Präsident Belaúnde zur Zivilregierung zurück.

TERROR UND WIRTSCHAFTSKRISEN

Die folgende Zeit war durch Wirtschaftskrisen und den brutalen Kampf gegen die Terroraktionen der Guerillagruppe Sendero Luminoso (Leuchtender Pfad) › **S. 316** und des kleineren prokubanischen Movimiento Revolucionario Tupac Amaru (MRTA) geprägt: Probleme, die der junge Alán García, erster peruanische Präsident aus den Reihen der APRA, mit seiner korrupten Regierung nur noch verschlimmerte. So war der Weg frei für Alberto Fujimori. Der Ingenieur japanischer Abstammung gewann 1990 die Wahlen gegen den als trojanisches Pferd rechtsgerichteter Eliten angesehenen Schriftsteller Mario Vargas Llosa. Fujimoris autokratische Regierung stabilisierte zwar die Wirtschaft, doch gingen viele Arbeitsplätze verloren, und die Reallöhne sanken. Mit der Gefangennahme von Abimael Guzmán, dem Anführer des Leuchtenden Pfads, gelang Fujimori der entscheidende Schlag gegen diese Guerillabewegung. Gleichzeitig hielt Geheimdienstchef Vladimiro Montesinos das Land mit Morden, Menschenrechtsverletzungen, Korruption und Erpressung in Atem. Nach der Aufdeckung dieser Methoden floh Fujimori 2000 nach Japan, wurde aber 2007 von Peru ausgeliefert und in Peru zu fast 40 Jahren Haft verurteilt.

WIRTSCHAFTLICHE ERHOLUNG

Die Wahlen von 2001 gewann der indigene Mitte-Links-Ökonom Alejandro Toledo, dessen Amtszeit trotz Sozialreformen und Kampf gegen die Korruption von Streiks und Skandalen geprägt war. Dennoch übergab Toledo 2006 dem neuen Präsidenten Alán García eine florierende Wirtschaft. Garcías zweite Amtszeit war wirtschaftlich wesentlich erfolgreicher, allerdings auch wieder von Bestechungsskandalen begleitet. Davon blieb auch die Mitte-Links-Präsidentschaft von Ollanta Moisés Humala Tasso (2011–2016) nicht verschont. Seit März 2018 ist Martín Alberto Vizcarra Cornejo Staatspräsident, nachdem sein Vorgänger Pedro Pablo Kuczynski wegen Korruptionsvorwürfen zurückgetreten war.

Der »Leuchtende Pfad« zog eine dunkle Spur des Terrors durch Peru

Südamerikas berühmteste Ruinenstätte liegt 120 km nordwestlich von Cusco – auf einem Berggipfel, 2430 m über dem Meeresspiegel, inmitten eines tropischen Bergwaldes, umgeben von *Apus*, den heiligen Gipfeln der Inka-Mythologie. Wer diesen majestätischen Ort, eines der »Sieben Neuen Weltwunder« besuchen möchte, muss vorausplanen. Die Besucherzahl wird inzwischen auf 2500 pro Tag begrenzt. Dafür ist die 112 km lange Zugfahrt von Cusco bzw. Ollantaytambo nach Aguascalientes entlang des Río Urubamba mit Blick auf schneebedeckte Gipfel schon ein Erlebnis für sich.

INKA-TRAIL

Abenteuerlustige entscheiden sich für den Anmarsch auf dem **Inka-Trail**, dessen bekannteste Route in Piscacucho am Ufer des Urubamba (Bahnkilometer 82) beginnt und über drei hohe Gebirgspässe führt, darunter ein steiler Anstieg in dünner Luft zur gefürchteten **Abra de Huarmihuañusqa** (4200 m). Märchenhafte Ausblicke auf schneebedeckte Berge, hinunter in üppig grüne Schluchten, verzauberte Nebelwälder, exotische Orchideen und Brillenbären sowie mehrere sonst nicht zugängliche Inka-Ruinen entschädigen für die viertägigen Strapazen, zu denen gleißende Sonne, feuchtheißer Urwald und eisige Höhen beitragen. Es gibt aber auch kürzere Varianten.

Der knapp 44 km lange Inka-Trail führt durch das besonders artenreiche Schutzgebiet des **Santuario Histórico de Machu Picchu**, ein Biokorridor zwischen den Anden von Cusco, dem heiligen Tal und dem Tiefland des Amazonaswaldes. Nur 200 Wanderer (plus 300 Personen Begleitpersonal) dürfen ihn täglich begehen (alle Varianten), und auch das nur organisiert mit offiziellem Führer. Vor allem in den Monaten Juli bis September muss man mit einer Vorausbuchungsfrist von fünf bis sechs Monaten rechnen. Bester Monat ist der Mai: Gutes Wetter, weniger Wanderer. Idealerweise wählt man die Zeit um den Vollmond.

Die spanischen Konquistadoren haben Machu Picchu nie entdeckt

MACHU PICCHU UND DER INKA-TRAIL

MACHU PICCHU

Seit seiner Wiederentdeckung im Jahr 1911 durch ein amerikanisches Archäologenteam pflegt Machu Picchu seinen Mythos als legendäre »verlorene Stadt der Inka«, die kein spanischer Konquistador je gesehen hat. Es ist gar nicht die bestens erhaltene Archäologie, sondern der Sattelsitz zwischen zwei oft geheimnisvoll in Wolken gehüllte Andengipfel, die Machu Picchu zu einer der größten Attraktionen Südamerikas macht. Dazu kommen die vielen ungelösten Fragen: War Machu Picchu eine Zitadelle, ein landwirtschaftliches Zentrum, ein astronomisches Observatorium, eine zeremonielle Stadt oder ein heiliges Refugium für den Inka-König?

Die Stätte wohl schon vor Ankunft der Spanier in Peru aufgegeben. Viele Gebäude dürften unter dem Inka-Herrscher Pachacútec Yupanqui Mitte des 15. Jahrhunderts errichtet worden sein. Die Architektur verrät wenig über die Geschichte des Ortes, umso mehr über den Sinn der Inka für höchste Landschaftskunst. Die steilen Terrassen, Gärten, Granit- und Kalksteintempel, Treppen und Aquädukte scheinen direkt aus dem Hang herausgearbeitet zu sein. Die Ruinen liegen im Zentrum eines Kreises von Andengipfeln.

MAGIE DER SONNE

Eine traumverlorene Stimmung prägt Machu Picchu morgens, wenn die Sonnenstrahlen über die zerklüftete Ruinenlandschaft kriechen, und (manchmal) die fernen schneebedeckten Gipfel der **Cordillera Vilcabamba** in feurigen Orangetönen erglühen lassen. Die Sonne spielte hier überhaupt eine große Rolle, wie der halbrunde turmartige Sonnentempel (Torreón) zeigt, der besonders fein gemeißelt wurde. Während der beiden Sonnenwenden fallen die ersten Sonnenstrahlen direkt in die östlichen bzw. westlichen Fenster und beleuchten den Turm perfekt. Astronomischen Zwecken diente auch der Felsen **Intihuatana** (Anhängsel der Sonne).

TITICACASEE

Peru und Bolivien teilen sich den »See des grauen Pumas«, der auf einer Höhe von 3812 m das höchstgelegene kommerziell schiffbare Gewässer der Erde ist. Über seinem meist azurblauen Wasser wölbt sich ein ebenfalls intensiv blauer Himmel.

Nirgendwo sonst in den Anden findet man mehr Feste und Folklore auf so dichtem Raum. Besonders prunkvoll wird das Fest der Virgen de Candelaria am 2. Februar (Mariä Lichtmess) in **Puna** inszeniert Dann ziehen prachtvoll gewandete Sänger, Tänzer und Musikgruppen mit der Statue der Jungfrau, die sonst in der **Iglesia San Juan Bautista** steht, durch die Straßen. Das **Museo de la Coca y Costumbres** zeigt die schönsten Festkostüme und weiß viel über die Bedeutung der Kokapflanze zu erzählen, die in der Tradition der Andenvölker ebenfalls eine zentrale Rolle spielt.

Die Barockfassade der **Kathedrale** von Puna ist mit ihren Blumen, Früchten und Andengitarre spielenden Meerjungfrauen ein faszinierendes Beispiel des Synkretismus zwischen indigenen Vorstellungen und kolonialem Kunstverständnis. Die schönsten, mit erlesener barocker Schnitzkunst und Gemälden der Cusco-Schule ausgestatteten Kolonialkirchen kann man in den 84 km bzw. 108 km südöstlich von Puno gelegenen Dörfern **Juli** und **Pomata** bewundern.

Die Dörfer der *Ketschua* und *Aymara* auf den Inseln **Taquile** und **Amantani** haben ihre Bräuche über Jahrhunderte hinweg bewahrt. Die Männer und Frauen von Taquile weben einige der schönsten Textilien Perus. Auch die schwimmenden, aus Totora-Schilf angelegten **Inseln der Urus** sind einzigartig. Wenn ein Überfall der kriegerischen Inka drohte, trieb man mit den Inseln auf den See hinaus. Aus Totora-Schilf werden nicht nur die Hütten und die Boote für den Fischfang geflochten, man nutzt das jodhaltige Rohr auch zu medizinischen Zwecken und zum Aufbrühen von

Die schwimmenden Inseln des Titicacasees wurden aus robustem Totora-Schilf gefertigt

Schilfblütentee. Heute erinnern die Inseln eher an schwimmende Souvenirstände, die Modellschilfboote und Pullover aus Alpakawolle verkaufen.

Wie bedeutsam die Region in kultureller Hinsicht ist, verdeutlicht das **Museo Carlos Dreyer** in Puno, das archäologische Funde vieler alter Kulturen zeigt, darunter einen faszinierenden Steinmonolithen der Pukara mit kosmologischen Gravuren und 500 Goldmünzen des Schatzes von **Sillustani**. Diese 30 km nordwestlich von Puno auf einer Halbinsel des Umayo-See gelegene Totenstadt ist aufgrund ihrer über tausend Jahre alten steinernen Grabtürme *(chullpas)* eine der Hauptattraktionen der Region. Das Leben feierte dagegen der 29 km südöstlich von Puno in Chucuito gelegene **Templo de Inca Uyu**, ein Fruchtbarkeitstempel mit phallischen Steinskulpturen.

Auch die Fauna des Titicacasees ist einzigartig. Nur hier kommt z.B. der Titicaca-Taucher vor, ein flugunfähiger Seevogel, und der ebenfalls endemische Titicaca-Riesenfrosch. Sorgen machen die zunehmende Verschmutzung durch die giftigen Abwässer illegaler Minen und konstant sinkende Wasserstände des im Schnitt siebeneinhalb Meter tiefen Sees.

BOLIVIANISCHE SEITE

Mit Tragflügelbooten zwischen **La Paz** und der Pilgerstadt **Copacabana** erreicht man die bolivianische Seite des Titicacasees. Von Copacabana, mit einer wunderschönen Kathedrale, setzt man über zu den heiligen Inseln **Isla del Sol** (Sonneninsel) und **Isla de la Luna** (Mondinsel). Der Legende nach erschien auf der Isla del Sol der Gott Viracocha und erschuf die ersten Inka – Manco Cápac und seine Schwesterfrau Mama Oclla. Von der mit herrlichen weißen Sandstränden gesegneten Isla del Sol bietet sich besonders in der Morgen- und Abenddämmerung ein traumhafter Blick auf die Cordillera Real.

Als im Januar 2018 ein offenbar gedankenloser peruanischer Lkw-Fahrer eine über hundert Meter lange Reifenspur durch die weltberühmten Nazca-Linien zog, verbreitete sich die Nachricht über die ganze Welt. Welchen Frevel der Unglücksrabe beging, versteht man nach einem Besuch des **Museo Científico Javier Cabrera** im südperuanischen Ica besser. Hier sind über 11 000 aufwendig gravierte Steine und Felsblöcke zu sehen, deren Themen der charismatische und exzentrische Gründer Dr. Javier Cabrera viele Jahre lang studiert hat.

Die Nazca-Linien sollen sogar als Landebahn für außerirdische Raumschiffe gedient haben! Schließlich zeigt ein Scharrbild einen »Astronauten«. Tatsächlich sieht dessen Kopf aus wie der Helm eines Raumfahrers. Zugegeben, das klingt jetzt stark nach Erich von Däniken, aber es ist auch nicht einfach, hinter das Geheimnis der über 1500 weltberühmten Scharrbilder von Nazca und Palpa zu kommen. Um einiges wissenschaftlicher präsentiert das **Museo Antonini** in Nazca seinen Überblick über die Nazca-Kultur und die archäologischen Stätten der Region.

Wozu könnten die Tierzeichnungen (u. a. Kolibri, Pelikan, Affe, Spinne, Kondor und Wal), die geometrischen Formen (Dreiecke und Trapeze) und die bis zu 20 km langen, geraden Linien, die sich auf einer Fläche von 500 km^2 über den Wüstenboden hinziehen, gedient haben, und wer wa-

Die rätselhaften Nazca-Linien kann man nur aus der Luft richtig betrachten

ren die Schöpfer? Inzwischen neigt die Forschung zu der Meinung, dass die oft nur wenige Zentimeter tiefen Geoglyphen der Paracas- und Nazca-Kultur im Rahmen von Fruchtbarkeitsritualen zwischen 800 und 600 v. Chr. angelegt wurden.

Einfacher zu erklären ist, warum der Lkw-Fahrer einfach über diese erst vor hundert Jahren entdeckten Linien fuhr: Sie sind nämlich vom Boden aus kaum auszumachen, wenn man nicht gerade einen Hügel findet. Das knochentrockene Klima hatte dafür gesorgt, dass die Scharrbilder so gut erhalten sind. Wer sie betrachten will, steigt am besten frühmorgens in ein Leichtflugzeug. Überflüge werden in Nazca und Palpa angeboten, sind aber oft überbucht. Auch die Sicherheitsstandards lassen hier häufig zu wünschen übrig. Auf organisierten Touren lernt man auch **Cahuáchi** kennen, eine ehemalige Zeremonialstätte der Nazca-Kultur. Sie liegt etwa 30 km westlich der heutigen Stadt Nazca. Sechs bis zu 21 m hohe Stufenpyramiden wurden aus luftgetrockneten Lehmziegeln *(Adobe)* vor etwa 2000 Jahren erbaut. In der Nähe liegt die Stätte **El Estaquería**, deren auf Lehmziegelplattformen aufgerichtete Pfeiler aus Huarango-Holz vermutlich für Mumifizierungsrituale genutzt wurden. Wer sich so richtig gruseln möchte, besucht den 30 km südlich von Nazca gelegenen **Cementerio de Chauchilla**, auf dem viele Mumien zu sehen sind, die von Grabräubern ans Tageslicht befördert wurden.

DAS GEHEIMNIS DER NAZCA-LINIEN

UNTERWEGS IN PERU

Lima [B4]

Hat man sich an Nebel und Verkehrschaos gewöhnt, spielt Perus Hauptstadt mit ihrer Lage am Meer, dem Prunk der Kolonialzeit, der besten Küche Südamerikas und dem turbulenten Nachtleben ihre Trümpfe aus. Immerhin war die 1525 von Francisco Pizarro gegründete »Stadt der Könige« 300 Jahre lang das Zentrum des südamerikanischen Kolonialreichs der Spanier und eine der reichsten Städte der Welt. Von hier verschiffte man das geraubte Gold der Inka und die Silberschätze aus Potosí nach Europa.

ALTSTADT

Dem kolonialen Weltkulturerbe haben Erdbeben schwer zugesetzt. Zentrum ist die von eleganten Arkaden gesäumte **Plaza Mayor**. Die nach 1746 wieder aufgebaute **Kathedrale** besitzt eine aufwendige Barockausstattung mit Silberaltären, Mosaiken und Schnitzkunst. Nebenan versammelt das **Museo de Arte Religioso** sakrale Barockkunst. Der **Erzbischöfliche Palast** wird noch von einem der herrlichen Holzbalkone geziert, für die Lima berühmt ist. 1938 im neobarocken Stil neu errichtet wurde der **Palacio del Gobierno** (Wachablösung tgl. 11.45 und 17.45 Uhr).

Nördlich der Plaza lädt die **Pasaje Ribera el Viejo** mit guten Cafés zum Flanieren ein. Komplett im Kolonialstil eingerichtet ist die **Casa Solariega de Aliaga**, Limas ältestes Haus (1536). Hinter dem Hauptpostamt feiert die **Casa de la Gastronomía Nacional Peruana** die Errungenschaften der peruanischen Küche.

Aufwendig im Mudéjar-Stil gestaltet ist die 1674 errichtete **Iglesia y Convento San Francisco**.

In der Altstadt von Lima sind noch einige Gebäude mit prachtvollen Holzbalkonen erhalten

Das Kloster besitzt herrlichen Fliesenschmuck aus Sevilla, eine erlesene Kassettendecke (1620) im Kreuzgang, Gemälde von Rubens, Jordaens und Van Dyck sowie gruselige Katakomben.

Östlich der Plaza sind besonders viele noble Kolonialbauten erhalten, darunter der **Palacio Torre Tagle** von 1735 mit maurisch geprägten Holzbalkonen, einem eleganten Steinportal und feinen Schmiedearbeiten (heute Außenministerium). Auch die Jesuitenkirche **Iglesia San Pedro** (1638) nebenan zeigt wunderschön gearbeitete Balkone, herrlichen Fliesenschmuck und reich vergoldete Holzschnitzereien. Etwas südlich beherbergt das **Museo Banco Central de Reserva** eine große Keramiksammlung der Vicús-Kultur (500–600 n. Chr.) sowie Goldschätze aus Lambayeque.

Auf der **Plaza Bolívar** erinnert eine Reiterstatue an General José de San Martín, der hier die Unabhängigkeit Perus verkündete. Damit war auch die Inquisition Geschichte, an die das **Museo de la Inquisición** erinnert. Im Gerichtssaal mit geschnitzter Mahagonidecke wurden ab 1584 die »Delinquenten« gegen den Glauben abgeurteilt. Weiter südöstlich liegt der faszinierende **Mercado Central** und der Eingang ins kleine **Barrio Chino**, ein kunstvolles chinesisches Tor.

Westlich der Plaza de Armas ist in der **Iglesia von Las Nazarenas** das meistverehrte Gnadenbild von Lima zu sehen, das 1655 ein freigelassener Sklave malte.

Von der Plaza Mayor führt die Einkaufsstraße **Jirón de la Unión**, vorbei an der barocken **Iglesia de la Merced**, nach Süden zur **Plaza San Martín**. Unbedingt probieren sollte man den fabelhaften Pisco Sour in der Straßenbar **El Bolivarcito** des Gran Hotel Bolívar.

Weiter südöstlich bzw. südlich ist im **Museo de Arqueología y Antropología** der Universität San Marcos und im 1891 als Ausstellungspalast erbauten **Museo de Arte Lima (MALI)** herausragende prähispanische, koloniale und moderne Kunst zu sehen. Ein unterhaltsames Kuriosum ist der **Circuito Mágico del Agua** im Parque de la Reserva mit 13 verschiedenen Springbrunnen.

Das Deckengewölbe der Kathedrale von Lima ist erlesen verziert

LIMAS STADTVIERTEL

Schönste Wohngegend ist der **Parque El Olivar** im exklusiven, von Nobelboutiquen und Nachtklubs geprägten **San Isidro**. Auf dem Weg nach Miraflores steht die **Huaca Pucllana**, eine Lehmziegel-Tempelpyramide der Maranga (Lima)-Kultur, die um 100–500 n. Chr. entstand. Noch bedeutender ist allerdings das zeremonielle Zentrum **Pachacámac** mit Sonnentempel im Südosten der Stadt. **Miraflores** selbst ist eine Hochburg von Gastronomie und Nachtleben. Die **Avenida Larco** führt am **Parque Kennedy** entlang zum Einkaufszentrum **Larcomar** am Meer. Von hier aus bummelt man auf dem **Malecón** entlang der Küstenklippen durch kleine Parks. Besonders schön ist der **Parque del Amor**, mit Blick auf Gleitschirmflieger. Im Süden schließt sich der Badeort **Barranco** an, in dessen bunten, mit Graffiti verzierten Häusern Künstler ihre Ateliers eingerichtet haben. Das **Museo de Arte Colonial Pedro de Osma** zeigt in einer französischen Villa eine private Sammlung kolonialer Kunst, darunter die exquisite Virgen de Pomato, während das **MATE** in einem kolonialen Stadthaus zeitgenössische Kunst beherbergt.

In **San Borja** präsentiert das **Museo de la Nación** Highlights altperuanischer Kulturen, aber auch die moderne Terrorgeschichte des »Leuchtenden Pfades« › **S. 316**. Gleich zwei Museen von Weltrang lohnen den Abstecher in den Stadtteil **Pueblo Libre**. Das **Museo Nacional de Arqueología, Antropología e Historia del Perú** zeigt u.a. die berühmte Raimondi-Stele aus der späten Chavin-Kultur (ca. 900–550 v. Chr.), feine Webarbeiten der Paraca, Keramiken der Moche, Chimú und Inka sowie Mumien aus Nazca, während das **Museo Rafael Larco** des peruanischen Archäologen u.a. mit einer umfangreichen Kollektion erotischer Keramiken lockt.

Cordillera Blanca und Zentrales Hochland

Die peruanische **Cordillera Blanca** ist Südamerikas zweithöchste Andenkette. Mit ihren türkisfarbenen kristallklaren Seen, der weltweit größten Konzentration an tropischen Gletschern und über zwanzig Fünftausendern zieht sie Bergsteiger und Wanderer magisch an. Höchster Gipfel Perus ist der Huascarán (6768 m). Der größte Teil der Cordillera Blanca liegt im Schutzgebiet des **Parque Nacional Huascarán**.

HUARAZ [B3]

Die sechs Stunden (420 km) Autofahrt von Lima entfernte Andenstadt (3090 m) ist ein gutes Standquartier für Ausflüge in die Cordillera Blanca. Huaraz wurde nach dem Erdbeben von 1970 wiederaufgebaut und verfügt über die beste touristische Infrastruktur. Die Agenturen vermitteln professionelle Bergführer. 8 km nordöstlich liegen **Willkawain** und **Ichicwillkawain**, zwei Ruinenstätten des Huari-Reiches (700–100 n. Chr.). Von hier führt ein steiler Wanderweg hinauf zur **Laguna Ahuac** (4580 m).

CHAVÍN DE HUANTAR

Der Tempelkomplex der Chavín-Kultur wurde um 800 v. Chr. errichtet. Hauptattraktionen sind kunstvoll gemeißelte Steinköpfe *(cabezas clavas)*, deren besten Exemplare ins **Museo Nacional Chavín** verbracht wurden. Im Museumsgarten steht der berühmte **Tello-Obelisk**, den kunstvolle zoomorphe Gravuren zieren. *In situ* ist in einem der labyrinthischen Tempelgänge der **Lanzón** zu sehen: Dieser berühmte Steinmonolith stellt die Weltachse in Pumagestalt dar. Das hübsche Dorf **Chavín** ist auf einer rauen Piste von Huaraz zu erreichen, wobei der Abschnitt zwischen **Catac** und Chavín am türkisblauen **Lago Querococha** vorbeiführt und tolle Ausblicke auf den **Yanamarey** (5237 m) bietet.

DURCH DEN PARQUE NACIONAL HUASCARÁN

Die Fahrt von Chavín nach Norden führt in den Canyon des **Río Mosna**. An der Ostflanke der Cordillera Blanca ist die Landschaft trocken und heiß. Die Goldminenstadt San Marcos lohnt keinen Halt, also gleich bis **Huari** (3150 m) weiterfahren. Die Tageswanderung vom nahen **Acopalca** zur **Laguna Purhuay** im Nationalpark führt durch eine wunderschöne Landschaft auf 3500 m Höhe mit warmem Mikroklima. Hier gedeiht ein Wald mit *Polylepis* genannten Rosengewächsen und wunderschönen Orchideen. Die zwei- bis dreitägige Wanderung nach Chacas bietet weitere unvergessliche Naturerlebnisse.

Chacas ist von Huari über **San Luis** auch mit dem Auto zu erreichen. Von hier führt eine panoramenreiche Asphaltstraße durch den Nationalpark nach **Carhuaz**. Trekker können in drei Tagen von Chacas durch zwei Schluchten nach **Marcará** wandern, vorbei an vielen Wasserfällen.

Weiter nördlich kann man von San Luis aus durch den Nationalpark nach **Yanama** fahren. In unzähligen Haarnadelkurven geht es hinauf zum **Paso Portacheulo de Llanganuco** (4767 m), mit Blick auf den Huascarán, und dann an den **Lagunas de Llanganuco** entlang nach **Yungay**. Wer lieber wandert: Die drei- bis fünftägige Nationalparkdurchquerung von **Vaquería** (7 km westlich von Yanama) über den **Paso Punta**

Schneegipfel umrahmen die Laguna Parón im Parque Nacional Huascarán

Unión (4750 m) und durch die Schlucht **Quebrada Santa Cruz** ins Dorf von **Cashapampa** (26 km nordöstlich von Caraz) wird von allen Agenturen in Huaraz und Caraz angeboten.

Das etwa 15 km nördlich von Yungay gelegene **Caraz** bietet aufgrund seiner Lage (2285 m) ein milderes Klima als Huaraz. So schmücken Palmen und tropische Blumen die koloniale Plaza de Armas. Ein Wanderweg durch eine spektakuläre Schlucht führt zur 4150 m hoch gelegenen **Laguna Parón** (32 km östlich). Ihre Kulisse mit den Schneegipfeln von **Huandoy**, **Pirámide Garcilazo** und **Caraz** entschädigt für den strapaziösen Anstieg.

CORDILLERA HUAYHUASH

Die südlich der Cordillera Blanca gelegene schluchtenreiche Bergkette bietet mit ihren über grünen Puna-Hochweiden und azurblauen Bergseen aufsteigenden vergletscherten Gipfeln nicht minder fantastische Panoramen. Die Infrastruktur für Trekker ist aber wesentlich weniger entwickelt.

ZENTRALES HOCHLAND

Zwischen Huancayo im Norden und Ayacucho im Süden erstreckt sich ein attraktives Bergland mit kleinen Dörfern, bewirtschafteten Tälern und kargen Höhen. **Huancayo** liegt 335 km östlich von Lima im **Valle del Mantaro** auf 3271 m Höhe und ist von Dörfern umgeben, in denen schönes Kunsthandwerk produziert wird und zahlreiche Feste veranstaltet werden.

Auf der Fahrt nach Ayacucho lohnt ein Halt in der hübschen Kolonialstadt **Huancavelica** (3676 m). Ihre Kathedrale besitzt einen Altar, der als eines der besten Beispiele peruanischer Kolonialkunst gilt. Die asphaltierte Straße von Huancavelica nach Ayacucho (247 km) verläuft auf 150 km Länge oberhalb von 4000 m über dem Meeresspiegel. Dabei überwindet man 5000 m hohe Bergpässe und fährt durch einen 4500 m hoch gelegenen Altiplano, auf dem seltene aschgraue Alpakas grasen.

Ayacucho ist eine mit mildem Klima gesegnete Kolonialstadt. Sage und schreibe 33 Kirchen gibt es hier, eine schöner als die andere. Berühmt sind die aufwendigen Semana-Santa-Feierlichkeiten der Stadt. Das **Museo de la Memoria** erzählt von den Zeiten, als die Region das Zentrum des »Leuchtenden Pfads« war. Im **Barrio Santa Ana** gibt es über 200 Kunsthandwerkstätten, deren Artesania in den Galerien des Viertels verkauft wird.

Perus Norden

An der wüstenhaften Nordküste Perus locken rund um Trujillo und Chiclayo einige der wichtigsten archäologischen Stätten der Vor-Inka-Zeit. Landeinwärts liegt die attraktive Kolonialstadt Cajamarca.

ZWISCHEN LIMA UND TRUJILLO

Drei Stunden Fahrt auf der Panamericana sind es bis zur Abzweigung, die bei **Huacho** zum Weltkulturerbe **Caral** führt, eine der ältesten Städte Südamerikas. Ihre pyramidenförmigen Strukturen gehen auf 2600 v. Chr. zurück. Nach weiteren zwei Stunden ist das nördlich von **Casma** im **Valle de Nepeña** gelegene **Sechín** erreicht. Die Überreste von über 50 monolithischen, mindestens 3000 Jahre alten Bauten mögen aussehen wie Lehmhügel, Archäologen geraten jedoch ins Schwärmen. In **Sechin Bajo** hat man nämlich Trophäen und Reliefs gefunden, die über 5500 Jahre alt sein sollen. Fast 500 blutrünstigen Basreliefs des **Cerro Sechin** zeigen axtschwingende Kriegerpriester mit den verstümmelten Körpern ihrer Opfer.

TRUJILLO [A3] UND SEINE RUINENSTÄTTEN

Das 1534 gegründete Trujillo ist heute eine freundliche Millionenstadt mit kolonialem Zentrum. An der **Plaza Mayor** stehen die **Kathedrale** und koloniale Herrenhäuser. Das **Museo de Arqueología, Antropología e Historia** (Jr Junín 682) zeigt schöne Keramiken. Das **Museo de Arte Moderno** (Avenida Villarreal) hat Gerardo Chavez, Perus bedeutendster zeitgenössischer Künstler, erbaut. Er stellt hier nicht nur seine eigenen

Chan Chan ist die wohl älteste prähispanische Stadt Südamerikas

Werke aus, sondern auch Bilder von Klee und Giacometti.

5 km südlich von Trujillo liegt in einer Wüstenregion am Río Moche der Ruinenkomplex **Huacas del Moche**. Die Hauptstadt der Moche-Kultur erlebte ihre Blütezeit zwischen 400 und 600 n. Chr. Während der größere, einst 45 m hohe Sonnentempel **Huaca del Sol** nicht zugänglich ist, kann man die farbigen Fresken und Friese des kleineren Mondtempels **Huaca de la Luna** aus der Nähe betrachten.

Etwas westlich von Trujillo bedrohen immer häufiger werdende Regenfälle das Weltkulturerbe **Chan Chan**. Die 1471 durch die Inka eroberte Hauptstadt des Chimú-Reichs war einmal die vielleicht größte Lehmziegelstadt der Welt. Im Museum vermittelt ein riesiges Modell einen Eindruck davon, wie die Stadt um 1300 n. Chr. ausgesehen haben könnte, als sie an die 60 000 Einwohner zählte. Im Areal **Ciudadela de Nik-An** steht der **Huaca Arco Iris**, dessen Tempelwände Regenbögen und Drachen zeigen.

60 km nordwestlich von Trujillo entfernt liegt das bedeutende Zeremonialzentrum El Brujo. Die Tempel **Huaca Cortada** und **Huaca Cao Viejo** besitzen noch riesige polychrome Reliefs und Friese.

Ideales Standquartier für den Besuch dieser Ruinenstätten ist der Strandort **Huanchaco**, der Surfer, Liebhaber von vorzüglichem Seafood und Sprachschüler anzieht. Noch immer fahren die Fischer mit ihren flachen, am Bug spitz zulaufenden Schilfbooten, wie sie schon die Keramiken der Moche und Chimú abbilden, aufs Meer hinaus.

VON CHICLAYO BIS ZUR GRENZE ECUADORS

Rund um die – von ihrem »Hexenmarkt« einmal abgesehen – uninteressante Stadt **Chiclayo** liegen weitere faszinierende Ruinenstätten. **Huaca Rajada** war eine Hochburg der Moche-Kultur (100–800 n. Chr.). Die Schätze aus der 1987 entdeckten Grabkammer des »Herrn von Sipán« zeigt das **Museo Tumbas Reales de Sipán** in Lambayeque. Das zweite Museum der Stadt, das **Museo Arqueológico Nacional Brüning**, widmet sich den Kulturen der Moche, Sicán und Chimú. Wertvolle Funde der Sicán-Kultur aus dem »Goldtempel« **Huaca del Oro** (Bosque de Pómac) bewahrt das **Museo Nacional Sicán** in Ferreñafe. Eine weitere Ruinenstätte der Sicán-Kultur ist das **Valle de los Pirámides** in **Túcume**.

Zwischen Lambayeque und der Grenze kann man im 1532 gegründeten **Piura** und im bei Kitesurfern beliebten Strandort **Máncora** Station machen. Letzter Ort vor der Grenze ist **Tumbes**, in dessen Nähe erstklassige Strände und wenig besuchte Nationalparks mit tropischem Regenwald und Mangrovensümpfen locken.

CAJAMARCA [A3]

Die schöne, 2720 m hoch in einem fruchtbaren Tal gelegene Kolonialstadt ist das Zentrum des wenig besuchten Nördlichen Hochlandes und von Trujillo bzw. Chiclayo in etwa drei Stunden zu erreichen. Architektonische Attraktionen der Stadt sind die **Plaza de Armas**, auf der 1532 Atahualpa erdrosselt wurde, mit **Kathedrale** und **Iglesia San Francisco** sowie das Kirchlein auf dem **Cerro Santa Apolonia**. Auf dem benachbarten Felsen **Silla del Inca** soll der Herrscher gesessen und sein Reich betrachtet haben. All sein Gold, das der Überlieferung nach im steinernen »Lösegeldraum« **Cuarto del Rescate** (Jr Amalia Puga 722) aufgehäuft wurde, konnte das Leben Atahualpas nicht retten. Einen Besuch lohnen auch die beiden im barocken **Complejo Belén** untergebrachten Museen: Das eine widmet sich der Archäologie und Ethnographie, das andere zeigt farbenfrohe Landschaftsmalerei des lokalen Künstlers Andrés Zevallos. Sehr entspannend sind die 6 km östlich des Zentrums gelegenen Thermalbäder **Baños del Inca**.

Von Cajamarca führt eine spektakuläre Serpentinenstraße nach **Chachapoyas** in den Anden. Hauptattraktion der Region sind die mächtige, um 500 n. Chr errichtete Festung **Kuélap** (3100 m) und die mächtigen Wasserfälle **Cateratas de Gocta**.

Perus Südküste zwischen Lima und Nazca

Seelöwen und Flamingos rund um die **Islas Ballestas**, Wein- und Piscoverkostungen in den fruchtbaren Tälern von **Lunahuaná**, **Chincha** und **Ica**, Luxusurlaub am Meer in **Paracas**, Sandboarding auf den Dünen von **Huacachina** und die prähistorischen Nazca-Linien sind die Highlights der von Fischerdörfern gesäumten sonnigen Pazifikküste südlich von Lima. Surfer zieht es nach **Punta Hermosa** und den nur für absolute Profis geeigneten Riffen des nahen **Pico Alto**.

ZWISCHEN LIMA UND PISCO

Die Oberschicht der Hauptstadt verbringt die Sommermonate am liebsten in den »Gated Communities« rund um den etwa 145 km südlich von Lima gelegenen Küstenort **Asia**. Ungezwungener geht es in **Cerro Azul** zwischen Cañete und Pucusana zu, das 1962 von den Beach Boys besungen wurde. Preiswerte Lokale an der Uferpromenade servieren leckeres Ceviche. Am Sonntag veranstaltet die lokale Kirche ein Feuerwerk auf der Plaza de Armas. Anschließend ziehen Blaskapellen durch die Straßen.

In den Bodegas von Ica reifen vorzügliche Weine und Piscos

15 km östlich von Cerro Azul liegt **Lunahuaná** im grünen Tal des **Río Cañete**, der zwischen Dezember und März perfekte Bedingungen für Rafter (bis Klasse IV) bietet. Feinschmecker besuchen die Wein-Bodegas und Pisco-Destillerien der Umgebung. Pisco-Cocktails werden auch an vielen Ständen rund um den blumengeschmückten Hauptplatz serviert. Dazu schmecken die lokalen Flussgarnelen ganz vorzüglich. Im März findet in **Cañete** das beliebte Weinfest **Fiesta de la Vendimia** statt. Ende Februar lohnt sich auch der Stopp in **Chincha**. Das Zentrum der afroperuanischen Musik liegt auf halbem Weg zwischen Cañete und Pisco. Während der **Fiesta de Verano Negro** verwandeln sich die Peñas und Musikklubs in wahre Hexenkessel.

PISCO [B4] UND DIE HALBINSEL PARACAS

Das 30 km südlich von Chincha gelegene Kolonialstädtchen Pisco hat sich noch nicht vom verheerenden Erdbeben erholt, das 2007 die Adobe-Häuser weitgehend zerstörte. Geblieben ist die große Geschichte: Hier ging der argentinische Freiheitsheld General San Martín mit seinen Truppen an Land, um Peru von der spanischen Kolonialherrschaft zu befreien. Wer in dieser Stadt das Wort »Chile« auch nur erwähnt, nimmt am besten gleich Reißaus. *Pisco ist peruanisch, Señor!* Das große Geld machte man hier in den 1920er-Jahren mit *Guano* (Vogelkot) von den nahen Islas Ballestas, der als Düngemittel seinerzeit fast mit Gold aufgewogen wurde.

Strandurlauber ziehen inzwischen die modernen Resorts im etwa 15 km weiter südlich gelegenen **Paracas** vor.

Der Bootsausflug zu den **Islas Ballestas** ist ein Muss. Die Felseninseln beherbergen Tausende von Seelöwen und unzählige Seevögel, darunter Humboldtpinguine, Pelikane, Kormorane und Tölpel, die noch immer das produzieren, was die Region einst so reich machte. An Land gehen

Karte
S. 314

Der Tierwelt ganz nah kommt man auf einer Tour in der Reserva Nacional de Paracas

darf man nicht, aber der Gestank ist schon vom Boot aus eine Herausforderung.

In der **Reserva Nacional de Paracas** auf der Halbinsel südlich von Pisco kann man eine ganz ähnliche artenreiche Fauna auf geführten Touren ohne schaukelnde Boote erleben. Die rot-weißen Flamingos der geschützten Lagunen sollen der peruanischen Flagge ihre Farben gegeben haben. Im Meer tummeln sich Pinguine, Meeresschildkröten, Delfine, Mantas und Hammerhaie.

45 km östlich von Pisco liegt **Tambo Colorado**, die bedeutendste Inka-Stätte an der Südküste. Aufgrund des extrem trockenen Klimas blieb die riesige Lehmziegelsiedlung mit ihren labyrinthischen Gassen und einem trapezförmigen Hauptplatz bestens erhalten. Es lohnt sich, von hier weitere 70 km nach Osten hinauf in die Berge zu fahren, um im 2800 hoch gelegenen **Huaytara** eine Kolonialkirche aus dem 16. Jahrhundert zu besuchen, die auf dem Fundament eines Inka-Tempels errichtet wurde.

ICA [B4]

Südlich von Pisco führt das schmale Asphaltband der Panamericana durch eine knochentrockene Küstenwüste nach **Ica**. Hier befand sich zwischen 300 und 800 n. Chr. die Hauptstadt der Nazca. Die koloniale Stadt wurde bereits 1563 gegründet, allerdings durch das Erdbeben von 2007 stark in Mitleidenschaft gezogen. Nur die mächtige **Iglesia San Francisco** hat überlebt. Ica liegt inmitten grüner Felder und ist das Zentrum einer Region mit vorzüglichen Weinen, gespeist vom Schmelzwasser der Schneeberge im Osten. Besonders gut sind die Gewächse der Bodega **Villa Tacama**. Die **Bodega El Catador** und die schon 1684 gegründete **Hacienda La Caravedo** destillieren die besten Piscos der Region. Während der amüsanten Fiesta de Vendimia

Anfang März steigen sogar Schönheitsköniginnen zum Stampfen in die Traubenbottiche. Bekannt ist Ica auch für seine Pekannüsse.

Auf das Gebiet der **Nazca-Linien** › **S. 324** weiter südlich stimmen das **Museo Cabrera** an der Plaza de Armas von Ica und das abseits gelegene **Museo Histórico Regional** (Ayabaca 895) ein. Motive der Nazca-Linien werden in die vor Ort erhältlichen schönen Textilien, Wandteppiche und Decken aus Lama- und Alpakawolle eingewoben.

5 km südlich von Ica liegt **Huacachina** an einer palmengesäumten jadegrünen Lagune mit schwefelhaltigem Heilwasser. Die mächtigen, 100 m hohen Sanddünen der Umgebung ziehen Sandboarder aus aller Welt an.

Arequipa und die Canyons des Südens

Die optisch und auch kulinarisch besonders attraktive Kolonialstadt Arequipa ist das Zentrum des Südens. Hier sind auch die beiden tiefsten Schluchten der Welt zu finden, die Rafter, Kajakfahrer und Wanderer magisch anziehen.

AREQUIPA [C5]

Vor der Kulisse der drei schneebedeckten Vulkane El Misti, Chachani und Picchu gibt die strahlend weiße, auf 2350 m Höhe gelegene **Ciudad Blanca** ein unwiderstehliches Bild ab. Die 1540 gegründete Stadt zählt heute knapp eine Million Einwohner. Das Weiß ihrer Häuser ver-

Die Dünen von Huacachina erinnern an eine Saharalandschaft

dankt sie dem *Sillar* genannten hellen Vulkangestein der Umgebung. Arequipa wurde auch durch seine Lage an der Silberstraße zwischen der Küste und den bolivianischen Minen reich. Am 15. August feiert man die Stadtgründung mit Paraden, Feuerwerk und Tänzen. Das angenehme Klima mit frischer, klarer Luft, warmen Tagen und kühlen Nächten verführt zu längeren Aufenthalten.

Die Ostseite der **Plaza de Armas** nimmt die 1612 vollendete **Kathedrale** mit imposanter Doppelturmfassade ein, die unter einem Brand und mehreren Erdbeben gelitten hat. Originalgetreuer erhalten ist die 1573 von Jesuiten erbaute **Iglesia de la Compañía**, deren Seitenportal und Hauptfassade mit gemeißelten Blumen, Spiralen, Vögeln und indigen wirkenden Engeln erlesene Beispiele des andinen Mestizen-Stils sind. Äußerst kunstvoll gearbeitet sind auch die sanft geschwungenen Bögen und spiralförmigen Säulen. In der Capilla San Ignacio sind 66 Gemälde aus der Cusco-Schule zu sehen, darunter Ölgemälde von Bernardo Bitti. Bei Sonnenuntergang ist der Ausblick vom Kirchturm auf Arequipa einfach traumhaft. Im ehemaligen Jesuitenkloster sind einige der besten Geschäfte der Stadt untergebracht.

Etwas nördlich der Plaza liegt der weitläufige Komplex des 1579 gegründeten **Convento Santa Catalina**, einst ein exklusives Refugium für die Töchter der reichsten Kolonialherren von Arequipa, mit charmanten Innenhöfen, Gassen und Kreuzgängen. In der Cafeteria wird die legendäre *Torta de naranja* (Orangenkuchen) der Nonnen serviert.

Eine der prunkvollsten Bibliotheken Perus besitzt das 1648 gegründete Franziskanerkloster **Convento de la Recoleta** jenseits des Río Chili.

Viele der schönsten und ältesten Kolonialhäuser der Stadt sind heute reizvolle Museen mit erlesenem Mobiliar und Gemälden der Cusco-Schule. Ein besonders exquisites Säulenportal des Arequipa-Barock mit spanischem Wappen und Pumaköpfen, die aus Schlangenmäulern blicken – ein beliebtes Motiv der Nazca-Keramik – besitzt die **Casa del Moral**. Auch die 1738 erbaute **Casa Tristan del Pozo** ist heute eine Kunstgalerie. Koloniale und zeitgenössische Kunst zeigt das Kulturzentrum der **Casona Iriberry**.

Das kleine **Museo Santuarios Andinos** beherbergt die gefrorenen Körper von vier jungen Mädchen, die vor mehr als 500 Jahren hoch oben in den Bergen von den Inka geopfert wurden, um die Götter zu besänftigen. Einen Überblick über die regionale Archäologie verschafft das **Museo Arqueológico**, in dem Keramik, Textilien sowie Opfergaben der Inka aus Gold und Silber zu sehen sind.

Kulinarische Entdeckungen macht man auf dem Mercado San Camilo. Außerdem kann man in Arequipa besonders schönes Kunsthandwerk und Designermode aus Alpaka-Wolle kaufen.

DIE CANYONS

Auf der vierstündigen Autofahrt in das 136 km nördlich von Arequipa gelegene Chivay durchquert man die **Reserva Nacional Salinas y Aguada Blanca**, auf deren 3900 m hoch gelegenen Weiden und Mooren wilde Herden von Lamas, Vikunjas und Alpakas grasen. Anschließend geht es über den 4825 m hohen **Paso de Patapampa**. Von dort bietet sich ein auch aufgrund der Höhe wirklich atemberaubender Blick auf das **Valle de los Volcanes**, dessen 80 erloschene Krater und Aschekegel der aktive vergletscherte **Volcán Coropuna** beherrscht: mit 6425 m Perus dritthöchster Berg. Chivay liegt am Ostrand des 3182 m tiefen **Cañón del Colca**. Am anderen Ende findet man **Cabanaconde**, wo viele geführte (meist dreitägige) Wanderungen hinunter in die Schlucht beginnen. Leichtere Tagestouren folgen dem oberen Rand der Schlucht. Das üppig wirkende Grün täuscht: Nur karger Busch und Kakteen klammern sich an die Basalthänge und alten Ketschua-Terrassen des Canyons. Highlight ist der Aussichtspunkt **Cruz del Condor**. Hier kann man, besonders zwischen Juni und August, an die 20 dieser majestätischen Vögel dabei beobachten, wie sie sich am Morgen von der aus der Schlucht aufsteigenden Thermik in die Lüfte tragen lassen. Der **Río Colca** ist auch ein anspruchsvolles Revier für Wildwasserfahrer (Klasse IV und V).

379 km nördlich von Arequipa, eine zehnstündige Autofahrt mit Traumausblicken auf den Coropuna entfernt, liegt der **Cañón de Cotahuasi**. Mit 3354 m ist er die tiefste Schlucht der Welt, doppelt so tief wie der nordamerikanische Grand Canyon. Alte Inka-Pfade und -Terrassen ziehen sich durch die Schlucht. Standquartier für Wanderausflüge ist das Ketschua-Dorf **Cotahuasi** (2680 m). Einige Familien vermieten Esel, die das Gepäck der Wanderer und die Kajaks der Rafter auf dem achtstündigen Fußmarsch hinunter zum **Río Cotahuasi** tragen (Klasse V). Highlight der Schlucht sind die Wasserfälle **Cataratas de Sipia**.

Cusco und das Tal des Urubamba

Exquisite spanische Kolonialarchitektur, ein Sonnentempel der Inka, experimentierfreudige Andenküche, hochwertiges Kunsthandwerk, das »heilige« Tal des Urubamba und natürlich das nahe **Machu Picchu** › S. 321 sorgen dafür, dass Cusco und seine Umgebung das Bild von Peru prägen wie kein anderer Ort.

CUSCO [C4]

Das 3300 m hoch gelegene Cusco war einst die Hauptstadt des Inka-Reiches, und viele Kirchen und Herrenhäuser stehen auf Inka-Fundamenten. Schöne Ausblicke bieten sich vom Hügel **Colcampata** und vom Künstlerviertel **San Blas.**

Das Herz von Cusco schlägt auf der heute wieder **Haukaypata** genannten **Plaza de Armas**. Hier fanden die Zeremonien der Inka statt, deren kosmologische Vorstellungen *Qosqo* (Cusco) als Verkörperung der Welt in Puma-Gestalt sahen. Die monumentale **Kathedrale** wurde 1550 über den Fundamenten eines zerstörten Inka-Palastes errichtet. Gleißende Gold- und Silberaltäre, barocke Schnitzkunst und riesige Ölbilder prägen das Innere. Faszinierend ist der künstlerische Übergang zwischen indigener und katholischer Ikonographie. Ein berühmtes Gemälde schildert das Erdbeben, das 1650 die Stadt erschütterte.

Künstlerisch der Kathedrale ebenbürtig ist die Barockfassade der **Iglesia de La Compañía de Jesús** aus dem 17. Jahrhundert, an der Südostseite der Plaza. Die Gemälde links und rechts vom Eingang zeigen die Hochzeit zwischen einem Konquistadoren und eine Inka-Prinzessin. Weitere sehenswerte Kolonialkirchen sind **La Merced** und der mit seiner Spiegelausstattung geradezu exzentrische **Templo Santa Clara**.

Zwei der bedeutendsten Museen liegen unmittelbar nordöstlich der Kathedrale. Das **Museo Inka** fasziniert wegen seiner acht Inka-Mumien, bietet aber auch einen umfassenden Überblick über die prähispanische Kultur der Anden. Spektakuläre Keramiken, Schnitzkunst und Schmuck der Huari-, Nazca- und Inka-Kulturen präsentiert das **Museo de Arte Precolombino (MAP)** in der 1580 errichteten Casa Cabrera. Vor dem Besuch der berühmten Inka-Stätte sollte man auch einen Blick in das kleine, aber informative **Museo Machu Picchu** in der Casa Concha werfen, die über dem Palast von Tupac Yupanqui errichtet wurde.

Kolonialkunst vom Feinsten, darunter viele Gemälde der Cusco-Schule, sind im **Monasterio de Santa Catalina de Siena** und im **Museo de Arte Religioso del Arzobispado** in San Blas zu sehen.

Südlich der Plaza de Armas steht der berühmte Sonnentempel **Qorikancha**, dessen Wände einst mit Gold überzogen waren. Im Zentrum des Komplexes befand sich eine riesige Sonnenscheibe aus Gold. Heute kann man nur noch die erlesenen Steinmetzarbeiten bewundern. Mit den Goldschätzen wurde das ungeheure Lösegeld für Atahualpa bezahlt, den Pizarro danach dennoch in Cajamarca hinrichten ließ. Die Dominikaner nutzten den Tempel anschließend als Steinbruch für die benachbarte **Iglesia de Santo Domingo**.

Karte
S. 314

AUF DER STRASSE INS HEILIGE TAL

Zur nur 2 km entfernten berühmten Ruinenstätte **Sacsayhuamán** kann man von Cusco aus zu Fuß gehen und die Ausblicke genießen. Nur ein Fünftel der ab 1440 errichteten Festung ist erhalten, da die Spanier die Stätte als Steinbruch nutzten, doch bleibt der Anblick der mächtigen Wälle mit ihren riesigen, fein behauenen und ohne Mörtel zusammengefügten Steinblöcken faszinierend.

4 km nordöstlich von Cusco liegt an der Straße nach Písac **Qenko**, ein Felsen mit eingeritzten Zickzackkanälen, durch die einst das Blut von Opfertieren floss, um die Ernte vorherzusagen. Spektakuläre Ausblicke bieten auch die rosafarbenen Inka-Ruinen von **Puka Pukara**. Etwas nordwestlich sprudelt die Quelle von **Tambomachay**, deren kunstvoller Brunnen vermutlich für heilige Waschungen und Reinigungszeremonien diente.

VALLE SAGRADO DE LOS INCAS

Archäologische Stätten, eine heute noch genutzte Terrassenkultur, malerische Dörfer und spektakuläre Bergpanoramen sind die Highlights des fruchtbaren »Heiligen Tals der Inka« zwischen den Dörfern Písac und Ollantaytambo. **Urubamba** ist das beliebteste Standquartier für Ausflüge nach Machu Picchu und Ausgangspunkt mehrerer Trails.

Hoch über **Písac** thronen die Ruinen einer Inka-Festung mit fantastischem Ausblick. Den berühmten Markt besucht man am besten am Sonntag, um die Ketschua-Messe mit Prozession in der **Iglesia San Pedro Apóstolo** zu verfolgen. Authentischer wirkt aber der Sonntagsmarkt von **Chinchero**. Der Ort galt den Inka als Geburtsstätte des Regenbogens und ist für seine hervorragende Webkunst bekannt.

Ollantaytambo ist das beste Standquartier für Streifzüge durch das Heilige Tal und Startort des

Inka-Trails. Von den faszinierenden Ruinen der Inka-Festung bieten sich fabelhafte Ausblicke.

VALLE DEL SUR

Auch der südliche Abschnitt des Río Urubamba hat schöne Dörfer, Inka-Ruinen und grandiose Berglandschaften zu bieten. Die interessantesten Orte sind **Tipón**, das inmitten einer kunstvoll angelegten Terrassenlandschaft mit ausgeklügelter Bewässerung liegt, **Pikillacta** und **Rumicolca**, Zentren der Wari-Kultur (600–1000 n. Chr.), sowie **Andahuaylillas** mit einer Jesuitenkirche aus dem 17. Jahrhundert, deren Deckenbemalung ihr den Titel »Sixtinische Kapelle Südamerikas« eingetragen hat.

Perus Amazonasgebiet

Regenwälder machen über die Hälfte des peruanischen Territoriums aus. Das Amazonasgebiet ist von den östlichen Regionen aus gut zu erreichen. Interessant sind besonders der nördliche Urwald mit dem Zentrum **Iquitos** und der südliche Urwald mit **Puerto Maldonado** als Mittelpunkt. Der zentrale Abschnitt mit der Dschungelstadt **Pucallpa** wird weniger besucht. Abseits der Hauptwasserstraßen sind weite Gebiete noch immer weitgehend unerforscht.

IQUITOS [B2]

Die größte Stadt der Welt, die man nicht über eine Straße erreichen kann, wurde 1739 gegründet und war Ende des 19. Jahrhunderts neben dem brasilianischen Manaus eine der großen Kautschukstädte. Diese große Zeit ist längst vorbei, doch konnte das heute eine halbe Million Einwohner zählende Iquitos als verkehrsreichster Flusshafen Perus und aufgrund seiner Lage unweit der Dreiländergrenze zu Kolumbien und Brasilien seine wirtschaftliche und strategische Bedeutung behaupten. Am einfachsten erreicht man Iquitos mit dem Flugzeug von Lima. Abenteurer ziehen eine längere Anreise vor: Von **Chachapoyas** › S. 331 fährt man über Tarapoto nach **Yurimaguas**. Dort geht es weiter mit dem

Capybaras oder Wasserschweine sind die größten Nagetiere der Welt

Boot auf dem **Río Marañon** in drei Tagen nach **Iquitos**. Der Fluss berührt dabei die Nordgrenze des riesigen **Parque Nacional Pacaya Samiria**.

Eine Regenzeit als solche gibt es im ständig schwülheißen Iquitos nicht: Man unterscheidet lediglich zwischen Hochwasser (Dezember–Mai) und Niedrigwasser (Juni–November). In den Hochwassermonaten sieht man auf Ausflügen die meisten Wildtiere, und man kann auch mehr der Flüsse befahren.

An der **Plaza de Armas** steht die **Casa de Fierro**. Offenbar gefiel dem Gummibaron Anselmo del Aguila diese auf der Pariser Weltausstellung von 1889, wohl zu Unrecht Gustave Eiffel zugeschriebene Eisenkonstruktion so gut, dass er sie kurzerhand zerlegt nach Iquitos verschiffen und dort wieder zusammensetzen ließ.

Das Leben in Iquitos spielt sich am parallel zur Plaza de Armas verlaufenden alten Flussufer ab. Am meisten los ist auf dem von Bars und Restaurants gesäumten **Malecón Maldonado**. Am **Malecón Tarapaca** kann man wiederum schöne alte Herrenhäuser mit portugiesischen Azulejos bewundern. Das **Museo de las Culturas Indígenas Amazónicas** präsentiert die Kultur und Rituale der indigenen Völker des Amazonasbeckens mit prähispanischen Graburnen, zeremoniellem Federkopfputz und faszinierenden Masken. In einem dreistöckigen Flussdampfer von 1906 an der Uferpromenade zeichnet das **Museo Barco Histórico »Ayapua«** die Missionierung, die europäische Erforschung des Amazonas und den Gummiboom nach, den berüchtigte Gummibarone wie Carlos Fermín Fitzcarrald und Luis Morey durch gnadenlose Ausbeutung der indigenen Bevölkerung beflügelten.

Die Holzhütten und Häuser des Stadtviertels **Puerto Belén** wurden auf Stelzen und schwimmenden Plattformen errichtet. Hier drehte Werner Herzog viele Szenen zu seinem Film »Fitzcarraldo«. Der **Mercado Belén** (unbedingt morgens besuchen!) ist einer der faszinierendsten Märkte Perus.

Unter den vielen angebotenen Tagesausflügen besonders beliebt ist der Besuch der **Pilpintuwasi Butterfly Farm & Amazon Animal Orphanage** in Padre Cocha, das Lebenswerk der Österreicherin Gudrun Sperrer, die hier neben einer Schmetterlingsfarm ein Refugium für illegal verkaufte und vom Staat konfiszierte Urwaldtiere geschaffen hat, darunter Jaguare, Ameisenlöwen, Faultiere und Affen. Auch die zwei Stunden flussaufwärts gelegene »Affeninsel« **Isla de los Monos**, eine Familieninitiative, die aus den Klauen skrupelloser Wilderer geretteten acht Affenarten ein neuen Lebensraum bietet, wird gern besucht.

Ein echter Touristenrenner sind Behandlungen durch Schamanen und spirituelle Ayahuasca-Erfahrungen. Die Authentizität dieser »Ethnotherapien«, bei denen ein halluzinogen wirkender und nicht ungefährlicher Sud der Ayahuasca-Pflanze im Mittelpunkt steht, ist allerdings umstritten.

Für Ausflüge in die **Reserva Nacional Pacaya Samiria**, ein 20 000 km² großes unberührtes Regenwald- und Sumpfgebiet 130 km südwestlich von Iquitos mit Delfinen, Schildkröten, Manatis, Kaimanen, Jaguaren, vielen Affen- und über 450 Vogelarten, sollte man wenigstens fünf Tage einplanen. Übernachtet wird in Urwaldlodges oder auf Booten in Hängematten. Von Iquitos fahren Amazonasdampfer nach Manaus: ein unvergesslicher Trip!

PUERTO MALDONADO [C4]

Cusco ist das Sprungbrett für Erkundungen des südlichen Urwalds, da man von dort auf einer Straße in die Grenzstadt **Puerto Maldonado** fahren kann. Hier werden Ausflüge zu den Seen **Lago Sandoval** und **Lago Valencia** angeboten, aber auch mehrtägige Flussfahrten auf dem **Río Madre de Dios** in den **Parque Nacional del Manu**, der wegen seines unglaublichen Artenreichtums 1987 von der UNESCO zum Weltnaturerbe erklärt wurde. Auch hier wird in Urwaldlodges am Fluss übernachtet. Man erreicht **Manu**, das Tor zum Nationalpark, auch über eine teilweise asphaltierte Straße von Cusco mit anschließender Bootsfahrt.

ECUADOR

Der Cotopaxi ist einer der höchsten Stratovulkane der Erde

A
B
C
1
2
3
4
Esmeraldas
Atacames
Punta Galera
Galera
Cabo de San Francisco
Ensenada de Mompiche
Muisné
Bolívar
Isla de Cojimíes
Cojimíes
Rosa Zárate
Viche
La Tola
Punta Verde
Río Verde
Montañas de Onzole
La Independencia
Punta Pedernales
Pedernales
Montañas de Convento
Punta Ballena
Jama
El Carmen
Santo Domingo de los Colorados
Punta Alta
Eloy Alfaro
Flavio Alfaro
San Vicente
Bahía de Caráquez
Chone
Cordillera de S. Pablo de Balzar
Bahía de Manta
Crucita
Tosagua
Calceta
Empalme (Velasco Ibarra)
Manta
Rocafuerte
Jinin
Quevedo
El Corazón
Montecristi
Portoviejo
Cabo San Lorenzo
San Lorenzo
Santa Ana
Macache
La Unión
Isla de la Plata
Sucre
Olmedo
Balzar
Ventanas
Puerto de Cayo
Jipijapa
Machalilla
Puebloviejo
Guaranda
Puerto López
Paján
Palestina
Vinces
Catarama
S.José de Chimbo
Parque Nacional Machalilla
Guale
Santa Lucía
Baba
Montalvo
Manglaralto
Pedro Carbo
Salitre
Babahoyo
Nobol
Daule
Samborondón
Punta Brava
Bahía de Santa Elena
Palmar
Yaguachi Nvo.
Milagro
GUAYAQUIL
Santa Elena
Punta Santa Elena
Naranjito
Salinas
Durán
El Triunfo
José Luís Tamayo
Azúcar
Ancón
Progreso (Gómez Rendón)
La Troncal
Chanduy
338
Puerto Inca
Playas
El Morro
Naranjal
Golfo de Guayaquil
Posorja
102
Puná
Ester de Boca
Balao
P.N. El Cajas
Cuenca
Canal del Morro
Isla Puná
Puerto Grande
Can. de Jambelí
4137
Girón
Machala
El Guabo
Pasaje
Santa Isabel
Huaquillas
Chilla
Zarumilla
Santa Rosa
Tumbes
Arenillas
Paccha
Zaruma
Saraguro
Zorritos
San Jacinto
Palmales
Balsas
Marcabelí
El Cisne
Chaguarpamba
Pampa El Toro
Velacruz
3087
Cañaveral
Alamor
Catacocha
Catamayo
Loja
Parque Nacional Cerros de Amotape
Pindal
Celica
El Empalme
Gonzanamá
Máncora
Chira
Cariamanga
Vilcabamba
Cabo Blanco
1618
Zapotillo
Macará
Utuana
Cerros de Amotape
La Tina
Valladolid
Atascadero
Embalse Poechos
Suyo
Ayabaca
Amaluza
Lobitos
Talara
Co.Prieto
704
Poechos
Las Lomas
San Pedro
Zumba
Punta Pariñas
San Jacinto
Tambo Grande
3361
Pacaipampa
N
0
50 km

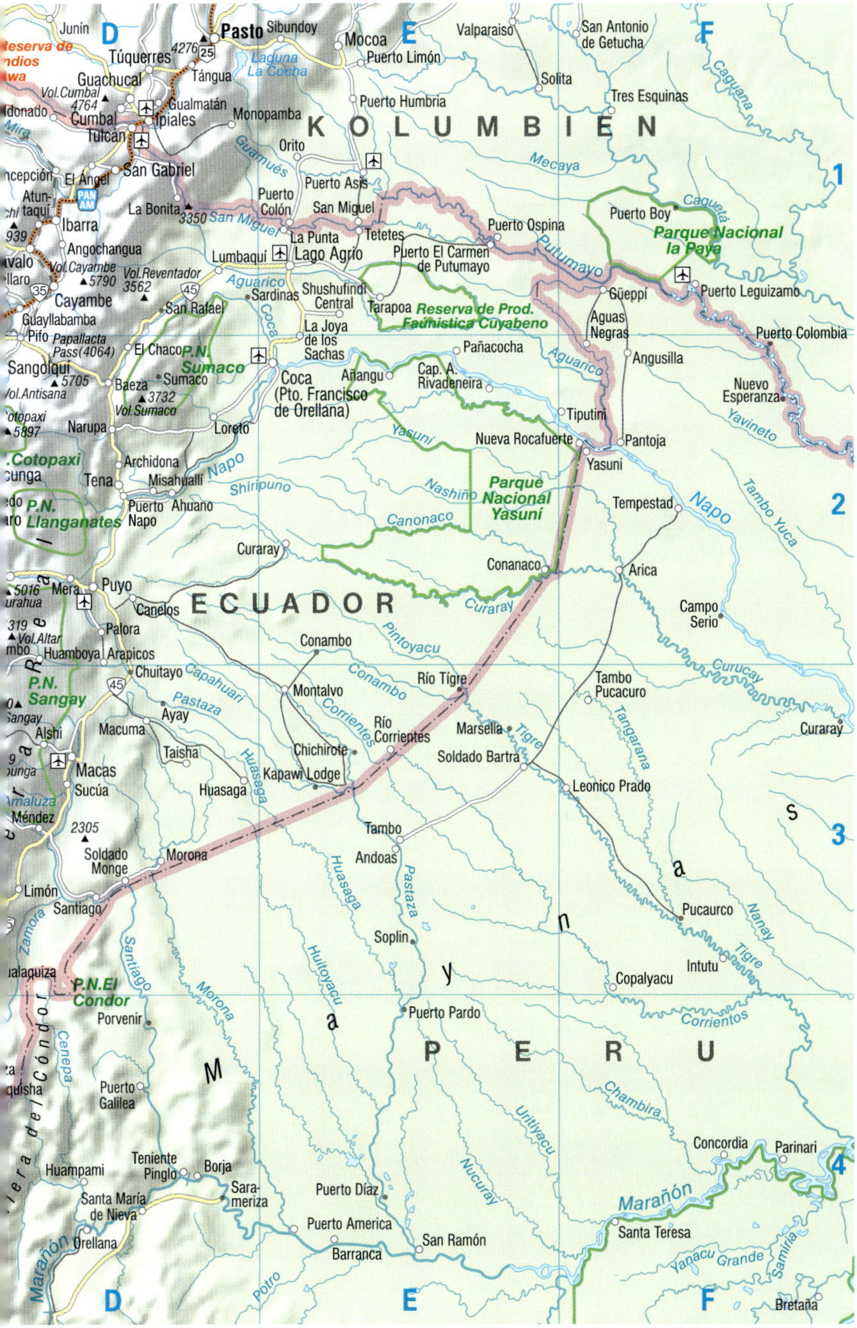
KOLUMBIEN
ECUADOR
PERU
Pasto
Túquerres
Guachucal
Cumbal
Tulcán
Ipiales
San Gabriel
Ibarra
Cayambe
Mocoa
Puerto Limón
Puerto Asís
San Miguel
Lago Agrio
Coca (Pto. Francisco de Orellana)
Tena
Puyo
Macas
Parque Nacional Yasuní
Reserva de Prod. Faúnistica Cuyabeno
Parque Nacional la Paya
P.N. Sumaco
P.N. Llanganates
P.N. Sangay
P.N. El Condor
Puerto Leguizamo
Nueva Rocafuerte
Napo
Curaray
Pastaza
Tigre
Marañón
Morona
Santiago
Puerto Pardo
Santa María de Nieva
Borja
Barranca
San Ramón
Concordia
Parinari
Santa Teresa
Bretaña

ECUADOR IN KÜRZE

Staatsname: República del Ecuador
Fläche: 283 561 km^2 (mit Galápagos)
Hauptstadt: Quito
Amtssprache: Spanisch, Kichwa
Einwohner: 16 863 000 (2018)
Landesvorwahl: 00593
Währung: US-Dollar (USD)
Zeitzonen: Während der europäischen Sommerzeit MEZ –7 Std. (Galápagos -8 Std.), während der Winterzeit – 6 Std. (Galápagos –7 Std.).
Ecuador hat keine Sommerzeit.

LAGE

Ecuadors Fläche entspricht in etwa der Größe der alten BRD. Das Land erstreckt sich zwischen 01° 27' 06" nördlicher und 05° 00' 56" südlicher Breite sowie 75° 11' 49" und 81° 00' 40" westlicher Länge. Die Südflanken des Vulkans Cayambe (5790 m) bilden die weltweit höchste Erhebung des Äquators. Ecuador besitzt im Norden eine 708 km lange Grenze mit Kolumbien, im Osten und im Süden grenzt es auf einer Länge von 1529 km an Peru sowie im Westen an den Pazifischen Ozean (Küstenlinie 2237 km). Die beiden von Nord nach Süd verlaufenden Gebirgsketten der Anden mit dem Chimborazo (6310 m) als höchstem Berg bilden mit zahlreichen Tälern und Hochebenen die Region der Sierra, in der sich über 30 teils noch aktive Vulkane erheben. Westlich der Sierra liegt der bis zu 200 km breite tropische Küstengürtel. Östlich der Anden erstreckt sich die zum Amazonasbecken zählende Selva, auch Oriente genannt. Die vierte Region ist der isolierte Galápagos-Archipel: Er liegt rund 1000 km vor der ecuadorianischen Festlandküste.

POLITIK

Die Republik Ecuador ist eine präsidiale Demokratie. Der Staatspräsident ist gleichzeitig Regierungschef, benötigt aber für wichtige Entscheidungen die Zustimmung der Nationalversammlung, sofern er diese nicht per Dekret umgeht. Der Präsident ernennt einen Gouverneur für jede Provinz, während die Bevölkerung der Provinzen selbst einen Präfekten wählt, der in erster Linie für Infrastrukturmaßnahmen zuständig ist. Präsident und Vizepräsident werden am selben Tag direkt für eine Amtszeit von 4 Jahren gewählt. Präsident ist seit dem 24. Mai 2017 Lenín Moreno (Movimiento PAÍS, eine linksgerichtete politische Bewegung und Sammelpartei), der sich in der Stichwahl mit 51,1 % gegen Guillermo Lasso (CREO, ein liberalkonservatives Parteienbündnis) durchsetzte. Ecuadors Parlament *(Asamblea Nacional)* ist ein Einkammersystem mit 137 Sitzen. 116 Abgeordnete werden direkt in Wahlkreisen mit einfacher Mehrheit gewählt, weitere 15 direkt in einem einzigen landesweiten Wahlkreis durch Verhältniswahl. Dazu kommen 6 direkt gewählte Abgeordnete für im Ausland lebende Ecuadorianer. Bei den letzten Parlamentswahlen (gleichzeitig mit den Präsidentschaftswahlen) errang PAIS, die Partei des Präsidenten, 74 Sitze, gefolgt von der oppositionellen CREO-SUMA mit 34 Sitzen. Überläufer sind an der Tagesordnung, wodurch sich die Sitzverteilung häufig ändert.

WIRTSCHAFT

In den 1970er-Jahren wandelte sich der Agrarstaat Ecuador in ein Erdöl exportierendes Land – bei hohem Ölpreisniveau stammen über die Hälfte der Deviseneinnahmen aus dem Ölexport. 2017 war es jedoch nur etwa ein Drittel. Auch Überweisungen von im Ausland lebenden Ecuadorianern spielen eine große Rolle. Noch immer zählt Ecuador zu den ärmsten Ländern Südamerikas. Die Einführung des US-Dollars als gesetzliches Zahlungsmittel und hohe globale Erdölpreise stabilisierten ab 2001 die Wirtschaft. 2008 geriet Ecuador jedoch mit der Staatsverschuldung in Höhe von rund 3,2 Milliarden US-Dollar in Verzug und kaufte im Mai 2009 die meisten seiner ausgefallenen Anleihen zu durchschnittlich 35 % ihres Nennwerts zurück. China ist seit 2008 der größte ausländische Kreditgeber Ecuadors. Relativ hohe Einfuhrzölle und die Androhung der Regierung Correa im Jahr 2017, eine Reihe von bilateralen Investitionsabkommen zu kündigen, verunsicherten viele ausländische Investoren. Niedrige Ölpreise und das verheerende Erdbeben vom April 2016 an der Küste Ecuadors, das Schäden in Höhe von knapp 2 Milliarden US-Dollar verursachte, sorgten für eine Rezession. Der neue Präsident Lenin Moreno senkte die Steuern, führte politische Reformen durch und hob – unter heftiger Kritik von Umweltschützern – Beschränkungen bei der Ölförderung in Schutzgebieten des Amazonasgebietes auf. Bisher ist aber nur ein geringfügiges Wachstum zu verzeichnen. Die Landwirtschaft (Bananen, Kaffee, Kakao, Reis, Kartoffeln, Maniok, Kochbananen, Zuckerrohr, Rindfleisch, Schweinefleisch, Milchprodukte, Fisch, Garnelen, Balsaholz), in der 27,8 % der Bevölkerung beschäftigt ist, macht nur 6,5 % des BIP aus, die Industrie (Erdöl, Lebensmittelverarbeitung, Textilien, Holzprodukte, Chemikalien), in der 17,8 % arbeiten, steuert 33,8 % bei, die restlichen 59,7 % des BIP entfallen auf Dienstleistungen. Die Arbeitslosenquote betrug 2017 geschätzt 5,1 %. Unter der Armutsgrenze lebt annähernd 25 % der Bevölkerung. Die Verbraucherpreise stiegen 2017 um geschätzt 0,7 %. Einen Aufschwung erlebt der Tourismus: Nach einem Einbruch im Jahr 2016 aufgrund des Erbebens besuchten 2017 etwa über 1,6 Millionen ausländische Besucher das Land, eine Steigerung gegenüber dem Vorjahr um 14 %.

Ölpipelines im Amazonasgebiet von Ecuador

ECUADORS GESCHICHTE SEIT DER UNABHÄNGIGKEIT

Patriotische Einwohner von Quito waren die ersten, die gegen die spanische Kolonialherrschaft rebellierten. 1822 kamen die Armeen von Simón Bolívar und Antonio José de Sucre den ecuadorianischen Rebellen zu Hilfe. Am 24. Mai gewann Sucre die entscheidende Schlacht von Pichincha an einem Berghang in der Nähe von Quito und sicherte damit die Unabhängigkeit Ecuadors.

RIVALITÄT ZWEIER STÄDTE

Etwa acht Jahre lang bildete Ecuador zusammen mit den heutigen Staaten Panama, Kolumbien und Venezuela die Konföderation Gran Colombia – Großkolumbien. Doch die Rivalitäten zwischen diesen Staaten waren unüberbrückbar. Am 13. Mai 1830 rief Ecuador eine eigenständige unabhängige Republik aus. Die folgenden Jahrzehnte verliefen turbulent. Ecuadors Geschichte ist im Prinzip bis heute von der Rivalität zwischen Sierra (Hochland) und Costa (Küste) geprägt, genauer gesagt zwischen der konservativ-klerikalen, von reichen aristokratischen Landbesitzern beherrschten Hauptstadt Quito in der Sierra und dem liberalen kosmopolitischen Guayaquil, dem wichtigsten Hafen des Landes, in dem reiche Kaufleute das Sagen haben. Guayaquil hält den Beamtenapparat in Quito für parasitär, während man in Quito das Exportmonopol Guayaquils beklagt, das die Wettbewerbsfähigkeit der in der Sierra erzeugten Waren auf dem Weltmarkt einschränkt. Auf politischer Ebene wurde dieser Streit im 19. Jahrhundert zwischen zwei Führern der Unabhängigkeitskriege ausgefochten: Der spanienfreundlichere Juan José Flores wurde von Quito, der insgesamt kompetentere Vicente Rocafuerte von Guayaquil unterstützt. Ab 1845 erlebte Ecuador dann eine chaotische Zeit mit schwachen Präsidenten, bis Gabriel García Moreno zwischen 1860 und 1875 ein autokratisch-klerikales Regime errichtete, das jedoch auch Agrarreformen und Wiederaufforstungen mit Eukalyptusbäumen in der Sierra durchführte und mit dem Bau der Eisenbahnlinie zwischen Quito und Guayaquil begann. 1875 wurde García Moreno vor dem Regierungspalast ermordet.

Nach Jahren der Machtkämpfe übernahmen die Liberalen der Küste das Ruder. General Eloy Alfaro führte 1895 einen Marsch gegen die Sierra an und wurde nach einem Jahr verfassungsmäßiger Präsident (1897–1901 und 1906–1911). Letztlich erwies sich Alfaro als nicht minder autoritärer *Caudillo*, dessen Partido Liberal Radical (PLR) die Macht der Kirche stark beschränkte, aber García Morenos Straßen- und Eisenbahnprogramme weiterhin vorantrieb. Den verarmten Indígenas und Bauern brachte die Wende zum Liberalismus

Allegorische Darstellung der Republik von Ecuador im Jahr 1860 von Carlos Manuel Endara

wenig. Alfaro wurde 1912, nach dem gescheiterten Versuch einer neuerlichen Machtübernahme im Gefängnis gelyncht.

20. JAHRHUNDERT

Zwar blieben die Liberalen im Amt, aber die wahre Macht lag weiterhin in den Händen der reichen Kaufleute und Bankiers von Guayaquil. Während des Ersten Weltkrieges und des kurzen Booms, der ihm folgte, erweiterte diese Clique ihren Einfluss und kontrollierte bald die Landwirtschaft der Küstenebene. Die wichtigsten Exporte waren Kakao, Zucker und Reis, doch prägten Wirtschaftskrisen und Rebellionen die Zeit zwischen den Weltkriegen. 1941 eroberte die peruanische Armee große Gebiete des von Ecuador beanspruchten, aber nie wirklich kontrollierten Amazonasgebietes. Eine Friedenskonferenz in Rio de Janeiro 1942 zwang Ecuador, seine Ansprüche weitgehend aufzugeben.

Die Zeit bis 1972 dominierte der Caudillo José María Velasco Ibarra, der fünfmal Präsident von Ecuador war. Zwischen 1972 und 1979 regierten Militärs und sorgten für den ersten Ölboom des Landes, von dem jedoch die Armen kaum profitierten. Die zunehmenden Wirtschaftskrisen und damit verbundene Unruhen brachte erst Sixto Durán Ballén unter Kontrolle, bevor er Ecuador zwischen 1995 und 1998 in einen die finanziellen Ressourcen des Landes erschöpfenden Grenzkrieg mit Peru verwickelte. So prägten wieder unruhige Verhältnisse die Folgezeit mit einer ganzen Reihe kurzlebiger Präsidentschaften.

21. JAHRHUNDERT

Zwischen 2006 und 2017 bestimmte der linksgerichtete Präsident Rafael Correa die Geschicke des Landes. Correa war ein Verbündeter des venezolanischen Präsidenten Hugo Chávez. Die 2008 in Kraft getretene neue Verfassung spiegelte viele der linken Ideale Correas wider, darunter ein Verbot ausländischer Militärstützpunkte, die Zulassung gleichgeschlechtlicher Ehen, kostenlose Bildung, Sozialleistungen für unbezahlte Hausangestellte und eine größere nationale Kontrolle über die Öl- und Bergbauindustrie. 2012 gewährte Ecuador Julian Assange, dem Gründer von WikiLeaks, politisches Asyl in der ecuadorianischen Botschaft in London. 2017 unterstützte der durch Wirtschaftskrise und Bestechungsskandale angeschlagene Correa Lenín Moreno, der mit hauchdünnem Vorsprung gewann, dann aber zur Überraschung Correas erfolgreich ein Referendum durchsetzte, das die Präsidentschaft auf zwei Amtszeiten beschränkt und damit eine geplante spätere Präsidentschaft Correas verhindert.

Es klang nach einer wirklich guten Idee: 2007 schlug der damalige Präsident Rafael Correa vor, die reichen Ölvorkommen im nordöstlichen Teil des Yasuní-Nationalparks nicht anzutasten, dem Klimaschutz zuliebe. 3,6 Milliarden US-Dollar Ausgleichszahlungen durch Industriestaaten versuchte Correa für seine nach den Ölfeldern Ishpingo, Tambococha und Tiputini benannte Initiative »Yasuní ITT« aufzutreiben, doch die Gelder flossen spärlich. Das Ganze war schlecht organisiert, und man traute dem »linken« Präsidenten nicht recht über den Weg. Auch der damalige deutsche Entwicklungshilfeminister Dirk Niebel nahm eine deutsche Zusage wieder zurück und ignorierte danach das Thema. 2013 änderte Correa seine Meinung und machte »geizige Ausländer« für das Scheitern verantwortlich. Doch inzwischen glauben auch viele Ecuadorianer nicht mehr an das schwarze Gold, das ihnen auch nicht den versprochenen Wohlstand gebracht hat, und wollen das, was vom Yasuní übrig geblieben ist, mit Nachdruck schützen.

SCHMUTZIGES ÖL

Öl wird in Ecuador schon seit 1917 gefördert, aber erst in den 1970er-Jahren begann Texaco mit Standorten rund um den Lago Agrio im Oriente Geld wie Heu zu scheffeln. Um die Erlaubnis zur Ölförderung zu erhalten, schreckten amerikanische Firmen nicht vor – staatlich geduldeter oder sogar unterstützter – Einschüchterung und paramilitärischer Gewalt zurück. Leidtragende waren die Umwelt und die indigenen Völker der Urwaldregionen. Zuerst schlugen Zufahrtstraßen Schneisen in unberührte Dschungelregionen. Ihnen folgten die Holzfäller, die riesige Waldflächen rodeten, um Platz für Landwirtschaft zu schaffen, die jedoch die dafür nicht geeigneten Urwaldböden schnell auslaugte. Riesige Mengen an Giftmüll versickerten in den Böden und verseuchten die Wasserwege der Region. Die Menschen wurden krank, profitierten aber nicht von der versprochenen besseren Infrastruktur. Noch heute ist die Vía Tiguino, eine 120 km lange, von Pipelines gesäumte Piste von klebrigen Ölrückständen überzogen, es kommt zu Lecks an den Pipelines und zu explodierenden ehemaligen Bohrlöchern, die unzureichend versiegelt worden waren.

Zwar sind in Ecuador Ölkonzerne wie Chevron inzwischen zu vielen Milliarden Schadensersatz verurteilt worden, doch zogen diese rechtzeitig ihre Anlagen im Land ab, und die indigenen Kläger sehen so gut wie keinen Dollar. Gleichzeitig erteilt Ecuador seit einigen Jahren neue Ölkonzessionen, denn die Ressourcen gehören dem Staat, egal wer Besitzer des Landes ist. Bis 2022 will man täglich 300 000 Barrel fördern. Der Staatskonzern Petroamazonas EP wird dabei so tief wie nie zuvor in die entlegensten Regionen vordringen.

BEDROHTE VÖLKER

Und dort leben noch immer Völker, die bisher kaum Kontakt zur modernen Welt hatten. Etwa 70 sollen es im gesamten Amazonasgebiet von Brasilien, Ecuador, Peru und Bolivien sein. Eines dieser Völker sind die im Yasuní-Nationalpark lebenden *Taromenane*, eine Gruppe der *Waorani*, die jeglichen Kontakt mit dem Rest der Menschheit meiden und sich gegenüber Eindringlingen – Arbeiter, Missionaren und Behörden – mit Speeren und Messern wehren. Sie leben in Familiengruppen von 20–50 Mitgliedern, bauen ihre Hütten aus pflanzlichen Materialien, jagen, fischen und kämpfen mit Speeren und Schleudern. Der Dokumentarfilmer Carlos Andrés Vera konnte den bislang einzigen Film über das geheimnisvolle Volk drehen. Auch er fordert die Regierung zum Schutz der Taromenane auf, der ihnen laut ecuadorianischer Verfassung auch zusteht. Was dieser angesichts der erwarteten zweistelligen Milliardengewinne durch die Ölförderung wert ist, wird sich zeigen.

Ölraffinerie in Santa Elena

SCHWARZE BEDROHUNG: ÖLFÖRDERUNG IM URWALD

Auf dem Samstagsmarkt von Otavalo bieten besonders viele Weber ihre farbenfrohen Waren an

Seit Jahrhunderten bringen Indigenas aus den umliegenden Dörfern ihre landwirtschaftlichen Produkte und ihre feinen Webarbeiten auf den Markt von Otavalo, der zu den berühmtesten Südamerikas zählt. Längst hat der touristische Ansturm dafür gesorgt, dass Produzenten aus ganz Ecuador und Kolumbien, ja sogar aus Peru und Bolivien am Wochenende die Straßen der Stadt füllen. Am bekanntesten ist Otavalo aber für seine Webkunst, die hauptsächlich an der Plaza de Ponchos mitten in der Touristenzone verkauft werden.

Schon zu Zeiten vor den Inka waren die *Otavaleños* begnadete Weber, die ihre mit vor Jahrtausenden erfundenen Stockwebstühlen gefertigten Textilien – damals noch aus Baumwolle – gegen *Achiote* (einen roten Farbstoff) tauschten. Die Inka übernahmen 1495 die Kontrolle über die Region. Von nun an mussten die tributpflichtigen Einheimischen mit leichter zu färbender Lama- und Alpakawolle weben. Bis heute tragen die Männer lange geflochtene Haare unter einem breitkrempigen Filzhut, weiße, wadenlange Hosen *(calzones)* und blaue Ponchos *(ruwanas)*. Die Tracht der Frauen – bestickte weiße Blusen *(camisas)*, Schultertücher *(rebozos)*, schwarze Wickelröcke *(anakus)*, goldfarbene Perlenketten (walkas) und roten Perlenarmbänder *(maki watana)*. Diese Kleidung soll dem, was die Inka ursprünglich trugen, besonders nahe kommen. Beide Ge-

DIE WEBER VON OTAVALO

schlechter tragen *alpargatas* genannte Sandalen aus der Faser des Penko-Kaktus.

Die Spanier übernahmen die von den Inka eingeführten Ausbeutungstraditionen nur zu gerne, doch glichen die von ihnen eingeführten Obrajes eher einer grausamen Zwangsarbeit. Mit der Einführung von Seide, Spinnrad und Pedalwebstuhl produzierten die Otavaleños bald große Mengen hochwertiger Textilien, die bei spanischen Aristokraten in allen Kolonien begehrt waren, bis der Markt durch die Massenproduktion von Textilien in Europa zusammenbrach. Trotzdem produzierten die Weber weiter, ab 1917 mit neuen Techniken und Casimir genannten leichten, aus feinem Wollgarn gewebten Stoffen. Nach der Abschaffung des unterdrückerischen Huasipungo-Systems, das die Weber praktisch wie Leibeigene der Großgrundbesitzer behandelte, stiegen die Otavaleños zu einer der reichsten und am weitesten gereisten indigenen Gruppen Südamerikas auf.

Wer garantiert hochwertige Qualität sucht, fährt am besten in die abgelegenen Weberdörfer Peguche, Agato, Ilumán und Carabuela, deren Textilwerkstätten man besuchen kann.

In den Dörfern rund um Otavalo finden mehrere große Feste im Jahr statt, darunter die **Fiesta Los San Juanes**, bei der die Inti Raymi-Feier der Sonnenwende am 21. Juni mit San Juan am 24. Juni und San Pedro am 29. Juni miteinander verschmelzen.

GALAPAGOS-INSELN

Als 1532 der Bischof von Panama, Tomás de Berlanga, dessen Schiff auf dem Weg nach Peru vom Kurs abgekommen war, den 1000 Kilometer vor der Küste Ecuadors am Äquator gelegenen Archipel erspähte, nannte er die Inseln **Las Encantadas** (Die Verzauberten) und staunte über die Riesenschildkröten mit sattelförmigen Panzern *(galápagos)*, die dort lebten. Die Spanier konnten mit den kargen Inseln nichts anfangen. Nur Piraten, Wal- und Robbenjäger machten hier Station. 1832 nahm Ecuador den Archipel in Besitz. Die endemische Fauna, die Charles Darwin hier 1835 beobachtete, trug zu den bahnbrechenden Theorien über die natürliche Auslese bei, die er in seinem Buch »Über den Ursprung der Arten« (1859) entwickelte.

FASZINIERENDE FLORA UND FAUNA

Da die von Schildvulkanen, Kratern und Klippen geprägten rauen Lavainseln nie mit dem Festland verbunden waren, konnte sich hier eine – vermutlich von älteren verschwundenen Inseln eingewanderte – völlig eigenständige Tierwelt entwickeln, die sich mit einer verblüffenden Vielfalt von Unterarten an ihre Umwelt anpasste. Bekanntestes Beispiel sind die Darwinfinken, deren 13 Unterarten sich heute hauptsächlich in Form und Größe des Schnabels unterscheiden. Endemisch sind z. B. auch die schwimmenden Meeresleguane, die sich von Algen ernähren und sich an manchen Stellen zu Hunderten auf den Küstenfelsen tummeln. Faszinierend ist auch die Tatsache, dass auf den Galapagosinseln Pinguine und Robben, die ansonsten eher in subantarktischen Regionen heimisch sind, Seite an Seite mit tropischen Tieren leben. Verantwortlich dafür ist der kühle Humboldtstrom. 1978 wurden die Inseln zum UNESCO-Weltnaturerbe erklärt und 1986 das Meeresreservat Galápagos geschaffen. Die Charles-Darwin-Forschungsstation auf der Insel

In der Trockenzeit verfärben sich die bodendeckenden Pflanzen auf der Insel Plaza Sur intensiv rot

Santa Cruz fördert wissenschaftliche Studien und schützt Vegetation und Tierwelt. So ist auch das Betreten der Inseln streng reglementiert.

Offener Kakteenwald wächst im trockenen Flachland des Archipels, Wälder mit Pisonia- und Guaven-Bäumen prägen die höheren Lagen, kleine Scalesia-Bäume mit dichtem Unterholz bestimmen das feuchte Waldgebiet oberhalb der Übergangszone, während Farne und Gräser das baumlose Hochland überziehen. Das Klima ist durch wenig Niederschläge, geringe Luftfeuchtigkeit und relativ niedrige Luft- und Wassertemperaturen gekennzeichnet. Zwischen Dezember und April ist das Wetter sonniger und feuchter, das Meer ruhiger, doch die meisten Vögel sieht man zwischen Juni und Oktober.

WAS LEBT WO?

13 Inseln sind größer als 10 km^2, davon sind nur vier besiedelt. Bereisen kann man sie individuell (Flug- und Bootstransfer) oder auf einer meist kostspieligen Kreuzfahrt. Wer sich besonders für Amphibien interessiert: Die berühmten Riesenschildkröten kann man z. B. im Hochland von Santa Cruz bewundern. Grüne Meeresschildkröten nisten besonders auf Bartolomé, in der Bahia Tortuga (Santa Cruz) und in der Bahia Gardner (Española). Meerechsen tummeln sich auf allen großen Inseln, Landleguane besonders auf Seymour Norte, Plaza Sur oder Santa Fé. Isla Champion (Floreana) und La Isla de los Lobos (San Cristóbal) bieten die besten Schnorchelplätze für die Unterwasserbeobachtung von Galapagos-Seelöwen. Kolonien von Galapagos-Pinguinen gibt es auf Floreana, Bartolomé, Fernandina und Isabela, Blaufußtölpel und Fregattvögel kann man auf Seymour Norte, Punta Pitt oder Española bewundern. Nur auf Española brütet von April bis November der Galapagos-Albatros.

UNTERWEGS IN ECUADOR

Quito [D2]

Die Kulisse mit schneebedeckten Vulkanen fast am Äquator ist grandios, das Klima das ganze Jahr über frühlingshaft: Kein Wunder, dass sich schon der Inka-Herrscher Huayna Cápac hier wohler fühlte als in Cusco. Den Spaniern ging es ganz ähnlich: Zwar zerstörten sie sämtliche Bauten der Inka, hinterließen dafür aber eine koloniale Altstadt, die heute Weltkulturerbe ist.

SCHÖNE AUSSICHTEN

Die zahlreichen Aussichtspunkte bieten einen herrlichen Panoramablick auf Quito – so der altstadtnahe **Cerro Panecillo** mit Madonnenstatue sowie der **Parque Itchimbia** auf 2910 m Höhe mit tollem Ausblick auf die Vulkane. Die Gondelbahn **Teleféric Qo** bringt Besucher von einem Freizeitpark am Fuß des 4749 m hohen Vulkans **Pichincha** zur Gipfelstation des **Cruz Loma** (ca. 4000 m) mit – auch der Höhe geschuldet – atemberaubender Aussicht.

Der Cotopaxi besitzt einen nahezu perfekten Schneekegel

CENTRO HISTÓRICO

Bäume aus aller Welt zieren die **Plaza de la Independencia**, die von der **Catedral Metropolitana** beherrscht wird. Sie wurde zwar schon ab 1565 errichtet, musste aber wegen mehrerer Erdbeben öfters wiederaufgebaut werden. Blickfang sind die erlesene Mudéjar-Kassettendecke, der vor Gold strotzende Hauptaltar und die Seitenaltäre, die von den frühesten Künstlern der »Schule von Quito« gestaltet wurden. **El Sagrario**, die zwischen 1657 und 1706 erbaute einstige Hauptkapelle der Kathedrale wird heute als separate Kirche genutzt. Ihre Kuppel schmücken restaurierte Fresken von Francisco de Alban.

Die markante weiße Säulenfassade an der Nordseite der Plaza gehört zum **Palacio Arzobispal**. Heute sind in der Barockresidenz des Erzbischofs schicke Geschäfte und vorzügliche Restaurants untergebracht. Ob man den von Soldaten in rot-blau-goldenen Uniformen bewachten **Palacio de Gobierno** besichtigen darf, hängt von der Laune des Staatspräsidenten ab. Sehenswert wäre auf jeden Fall das berühmte Mosaikbild von Oswaldo Guayasamin, das die Amazonasreise des Entdeckers Francisco de Orellana darstellt.

Einen halben Block von der Plaza entfernt liegt das **Centro Cultural Metropolitano**, dessen **Museo Alberto Mena Caamaño** in einem Jesuitenhaus untergebracht ist und u. a. ecuadorianische Landschaftsmalerei zeigt. Wenige Schritte entfernt wartet die schönste Kirche Ecuadors, pardon Südamerikas: **La Compañía de Jesús**. Die Wände sind mit feinstem, maurisch inspiriertem goldenem Blattwerk überzogen, und auch die fein geschnitzten Altäre mit ihren an Berninis Werke im Vatikan erinnernden gedrechselten Säulen erstrahlen in blendenden Goldtönen. Die herrlichen Gemälde der Schule von Quito haben der Kirche sogar den Ruf einer »Sixtinischen Kapelle von Quito« eingetragen. Etwas

Quitos Catedral Metropolitana musste nach Erdbeben mehrmals neu errichtet werden

südlich der Plaza informiert das **Museo Histórico Casa de Sucre** über Ecuadors Freiheitskampf. Einen Katzensprung entfernt leuchten die Kuppeln der **Iglesia de Santo Domingo**. Auch sie hat eine schöne Mudéjar-Kassettendecke und erlesene Schnitzarbeiten zu bieten. Noch mehr Kunst versammelt das **Museo Fray Pedro Bedón** nebenan, darunter den silbernen Thron der berühmten Virgen del Rosario, deren Gnadenbild in einer Seitenkapelle der Kirche verehrt wird.

LA RONDA UND SAN FRANCISCO

In der **Calle Juan de Dios Morales**, meist nur »La Ronda« genannt, gibt sich Quito besonders romantisch: mit leuchtend weißen Häusern, bunt bemalten Fensterrahmen und Türen, verzierten Balkonen und Geranien. Hier haben sich viele Kunsthandwerkstätten, Cafés und Restaurants eingerichtet. Leider ist abends nur die bewachte Straße selbst sicher.

Auf dem Weg zur Plaza San Francisco kommt man am stadtgeschichtlichen **Museo de la Ciudad** vorbei, das im ab 1565 errichteten ehemaligen Krankenhaus von San Juan de Dios untergebracht ist. An der weitläufigen Plaza San Francisco steht die älteste Kirche Südamerikas: **San Francisco** wurde bereits ab 1534 über einem zerstörten Inka-Palast errichtet. Der mächtige Klosterkomplex gilt sogar als »Escorial Südamerikas«. Die Kirche zeigt überaus prachtvolles Barockinterieur. Faszinierend ist die Mudéjar-Decke mit Inka-Sonnen: Kultureller Synkretismus dreier Kontinente! Einzigartig ist die Skulptur der »geflügelten« **Virgen Inmaculada de Quito** (1732) von Bernardo de Legarda. Auch im **Museo Franciscano** nebenan sind erlesene Beispiele der Schule von Quito sowie kunstvoll gearbeitete Möbel mit Perlmuttintarsien zu sehen.

In einem schönen Gebäude aus dem 17. Jahrhundert zeigt die **Casa del Alabado** Artefakte vieler indigener Kulturen Ecuadors. Einblicke in die großbürgerliche Wohnkultur der frühen Republik gewährt die nur einen kurzen Spaziergang entfernte **Casa Museo Maria Augusta Urrutia**. In der Nachbarschaft wartet eine weitere der über 80 prächtigen Kirchen der Stadt: **La Merced.**

NEUSTADT

Quitos sonstige Highlights sind zwei sehr schöne Theater, die größte neogotische Basilika Lateinamerikas mit einem 114 Meter hohen Turm (Aussichtsplattform) sowie in der Neustadt der gepflegte **Parque La Alameda** mit Bolívar-Denkmal, das Geschäftsviertel rund um den **Parque El Ejido** und eine Reihe exzellenter Museen. Hochwertige Kunstsammlungen zeigen das Museo del Banco Central, das **Museo de la Casa de la Cultura Ecuatoriana**, das **Museo de Jacinto Jijón y Caamaño**, das **Museo de Artesanías Mindalae** (Kunsthandwerk) und das besonders sehenswerte **Museo Guayasamín** im Stadtteil Bellavista.

Das nördliche Hochland

Nordwestlich von Quito erstrecken sich üppig grüne Nebelwälder, ein Paradies für Abenteuersportler. Highlights im Norden der Hauptstadt sind mächtige Andenberge mit dem Schneegipfel des **Volcán Cayambe**, der faszinierende Webermarkt von **Otavalo**, die »weiße Stadt« **Ibarra**, afro-ecuadorianische Dörfer und die fast außerirdisch wirkende Steppenlandschaft **Páramo del Ángel**.

MINDO

Der **Bosque Protector Mindo-Nambillo** erstreckt sich von 1400 m bis 4780 m Höhe und ist wegen seiner an Flora und Fauna reichen Nebelwälder ein attraktives Ausflugsziel mit angenehm kühlem Klima. Abenteuerlustige sausen entlang von Ziplines über die grünen Baumkronen oder lassen sich auf Gummireifen die reißenden Flüsse hinuntertreiben. Außerdem kann man mit einer Seilbahn über den Wald hinwegschweben und zu mehreren Wasserfällen wandern, um zahlreiche farbenfrohe Bromelien und Orchideen zu bewundern. Mit etwas Glück erspäht man nicht nur einige der farbenfrohen 250 Schmetterlingsarten, sondern sogar Quetzalvögel und Tukane. Touristisches Zentrum ist das 1200 m hoch gelegene **Mindo**.

CAYAMBE

Das zwischen Quito und Otavalo gelegene kleine Städtchen **Cayambe** ist das Zentrum der Blumenindustrie Ecuadors und auch für seine leckeren Käsebiskuits bekannt. Wer ganz sicher direkt auf dem Äquator stehen will, mit den Beinen in beiden Hemisphären, lässt sich von dort mit dem Taxi nach **Quitsato** bringen, dessen Äquatordenkmal besonders präzise vermessen wurde. Cayambe ist Standquartier für Trekkingausflüge in den **Parque Nacional Cayambe-Coca**. Das zweitgrößte andine Schutzgebiet Ecuadors wird vom **Volcán Cayambe** (5796 m) beherrscht, dessen Besteigung sehr anspruchsvoll ist. Weniger anstrengende Akklimatisationswanderungen führen zu unberührten Seen und in den auf 3200 m Höhe gelegenen Nebelwald bei **Oyacachi**, ein traditionelles Dorf mit Thermalbädern und Familienunterkünften.

OTAVALO [D1]

Der berühmte Samstagsmarkt von **Otavalo** › **S. 350** ist eines der Highlights des Landes und vielleicht der fotogenste Markt in Südamerika überhaupt. Schon um 7 Uhr morgens geht es auf der **Plaza del Ponchos** los, und dann ist auch das Licht für Fotos am schönsten. Zu kaufen gibt es hochwertiges Kunsthandwerk, farbenfrohe Webarbeiten, Hängematten, Schmuck und vieles mehr. Der Markt findet in etwas kleinerer Form die ganze Woche über statt, und dann sind die Preise auch etwas günstiger. Im **Museo de Tejidos el Obraje** kann man sich über die Webkunst der Region informieren. Sehr authentisch geht es übrigens auf dem viel weniger besuchten Viehmarkt und auf dem Lebensmittelmarkt zu. Die Stadt selbst ist zwar funktional-modern, bietet aber herrliche Ausblicke auf die Gipfel von **Imbabura** (4960 m) und **Cotacachi** (5789 m).

Die seenreiche Gebirgslandschaft der Umgebung ist ideal für Wanderer, Bergsteiger, Mountainbiker und Wildwasserfans, und man kann eine Reihe indigener Weberdörfer besuchen. Besonders beliebt ist **Peguche** mit seinem 20 m hohen Wasserfall **Cascada de Peguche**. Mit dem

Karte
S. 242/243

In den Nebelwäldern von Mindo setzt der Tukan-Bartvogel farbige Akzente

Taxi ist die bildschöne **Laguna Cuicocha** zu erreichen, von der sich herrliche Ausblicke auf die Gipfel von Cotocachi, Imbabura und manchmal sogar den Cayambe bieten. Man kann den auf 3070 m Höhe gelegenen Kratersee in 4–5 Stunden auf einem gut markierten Wanderweg umrunden. Besonders am Morgen sieht man gelegentlich Kondore kreisen. Auch Fahrten mit Motorbooten um die beiden nicht zugänglichen Inselchen im See werden angeboten. Der See liegt in der **Reserva Ecológica Cotacachi-Cayapas**, die sich vom Cotacachi bis in die tropische Tiefebene am Río Cayapas in Esmeraldas erstreckt.

IBARRA [D1]

La Ciudad Blanca nennen Einheimische die attraktive weiße Kolonialstadt **Ibarra**, die auch das beste Eis des Landes herstellt. Schönste Kirche ist die barocke **Kathedrale** am Parque Pedro Moncayo mit prunkvollem Altar. Einen Besuch lohnen auch das **Museo de la Sierra Norte** und das etwas außerhalb an der Ausgrabungsstätte **Inka Huasi** errichtete **Museo Arqueológico Atahualpa**, letzteres mit schönen Artefakten der Inka-Zeit.

Ein beliebter Ausflug führt zur **Laguna Yahuarcocha**, die eine blutige Geschichte hat. In diesen sehr schön gelegenen See wurden 1495 nach einem Sieg der Inka über die einheimischen Cara Tausende gefallener Krieger geworfen.

Die spektakuläre Zugfahrt von Ibarra nach **San Lorenzo** an der Pazifikküste wurde leider eingestellt, man muss also die Straße nehmen, die durch tropische Landschaften mit mehreren afro-ecuadorianischen Dörfern führt.

PÁRAMO DEL ÁNGEL

Die kalte, bis über 4000 m hoch gelegene »Engelssteppe« nahe der Grenze zu Kolumbien bietet mit ihren oft nebelverschleierten Seen, ihren in windgeschützten Schluchten gedeihenden

Wäldern aus gedrechselt wirkenden Polylepis-Bäumen und den riesigen pelzigen Blütenpflanzen namens *Frailejónes* eine seltsam-fremde Landschaft, die von der **Reserva Ecológica El Ángel** geschützt wird. Letzter Ort vor der Grenze ist **Tulcán**. Etwas außerhalb geht es über eine Brücke hinüber ins kolumbianische **Ipiales**.

Zentrales Hochland

Zwischen Tulcán im Norden und Riobamba im Süden säumen auf einer Strecke von ungefähr 300 km 22 der insgesamt 73 Vulkane von Ecuador die Panamericana. Kein Wunder, dass Alexander von Humboldt die Region »Allee der Vulkane« nannte. Besonders attraktiv ist das zentrale Hochland südlich von Quito mit den Vulkanen **Cotopaxi** (5897 m) und **Tungurahua** (5016) sowie dem Kratersee **Laguna Quilotoa**.

PARQUE NACIONAL COTOPAXI

Mit seinem perfekt symmetrischen, von einer Eiskappe bedeckten Kegel ist der 60 km südlich von Quito aufsteigende **Volcán Cotopaxi**, Ecuadors zweithöchster Berg, geradezu der Inbegriff eines Stratovulkans. Einen besonders malerischen Anblick bietet seine Nordwestflanke mit Spiegelbild in der **Laguna Limpiopungo**. Den Indígenas der Region galt der Berg lange vor Beginn der Inka-Herrschaft als heiliger Regenspender und Sitz von Göttern. Schon Alexander von Humboldt versuchte ihn 1802 zu besteigen. Heute erklimmen ihn Bergsteiger täglich, ob-

Die Laguna Quilotoa schimmert in faszinierenden Türkistönen

wohl der Vulkan noch aktiv ist. Seit 1742 ist er zigmal ausgebrochen und hat die Ortschaft Latacunga mehrmals zerstört. Seit einigen Jahren meldet er sich mit verstärktem Ascheausstoß zurück. Bis zum **Refugio José Rivas** auf eine Höhe von 4658 m kann man mit dem Auto fahren, aber die etwa sechs- bis achtstündige Besteigung darf man nur mit vorheriger Akklimatisierung in Angriff nehmen. Dafür eignen sich die steilen Wanderungen auf die Gipfel von **Rumiñahui** (4712 m) oder **Morurco** (4881 m) besonders gut. Entspannter sind Wanderungen und Radtouren über das umliegende **Páramo** (Andengrasland), durch das Hirsche, Kaninchen, Füchse und (menschenscheue) Pumas streifen. Auch Andenkondore kreisen in den Lüften.

Standquartiere für Touren rund um den Cotopaxi sind **Saquisilí** (mit attraktivem indigenem Donnerstagmarkt) und das im Kolonialstil wiederaufgebaute freundliche **Lacatunga**, das die beste touristische Infrastruktur bietet und im September und November ein ausgelassenes Fest zu Ehren der Mamá Negra (Fest der Schwarzen Mutter) feiert: mit riesigen Straßenumzügen, Maskeraden und viel Feuerwerk. An einem klaren Morgen kann man von diesem Ort aus neun Vulkankegel sehen.

LAGUNA QUILOTOA

Von Lacatunga ist der faszinierende Vulkankratersee **Laguna Quilotoa** mit seinem leuchtend-azurblauen Wasser nur einen Tagesausflug entfernt. Man erreicht den See über **Tigua** (3500 m), das für sein hochwertiges Kunsthandwerk bekannt ist, **Zumbahua** und **Quilotoa** (3800 m). Entstanden ist die Laguna vor gut 800 Jahren, als der gleichnamige Vulkan bei einem massiven Ausbruch in sich zusammenstürzte und eine gut 3 km breite Caldera mit 250 m tiefem See hinterließ. Man kann in etwa 40 Minuten den Krater zum See hinuntersteigen. Das Wasser ist kalt und sehr schwefelhaltig, daher zum Baden nicht geeignet. Man kann aber ein Kanu mieten. Sehr beliebt sind die etwa fünfstündige Umrundung des Sees sowie mehrtägige, allerdings oft von Nebel und Regen begleitete Wanderungen und Radtouren auf der **Quilotoa-Schleife** von Latacunga nach Pujilí, Zumbahua, Quilotoa, Chugchilán, Sigchos, Isinliví, Toacazo, Saquisilí und zurück nach Latacunga. Erschöpfte können die Wege mit Busfahrten verkürzen.

VOLCÁN TUNGURAHUA

Über **Ambato**, das eine interessante Kathedrale im Stil des Art déco besitzt, und **Salassaca**, in dem Weber bolivianischer Herkunft schöne Wandteppiche herstellen, erreicht man den Kurort **Baños de Agua Santa**, der im Schatten des **Volcán Tungurahua** liegt und heute ein Zentrum für Aktivurlauber ist. Ein herrlich mildes Klima, eine wunderschöne Lage in einem grünen Tal und mehrere Thermalbäder mit Heilwasser verführen zu einem längeren Aufenthalt, besonders auf der Fahrt von der Straße der Vulkane hinunter in das schwülheiße Amazonasgebiet. Den lava- und aschespeienden Vulkan behalten die lokalen Behörden stets im Auge, denn zwischen 1999 und 2016 ist er immer wieder ausgebrochen. Glücklicherweise liegt der Krater auf der von der Stadt abgewandten Seite. Man kann daher Eruptionen in der Regel gefahrlos von mehreren Aussichtspunkten aus beobachten. Besonders spektakulär ist die Nachtsicht von Las Antenas. Wenn der Vulkan ausbricht, fahren sogar offene Chiva-Busse Schaulustige auf den Aussichtspunkt nördlich von Baños.

NEBELWALD, SCHLUCHTEN UND WASSERFÄLLE

Von Baños führt eine der schönsten Routen Ecuadors nach **Puyo**. Die Panoramastraße fällt dabei fast 1000 m ab und folgt dem **Río Pastaza** von den Ausläufern der Anden durch den Nebelwald bis zum Rand des tropischen Dschungels. Mehrere Seilbahnen überspannen den Canyon und bieten gute Aussichten. Am besten mietet man sich in Baños ein Fahrrad. Bei **Rio Verde** locken Abstecher zu mehreren Wasserfällen. Besonders spektakulär ist der P**ailón del Di-**

ablo (Teufelskessel), den man von einer wackeligen Hängebrücke oder einem Panoramabalkon bewundern kann. Von der **Cascada Machay** kann man Spaziergänge in den Nebelwald und zu acht Wasserfällen unternehmen. Wer nicht die ganze Strecke bis Puyo fahren will: Busse bringen Radfahrer (mit Rad) zurück nach Baños.

Zwischen Riobamba und Vilcabamba

Die Stadt **Riobamba** liegt nahezu im Schatten des riesigen erloschenen **Volcán Chimborazo** und ist wegen der von den Gletschern herabfegenden Winde eine der kältesten Städte Ecuadors. Nach dem verheerenden Erdbeben von 1797 wurde für den Wiederaufbau ein neuer Standort gewählt. Die attraktive weißgetünchte Kolonialarchitektur stammt also aus dem 19. Jahrhundert, ebenso die **Kathedrale** am Parque Maldonado – letztere immerhin mit der kunstvoll skulptierten Steinfassade des 20 km weiter errichteten Vorgängerbaus. Sehenswert ist die große Sammlung religiöser Kunst im **Monasterio de las Conceptas**.

Die Felswand Nariz del Diablo zwingt den Tren Crucero zu einer atemberaubenden Serpentinenfahrt

Zwanzig Kilometer südwestlich auf der Panamericana steht in **Colta** an der gleichnamigen Lagune die bereits 1534 errichtete **Iglesia de Balbanera**. An klaren Tagen bietet sich auf einem Spaziergang am Südufer ein malerischer Blick auf den Chimborazo. Der erloschene Vulkan liegt nur 30 km nordwestlich von Riobamba in der von Páramo-Steppe, Polylepiswäldern und Mondlandschaften geprägten **Reserva Producción Faunística Chimborazo**. Mit 6310 m ist der **Chimborazo** Ecuadors höchster Berg. Wer seinen Gipfel erklimmt, steht auf dem vom Mittelpunkt der Erde am weitesten entfernten Ort. Zur akklimatisierenden Vorbereitung wird gern der weiter nördlich aufragende **Carihuairazo** (5020 m) bestiegen.

90 km südlich von Riobamba liegt in einem grünen Tal das Andenstädtchen **Alausí**. Von hier aus kann man die mittlerweile etwas modernisierte, aber immer noch aufregendste Zugfahrt Ecuadors zwischen Quito und Guayaquil unternehmen. Der atemberaubendste Abschnitt wurde in die Felswand **Nariz del Diablo** (Teufelsnase) gehauen und führt von Alausí (2360 m) nach **Sibambe** (1806 m) › S. 73

Wieder 120 km südlich liegt **Ingapirca**, Ecuadors einzige große Inka-Ruine, mit dem einzigen erhaltenen Sonnentempel des Inka-Reiches. Ein zweites Machu Picchu ist Ingapirca zwar nicht, doch der Panoramablick auf 3200 m Höhe beeindruckt dennoch. Wanderer erreichen Ingapirca von **Achupallas** bei Alausí auch in drei Tagen auf einem Inka-Pfad, der entlang der **Cuchilla Tres Cruces** herrliche Ausblicke auf das Tal der **Quebrada Espíndola** bietet.

CUENCA [C3]

Trotz 330 000 Einwohnern hat sich die drittgrößte Stadt Ecuadors ihren Charme bewahrt. Hier stand im späten 15. Jahrhundert die mächtige Inka-Stadt **Tomebamba**, die im Bürgerkrieg zwischen den Brüdern Atahualpa und Huascar

An ihren himmelblauen Kuppeln ist die Catedral Nueva von Cuenca leicht zu erkennen

zerstört wurde. 1557 gründeten die Spanier über den Ruinen die Stadt Cuenca, ein Gesamtkunstwerk der Kolonialarchitektur mit gepflasterten Gassen und zauberhaften Plätzen, das 1996 zum Weltkulturerbe erklärt wurde. Der schönste Blick auf die abends effektvoll illuminierten Kirchen bietet sich vom **Mirador de Turi**, einem Hügel 4 km südlich der Innenstadt.

Zentrum des Geschehens ist der elegante **Parque Calderón**, den die mächtige **Catedral Nueva** aus dem 19. Jahrhundert mit ihren himmelblauen Kuppeln beherrscht. Älter sind die schönen Barockkirchen **Iglesia San Francisco** und **Iglesia San Sebastián**.

Die Universitätsstadt besitzt eine Reihe sehr sehenswerter Museen. Das **Museo de Arte Moderno** präsentiert Wechselausstellungen moderner lateinamerikanischer Kunst, das **Museo del Sombrero** informiert über die Herstellung der berühmten, in Ecuador gefertigten Panamahüte, das **Museo Remigio Crespo Toral** und das **Museo de las Culturas Aborígenes** zeigen prähispanische Artefakte. 20 Minuten zu Fuß östlich des Stadtzentrums versammelt das **Museo Pumapungo** koloniale Kunst, Archäologie, indigene Kostüme und Masken. Dazu kommt eine erstklassig in Szene gesetzte ethnographische Einführung in die indigenen Kulturen Ecuadors. Besonders fesselnd sind die fünf *Tsantsas* (Schrumpfköpfe) aus der Shuar-Kultur. Das Museum gewährt Zutritt zu den nur in Fundamenten erhaltenen Ruinen der Inka-Stadt Tomebamba.

Beliebte Ausflugsziele sind die Thermalbäder von **Baños** und mehrere Kunsthandwerksdörfer. Auf dem Sonntagsmarkt von **Gualaceo** kann man schöne Webarbeiten erstehen, während das benachbarte **Chordeleg** u.a. attraktiven Schmuck und farbenfrohe Ponchos herstellt. In der Panamahutfabrik von **Sigsig** bekommt man die hochwertige Kopfbedeckung besonders preiswert, während das Dorf **San Bartolomé** für seine handgefertigten Gitarren bekannt ist.

Der 30 km nordwestlich von Cuenca gelegene große **Parque Nacional El Cajas** ist eine größtenteils über 4000 m hoch gelegene kalte, oft nebelverhangene Moorlandschaft mit zerklüfteten Bergen und an die 200 Seen. Bei der Umrundung der **Laguna Toreadora** glaubt man sich fast nach Schottland oder Patagonien versetzt.

LOJA UND VILCABAMBA

Die Region südlich von Cuenca bietet ein angenehm warmes südtropisches Klima. Loja ist ein freundliches Kolonialstädtchen mit attraktiven Parks. Noch besser ist das ewig frühlingshafte Klima in Vilcabamba, das viele Rucksackreisende und Hippies anzieht, nicht zuletzt wegen des hier wachsenden halluzinogenen San-Pedro-Kaktus *(Echinopsis pachanoi)*, den indigene Schamanen zu Heilzwecken einsetzen. Der Konsum ist allerdings illegal. Auf legale Weise schwindelerregend ist die schmale Gratwanderung zwischen den zwei Gipfeln des zerklüfteten Cerro Mandango.

Guayaquil [C3] und die Pazifikküste

Über drei Millionen Einwohner leben im Großraum von Ecuadors größter Stadt. Dampfige Hitze, Luftverschmutzung und hohe Kriminalität machen **Guayaquil** nicht gerade zu einem Tourismusmagneten, doch zumindest ein kurzer Stopp auf der Durchreise lohnt sich, schon deshalb, weil *Guayacos* ein turbulentes Nachtleben pflegen. Am besten beschränkt man den Besuch auf die gut bewachte Zone an der 3 km langen Uferpromenade **Malecón** und das attraktiv restaurierte farbenfrohe Künstlerviertel **Las Peñas**. Das Sightseeing legt man am besten in die einigermaßen kühlen Morgenstunden eines Wochenendes. Der schönste Ausblick auf Guayaquil bietet sich vom **Cerro Santa Ana**, den man über 444 Stufen erreicht.

Einen Bummel auf dem vom frühen Morgen bis Mitternacht zugänglichen Malecón beginnt man am besten an der **Plaza Cívica**, auf der das

444 Stufen führen auf den Cerro Santa Ana in Guayaquil

La Rotonda genannte Denkmal für Südamerikas Freiheitshelden José de San Martín und Simón Bolívar steht, die sich hier vor einem Halbkreis aus Marmorsäulen die Hände reichen. Ganz in der Nähe findet man den **Guayaquil Yacht Club**, einen 23 m hohen maurischen **Uhrturm** und das »Piratenschiff« **Henry Morgan**, mit dem man eine einstündige Kreuzfahrt auf dem Fluss unternehmen kann. Das südliche Ende des Malecón markiert die **Plaza de la Integración**, auf der ein Kunsthandwerksmarkt stattfindet. Drei Blocks landeinwärts zeigt das **Museo Municipal** u. a. Fossilien und Skulpturen der Valdivia, der ältesten Zivilisation Ecuadors.

Attraktionen des nördlichen Promenadenabschnitts sind ein sehr schöner **Botanischer Garten**, in dem man Ecuadors vielfältige Küstenvegetation kennenlernt, ein **IMAX-Kino**, das stadtgeschichtliche **Museo Guayaquil en La Historia** und das **Centro Cultural Simón Bolívar**, das prähispanische Keramik und erstklassige moderne Kunst zeigt. Vier Blocks westlich des IMAX-Kinos lädt der riesige **Mercado Artesanal** an der Calle Loja zum Feilschen um traditionelles Kunsthandwerk und Kleidung ein.

Ein Taxi bringt Besucher vom Denkmal La Rotonda in wenigen Minuten zum **Malecón del Salado**, der an einem Nebenfluss des Guayas liegt. Hier kann man ebenfalls sehr schön bummeln und vorzüglichen Fisch essen.

SÜDKÜSTE

Am Wochenende zieht es die Guayacos an die kühleren Pazifikstrände der Ruta del Sol. Besonders zwischen Weihnachten und Ostern, wenn es in der Großstadt am heißesten ist, herrscht hier Hochbetrieb. Besonders voll wird es im nahen **Playas**, das man in 90 Minuten mit dem Bus erreicht. Schwimmen am langen Strand ist aufgrund der starken Strömungen nicht ohne Risiko. Um einiges schicker geht es in **Salinas** zu. Hochhäuser und teure Yachten bestimmen das Bild. Man flaniert auf der attraktiven Uferpromenade, genießt die guten Restaurants und stürzt sich in das lebhafte Nachtleben. Surfer, Rucksacktouristen und nordamerikanische Aussteiger zieht es wiederum nach **Montañita**. Hier herrscht eine besonders entspannte internationale Partyatmosphäre.

Der schönste Abschnitt der Küste Ecuadors liegt weiter nördlich, mit **Puerto López** als touristischem Zentrum. Die trockenen tropischen Küstenwälder des **Parque Nacional Machalilla** säumen herrliche Strände. Besonders schön ist die **Playa Los Frailes**, an der man am frühen Morgen oft allein ist. Mit dem Mototaxi kann man von Puerto López auch nach **Agua Blanca** fahren, um von dort aus einen zweistündigen Waldspaziergang zu unternehmen und die grandiose Aussicht zu genießen. Weiter landeinwärts geht der Trockenwald in den **Nebelwald von San Sebastián** über, in dem Brüllaffen, Ameisenbären und über 300 Vogelarten leben.

Puerto López ist aber auch wegen der hier startenden Bootsausflüge zur **Isla de la Plata** beliebt, die als »Galapagos-Ersatz« für Leute mit knappen Reisebudget gilt. Hier kann man Blaufußtölpel, Maskentölpel und Fregattvögel beobachten, zwischen April und Oktober auch Rotfußtölpel und Galapagos-Albatrosse. Zwischen Juni und September tummeln sich vor der Küste in Sichtweite paarungsbereite Buckelwale.

NORDKÜSTE

Auf der Fahrt nach Norden kann man den Hafen **Manta** getrost auslassen, dafür ist das auf einer sandigen Halbinsel gelegene **Bahía de Caráquez** ein freundlicher umweltbewusster Ferienort. Im **Museo Bahía de Caraquez** ist eine gute Sammlung prähispanischer Artefakte zu sehen. Landeinwärts bildet der **Río Chone** eine unberührte Mangrovenlandschaft mit reicher Vogelwelt, darunter eine Kolonie von Fregattvögeln.

Auf der Weiterfahrt wird die Landschaft immer grüner, und die kontaktfreudige afro-ecuadorianische Bevölkerung sorgt für ein geradezu karibisch anmutendes Flair. Zunächst kommt man durch das ruhige Fischerdorf **Canoa**, das lange, von steilen Klippen gesäumte Sandstrände mit vorzüglichen Surfbedingungen bietet. 180 km weiter nördlich ist mit den herrlichen Stränden von **Mompiche** ein weiterer Traum für Surfer und Rucksacktouristen erreicht. Noch weiter nördlich liegt **Atacames**. Hier wummern am Wochenende, wenn die Ausflügler aus Quito einfallen, aus jeder Bar heiße Salsa- und Reggaeton-Rhythmen.

Regenwälder des Oriente

Östlich von Quito fallen die Anden in das östliche Tiefland ab, dessen Regenwälder sich bis zur kolumbianischen und peruanischen Grenze erstrecken. Ecuadors Anteil am Amazonasbecken, genannt **Oriente** (Der Osten), macht fast die Hälfte des Landes aus. Doch nur 5 % der Bevölkerung Ecuadors lebt hier: in Ölstädten und abgelegenen indigenen Gemeinden. Allerdings sorgt die zunehmende Ölförderung für ein beunruhigendes Bevölkerungswachstum und bedroht die unberührten Dschungelgebiete, die bislang noch durch riesige Schutzgebiete vor menschlichen Zugriffen bewahrt werden.

RESERVA FAUNÍSTICA CUYABENO

Lago Agrio, auch Nueva Loja genannt, ist das Tor in das Cuyabeno-Schutzgebiet. Die Stadt wurde in den 1960er-Jahren von Texaco als Basis für die Ölförderung im Oriente genutzt. Es lohnt sich, die siebenstündige Busfahrt von Quito nach Lago Agrio mehrmals zu unterbrechen. Der erste Abschnitt von Quito nach Baeza führt über den **Guamaní-Pass** (4064 m) und durchquert die östlichen Kordilleren nördlich des **Volcán Antisana** (5705 m). Dabei bieten sich, wenn nicht Wolken alles verhüllen, herrliche Aussichten auf Gletscher, Páramo-Steppe, Nebelwälder und einen See mit einem alten Lavastrom. Im nur noch 3000 m hoch gelegenen Dorf **Papallacta** kann man in Thermalquellen entspannen, bevor es weiter zur alten Missionsstation **Baeza** geht. Sie liegt in einer gebirgigen niederschlagsreichen Gegend mit spektakulären Wasserfällen und reißenden Flüssen: perfekte Bedingungen für Rafter.

Auf der Weiterfahrt von Baeza nach Lago Agrio setzt der Busfahrer Touristen auf Wunsch unweit der Brücke über den **Río Reventador** ab. Von hier kann man in 45 Minuten durch den Nebelwald der **Reserva Ecológica Cayambe-Coca** zu den 145 m hohen **Wasserfällen von San Rafael** wandern. Der Bus fährt relativ häufig.

Im Gebiet rund um Lago Agrio, das nur etwa 20 km von der Grenze zu Kolumbien entfernt liegt, kam es in den letzten Jahren immer wieder zu Aktionen der kolumbianischen Guerillagruppe FARC. Man hält sich daher besser nicht lange in diesem unsicheren Ort auf. Am besten bucht man die Urwaldtour schon in Quito und fliegt von dort nach Lago Agrio. Die 100 km weiter östlich gelegene Reserva ist ein 6000 km² großes Gebiet mit überflutetem, extrem artenreichem Regenwald. Mit dem Motorboot geht es durch riesige Überschwemmungsgebiete mit zahlreichen Lagunen. Zu sehen gibt es rosa Süßwasserdelfine, weiße und schwarze Kaimane, Anakondas, Tapire, Ozelots, Riesenotter und elf Affenarten. Die Ölindustrie hat leider zu Verschmutzungen geführt, doch sind noch einige Gebiete völlig intakt. Übernachtet wird in Urwaldlodges.

PARQUE NACIONAL YASUNÍ

Das offiziell Puerto Francisco de Orellana genannte **Coca** am Río Napo, ist zwar ebenfalls eine uninteressante Ölstadt, doch wesentlich freundlicher als Lago Agrio und hat sogar eine Flusspromenade zu bieten. Eine Tour in den fast 10 000 km² großen Nationalpark bucht man aber ebenfalls besser schon in Quito. Ecuadors größter Nationalpark ist eine faszinierende Wildnis, die sich von hochgelegenem Tropenwald bis hin zu saisonal überschwemmten Wäldern, Sümpfen, Seen und Flüssen erstreckt. Auch hier ist die Artenvielfalt verblüffend. Mehr als 500 Vogelarten und 60 % aller Säugetiere

Die Reserva Faunística Cuyabeno kann man nur mit dem Boot erkunden

Ecuadors leben im Nationalpark. Der Bau einer Straße durch das Schutzgebiet und das verantwortungslose Verhalten der Ölgesellschaften hat leider auch hier Schäden verursacht. Dennoch findet man im Schutzgebiet noch immer die größten Flächen intakten Regenwalds in Ecuador. Agenturen arrangieren auch Flusspassagen mit motorisierten Kanus von Coca nach **Nuevo Rocafuerte** an der Grenze und weiter bis ins peruanische Iquitos › **S. 338**.

SÜDLICHER ORIENTE

Eine gute Alternative für alle, die nicht so weit in die östlichen Regenwälder vordringen möchten, ist **Tena**, die angenehmste Stadt des Oriente, mit guten Hotels und Restaurants. Sie liegt nur 200 km südöstlich von Quito, also nicht weit von den Osthängen der Anden entfernt, und bietet daher ein etwas kühleres Klima, aber rund um **Misahuallí** am Río Napo sehr schöne Urwaldlandschaften. Tena ist Ecuadors Zentrum für Rafter und Kanufahrer, die auf den vielen Nebenflüssen des Río Napo, besonders **Jondachi** und **Jatunyacu** (Klasse III) bzw. **Misahuallí** und **Hollín** (Klasse IV) auf ihre Kosten kommen. 78 km südlich von Tena liegt das weniger attraktive **Puyo**, das allerdings den faszinierenden **Jardín Botánico Las Orquídeas** zu bieten hat, in dem man über 200 Orchideenarten aus dem Amazonasgebiet bewundern kann. Ein Stück primärer Regenwald für alle, die sich nicht in die entlegenen Dschungelgebiete wagen möchten, bietet der **Parque Pedagógico Etno-Botánico Omaere** nördlich des Stadtzentrums.

Wieder 127 km weiter südlich bzw. 220 km nordöstlich von Cuenca liegt **Macas** in einem Gebiet, in dem einst Kopfjäger lebten. Die traditionellen Dörfer der indigenen Shuar rund um Macas kann man nur mit Führer besuchen. Außerdem werden Dschungeltouren angeboten. In Macas selbst informiert das kleine **Museo Arqueológico** über die *Shuar*.

Straßenszene im farbenfrohen Barranco-Viertel von Lima

INFOS VON A–Z

ÄRZTLICHE VERSORGUNG

Empfehlenswert ist eine Auslandsreisekrankenversicherung (die gesetzliche Krankenversicherung zahlt nicht, privat Versicherte sollten nachfragen), die unbedingt den medizinisch notwendigen (noch besser: den medizinisch sinnvollen) Rücktransport im Notfall mit einschließen sollte. Das medizinische Versorgungsangebot ist in den größeren Städten in der Regel mit dem in Europa zu vergleichen. Auf dem Land ist die ärztliche Versorgung jedoch vielfach technisch und hygienisch problematisch. Das öffentliche Gesundheitssystem in Venezuela ist nicht mehr in der Lage, Kranke adäquat zu versorgen oder notwendige Operationen durchzuführen. Etwas besser ausgestattet ist derzeit noch der private Sektor, wo allerdings auch schon massive Mängel beobachtet werden. Die Botschaften führen meist Listen mit deutschsprachigen Ärzten.

BARRIEREFREIES REISEN

Der Standard an Barrierefreiheit ist mit dem in Europa noch nicht zu vergleichen. An den internationalen Flughäfen können Leihrollstühle genutzt werden, Flughafenpersonal bringt die Fluggäste zu den Terminals, Abfluggates und Flugzeugen. Einige Reiseveranstalter bieten barrierefreien Kreuzfahrten mit organisierten Ausflügen im Rollstuhl. Die Wheelmap (www.wheelmap.org) verzeichnet auch für Südamerika einige rollstuhlgerechte Orte. Moderne Hotels bieten inzwischen oft Rampen und barrierefreien Zugang zur Toilette. Die Bürgersteige sind dagegen oft in einem schlechten Zustand. Die Copacabana in Rio de Janeiro ist aber mühelos mit Rollstuhl zu erkunden. Auch die wohlhabenden Viertel von Lima, besonders Miraflores, bemühen sich um barrierefreie Einrichtungen. Die meisten archäologischen Stätten, sogar Machu Picchu, bieten nur inadäquaten oder keinen Zugang für Rollstuhlfahrer. Unüberwindlich ist oft auch das Kopfsteinpflaster der Kolonialstädte. Die größten Anstrengungen unternehmen derzeit Ecuador (dessen Präsident querschnittsgelähmt ist) und Chile. Im Amazonasgebiet werden Bootsfahrten mit Unterkunft in barrierefreien Urwaldlodges angeboten. Die Menschen sind im Allgemeinen sehr hilfsbereit und kreativ, wenn etwas barrierefrei gemacht werden soll.

DIPLOMATISCHE VERTRETUNGEN

Deutschland

Argentinien: Calle Villanueva 1055, C1426BMC Buenos Aires, Tel. 0054 11 47 78 25 00, Fax 0054 11 47 78 25 50, www.buenos-aires.diplo.de.

Bolivien: Avenida Arce 2395 Ecke Calle Belisario Salinas, La Paz, Tel. 00591 2 244 00 66, Fax 00591 2 244 14 41, www.la-paz.diplo.de.

Brasilien: SES Avenida das Nações, Quadra 807, Lote 25, 70415-900 Brasilia DF, Tel. 0055 61 34 42 70 00, Fax 0055 61 34 42 70 20, www.brasilien.diplo.de. Generalkonsulate: Rua Prof. Annes Dias 112, 11° andar, 90020-090 Porto Alegre-RS, Tel. 0055 51 32 24 95 92, Fax 0055 51 32 26 49 09;

Ed. Empresarial Center III, Rua Antonio Lumack do Monte, 128, 16° andar Boa Viagem, 51020-350 Recife PE, Tel. 0055 81 34 63 53 50, Fax 0055 81 34 65 40 84; Avenida Presidente Antônio Carlos 58, 12° andar – Centro, 20020-010 Rio de Janeiro-RJ, Tel. 0055 21 33 80 37 00, Fax. 0055 21 33 80 37 09; Avenida Brigadeiro Faria Lima, N° 2092, 12° andar, 01451-905 São Paulo – SP, Tel. 0055 11 3097-6644, Fax 0055 11 3815-7538.

Chile: Las Hualtatas 5677, Vitacura, Santiago de Chile, Tel. 0056 2 24 63 25 00, Fax 0056 2 24 63 25 25, www.santiago.diplo.de.

Ecuador: Avenida Naciones Unidas y República de El Salvador, Edificio »Citiplaza«, piso 14, Casilla 17-17-536, Quito, Tel. 00593 2 297 08 20, Fax 00593 2 297 08 15, www.quito.diplo.de.

Guyana und Suriname: St. Clair Avenue 19, Port-of-Spain, Trinidad und Tobago, Tel. 001868 628 1630, www.port-of-spain.diplo.de. Honorarkonsulate: c/o National Milling Company of Guyana Inc., Agricola, East Bank Demerara, Georgetown, Guyana, Tel. 001592 233 2462 3, georgetown@hk-diplo.de; Randoe Suriname N.V., Dr. Sophie Redmondstraat 250, Paramaribo, Tel. 00597 44 29 58, paramaribo@hk-diplo.de.

Kolumbien: Calle 110 No. 9-25, piso 11, Torre Empresarial Edificio Pacífic P. H., Bogotá, D. C., Tel. 0057 1 423 26 00, Fax 0057 1 429 31 45, www.bogota.diplo.de.

Paraguay: Avenida Venezuela 241, Asunción, Tel. 00595 21 21 40 09, Fax 00595 21 21 28 63, www.asuncion.diplo.de.

Peru: Av. Dionisio Derteano 144, Edificio Alto Caral – Pisos 7 & 8, San Isidro – Lima 27, Tel. 0051 1 203 59 40, 0051 1 422 48 13, www.lima.diplo.de.

Uruguay: La Cumparsita 1435, Plaza Alemania, 11200 Montevideo, Tel. 00598 29 02 52 22, Fax 00598 29 02 34 22, www.montevideo.diplo.de.

Venezuela: Avenida Eugenio Mendoza (Principal de la Castellana) y Avenida José Angel Lamas, Edif. La Castellana, 10. Stock – La Castellana, Caracas, Tel. 0058 212 219 25 00, Fax 0058 212 261 06 41, www.www.caracas.diplo.de.

Österreich

Argentinien: Calle French 3671, 1425 Buenos Aires, Tel. 0054 11 4809 5800, Fax 0054 11 4805 4016, www.bmeia.gv.at/oeb-buenos-aires.

Bolivien: Honorargeneralkonsulat, Calle Montevideo 130, Edificio Requima, Piso 6, La Paz, Tel. 00591 2 244 20 94, Fax 00591 2 244 20 35, lapaz@austroko-bo.net (Zuständige Botschaft in Lima, Peru).

Brasilien: SES (Setor de Embaixadas Sul), Avenida das Naçoes, Quadra 811 – Lote 40, 70426-900 Brasilia DF, Tel. 0055 61 34 43 31 11, Fax 0055 61 34 43 52 33, www.bmeia.gv.at/oeb-brasilia. Generalkonsulat: Rua Dr. Cardoso de Melo 1340, 7. andar – conj. 71 – Vila Olimpia, 04548-004 São Paulo SP, Tel. 0055 11 30 44 99 44, Fax 0055 11 39 26 67 98, saopaulo@wko.at.

Chile: Barros Errazuriz 1968, 3 piso, Providencia, Santiago de Chile, Tel. 0056 2 22 23 47 74, Fax 0056 2 22 04 93 82, www.bmeia.gv.at/oeb-santiago-de-chile.

Ecuador: Honorargeneralkonsulat, Site Center Torre 1 – Oficina 4, Calle del Establo, Sector Santa Lucia, Cumbayá alta, Quito, Tel. 00593 2 380 11 50, Fax 00593 2 244 32 76, info@consulado-quito.at (Zuständige Botschaft in Bogotá, Kolumbien).

Guyana: Honorarkonsulat, 106 Laluni & New Garden Streets, Queenstown, Georgetown, Tel. 00592 231 40 71, 00592 623 02 61, ben.twent@gmail.com (Zuständige Botschaft in Bogotá, Kolumbien).

Kolumbien: Cra. 9 No. 73-44, Of. 402, Bogotá D.C. CO-110221, Tel. 0057 1 745 2086, www.bmeia.gv.at/oeb-bogota.

Paraguay: Honorarkonsulat, Av. Espana 1522 c/ Gral. Santos, 1444 Asunción, Tel. 00595 21 22 50 22, consul@consuladoaustria.com.py (Zuständige Botschaft in Buenos Aires, Argentinien).

Peru: Edificio »De las Naciones«, Avenida Republica de Colombia/ex Avenida Central 643, piso 5, San Isidro, PE-Lima 27, Tel. 0051 1 442 05 03, Fax 0051 1 442 88 51, www.bmeia.gv.at/oeb-lima.

Suriname: Honorarkonsulat, Arronstraat 16, Paramaribo, Tel. 00597 420 468, Fax 00597 420 467,

jparisius@symbiontconsulting.net (Zuständige Botschaft in Bogotá, Kolumbien).
Uruguay: Honorargeneralkonsulat, Misiones 1381, Oficina 102, 11000 Montevideo, Tel. 00598 2 915 54 31, consaustria_mvd@hotmail.com (Zuständige Botschaft in Buenos Aires, Argentinien).
Venezuela: Avenida Orinoco (entre Mucuchíes y Perijá), Las Mercedes, Torre D & D – Piso PT – Oficina PT-N, 1060 Caracas, Tel. 0058 212 999 12 11, Fax 0058 212 993 27 53, www.bmeia.gv.at/oeb-caracas.

Schweiz

Argentinien: Avenida Santa Fe 846, 12° piso, C1059ABP Buenos Aires, Tel. 0054 11 4311 6491, Fax 0054 11 4313 2998, www.eda.admin.ch/buenosaires.
Bolivien: Calle 13, No. 455, Esquina 14 de Septiembre, Obrajes, La Paz, Tel. 00591 2 275 10 01, Fax 00591 2 214 08 84, www.eda.admin.ch/lapaz.
Brasilien: SES, Avenida das Nações, Qd. 811, Lote 41, 70448-900 Brasilia / DF, Tel. 0055 61 3443, Fax 0041313241899, www.eda.admin.ch/brasilia.
Chile: Américo Vespucio Sur 100, piso 14, Santiago (Las Condes), Tel. 0056 2 2 928 01 00, Fax 0056 2 2 928 01 35, www.eda.admin.ch/santiago.
Ecuador: Av. Amazonas N35-17 y Juan Pablo Sanz, Edificio Xerox, 2do piso, Quito, Tel. 00593 2 243 49 49, Fax 00593 2 244 93 14, www.eda.admin.ch/quito.
Guyana: Generalkonsulat, 34 Norton Street – Newburg, Georgetown, Guyana, Tel. 001 592 227 3214, Fax 001 592 227 5022, georgetown@honrep.ch (Zuständige Botschaft in Caracas).
Kolumbien: Cra. 9 No 74-08, Piso 11, Edificio Profinanzas, Bogotá, Tel. 0057 1 349 72 30, www.eda.admin.ch/bogota.
Paraguay: Generalkonsulat, Eulogio Estigarribia 5086, Asunción, Tel. 00595 21 621 511, asuncion@honrep.ch (Zuständige Botschaft in Montevideo, Uruguay).
Peru: Avenida Salaverry 3240, San Isidro, Lima 27, Tel. 0051 1 264 03 05, 0051 1 264 13 19, www.eda.admin.ch/lima.
Suriname: Generalkonsulat, Coesewijnestraat 19, Nieuw Industriepark, Paramaribo, Suriname, Tel. 00597 463 118, suriname@honrep.ch (Zuständige Botschaft in Caracas)
Uruguay: Calle Ing. Federico Abadie 2936/40 - Piso 11, 11300 Montevideo, Tel. 00598 2 711 55 45, Fax 00598 2 711 50 31, www.eda.admin.ch/montevideo.
Venezuela: Centro Letonia, Torre Ing-Bank, piso 15, Av. Eugenio Mendoza y San Felipe, La Castellana, Caracas 1060, Tel. 0058 212 267 95 85, Fax 0058 212 267 77 45, www.eda.admin.ch/caracas.

EIN- UND AUSREISE

Deutsche, österreichische und Schweizer Staatsbürger benötigen für alle Länder Südamerikas einen noch mindestens sechs Monate gültigen Reisepass. Ein Visum ist für einen Aufenthalt von bis zu 90 Tagen nicht erforderlich. Einige Länder geben bei Einreise Touristenkarten aus. Geschäftsleute und Journalisten müssen ein Arbeitsvisum beantragen. Bei der Ausreise per Flugzeug ist die Ausreisesteuer in der Regel bereits im Flugticketpreis enthalten.

ELEKTRIZITÄT

Für Fön, Rasierapparat, Laptop usw. sollte man ggf. einen Adapter für 110 Volt/60 Hertz einpacken. Viele moderne Geräte kommen jedoch mit beiden Spannungen zurecht. Argentinien, Chile, Französisch-Guayana, Paraguay, Peru, Suriname und Uruguay verwenden eine Spannung von 220-240V, Frequenz 50Hz oder 60Hz, mit europäischen Steckern (Bolivien mit US-Stecker). Ecuador, Guyana, Kolumbien und Venezuela verwenden eine Spannung von 120V/60Hz, mit US-Stecker. In Brasilien wird je nach Region eine Spannung von 115 V, 127 V oder 220 V verwendet, entweder mit europäischem oder US-Stecker. In Venezuela sind Stromausfälle häufig.

FOTOGRAFIEREN

Abgesehen von Militär- und Polizeianlagen sowie in Häfen, Flughäfen und Bahnhöfen gibt es in der Regel keine Beschränkungen. Viele Museen verlangen Gebühren für eine Fotoerlaubnis. Die indigene Bevölkerung ist eher fotoscheu, also immer um Erlaubnis fragen. In besonders touristischen Gebieten wird schon mal eine Gebühr verlangt. Speicherchips für Digitalkameras sind überall erhältlich.

GELD UND WÄHRUNG

Die nationalen Währungen sind in den jeweiligen Steckbriefen der Länder angegeben. Der US-Dollar wird oft als Zahlungsmittel akzeptiert, besonders in Ländern mit hoher Inflationsrate wie Venezuela und Argentinien. Euro oder Schweizer Franken werden in Banken und Wechselstuben problemlos getauscht. Einen Schwarzmarkt für Devisen gibt es in Venezuela. Am Flughafen, bei Mietwagen- und Reiseagenturen, in größeren Hotels und Restaurants werden europäische Kreditkarten akzeptiert. Die Maestro-EC-Karten mit Mikrochip funktionieren in Südamerika nur begrenzt, das V-Pay-System gar nicht. Mit Kreditkarte kann man an Geldautomaten *(cajero automático)* und am Bankschalter Bargeld abheben, die Höhe der Maximalsumme variiert. Bei fehlgeschlagenen Barabhebungen an Bankautomaten ist unbedingt der ausgegebene Bankbeleg aufzubewahren, da manchmal trotzdem eine Belastung des deutschen Kontos erfolgt. Zur Minimierung des Überfall- und Kartenbetrugsrisikos empfiehlt es sich, Bargeld tagsüber und werktags in einer Bankfiliale abzuheben – möglichst innerhalb der üblichen Vorräume, nicht auf der offenen Straße. Es kann nicht schaden, die Kartengesellschaft davon in Kenntnis zu setzen, dass man nach Südamerika reist. Es kommt gar nicht selten vor, dass die Gesellschaft die Karte wegen »ungewöhnlicher Transaktionen« sperrt, und so schnell bekommt man vor Ort keinen Ersatz. Wenn möglich, sollte man gleich zwei Karten (oder mehr) verschiedener Gesellschaften mitnehmen, da nicht selten nur Visa oder MasterCard akzeptiert wird. Visa ist etwas weiter verbreitet. Extrem bürokratisch und daher kaum empfehlenswert ist der Umtausch von Reiseschecks. Banken haben in der Regel Mo–Fr 8 bzw. 9–14 Uhr geöffnet. Manche Wechselstuben öffnen auch samstags.

Wer sich von seiner Hausbank eine größere Summe nach Südamerika *per orden de pago* (Zahlungsanweisung) überweisen lassen will, braucht den Swift-Code der Bank, an die überwiesen werden soll, deren Adresse sowie Passnummer, Name des Empfängers und dessen derzeitige Adresse. Der Transfer dauert in etwa drei Tage. Schneller (aber auch teurer) geht es z. B. mit Western Union (www.westernunion.com). Dazu muss man lediglich den Begünstigten vorab benachrichtigen und den Transaktionscode mitteilen. In Südamerika kann man das Geld in jeder beliebigen Vertretung von Western Union mit Code und Reisepass ausgezahlt bekommen. Günstiger ist der Überweisungsdienst Azimo (www.azimo.com), der von der britischen Finanzaufsichtsbehörde (FCA) zur Bereitstellung von Zahlungsdienstleistungen autorisiert ist.

GEPÄCK

Südamerika umfasst alle Klimazonen. Wer den ganzen Kontinent bereisen will, muss strategisch planen. Während man im feuchten windigen Südpatagonien und im Andenhochland auch im Sommer einen dicken Pullover und eine warme regenfeste Windjacke benötigt, erkundet man tropische feucht-warme Regionen am besten mit leichter luftiger Kleidung aus Naturfasern wie Baumwolle und Leinen. Wer länger in Großstädten bleibt, sollte auch an elegantere Stadt- und Abendgarderobe denken, die man sich aber auch preiswert vor Ort kaufen kann. Wer sich lässig, aber sauber kleidet, bekommt aber nirgendwo Probleme. Jackett und Krawatte sind nur in wirklich feinen Restaurants ein Muss.

GESUNDHEIT

In die Reiseapotheke gehören die üblichen Medikamente gegen Erkältungskrankheiten, Sonnenbrand, Pilzinfektionen, Durchfall, Magenverstimmung sowie Pflaster, Mückenschutz- und Desinfektionsmittel. Nicht zu unterschätzen ist die Sonneneinstrahlung, weshalb Sonnenhut und -schutzmittel (ab Schutzfaktor 20) auch benutzt werden sollten. Umgekehrt ist es dem Körper in klimatisierten Räumen schnell zu kalt, und er reagiert mit starken Erkältungen.

Trinken Sie kein Leitungswasser (Vorsicht bei zerstoßenem Eis), und meiden Sie alles Rohe bzw. Ungeschälte.

Ratsam sind neben den üblichen Impfungen (Polio, Diphtherie, Tetanus) auch die gegen Hepatitis A und B, Typhus, Tollwut und Cholera. Im Amazonas- und Orinocogebiet sowie im brasilianischen Mato Grosso ist eine Impfung gegen das von Mücken (Regionen bis 2300 m) übertragene Gelbfieber sehr zu empfehlen. Bei Einreise aus Gelbfiebergebieten ist die Impfung vorgeschrieben, nicht aber bei direkter Einreise aus Europa. Malaria wird durch die dämmerungs- und nachtaktive Anophelesmücke übertragen. Hauptrisikogebiete sind das Tiefland von Amazonas und Orinoco, die Pazifikküste Kolumbiens sowie in geringerem Maße der Chaco Paraguays. An der Karibikküste von Kolumbien und Venezuela ist das Risiko recht gering, in Guyana dagegen hoch. An Brasiliens Atlantikküste besteht nur nördlich von Jericoacoara ein Malariarisiko. Körperbedeckende helle Kleidung (lange Hosen, lange Hemden), Insektenschutz, Klimaanlage im Hotelzimmer und ein mit einem Insektizid imprägniertes Moskitonetz senken das Infektionsrisiko um bis zu 90 %. Wer sich nur wenige Tage in einem Malariagebiet aufhält, sollte die Nebenwirkungen einer Malariaprophylaxe gegen das verbleibende Ansteckungsrisiko abwägen. Wichtig: Die gefährlichste Form der Malaria kommt oft im Gewand einer schweren Erkältung daher. Bei grippeartigen Symptomen sollten Sie unverzüglich den Arzt aufsuchen – auch Monate nach Ihrer Rückkehr. Dengue-Fieber und Chikungunya (ähnliche Symptome) werden durch den Stich der tagaktiven Mücke *Aedes aegypti* übertragen. Die Erkrankung geht in der Regel mit Fieber, Hautausschlag sowie ausgeprägten Gliederschmerzen einher. Hier hilft nur Mückenschutz. Schwangeren Frauen wird davon abgeraten, in Länder zu reisen, in denen das Zika-Virus aktuell aktiv durch Mücken übertragen wird. Detaillierte Auskünfte erteilen das Tropeninstitut (www.tropeninstitut.de) und das Robert-Koch-Institut (www.rki.de).

In den extremen Höhen der Anden ist Vorsicht vor der Höhenkrankheit *(soroche)* geboten. Sie kann sich schon ab 2500 m Höhe bemerkbar machen. Warnsymptome können Schlafstörungen, Kopfschmerz, Schwindel, Erbrechen und zunehmende Luftnot sein. Verschwinden die Symptome nicht durch eine Pause bzw. eine Übernachtung, sollte abgestiegen werden unter eine Höhe von 2000 m. Betroffen sind alle Altersstufen und häufig Touristen bei Flugreisen nach Cusco, La Paz und Quito, also nicht nur Bergsteiger. Bei Bergtouren in Regionen über 3000 m (wobei schon Großstädte wie La Paz höher liegen) sollte man die Akklimatisierungsregeln befolgen, also nicht mehr als 300 Höhenmeter pro Tag absolvieren. Für Besteigungen von Sechstausendern ist eine mindestens einwöchige Akklimatisierung nötig. Kokablätter werden in Peru, Bolivien und Ecuador gekaut. Der daraus gebraute Tee hilft gegen Höhenkrankheit. Das gegen die Höhenkrankheit eingesetzte Medikament Diamox ist verschreibungspflichtig.

INFORMATIONEN

Argentinien (www.argentina.travel), Brasilien (www.visitbrasil.com), Chile (www.chile.travel), Ecuador (www.ecuador.travel), Französisch-Guayana (www.guyane-amazonie.fr), Guyana (www.guyana-tourism.com), Kolumbien (www.colombia.travel), Paraguay (www.visitparaguay.travel), Peru (www.peru.travel), Suriname (www.surinametourism.sr), Uruguay (www.turismo.gub.uy). Bolivien und Venezuela haben keine offizielle Tourismuswebsite.

INTERNET
Cybercafés sind in jeder größeren und auch vielen kleineren Städten zu finden. Freies WLAN ist wesentlich häufiger als in Deutschland, besonders in Brasilien, Argentinien und Chile.

POST
Briefpost nach Europa kann mehrere Wochen dauern. Für schnelle und verlässliche Lieferungen wählt man besser DHL.

SICHERHEIT
Die Gefahr, Opfer eines Raubüberfalls oder eines anderen Gewaltverbrechens zu werden, ist in Südamerika höher als in Westeuropa – besonders in Venezuela und in den Großstädten Brasiliens. In größeren Flughäfen können Taxis auch schon im Flughafengebäude gebucht und bezahlt werden Bei der Reise sollten Ausweispapiere nicht im Gepäck aufbewahrt sondern am Körper getragen werden. Am Zielort ist es empfehlenswert, Originale der Ausweispapiere im Safe des Hotels zu lassen und nur Kopien und eine Broschüre/Visitenkarte des Hotels mit sich zu führen. Laptops sollten unauffällig, z. B. in einer verschließbaren Reisetasche, verstaut oder auch in den Safe gelegt werden. Bei Überfällen sollte kein Widerstand geleistet werden. Es ist ratsam, stets einen geringeren Geldbetrag zur widerstandslosen Herausgabe mitzuführen. In überfüllten Bussen kommt es häufiger zu Taschendiebstählen. Kreditkartenmissbrauch erfolgt häufig, wenn die Karten in zweifelhaften Safes an der Rezeption der Unterkunft verwahrt oder für Bagatellgeschäfte aus der Hand gegeben werden. Nehmen Sie von Fremden keine Drinks an. Es kommt vor, dass Getränke mit Betäubungsmitteln versetzt werden, um das Opfer nachher zu berauben oder zu vergewaltigen. Weitere Hinweise zu den einzelnen Ländern auf www.auswaertiges-amt.de.

TELEFON
Die Landesvorwahlen sind in den Steckbriefen der jeweiligen Länder angegeben. Die gebräuchlichste Methode zum Telefonieren ist eine Prepaid-Karte. Diese werden in verschiedenen Stückelungen in oder außerhalb von Telefonbüros verkauft. Telefonbüros *(centros de llamadas, locutorios)* sind in der Regel privat. Öffentliche Telefonzellen funktionieren meist mit Telefonkarten. Wenn Sie ein Mobiltelefon benutzen möchten, kaufen Sie eine lokale SIM-Karte.

TRINKGELD
Trinkgeld *(propina)* ist überall sehr willkommen. Für viele ist es sogar existenziell. Kofferträgern, Barkellnern und anderen guten Geistern gibt man 1 US-Dollar, bei höheren Rechnungen im Restaurant etwa 10 % des Rechnungsbetrages. Für das Zimmermädchen sind rund 5 US-Dollar pro Woche angemessen.

ZOLL
Bei der Einreise sind alle Dinge des persönlichen Bedarfs abgabenfrei. Frische Wurst-, Milchprodukte, Gemüse oder Obst werden jedoch bei der Einreise in südamerikanische Staaten beschlagnahmt. Auch an der Grenze zwischen Argentinien und Chile herrschen strenge Lebensmittelkontrollen.

Nach Deutschland, Österreich und in die Schweiz dürfen abgabenfrei eingeführt werden: 200 Zigaretten oder 100 Zigarillos oder 50 Zigarren oder 250 g Rauchtabak; 1 l hochprozentiger Alkohol (über 22 Vol.-% Alkohol) oder 2 l Zwischenerzeugnisse (unter 22 Vol.-%). Das Leder von Schlangen, Krokodilen und Gürteltieren, Schildpatt, Korallen und Schmuck aus Korallen dürfen nicht eingeführt werden. Die Kontrollen bei der Einreise ins Heimatland sind sehr scharf: Gemäß Washingtoner Artenschutzabkommen ist die Einfuhr geschützter Tiere und Pflanzen sowie alle daraus gefertigten Produkte strengstens verboten. Derlei Gegenstände werden rigoros beschlagnahmt. Für Vergehen drohen hier drastische Strafen. Souvenirs dürfen den Wert von 430 Euro bzw. 300 CHF nicht übersteigen.

Einsame Schienenstrecke bei Uyuni in Bolivien

REGISTER

Argentinien

Bolivien

Brasilien

Chile

Ecuador

Guayanas

Kolumbien

Paraguay

Peru

Uruguay

Venezuela

Bildnachweis

Coverfoto: Machu Picchu, Peru © Shutterstock/Anton_Ivanov
Fotos Umschlagrückseite: Oben © Huber Images/Ben Pipe; Mitte © stock.adobe.com/ecuadorquerido

Alamy Stock Photo/Archivart: 42; Alamy Stock Photo/travel4pictures: 100/101; AWL Images/Peter Adams: 166/167; AWL Images/ClickAlps: 22/23; AWL Images/Michele Falzone: 174/175; AWL Images/Christian Heeb: 92/93; AWL Images/Karol Kozlowski: 226, 304; AWL Images/Jane Sweeney: 132; dpa Picture-Alliance/Bonilla: 219; gemeinfrei: 263; Getty Images/Eitan Abramovich: 203; Getty Images/AFP/Luis Acosta: 99; Getty Images/AFP/Jody Amiet: 150/151; Getty Images/John W. Banagan: 39; Getty Images/Bettmann: 293; Getty Images/De Agostini Picture Library: 204/205; Getty Images/Hughes Herve/hemis.fr: 52/53; Getty Images/Hulton Archive: 49; Getty Images/Lepretre Pierre: 158/159; Getty Images/Bernard Majza: 156; Getty Images/Simon Rawles: 146/147; Getty Images/Mike Theiss: 112; GlowImages/ImageBROKER RM: 211; Huber Images/Jordan Banks: 225, 236/237; Huber Images/Antonio Bartuccio: 170/171; Huber Images/David Bebber: 198/199; Huber Images/Ben Pipe: 14/15, 54; Huber Images/Richard Taylor: 312/313; Huber Images/Jürgen Ritterbach: 303; imago/BRIGANI-ART: 103; imago/robertharding: 152; imago stock&people: 220/221; INTERFOTO/Grenville Collins Postcard Collection/Mary Evans: 165; INTERFOTO/PHOTOAISA: 34/35; INTERFOTO/PHOTOAISA/P. Rotger: 347; laif/Le Figaro Magazine/Eric Martin: 62/63; laif/Dagmar Schwelle: 223; laif/Karl-Heinz Raach: 265; Lookphotos/age fotostock: 114, 115, 155; Lookphotos/robertharding: 64; mauritius images/Alamy/Joam Boam: 350/351; mauritius images/Alamy/KIKE CALVO: 44/45; mauritius images/ClickAlps: 24/25; mauritius images/Alamy/CrowdSpark: 55; mauritius images/Alamy/Gado Images: 33, 38; mauritius images/Alamy/J. Enrique Molina: 317; mauritius images/Alamy/Chico Sanchez: 126/127; mauritius images/Alamy/The Natural History Museum: 149; mauritius images/Alamy/The Picture Art Collection: 319; mauritius images/Alamy/Tropicalstock.net: 349; mauritius images/Danita Delimont/John & Lisa Merrill: 47; mauritius images/imageBROKER/Wolfgang Diederich: 120/121; mauritius images/Masterfile RM/Jose Luis Stephens: 209; mauritius images/Novarc/Stefano Paterna: 50/51; mauritius images/Jutta Ulmer: 295; mauritius images/United Archives: 235; Seasons Agency/Gräfe & Unzer Verlag/Neubauer, Matthias: 56/67; Shutterstock/Paulo Afonso: 301; Shutterstock/Nick Albi: 247; Shutterstock/Galyna Andrushko: 66/67; Shutterstock/carlos.araujo: 108; Shutterstock/Atosan: 79; Shutterstock/Catarina Belova: 178; Shutterstock/Israel Hervas Bengochea: 270; Shutterstock/BlueOrange Studio: 352/353; Shutterstock/buteo: 228/229; Shutterstock/byvalet: 180, 217; Shutterstock/Thomas Campos: 77; Shutterstock/Cecilsog: 28; Shutterstock/Rafal Cichawa: 111; Shutterstock/colacat: 333; Shutterstock/Paolo Costa: 134, 135; Shutterstock/Curioso: 222; Shutterstock/DC_Aperture: 70; Shutterstock/DEPLANQUE JOEL: 311; Shutterstock/Ecuadorpostales: 340/341; Shutterstock/ESB Professional: 85; Shutterstock/Marisa Estivill: 308; Shutterstock/f11photo: 172/173, 185; Shutterstock/Christina Fink: 65; Shutterstock/flocu: 276; Shutterstock/Fotos593: 365; Shutterstock/Filipe Frazao: 169, 193, 196; Shutterstock/Guaxinim: 71; Shutterstock/Diego Grandi: 240/241, 362; Shutterstock/Wilson He: 285; Shutterstock/Steve Herrmann: 357; Shutterstock/ichywong: 324/325; Shutterstock/Anton_Ivanov: 145, 274; Shutterstock/JaimePorElMundo: 106/107; Shutterstock/Attila JANDI: 188; Shutterstock/Janmarie37: 60/61; Shutterstock/Agatha Kadar: 83; Shutterstock/Jess Kraft: 76, 104/105, 300, 355; Shutterstock/LMspencer: 278; Shutterstock/Elisa Locci: 307; Shutterstock/Thiago Leite: 43; Shutterstock/Edgloris Marys: 125, 131; Shutterstock/marktucan: 332; Shutterstock/Rafael Martin-Gaitero: 192; Shutterstock/Maximoangel: 360; Shutterstock/mbrand85: 358; Shutterstock/milosk50: 244; Shutterstock/Natursports: 354; Shutterstock/Andres Navia Paz: 97; Shutterstock/Maria Nelasova: 163; Shutterstock/Roberto Tetsuo Okamura: 176/177; Shutterstock/Pavel Svoboda Photography: 28/29; Shutterstock/Michel Piccaya: 327; Shutterstock/Ksenia Ragozina: 212/213; Shutterstock/Cheryl Ramalho: 242/243; Shutterstock/Dr Morley Read: 345; Shutterstock/Matyas Rehak: 119; Shutterstock/reisegraf.ch: 248; Shutterstock/Jeremy Richards: 271; Shutterstock/rocharibeiro: 182, 233; Shutterstock/Pablo Rogat: 58/59; Shutterstock/RPD PHOTO: 296/297; Shutterstock/Ludmila Ruzickova: 31; Shutterstock/saiko3p: 334; Shutterstock/sharptoyou: 337; Shutterstock/Skreidzeleu: 91; Shutterstock/SL-Photography: 84; Shutterstock/Jose Luis Stephens: 261, 273; Shutterstock/testing: 128; Shutterstock/Iuliia Timofeeva: 184; Shutterstock/Lisandro Luis Trarbach: 189; Shutterstock/Anibal Trejo: 249; Shutterstock/Christian Vinces: 326; Shutterstock/Andreas Wolochow: 26/27; Shutterstock/Rafael Xavier: 74/75; Shutterstock/gary yim: 239; Shutterstock/zjtmath: 2/3; Shutterstock/Michael Zysman: 330; stock.adobe.com/Eduardo Azeredo: 183; stock.adobe.com/b201735: 268/269; stock.adobe.com/Barbara: 136; stock.adobe.com/Bastos: 195; stock.adobe.com/Rafal Cichawa: 322/323; stock.adobe.com/chris74: 291; stock.adobe.com/davidionut: 320/321; stock.adobe.com/Henrik Dolle: 20/21; stock.adobe.com/donyanedomam: 206; stock.adobe.com/DreanA: 138/139; stock.adobe.com/dvrcan: 109; stock.adobe.com/ecuadorquerido: 72/73; stock.adobe.com/f11photo: 181; stock.adobe.com/filipefrazao: 187; stock.adobe.com/Laurence: 251; stock.adobe.com/Maarten: 190; stock.adobe.com/Marco: 361; stock.adobe.com/NoraDoa: 40/41; stock.adobe.com/R.M. Nunes: 86; stock.adobe.com/Paolo: 129; stock.adobe.com/Matyas Rehak: 153, 246, 298/299; stock.adobe.com/rpbmedia: 338; stock.adobe.com/Jose Luis Stephens: 281; stock.adobe.com/Pavel Svoboda: 16/17; Diego Aguilar on Unsplash: 286/287; Nikita Andreev on Unsplash: 374/375; Aquachara on Unsplash: 10/11; Xavier Argeles on Unsplash: 6/7; Camilo Ayala on Unsplash: 29; Margo Brodowicz on Unsplash: 78/79; Margo Brodowicz on Unsplash: 89; Camila Cordeiro on Unsplash: 8/9; Sander Crombach on Unsplash: 68/69; dennis-fidalgo on Unsplash: 254; Benjamin Gremler on Unsplash: 18/19; Benjamin Gremler on Unsplash: 80; Diego Jimenez on Unsplash: 256/257; Loic Mermilliod on Unsplash: 277; Ben Ostrower on Unsplash: 36/37; Paula Porto on Unsplash: 12/13; Aline Rodrigues on Unsplash: 329; Amy Rollo on Unsplash: 4/5; dirk-spijkers on Unsplash: 253; Olga Stalska on Unsplash: 266/267; Delaney Turner on Unsplash: 116; Andreas Urena on Unsplash: 366/367; Peter Winckler on Unsplash: 282.

Impressum

Liebe Leserin, lieber Leser,
wir freuen uns, dass Sie sich für diesen POLYGLOTT auf Reisen entschieden haben.
Unsere Autorinnen und Autoren sind für Sie unterwegs und recherchieren sehr gründlich, damit Sie mit aktuellen und zuverlässigen Informationen auf Reisen gehen können. Dennoch lassen sich Fehler nie ganz ausschließen. Wir bitten Sie um Verständnis, dass der Verlag dafür keine Haftung übernehmen kann.

Ihre Meinung ist uns wichtig. Bitte schreiben Sie uns:
GRÄFE UND UNZER VERLAG
Postfach 86 03 66, 81630 München, Tel. 089/419 819 41
www.polyglott.de

LESERSERVICE
polyglott@graefe-und-unzer.de
Tel. 0 800/72 37 33 33 (gebührenfrei in D, A, CH), Mo–Do 9–17 Uhr, Fr 9–16 Uhr

1. Auflage 2019

Dieses Buch wurde auf chlorfrei gebleichtem Papier gedruckt.
ISBN 978-3-8464-0376-1

Bei Interesse an maßgeschneiderten B2B-Produkten:
gabriella.hoffmann@graefe-und-unzer.de

Bei Interesse an Anzeigen:
KV Kommunalverlag GmbH & Co KG
Tel. 089/928 09 60
info@kommunal-verlag.de

Redaktionsleitung: Grit Müller
Autor: Wolfgang Rössig
Redaktion und Gesamtproduktion:
Susanne Maute,
mcp concept GmbH, Kolbermoor
Verlagsredaktion: Anne-Katrin Scheiter
Bildredaktion: Dr. Nafsika Mylona
Layoutkonzept: Stephanie Henzler, Sina Chakoh
studioformo.de
Karten und Pläne: Geographic Production, München
Satz: Oliver Maute,
mcp concept GmbH, Kolbermoor
Herstellung: Anna Bäumner
Druck und Bindung: Drukarnia Dimograf Sp.zo.o (Polen)

GRÄFE UND UNZER

Ein Unternehmen der
GANSKE VERLAGSGRUPPE